职业礼仪

赵惠岩　主编

北京理工大学出版社
BEIJING INSTITUTE OF TECHNOLOGY PRESS

图书在版编目（CIP）数据

职业礼仪 / 赵惠岩主编. —北京：北京理工大学出版社，2015.9（2022.1 重印）
ISBN 978-7-5682-1242-7

Ⅰ.①职… Ⅱ.①赵… Ⅲ.①礼仪-高等学校-教材 Ⅳ.①K891.26

中国版本图书馆 CIP 数据核字（2015）第 209151 号

出版发行 / 北京理工大学出版社有限责任公司
社　　址 / 北京市海淀区中关村南大街 5 号
邮　　编 / 100081
电　　话 /（010）68914775（总编室）
（010）82562903（教材售后服务热线）
（010）68944723（其他图书服务热线）
网　　址 / http：//www.bitpress.com.cn
经　　销 / 全国各地新华书店
印　　刷 / 三河市华骏印务包装有限公司
开　　本 / 787 毫米×1092 毫米　1/16
印　　张 / 18.5
字　　数 / 433 千字
版　　次 / 2015 年 9 月第 1 版　2022 年 1 月第 6 次印刷
定　　价 / 39.80 元

责任编辑 / 张慧峰
文案编辑 / 张慧峰
责任校对 / 周瑞红
责任印制 / 马振武

图书出现印装质量问题，请拨打售后服务热线，本社负责调换

前　言

中国自古就是一个讲究礼仪的国家，有着文明守礼的优良传统。礼仪作为人类历史发展过程中形成的一种丰厚的文化，是一个人乃至一个民族文明程度的重要体现。孔子曰“不学礼，无以立”，就是说一个人如果不学习礼仪，不懂得礼仪，就很难在社会上很好地立足和发展。礼仪应该是每一个向往成功的人的必修课。

随着高等职业教育的发展，全面推进素质教育显得越来越重要。我们不仅要重视培养学生的诚信品质、敬业精神和职业道德，还要培养他们的内在素质和外在形象，提高他们的文明素养和职业素质，这是学生就业和可持续发展的需要。本书编写的目的就在于通过介绍日常的交际礼仪和工作中的职业礼仪，把学生培养成气质高雅、知书识礼的高素质技能型人才，使学生在未来的职业发展中拥有良好的职业修养与礼仪规范，具备立身处世之本。

本书共7章，结合高等职业教育的特点，以素质教育为主线，以礼仪修养为根本，突出实用性、针对性和可操作性。主要包括仪容仪态等个人礼仪、社交礼仪、公共礼仪、职场礼仪、商务礼仪、服务礼仪和世界部分国家礼仪礼俗等内容。本书既可作为各大学、高等职业学校、成人高校和各类技术学院大学生职业素养培养的专业教材使用，也可作为所有求职者及机关、团体和企事业单位工作人员的参考书。

本书在编写时体现出以下几个方面的特点：

1. 实用性。选择实用的礼仪知识和技巧加以介绍。不仅有“必需、够用”的理论知识，而且有较“全面、具体”的实践应用技能。

2. 操作性。对案例的选择、对能力训练的设置，突出了“应用”的特点，让学生看得懂、学得会、用得上，可操作性强。

3. 创新性。编写体例注重创新，提供最新的案例，增强了时代气息。

4. 亲和性。本书选择与青年人学习、生活工作密切相关的礼仪案例，而且涉及的主体绝大多数就是青年人本身，让他们感受到礼仪就在自己身边，每时每刻都可能要懂礼、守礼、用礼，引导学生认识礼仪规范的重要性。

5. 趣味性。每节均以案例导入，提出问题，借助情境性浓、思想性强的案例，引出礼仪基础知识的学习，在形象可感的阅读中，轻松地掌握礼仪规范的内容。在语言风格上，力求生动活泼。

本书的编写人员长期从事礼仪方面的教学和培训，还特别邀请了企业人士参与指导。本书由赵惠岩担任主编，具体编写情况如下：第1章、第2章、第4章4.1和4.2、第5章5.1和5.2、第6章6.1、6.2和6.3由赵惠岩编写，第3章、第7章由金晓峰编写，第4章4.3和4.4、第5章5.3由李宏娟编写，第6章6.4至6.10由梁晨编写。全书内容统稿和文字加工由鞍山师范学院赵惠岩完成。

另外，本书在编写的过程中，借鉴了一些最新的礼仪资料和专著教材，还参考了许多文献资料和研究成果，由于编写时间仓促，未能和各位专家、学者一一联系，在此我们一并表示诚挚的谢意。同时，本书的编写还得到了省“德育素质课教学团队”负责人宋辉院长的关心、鼓励和支持，在此表示感谢。最后，特别要感谢北京理工大学出版社的领导和编辑，在他们的精心安排、组织和督促下，本书才得以顺利出版。

由于编者水平有限，书中难免有不足之处，敬请专家、同行及读者批评指正。

编　者

目　　录

第1章　个人礼仪

【学习目标】

通过本章学习，基本了解个人礼仪的基本要求及规范，了解举止不端、衣冠不整等都会影响自身形象，并且会增加求职的难度。

【教学要求】

认知：能够了解仪容、仪表、仪态的礼仪规范以及言谈举止的礼仪细节等。

理解：随着知识经济的到来，我国服务业也面临着巨大的挑战，同时，塑造完美的个人形象也是非常重要的。深入学习礼仪知识和技巧，才能赢得上司、客户、朋友及同事的信赖和尊重。

运用：通过本章学习，使学生更加注重自己的个人礼仪，并且可以推广到其他人身上。

几千年的人类文明史证明，文雅的仪表和悦人的仪态一直是人们所孜孜以求的。而今，随着现代社会人际交往的日渐频繁，人们对个人的礼仪更是倍加关注。从表面看，个人礼仪仅仅涉及个人穿着打扮、举手投足之类无关痛痒的小节小事，但小节之处显精华，举止言谈见文化。

个人礼仪是社会生活中每个个体的生活行为规范与待人处世的准则，是个人仪表、仪容、言谈、举止、待人接物等方面的个体规定，是个人道德品质、文化素养、教养良知等精神内涵的外在表现。其核心是尊重为本，与人友善，表里如一，内外一致。

“行为心表，言为心声”是众所周知的，个人礼仪如果不以社会公德为基础，不以个人品格修养、文化素养为基础，而只是在形式上下功夫，它就无法从本质上表现出对他人的尊敬之心、友好之情，因而也就不可能真正地打动对方，感染对方，增进彼此间的友谊，融洽彼此间的关系。“诚于中则形于外”，只有内心具备了高尚的道德情操，才能有风流儒雅的风度；只有有道德、有修养、有文化、有学识的人才能“知书识礼”，才能严于律己、宽以待人，才能真正成为明辨礼与非礼之界限的文明之人。

个人礼仪不仅是衡量一个人道德水准高低和有无教养的尺度，而且也是衡量一个社会、一个国家文明程度的重要标志。

1.1 仪容礼仪

【本节学习目标】

1. 掌握头发护理技能
2. 掌握面部清洁技能
3. 掌握不同脸型的化妆技巧

【引例】

被誉为“经营管理之神”的松下电器公司总裁松下幸之助先生，他早年时不修边幅，头发乱糟糟的，衣服脏兮兮的，并且有许多皱褶，皮鞋也不亮，像一个邋遢的老头。有一次去理发店理发，当理发师得知他就是大名鼎鼎的松下公司总裁时，惊讶地不知该说什么。过了一会儿，他严肃地对松下先生说：“您作为一个有名气的公司的老板，还这样不注意自己的外表，别人怎么说呢？从这一点可以看到贵公司的形象，有损于公司名气啊。”松下先生听了，顿时悟出理发师话中的真谛。从此，他的衣服总是整整齐齐，皮鞋亮锃锃，头发梳得油光光的。外人与他打交道时，看到他整齐的装束与整洁的外貌，顿感有一种压力，不由肃然起敬。

思考题：松下电器公司总裁悟出理发师话中的真谛是什么？

仪容，通常是指一个人的外观、外貌，它包括发式、面容、脸色等状态。它反映了一个人的精神面貌、朝气与活力，是传达给接触对象感官的最直接、最生动的第一信息，并将影响到对方对自己的整体评价。

1.1.1 头发要求

1.1.1.1 头发护理

头发的好与坏，能够体现一个人的健康程度，我们每个人都想拥有一头乌黑靓丽的头发。从科学的角度去分析，真正健康的头发有四个基本特征：弹性、柔亮、结构紧密、乌黑。从发质去分析，头发发质总共分为三类。

(1) 中性健康的发质。它的特性是，头发自然润泽、靓丽柔美，特别好梳理。体现出人体的血液循环良好，分泌正常的油脂。建议每周洗头发三到五次，并要用温和含水量大的洗发产品来护理。

(2) 干性发质。头发表现较干燥、头皮敏感发痒，头发没有弹性，容易脱落，它主要是由于过多的烫发染发，导致角蛋白流失，缺乏油脂的分泌。应该先用滋润的护发产品，轻按摩头皮和发梢，并对头发进行定期的修护、修补，加强保护。需要使用乌黑柔亮型，负离子、游离子焗油型洗护产品。

（3）油质性头皮和发质。头发表现非常油腻，没有弹性，疏松不好定型。它是由于油脂分泌过多，食用太多的甜食和脂肪量太高的食物。建议不要大力地梳擦、按摩头皮，应该用专门平衡油脂的洗发产品，不要用热水洗，应该用温水。每次洗发后，要使用能收紧头皮、控制油脂分泌的活发露。

在头发的日常洗护保养中我们应该做到以下几点。

（1）洗发前的梳理是许多人容易忽视的细节。适当的梳理不仅可以促进头部皮肤的血液循环，而且将减少洗发时断发和脱发的机会，是保养头发的好办法。具体步骤非常简单，就是用大齿梳子从头部皮肤到发梢将头发理顺。

（2）确定水温。洗发的时候要注意调节好水的温度，太烫的水会伤及发质，太冷的水则难以除垢，最适宜的水温应在40℃左右。

（3）冲洗分两次彻底清洗，要尽量保证不留黏滑物。如果头发清洁得不彻底，容易很快积聚新的污垢，令头发受损。

（4）梳理头发时一定要注意动作轻柔。古人云："欲发不脱，梳头千遍。"北宋大文学家苏东坡的头发曾一度陆续脱落，后来他接受一名医的劝告——早晚梳头，不久就治好了头发脱落，并在月下梳头时吟成《六月十二日酒醒步月理发而寝》的著名诗篇。

我们应当养成每天早晚梳头的良好习惯，以利于头发保健和身体健康。梳理头发要注意工具的选择。选择梳子的关键是梳齿必须排列均匀、整齐，间隔宽窄合适，不疏不密；梳齿的尖端要钝圆，不可过于尖锐，以免损伤头皮。为了防止皮肤传染病，头梳不宜转借他人使用，也不宜使用公用头梳。每天梳理头发时若发现有几十根头发脱落，这是正常的新陈代谢现象，可不必担心。

在梳理自己的头发时，不宜当众进行。最好随身携带一把发梳，不要以手指代替发梳。梳理头发时，难免会产生少许断发、头屑等，信手乱扔，是缺乏教养的表现。

1.1.1.2 头发修剪

头发的造型是仪容美的重要部分。有位美容学家说："发式是人的第二面孔。"恰当的发型会使人容光焕发、风度翩翩。

发型的选择要符合自己的职业，符合自己的内在气质和风度，符合自己的年龄、脸型、身材和性格，显示和谐之美。同时，要慎重染色。

对于女性来说，太长的头发是非职业化的信息，工作场合女士不宜梳披肩发，头发不可遮盖眼睛，不留怪异的新潮发型；头发过肩的，工作时要扎起，宜拢在脑后，或束或挽或盘，以深色的发夹网罩为好。

女士发型式样多，变化大。发型必须根据自己的脸形来设计，椭圆形脸可选任意方式的发型；圆形脸应将头顶部的头发梳高，使脸部增加几分力度，并设法遮住两颊；长形脸看起来面部消瘦，发型设计应适当遮住前额，并设法使双颊显得宽竖：方形脸应设法掩饰棱角，使脸显得圆润些；额部窄的脸，应增加额头两侧头发的厚度。

男士头发的规范要求：男士的头发要清洁，长度要适宜，前不及眉，旁不遮耳，后不及衣领；不能留长发、大鬓角。男士的发型也要体现一个人的性格、修养和气质。短发型可以体现青年人朝气蓬勃的精神面貌；长形脸的男士不宜留太短的头发；下巴较方的人可以留些卷发；瘦高的人应留长一点的头发；矮胖瘦小的人头发不宜长。

要想保持发型的美，修剪头发需要定期进行，并且持之以恒。在正常情况之下，通常应当每半个月左右修剪一次自己的头发。至少，也要确保每个月修剪头发一次。

1.1.2 面部要求

为了使自己容光焕发、显示活力，给对方留下良好的印象，每个人都应注意面部清洁与适当的修饰。

1.1.2.1 口腔清洁

保持口腔清洁，是与人交往所必需的环节。人有一口洁白的牙齿是很美的，而黄色或发黑的牙齿则在启齿谈笑时，显得很不文雅。

保持牙齿的清洁，首先要坚持每日早晚刷牙，清除口腔细菌、饭渣，防止牙石沉积。刷牙时应顺着牙缝的方向上下刷，要刷到牙齿的各个部位，平时不能喝过浓的茶，以防止牙齿变黄。

不可以当众剔牙；与人交谈时，口角不应有白沫；工作之前或与人交往前不要吃葱、蒜、韭菜等带有强烈异味的食物，更不能饮酒过量，引起别人的反感；不能在人前嚼口香糖，特别是与人一边说话、一边嚼糖就更不礼貌了。

1.1.2.2 修理眉毛

修眉是一门技巧性很高的技术，既要掌握操作技术，又必须认真仔细，才能做出理想的眉形。其主要步骤如下。

（1）准备用具。修眉前先准备好眉钳、小镊子、眉笔、眉刷、镜子、小剪子、润肤霜和小棉球等用具。

（2）清洁眉毛。对着镜子用小眉刷轻刷双眉，以除去皮屑。用棉球蘸酒精或收敛性化妆水，擦眉毛及周围，使之清洁。

（3）用温水浸湿过的棉球或热毛巾盖住双眉，使眉毛部位的组织松软，使用柔软剂亦使眉毛及其周围的皮肤松软。

（4）确定眉形。掌握眉峰、眉头、眉梢的关键点，眉峰在眉毛的 2/3 处。先用眉笔画出适合自己的眉形，凡留在轮廓线以外的眉毛都是多余的。

（5）修整形状。用眉钳把多余的眉毛一根根地拔掉，以获得理想的眉形。散眉拔除后，用收敛性化妆水拍打双眉及其周围的皮肤，以收缩皮肤毛孔。

（6）必要时用眉笔修饰。在描眉时通常都要在具体手法上注意两头淡，中间浓；上边浅，下边深。

最后要提醒的是，两根相距很近的眉毛会给人一种心事重重的感觉。太浓的眉毛则会使脸的轮廓线条显得太硬朗。若两条眉毛太稀疏，又显得缺乏性格。不管眉毛形状如何，向上挑起线条，会让人显得更富活力。

1.1.2.3 面部清洁

为了使自己容光焕发、显示活力，应注意面部的清洁与适当的修饰，见图 1－1－1。

图 1－1－1 面部清洁

洗脸的时间一般是早上起床和晚上睡觉前，一天两次。男性的皮肤多为油性或偏油性，可以增加洗脸次数，以除去油光，保持面部皮肤的爽洁。

取洗面奶适量，用双手的中指和无名指的指肚在脸上由内朝外打圈揉搓，使污垢浮上表面。面积较大的脸颊部位需要特别仔细的关照。洗脸的重要技巧在于不要太用力，以免给肌肤带来不必要的负担。要记得洗到脖子部位，下巴底部、耳下等也要仔细洗净，粉底霜没去除干净将使肌肤引发各种困扰。天冷时要使用温水洗脸，以免毛孔紧闭而影响清洗效果。洗脸后用毛巾擦拭脸上水分时，不可用力揉搓，以免伤害肌肤。正确使用毛巾的方法是将毛巾轻敷在脸颊上，让毛巾自然吸干水分。

要保持面部的润泽光洁，仅仅洗脸是不够的，面部的保养也很重要。面部保养需要使用基础护肤品，一般包括洗面奶、柔肤水（爽肤水）和乳液。正确的步骤是：用洗面奶洗脸——拍打柔肤水（爽肤水）——涂抹乳液。在室外工作时还要适量涂抹防晒用品。

保持面部清洁还要注意去除眼角的分泌物。戴眼镜者还应注意，眼镜片上的多余物也要及时擦除。除了具有宗教信仰与风俗习惯者之外，男性不宜蓄留胡须，因为在交际场合它不仅会显得不清洁，还对交往对象不尊重，因此男性最好每天坚持剃一次胡须，绝对不可以胡子拉碴地上班或会面。此外还要注意经常检查和修剪“鼻毛”，在人际交往中，偶尔有一两根鼻毛黑乎乎地“外出”，是很破坏他人对自己的看法的。

1.1.2.4 面部化妆

俗话说：“三分容貌七分打扮。”化妆可以增添自信，缓解压力，对交往对象表示礼貌和尊重。在当今社会中，面部化妆已逐渐被越来越多的人所重视。

男士妆容以整洁和反映男子自然具有的肤色、五官轮廓和气度为佳。男士应注意清洁面部，勤刮胡须，勤剪鼻毛；勤洗手、勤修剪指甲，保持指甲清洁卫生；清洗面、手，清洗后用护肤品护理。

女士化妆时要特别遵循整体协调。在化妆时，应努力使整个妆面协调，并且应与全身的装扮协调，与所处的场合协调，与当时的身份协调，以体现出自己慧眼独具、品位不俗。

化妆的基本步骤包括以下几步。

（1）洁面。化妆前必须彻底清洁面部皮肤，尤其是油脂分泌较多的鼻翼两侧及额头等处。如果时间充裕，还可以做面膜。做完面膜再上妆，可以使妆容更加服帖和自然。

（2）打底。使用爽肤水或化妆水拍打脸部，直至全部吸收。选择适合自己的乳液或面霜在面部抹匀，并使用隔离霜或粉底液让皮肤白皙匀称。最后使用比隔离霜或粉底液白一号色的粉饼，将面色修匀，见图 1－1－2。

图 1－1－2　底妆

（3）施眼影。施眼影的主要目的是强化面部的立体感，表现眼部结构，并且使化妆者的双眼显得更为明亮传神，见图 1－1－3。

眼影色调包括：阴影色，晕染色，提亮色，强调色。

①阴影色：包括灰色、棕色。涂在希望显得窄小、深凹的部位。

②晕染色：包括棕红色、肉红色。用于晕染阴影色的上缘，使阴影色显得自然真实。

③提亮色：包括白色、肉色、浅粉、浅黄。用于希望显得高、宽阔的部位，使之与阴影

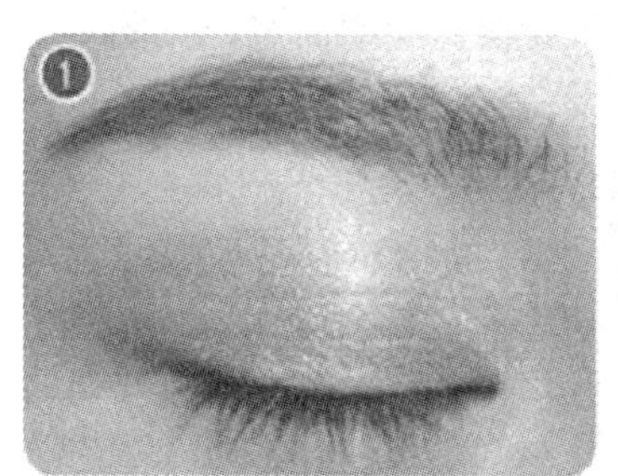
步骤一：使用金棕色眼影大范围地在眼皮上打底

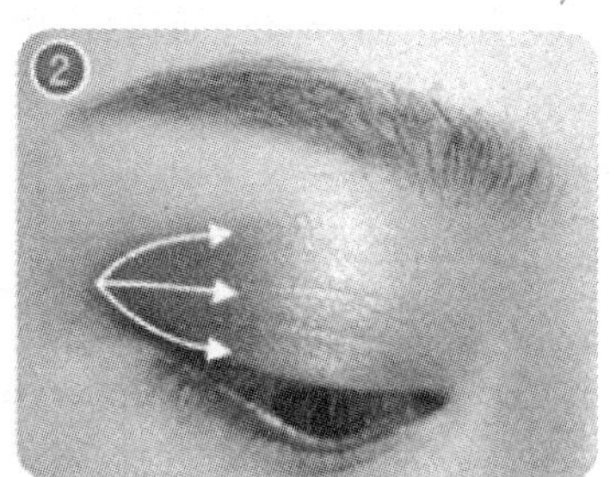
步骤二：再使用紫金色来加强眼部后段的深邃感

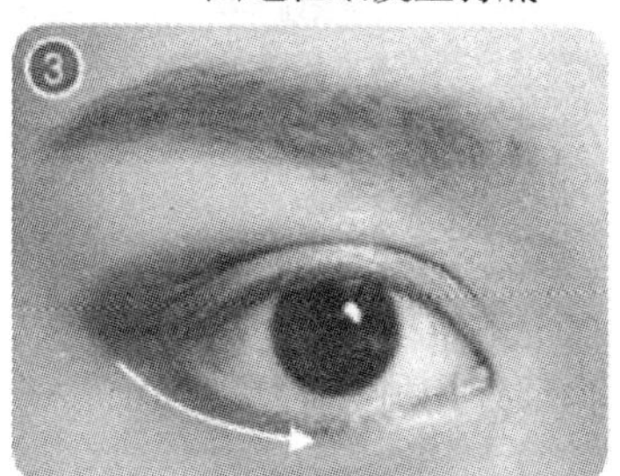
步骤三：同样使用紫金色来晕染下眼影后段1/2处

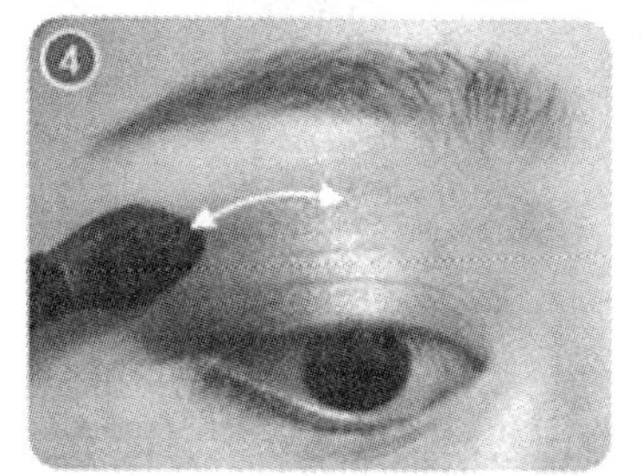
步骤四：以干净的晕染刷来糊化边缘

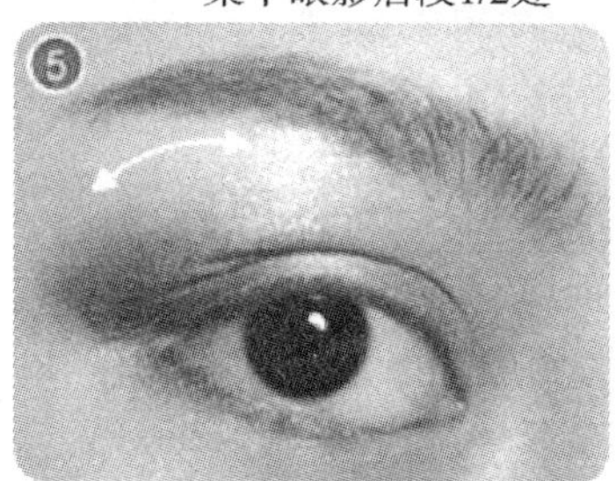
步骤五：以香槟金来加强眉骨的立体感

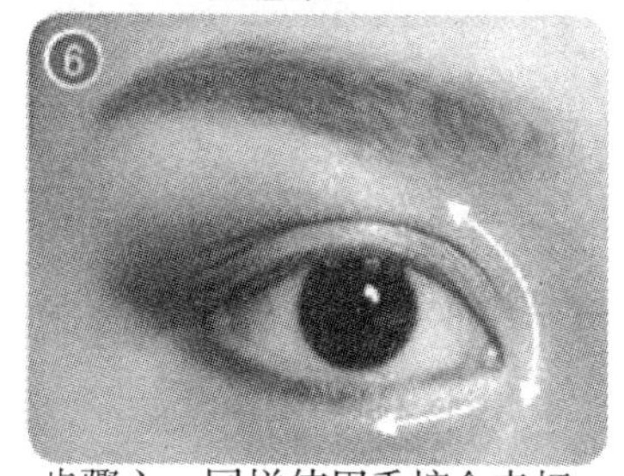
步骤六：同样使用香槟金来打亮眼头

图1-1-3 施眼影

色产生对比，加强眼部的立体感。

④强调色：包括蓝色、绿色、紫色、金银色。用于眼尾，面积不宜大，用于修饰美化眼睛，吸引人的注意力。

施眼影时，有两大问题应予注意。一是要选对眼影的具体颜色。过分鲜艳的眼影，一般仅适用于晚妆，而不适用于工作妆。对中国人来说，化工作妆时选用浅咖啡色的眼影，往往收效较好。二是要施出眼影的层次之感。施眼影时，最忌没有厚薄深浅之分。若注意使之由浅而深，层次分明，将有助于强化化妆者眼部的轮廓。

施眼影前先勾勒眼线，眼角处贴近睫毛根部由内而外平实拉出。然后选择与上衣一致或者相对称颜色的眼影涂于眼皮上方，并用白色眼影涂于眉毛下方眼窝上方处，以增加眼部立体感。由眼角开始轻轻地涂上深色的眼影，较大范围地涂在上眼睑上，重点放在眼尾，在下眼睑的外三分之一也要扫上眼影。然后用黑色眼线笔勾画出上下眼线。用睫毛夹将睫毛夹弯，使睫毛卷曲上翘后，涂抹睫毛膏。

（4）画眉毛。眉应画得轻松自然，画眉最好选用眉刷，蘸上眉粉，一点一点刷上去。

眉粉的重点应放在眉长的1/3处。眉的长短和形状要根据脸型而定，见图1－1－4。

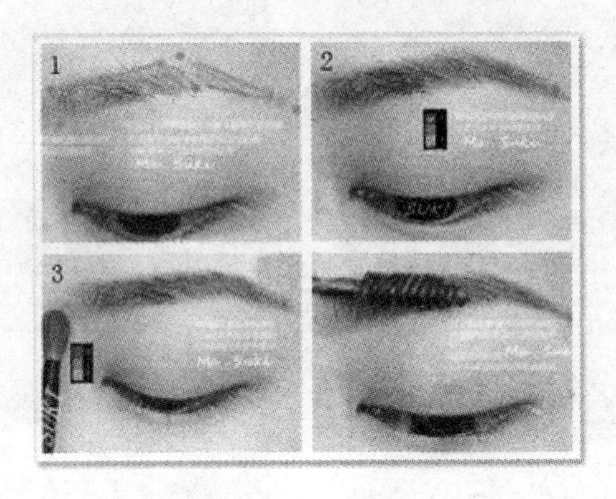

图1－1－4　画眉毛

（5）抹腮红。腮红让面部气色更加红润。在脸颊处用刷子轻蘸腮红，一点一点地淡涂。涂的范围高不过眼，低不过嘴角，见图1－1－5。

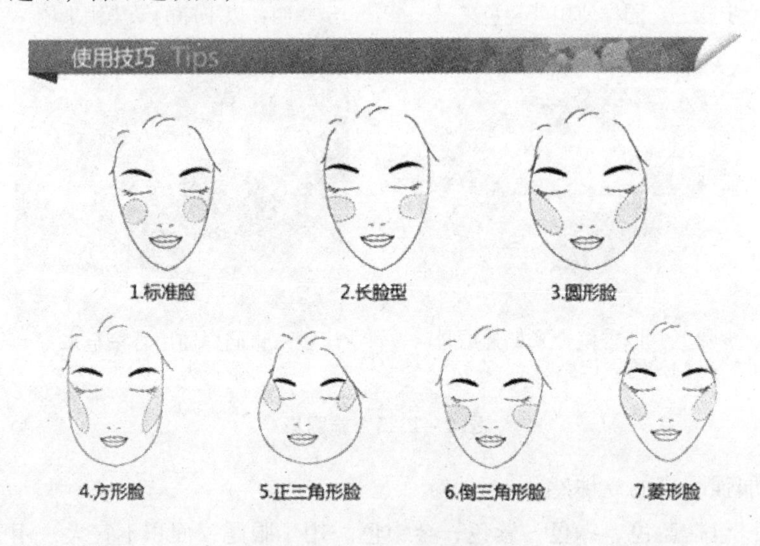

图1－1－5　抹腮红

（6）扑粉进行定妆。在上好腮红后，即应以定妆粉定妆，以便吸收汗、皮脂，并避免脱妆。

（7）涂唇妆。唇妆是脸部化妆的最后一步，既可改变不理想的唇形，又可使双唇更加娇媚迷人，起到画龙点睛的作用。要先以唇线笔描好唇线，确定好理想的唇形。唇线笔的颜色要略深于唇膏的颜色。描唇形时，嘴应自然放松张开，先描上唇，后描下唇。在描唇形时，应从左右两侧分别沿着唇部的轮廓线向中间画。上唇嘴角要描细，下唇嘴角则要略去。描好唇形后，才能涂唇膏。选择唇膏时，既可以选彩色，也可以选无色。但要求其安全无害，并要避免选用鲜艳古怪之色。女性一般宜选棕色、橙色或粉色，男性则宜选无色唇膏。涂唇膏时，应从两侧涂向中间，并要使之均匀而又不超出早先以唇线笔画定的唇形。涂唇彩后，要用纸巾吸去多余的唇膏，并细心检查一下牙齿上有无唇膏的痕迹。

(8) 检查效果。

总之，高明的化妆，既要显出漂亮的仪表，又要几乎不露人工痕迹，美丽淡雅，见图1－1－6。妆成有却无。

图1－1－6 检查效果

不同脸型的人，化妆技巧是不同的。

(1) 椭圆脸化妆技巧。

椭圆脸可谓公认的理想脸型，化妆时宜注意保持其自然形状，突出其可爱之处，不必通过化妆去改变脸型。胭脂应涂在颊部颧骨的最高处，再向上、向外揉化开去。唇膏，除嘴唇唇形有缺陷外，尽量按自然唇形涂抹。眉毛可顺着眼睛的轮廓修成弧形，眉头应与内眼角齐，眉尾可稍长于外眼角。

(2) 长脸型化妆技巧。

长脸型的人在化妆时力求达到的效果应是：增加面部的宽度。胭脂应注意离鼻子稍远些，在视觉上拉宽面部。涂抹时，可沿颧骨的最高处与太阳穴下方所构成的曲线部位，向外、向上抹开去。若双颊下陷或者额部窄小，应在双颊和额部涂以浅色调的粉底，造成光影，使之变得丰满一些。眉毛修正时应令其成弧形，切不可有棱有角。眉毛的位置不宜太高，眉毛尾部切忌高翘。

(3) 圆脸型化妆技巧。

圆脸型给人可爱、玲珑之感，若要修正为椭圆形并不十分困难。可用胭脂从颧骨起涂至下脸部，注意不能简单地在颧骨凸出部位涂成圆形。用唇膏在上嘴唇涂成浅浅的弓形，不能涂成圆形的小嘴状，以免有圆上加圆之感。粉底可用来在两颊造阴影，使圆脸消瘦一点。选用暗色调粉底，沿额头靠近发际处起向下窄窄地涂抹，至颧骨部下可加宽涂抹的面积，造成脸部亮度自颧骨以下逐步集中于鼻子、嘴唇、下巴附近部位。眉毛可修成自然的弧形，可作少许弯曲，不可太平直或有棱角，也不可过于弯曲。

(4) 方脸型化妆技巧。

方脸型的人以双颊骨突出为特点，因而在化妆时，要设法加以掩蔽，增加柔和感。胭脂宜涂抹得与眼部平行，切忌涂在颧骨最突出处。可抹在颧骨稍下处并往外揉开。粉底可用暗色调在颧骨最宽处造成阴影，令其方正感减弱。下颚部宜用大面积的暗色调粉底造阴影，以改变面部轮廓。唇膏可涂丰满一些，强调柔和感。眉毛，应修得稍宽一些，眉形可稍带弯曲，不宜有角。

(5) 三角脸型化妆技巧。

三角脸型的特点是额部较窄而两腮较宽，整个脸部呈上小下宽状。化妆时应将下部宽角“削”去，把脸型变为椭圆状。胭脂可由外眼角处起始，向下抹涂，使脸部上半部分拉宽一些。粉底可用较深色调的粉底在两腮部位涂抹、掩饰。眉毛宜保持自然状态，不可太平直或太弯曲。

(6) 倒三角脸型化妆技巧。

倒三角脸型的特点是额部较宽大而两腮较窄小，呈上宽下窄状。人们常说的“瓜子脸”

“心形脸”，即指这种脸型。化妆时，掌握的诀窍恰恰与三角脸型相似，需要修饰部分则正好相反。胭脂应涂在颧骨最突出处，而后向上、向外揉开。粉底可用较深色调的粉底涂在过宽的额头两侧，而用较浅的粉底涂抹在两腮及下巴处，造成掩饰上部、突出下部的效果。唇膏宜用稍亮些的唇膏以加强柔和感，唇形宜稍宽厚些。眉毛应顺着眼部轮廓修成自然的眉形，眉尾不可上翘，描时从眉心到眉尾宜由深渐浅。

（7）参加舞会的化妆。

舞会的化妆不同于日间或宴会妆，因为舞场上灯光幽暗、多彩，气氛热烈，淡妆效果不佳，所以化的妆可以浓艳一些。粉底色调宜与自然肤色相仿，太深、太浅均不适宜。若穿露肩背式礼服，颈部、肩部及手臂上也应涂上粉底，应选用鲜红色的胭脂。凡带有暗色成分的胭脂在灯光下看起来都会显得脸颊深陷。应用深桃红色或玫瑰红的唇膏，以增加明艳之感。还可以涂亮光唇油，以增加光泽。眉毛从眉头至眉尾应由淡渐浓。睫毛膏可比平时多刷几层，加用假睫毛会更好。

（8）戴眼镜的职业女性化妆。

经常戴眼镜的人，在化妆上应别于不戴眼镜者。应注意眼镜框的上边是否与眉形相配合，以上边线与眉平行为佳，切不可框线下垂而眉形上扬。画眉毛的眉笔色调应与镜框的颜色尽量相配。应选用较明亮的眼影色及浓密一些的假睫毛或深色的睫毛膏。由于近视往往会使眼睛显得小些，所以应在上睫毛下画上较深色的眼线。胭脂、口红的颜色应与镜框的颜色相调和，深色镜框需配以较深色的口红，反之则较淡些。胭脂应抹得低些，以免被眼镜遮住。发型应以简单为宜。额前的刘海不要太多、太长。

需要注意的是不能在公共场所里化妆，在众目睽睽之下化妆是非常失礼的。如有必要化妆或修饰的话，要在卧室或化妆间里去做。工作时间不能化妆，否则易被他人当作不务正业的人。不允许在男士面前化妆，否则会引起误会。不要非议他人的妆容。不要借用他人的化妆品，这样做既不卫生又不礼貌。要注意卸妆。卸妆可以彻底清洁皮肤，以便达到保护皮肤的目的。

1.1.3 手部要求

当你与人交往时、执行公务时、打电话时、就餐时，都会使对方先看见你的手，形成一种印象，所以在仪表中手占有很重要的位置。同时，手的清洁与否能反映出一个人的修养与卫生习惯。

要随时清洗自己的手，要注意修剪与洗刷指甲，不得留长指甲。手指甲的长度以不长过手指指尖为宜。女性不要涂有色的指甲油。在任何公众场合都不应修剪指甲，也不能摆弄手指，或用手撕指甲，用嘴咬指甲，这些都是失礼的行为。有些人有用牙签剔指甲的毛病，这个动作既不卫生，也不雅观，往往表示性格上的不成熟。

【基本训练】

复习思考题

1. 如何保持整洁的仪容？

2. 简述化妆的步骤和方法。

实训练习与操作

面部清洁。

实训目标：熟练掌握正确洗脸的步骤。

实训内容与要求：实训内容为洗脸的实际操作，要求全班同学分成两组轮着实际操作。

实训成果与检测：一组学生进行洗脸演示，另一组学生进行检查，最后由学生代表及教师进行点评。

1.2 仪态礼仪

【本节学习目标】

1. 掌握站姿、坐姿、行姿和手势的礼仪规范，并熟练运用其礼仪规范
2. 掌握微笑礼仪
3. 掌握鞠躬、致意礼仪规范

【引例】

近几年，南京白领“充电”的概念已经不单单局限于参加一些职业培训、考取一些证书，个人仪态的训练、审美情趣的培养，也被他们提上了学习的日程。

外贸公司销售员刘小姐说，刚进公司的时候，她有点偏胖，因此影响了工作状态。在形体培训中心，她了解到形体的培训不仅是身材方面的，还包括了生活、工作中的仪态和举止。经过培训，刘小姐感觉收获很大，工作状态得到了有效改善，因此工作业绩有所提高。她说：“以前只认为技术能力是事业发展的关键，现在才知道，个人气质也不能忽视。”

分析：你对刘小姐的说法有何感触？

相貌的美高于光泽的美，而秀雅合适的动作美，高于相貌的美，这是美的精华。

——英国哲学家　培根

仪态是指人在行为中的姿势和风度。姿势是指身体所呈现的样子，风度则属于内在气质的外现。每个人总是以一定的仪态出现在别人面前，一个人的仪态包括他的所有行为举止。仪态在心理学上称为“形体语言”，是指人的肢体动作，是一种动态中的美，包括手势、坐姿、站姿、走姿等，是风度的具体体现。而这些外部的表现又是他内在品质、知识、能力等的真实流露。

仪态在社交活动中有着特殊的作用。潇洒的风度、优雅的举止，常常令人赞叹不已，给人留下深刻的印象，受到人们的尊重。在与人交往中，我们可以通过一个人的仪态来判断他的品格、学识、能力，以及其他方面的修养程度。仪态的美是一种综合的美、完善的美，是

仪态礼仪所要求的。这种美应是身体各部分器官相互协调的整体表现，同时也包括了一个人内在素质与仪表特点的和谐。容貌的美只属于那些幸运的人，而仪态美的人，往往是一些出色的人，因而仪态的美更富有永久的魅力。

1.2.1 站姿

古人云："站如松。"男士站姿主要体现出阳刚之美，女士则体现出柔和与轻盈。

1.2.1.1 男士标准站姿

（1）肃立。头正、脖颈挺直、双目平视、嘴唇微闭、下颌微吸、面容平和自然，两肩放松、稍向下沉，自然呼吸，躯干挺直，做到收腹、立腰、挺胸、提臀，双臂自然下垂于身体两侧、手指并拢自然弯曲，中指贴拢裤缝，双膝并拢，两腿直立，脚跟靠紧，脚掌分开呈V形，角度呈45°～60°。

肃立适用于隆重集会的场合，如升旗庆典、剪彩等仪式。

（2）直立。两脚平行分开，两脚之间距离不超过肩宽，以20 cm为宜，两手手指自然并拢，右手搭在左手上，轻贴在腹部，双目平视，面带微笑；或两脚平行分开，与肩同宽，见图1－2－1。

图1－2－1 直立

1.2.1.2 女士标准站姿

（1）肃立同男性。

（2）直立。头部抬起，面部朝向正前方，双眼平视，下颌微微内收，颈部挺立，双肩自然放下、端平且收腹挺胸，但不显僵硬。双臂自然下垂，处于身体两侧，将双手自然叠放于小腹前，右手叠加在左手上。

直立时，两脚展开的角度呈90°，右脚向前将脚跟靠于左脚内侧中间位置，成右丁字步，左手背后，右手下垂，身体直立，重心置于两脚，双目平视，面带微笑；或两脚展开的角度呈90°，左脚向前，脚跟靠于右脚内侧中间位置，成左丁字步，保持面带微笑，见图1－2－2。

1.2.1.3 站姿禁忌

社交场上站立时切记：双手不可叉在腰间，也不可抱在胸前；不可驼着背、弓着腰、眼睛不断向左右斜、一肩高一肩低、双臂左右乱摆、双腿不停抖动；不宜将手插在裤兜里，更不要下意识地做小动作，如摆弄打火机、香烟盒，玩弄皮带、发辫，咬手指甲等，这样不但显得拘谨，给人以缺乏自信和经验的感觉，而且也有失庄重。

图1-2-2 女士站姿

1.2.1.4 站姿训练方法

(1) 靠墙训练。

“五点一线”，即脚跟、小腿、臀、肩胛骨、头五点在一条直线上，尽量收腹贴墙站立，并由下往上逐步确认姿势要领，练习站立动作的持久性。

(2) 背靠背训练。

二人一组练习，要求背靠背，以双方的髋部、肩部、后脑勺为接触点，练习站立动作的稳定性。

(3) 顶书训练。

在头顶放一本书使其保持水平促使人把颈部挺直，下巴向内收，上身挺直，目光平视前方。每天训练一次，每次20分钟左右，见图1-2-3。

图1-2-3 站姿训练

1.2.2 坐姿

【引例】

姜昆是某大型外贸企业的董事长。近期，他想在北京洽谈一项合资业务，于是找到了一家前景不错的公司。与对方约好了洽谈时间与地点后，他带着秘书如期而至，经过近半小时的洽谈之后，姜昆做出了这样的决定：不和这家公司合作。为什么还没有深入洽谈，姜昆就放弃和该公司合作？秘书觉得很困惑，姜昆回答说："对方很有诚意，前景也很好，但是和我谈判时，不时地抖动他的双腿，我觉得还没有跟他合作，我的财就都被他抖掉了。"

1.2.2.1 男士标准坐姿

男士标准坐姿要求"坐如钟"，即体态稳重，不摆动身体，不抖腿踢脚，见图1－2－4。

(1) 头部挺直，双目平视，下颌内收。

(2) 身体端正，两肩放松，勿倚靠座椅的背部。

(3) 挺胸收腹，上身微微前倾。

(4) 采用中坐姿势。坐椅面2/3左右。

(5) 日常手的姿势。双手自然放在双膝上或椅子扶手上。

(6) 桌面手的姿势。双手自然交叠，将腕到肘部的2/3处轻放在桌面上。

(7) 腿的姿势。双腿可并拢，也可分开，但分开间距不得超过肩宽。

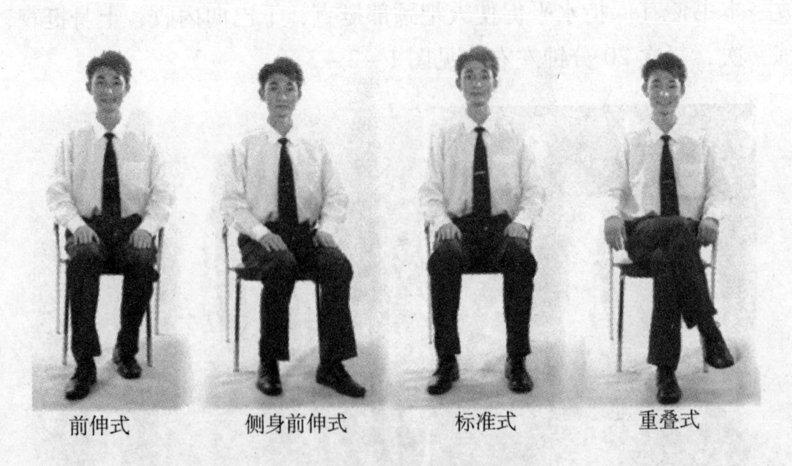

前伸式　侧身前伸式　标准式　重叠式

图1－2－4　男士标准坐姿

1.2.2.2 女士标准坐姿

女士的标准坐姿，见图1－2－5。

(1) 头部挺直，双目平视，下颌内收。

(2) 身体端正，两肩放松，勿倚靠座椅的背部。

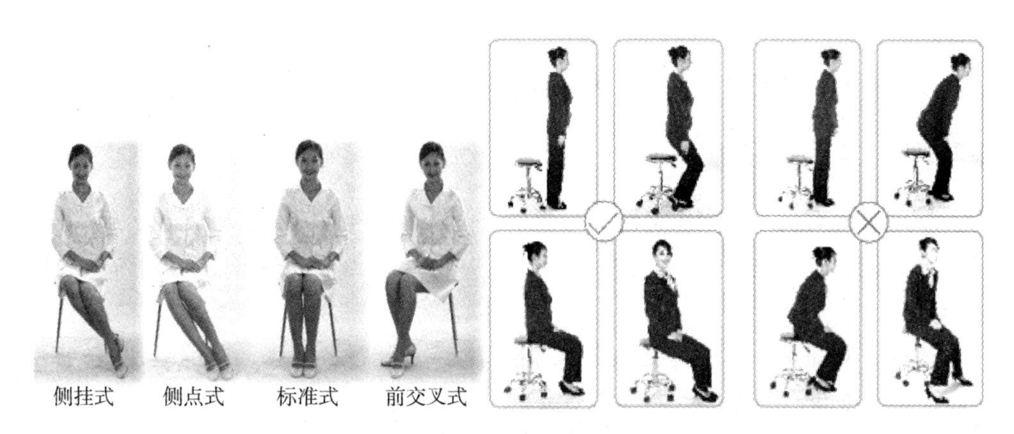

图1-2-5 女士标准坐姿

（3）挺胸收腹，上身微微前倾。

（4）采用中坐姿势。坐时占椅面2/3的面积。

（5）日常手的姿势。双手自然放在双膝上或椅子扶手上。

（6）桌面手的姿势。双手自然交替，将腕至肘部的2/3处轻放在桌面上。

（7）腿的姿势。双腿靠紧并垂直地面，也可将双腿稍稍斜侧调整姿势。

1.2.2.3 入座礼仪

（1）在别人之后入座。出于礼貌，和他人一起入座或同时入座时，要分清尊卑，先请对方入座，自己不要抢先入座。

（2）从座位左侧入座。如果条件允许，在就座时最好从座椅的左侧接近它。这样做，是一种礼貌，而且也容易就座。

（3）向周围的人致意。就座时，如果附近坐着熟人，应该主动打招呼。即使不认识，也应该先点点头。在公共场合，要想坐在别人身旁，还必须征得对方的允许。还要放轻动作，不要使座椅乱响。

（4）以背部接近座椅。在别人面前就座，最好背对着自己的座椅，这样就不至于背对着对方。

（5）入座时双脚与肩同宽并行，同时尽量轻稳，避免座椅乱响、噪声扰人。

（6）女士在入座时应右手按住衣服前角，左手抚平后裙摆，缓缓坐下。

（7）女士如因坐立时间长而感到有所疲劳时，可以变换腿部姿势，即在标准坐姿的基础上，双腿可向右或向左自然倾斜。

1.2.2.4 离座礼仪

（1）事先说明。离开座椅时，身边如果有人在座，应该用语言或动作向对方先示意，随后再站起身来。

（2）注意先后。和别人同时离座，要注意起身的先后次序。地位低于对方的，应该稍后离座。地位高于对方时，可以首先离座。双方身份相似时，可以同时起身离座。

（3）起身缓慢。起身离座时，最好动作轻缓，不要拖泥带水、弄响座椅，或将椅垫、椅罩弄得掉在地上。

（4）从左离开。坐起身后，应该从左侧离座。

1.2.2.5 坐姿禁忌

（1）正面与人对坐会产生压迫感，应当稍微偏斜，这样双方都会感觉轻松自然。

（2）坐在椅子上，勿将双手夹在两腿之间，这样显得胆怯害羞、缺乏自信，也显得不雅。

（3）坐时，双腿叉开过大，或双腿伸出老远，或双腿过分伸张，或腿呈“4”字形，或把腿架在椅子、茶几、沙发扶手上，都不雅观，同时，忌用脚打拍子。

（4）坐时应避免内八字；当跷二郎腿时，悬空的脚尖应朝下或朝向他处，切忌朝天或指向他人，并不可上下抖动。

（5）与客人交谈时，要坐正。不可摆弄手指，将手里的东西不停地晃动，把手中的茶杯转来转去，一会儿拉拉衣服，一会儿整整头发，抠抠鼻子耳朵，都会破坏坐姿。

（6）不可过于放松，瘫坐椅内。

1.2.3 行姿

行姿，就是走姿，属于动态美，凡是协调稳健、轻松敏捷的行姿，都会给人以美感。

1.2.3.1 标准行姿

（1）方向明确。

（2）身体协调，姿势稳健。

（3）步伐从容，步态平衡，步幅适中，步速均匀，走成直线。

（4）双臂自然摆动，挺胸抬头，目视前方。

1.2.3.2 女士行姿

女士保持行姿优雅的5个方法，见图1－2－6。

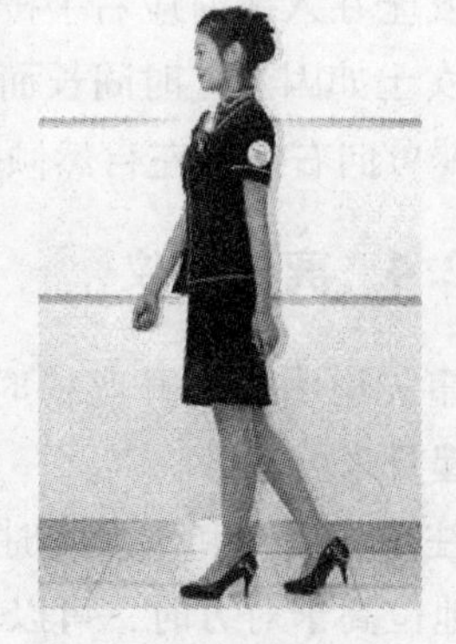

图1－2－6 女士行姿

第一，保持颈部仪态优雅。颈部是最能体现女性美的部位，找到颈部最佳曲线的关键是将颈部完全拉起来。

第二，保持肩背部仪态优雅。两肩打开，背部挺立，这样才能显得优雅挺拔。

第三，保持腰腹臀部仪态优雅。挺腰收腹提臀，才能把女性的魅力充分体现出来。

第四，保持腿部仪态优雅。站立时腿用劲，膝关节也用劲。

第五，保持手部仪态优雅。把手的侧面向着对方，手指显得更修长雅致。

女士穿高跟鞋时，由于鞋跟较高，身体重心自然前移，为了保持身体平衡，必须挺胸、收腹、提臀，膝盖绷直，全身有挺拔向上的感觉。行走时步幅不宜过大，膝盖不要过弯，两腿并拢，两脚内侧落到一条线上，脚尖略向外开，足迹形成柳叶状，俗称“柳叶步”。这样会显得温婉动人，体现女性轻盈、妩媚、秀美的特质。

1.2.3.3 不同着装的行姿

所穿服饰不同，步态应有所区别。走姿要展现服装的特点。

（1）穿西装。

西服以直线为主，应走出穿着者的挺拔、优雅的风度。穿西装时，身体保持平正，两脚立直，走路的步幅要略大些，下臂放松，伸直摆动。行走时男士不要晃动，女士不要左右摆髋。

（2）穿裙装。

穿着职业套裙能显女性身材的修长和曲线美。行走时要平稳，步幅不宜太大，两脚内侧要落到一条线上，脚尖略向外开，两手臂自然摆动，幅度也不宜过大，髋部可随着脚步和身体的重心移动而稍左右摆动，体现出柔和、含蓄、典雅的风格。转动时，要注意头和身体相协调，调整头、胸、髋三轴的角度。

1.2.3.4 行姿禁忌

（1）行姿必须用双胯向上提的力量带动双腿，这样方显得轻快敏捷。如果以腿部为主动，尤其是以小腿为主动，便有身体下沉、步履蹒跚之感。

（2）走路不要大甩手，扭腰摆臀，左顾右盼，或歪肩晃膀，或弯腰驼背，或走路吸烟，或双手插裤兜。

（3）切忌走成内八字或外八字，双腿不要过于弯曲，不要上下颤动或脚蹭地面。停步、拐弯、上下楼梯时应从容不迫，控制自如。

（4）三人或更多人一起行走时，应避免排成横队或勾肩搭背。有急事要超过前面的行人，不得跑步，可以大步超过，并在超越时向被超越者致意道歉。

1.2.4 蹲姿

蹲是由站立的姿势转变为两腿弯曲和身体高度下降的姿势。蹲姿其实只是人们在比较特殊的情况下所采用的一种暂时性的体态。虽然是暂时性的体态，也是有讲究的。

（1）高低式蹲姿。

下蹲时一般是左脚在前，右脚稍后。左脚应完全着地，小腿基本上垂直于地面；右脚则应脚掌着地，脚跟提起。右膝须低于左膝，右膝内侧可靠于左小腿的内侧，形成左膝高、右膝低的姿态。女性应靠紧两腿，男性则可以适度分开。这种蹲姿的特征就是双膝一高一低，主要适用于男性。服务人员选用这种蹲姿既方便又优雅，见图 1－2－7。

（2）交叉式蹲姿。

下蹲时，右脚在前、左脚在后，右小腿垂直于地面，全脚着地。右腿在上，左腿在下，两者交叉重叠。左膝由后下方伸向右侧，左脚脚跟抬起，并且脚掌着地。两腿前后靠近，合力支撑身体。上身略向前倾，臀部朝下。通常适用于女性，尤其是身着裙装的女性。它的优点是造型优美典雅，基本特征是蹲下后双腿交叉在一起，见图 1－2－8。

图 1－2－7　高低式蹲姿

图 1－2－8　交叉式蹲姿

（3）半蹲式蹲姿。

半蹲式蹲姿多于行进之中临时采用。基本特征是身体半立半蹲，其要求是：在下蹲时，上身稍许弯下，但不宜与下肢构成直角或锐角；臀部向下而不是撅起；双膝略为弯曲，其角度根据需要可大可小，但一般均应为钝角；身体的重心应放在一条腿上，见图 1－2－9。

图 1－2－9　半蹲式蹲姿

（4）半跪式蹲姿。

半跪式蹲姿又叫单跪式蹲姿。它是一种非正式蹲姿，多用于下蹲时间较长，或为了用力方便之时。它的特征是双腿一蹲一跪，其要求是：下蹲之后，改为一腿单膝着地，臀部坐在脚跟之上，而以其脚尖着地；另外一条腿则应当全脚着地，小腿垂直于地面；双膝应同时向外，双腿应尽力靠拢。

（5）蹲姿的注意事项。

第一，下蹲的时候，切勿速度过快，并注意与他人保持一定的距离，避免彼此迎头相撞。

第二，在他人身边下蹲时，最好是与之侧身相向。正面面对他人或是背部对着他人下蹲，通常都是不礼貌的。

第三，在大庭广众之前下蹲时，身着裙装的女性一定要避免个人的隐私暴露在外。

第四，蹲姿是在特殊情况下的姿势，所以不可随意乱用。另外，不可蹲在椅子上，也不可蹲着休息。

1.2.5 手势

手势是社会交往中极富表现力的一种“体态语言”，是通过手和手指活动传递信息的。俗话说：“心有所思，手有所指”。手的魅力并不亚于眼睛，甚至可以说手就是人的第二双眼睛。社会交往中，正确地掌握和运用手势，可以增强感情的表达，提高交往效果，见图1－2－10。

中位手势

横摆式一（请进）

曲臂式一（里边请）

图1－2－10 手势标准规范

1.2.5.1 手势标准规范

五指伸直并拢，注意将拇指并严。腕关节伸直，手与前臂成直线。做动作时，肘关节既不要成90°直角，也不要完全伸直，弯曲140°为宜，掌心斜向上方，手掌与地面成45°角。身体稍前倾，肩下压，眼睛随手走，位于头和腰之间。运用手势时，一定要目视交往对象，面带微笑，体现出对宾客的尊重。

一般来说，掌心向上的手势有一种诚恳、尊重他人的意义，向下则表示不够坦率，缺乏诚意等，有时是权威性的，如对女士行礼，开会时领导要求“安静”等。

1.2.5.2 指引方向手势

五指伸直并拢，屈肘由腹前抬起，手臂的高度与肩同高，肘关节伸直，向要行进的方向伸出前臂。在指引方向的时候，身体要侧向来宾，眼睛要兼顾所指方向和来宾，直到来宾清楚了，再把手臂放下。注意指引方向，不可用一手指指出，显得不礼貌。

1.2.5.3 请进手势

五指并拢伸直，掌心向上，手掌平而与地面呈45°，肘关节微屈为140°左右，腕关节要低于肘关节。做动作时，手从腹前抬起，至上腹部处，然后以肘关节为轴向右摆动，摆到身体右侧稍前的地方停住。手臂摆动时身体和头部微向左向右倾斜，视线也随之移动。双脚并拢或成右丁字步，左臂自然下垂或背在身后，目视客人，面带微笑。

1.2.5.4 请坐手势

一只手曲臂由前抬起，再以肘关节为轴，前臂由上向下摆动，使手臂向下成一斜线，表示请来宾入座。

1.2.5.5 手势禁忌

很多人喜欢用单手或双手抱在脑后，这一体态的本意是放松。但在别人面前特别是给人服务的时候这么做的话，就会给人一种目中无人的感觉。

反复摆弄自己的手指，要么活动关节，要么捻响，要么攥着拳头，往往会给人一种无聊的感觉。

在工作中，通常不允许把一只手或双手插在口袋里。这种表现，会让人觉得你在工作上不尽力，忙里偷闲。

手势宜少不宜多。多余的手势，会给人留下装腔作势、缺乏涵养的感觉。

要避免出现的手势：在交际活动时，有些手势会让人反感，严重影响形象，比如当众大搔头皮、掏耳朵、抠鼻子、咬指甲、手指在桌上乱写乱画等。

1.2.6 鞠躬

鞠躬，意思是弯身行礼，是表示对他人敬重的一种郑重礼节。鞠躬既适合于庄严肃穆或喜庆欢乐的仪式，又适用于普通的社交和商务活动场合。在我国，鞠躬常用于下级向上级，学生向老师，晚辈向长辈表达由衷的敬意；也常用于服务人员向宾客致意；有时还用于向他人表达深深的感激之情。

鞠躬时，根据双方身份、地位、相识程度不同，鞠躬方法也不同。一般同事之间，互相点头问候；比较熟悉的人见面，要互相鞠躬；亲朋好友之间，要弯得较深，可达90°；遇到社会地位较高的人和长辈时，除腰弯得深、时间长外，还必须比对方多鞠一躬并且要等对方抬头以后才能把头抬起，有时甚至鞠躬几次。

1.2.6.1 鞠躬的基本方法

鞠躬的基本方法，见图1-2-11。

（1）遇到师长、长辈欲施鞠躬礼时，首先应该立正站好，保持身体的端正，同时双手在体前搭好（右手搭在左手上），面带微笑。

（2）鞠躬时，以腰部为轴，整个腰及肩部向前倾斜15°~30°，目光应该向下，同时口称“您好”“早上好”“欢迎您光临”等。

（3）若是迎面碰上对方正在鞠躬，则在其鞠躬后，向右边跨出一步，给对方让开路。

图1-2-11 鞠躬的基本方法

1.2.6.2 鞠躬时的礼仪

（1）一般情况下，鞠躬时必须脱下帽子，因戴帽鞠躬是不礼貌的。

（2）鞠躬时目光应该向下看，表示一种谦恭的态度，不可以一面鞠躬一面翻起眼睛看着对方。

（3）鞠躬时，嘴里不能吃东西或叼着香烟。

（4）鞠躬礼毕直起身时，双眼应该有礼貌地注视着对方，如果视线移向别处，即使行了鞠躬礼，也不会让人感到是诚心诚意的。

1.2.7 致意

致意，又可以称作“袖珍招呼”，是指向他人表达问候的心意，用礼节举止表示出来。它通常在迎送、被人引见、拜访时作为见面所必施的礼节，对于社交活动的进行影响很大。礼貌的致意，会给人一种友好愉快的感受；反之，就会被看作是缺乏教养、不友善的表示。

1.2.7.1 致意的具体方法

（1）起立致意。

常用于集会时对报告人到场或重要来宾莅临时的致敬。学生在老师授课前要起立致敬；平时，坐着的下级、晚辈看到刚进屋的上级、长辈也应起立表示自己的敬意，见图 1－2－12。

(2) 举手致意。

一般不必出声，只将右臂伸直，掌心朝向对方，轻轻摆一下即可，不要反复摇动。举手致意，适于向距离较远的熟人打招呼，见图 1－2－13。

图 1－2－12 起立致意

图 1－2－13 举手致意

(3) 点头致意。

适于不宜交谈的场合。如在会议、会谈的进行中，与相识者在同一地点多次见面或仅有一面之交者在社交场合相逢，都可以点头为礼。点头致意的方法：头微微向下一动，面带微笑。不可幅度过大，也不必点头不止。

(4) 欠身致意。

它作为一种致意方式，表示对他人的恭敬，其适用的范围较广。欠身致意有两种形式。一种是站姿时，上身微微向前一躬。另一种是坐姿时，在上身前躬的同时，臀部轻起离开座椅。这种致意方式表示对他人的恭敬，适用于见到尊者时使用。

(5) 脱帽致意。

朋友、熟人见面若戴着有檐的帽子，则以脱帽致意最为适宜。其方法是：微微欠身，用距对方稍远的一只手脱下帽子，将其置于大约与肩平行的位置，同时与对方交换目光。若自己一只手拿着东西，则应以另一只空着的手去脱帽。若是熟人、朋友迎面而过，可以只轻掀一下帽子致意。脱帽时别忘了问声好。若戴的是无檐帽，则不必脱帽，只需欠身致意即可，但注意不可以双手插兜。

(6) 注目致意。

注目致意的准确做法是起身立正，挺胸抬头，双手自然下垂或贴放于身体两侧，面容庄重严肃，双目正视被行礼对象，并随之缓缓移动。一般来说，在升国旗、剪彩揭幕、大型庆典时行注目致意礼。行礼时不可戴帽子，不可东倒西歪，不可嬉皮笑脸，不可大声喧哗。

1.2.7.2 致意礼节

各种场合，男士应该首先向女士致意；年轻者先向长者致意；学生先向老师致意；下级先向上级致意。

女士不论在何种场合，不论年龄大小，不论是否戴帽，只需点头致意或微笑致意。只有遇到上级、长辈、老师、特别钦佩的人及见到众多朋友的时候，女士才需率先向他们致意。

致意方法，往往同时使用两种，如点头与微笑并用，欠身与脱帽并用。致意要注意文雅，一般不要在致意的同时，向对方高声叫喊，以免妨碍他人。遇到对方向自己致意，应以同样的方式向对方致意，毫无反应是失礼的。遇到身份较高者，不应立即起身去向对方致意，而应在对方的应酬告一段落之后，再上前致意。

在餐厅等场合，若男女双方不太熟悉，一般男士不必起身走到女士跟前去致意，在自己座位上欠身致意即可。女士如果愿意，可以走到男士的桌前去致意，此时男士应起身，协助女士就座。

致意的动作不可以马虎，或满不在乎，必须是认认真真的，以充分显示对对方的尊重。

1.2.8 微笑

笑容是一种令人感觉愉快的面部表情。在笑容中，微笑最自然大方，最真诚友善。它是用不出声的笑来传递信息的表情语。微笑在人类各种文化中的含义是基本相同的，是真正的"世界语"，能超越文化而传播。在世界的任何角落，微笑就像一剂心灵鸡汤，可以化解朋友之间的不愉快，可以使原本陌生的两个人成为朋友，也可以让不同种族、不同肤色的人手拉手、肩并肩地走到一起。真正的微笑应发自内心，渗透着自己的情感，表里如一、毫无做作或矫饰的微笑才有感染力，才能被视作"参与社交的通行证"。

1.2.8.1 微笑的方法

要正确地微笑，具体要做到以下几点，见图1－2－14。

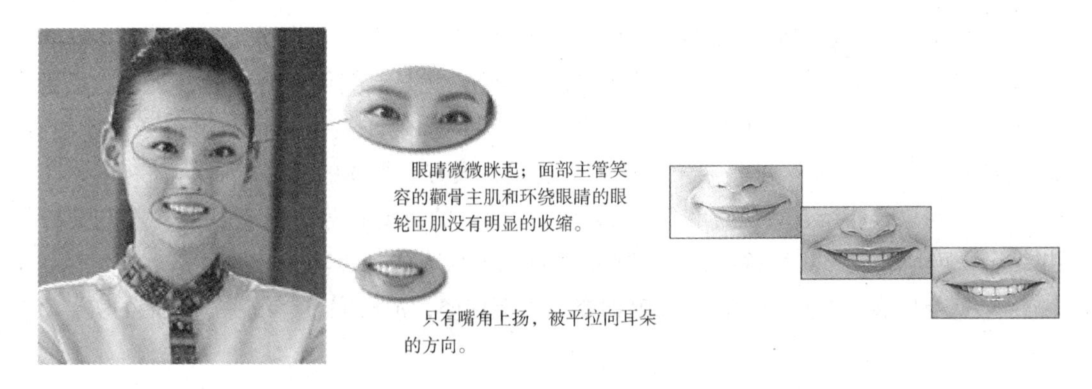

图1－2－14 职业式微笑

（1）把握微笑的时机。在与对方交谈中，最好的微笑时机是在与对方目光接触的瞬间展现微笑，这样能够促进心灵的友好互动。

（2）把握微笑的层次变化。微笑有很多层次，"一度"微笑只牵动嘴角肌，适于客人刚到时；"二度"微笑表现为嘴角肌、颧骨肌同时运动，适用于交谈进行中；"三度"微笑表现为嘴角肌、颧骨肌与其他笑肌同时运动，是一种会心的微笑，适用于生意成功或欢送宾客时，一般以露出六到八颗牙为宜。

在整个交谈过程中，微笑要有收有放，在不同时候使用不同的笑，如果一直保持同一层次的笑，表情会显得僵硬、呆板。被对方认为是傻笑。

（3）注意微笑维持的长度。微笑的最佳时间长度以不超过 3 秒钟为宜，时间过长会给人假笑或不礼貌的感觉，过短则会给人皮笑肉不笑的感觉。

（4）不同的场合适合不同深度的微笑，不同的笑，也可以显示着不同的思想态度和感情色彩，产生不同的影响，在与别人交谈中，放声大笑或傻笑，都是非常失礼的，工作中把握好微笑的尺度，更能显示你的内在修养。

1.2.8.2　微笑训练方法

（1）口咬筷子。这是日式训练法。选用一根洁净、光滑的圆柱形筷子，但不宜用一次性的简易木筷，以防拉破嘴唇，横放在嘴中，用牙轻轻咬住或者含住，以观察微笑状态。

（2）情绪记忆法。将自己生活中，最高兴的事件中的情绪储存在记忆中，当需要微笑时，可以想起那件最使你兴奋的事件，脸上会流露出笑容。注意训练微笑时，要使双颊肌肉用力向上抬，嘴里念“一”“七”“茄子”“威士忌”等音，用力抬高口角两端，注意下唇不要过分用力。

（3）对着镜子做最使自己满意的表情，到离开镜子时也不要改变它。

（4）当一个人独处时，深呼吸、唱歌或听愉快的歌曲，对自己大声说：“笑吧，尽情地笑吧！笑对自己，笑对他人，笑对生活，笑对一切！忘掉自我和一切的烦恼，让心中充满爱意。”

1.2.8.3　微笑的四个结合

（1）口眼结合。要口到、眼到、神色到，笑眼传神，微笑才能扣人心弦。

（2）笑与神、情、气质相结合。这里讲的“神”，就是要笑得有情入神，笑出自己的神情、神色、神态，做到情绪饱满，神采奕奕；“情”，就是要笑出感情，笑得亲切、甜美，反映美好的心灵；“气质”就是要笑出谦逊、稳重、大方、得体的良好气质。

（3）笑与语言相结合。语言和微笑都是传播信息的重要符号，只有注意微笑与美好语言相结合，声情并茂，相得益彰，微笑方能发挥出它应有的特殊功能。

（4）笑与仪表、举止相结合。以笑助姿、以笑促姿，形成完整、统一、和谐的美。

1.2.9　目光及距离礼仪

1.2.9.1　目光礼仪

眼睛是心灵之窗，眼神能准确地表达人们的喜、怒、哀、乐等一切感情，商务人员应学会正确地运用目光，为客户创造轻松、愉快、亲切的环境与气氛，消除陌生感，缩短距离，确立良好的合作关系，见图1－2－15。

图1－2－15　目光礼仪（控制视线接触的位置）

（1）目光礼仪基本要求。

第一，接触时间。视线接触时，一般连续注视对方的时间最好在3秒钟以内。在许多文化背景中，长时间的凝视、直视、侧面斜视或上下打量对方，都是失礼的行为。

第二，接触方向。视线可分为接触三区。

①上三角区（眼角至额头），处于仰视角度，常用于学生对老师，下级对上级的场合，表示敬畏、尊敬、期待、服从等。

②中三角区（眼角以上面部），处于平视、正视的角度，表示理性、坦诚、平等、自信等。

③下三角区（前胸），属于隐私区、亲密区，不能乱盯。视线向下，处于俯视角度，表示爱护、宽容。

人们在交往中不能死盯着对方，也不要躲躲闪闪、飘忽不定或眉来眼去，更应避免瞪眼、斜视、逼视、白眼、窃视等不礼貌的眼神。

（2）目光训练。

①点上一支蜡烛，视点集中在蜡烛火苗上，并随其摆动，坚持训练可达目光集中、有神，眼球转动灵活。

②追逐鸽子飞翔可使目光有神。

1.2.9.2　距离礼仪

美国人类学家和心理学家霍尔将人类的交往空间划分为四种区域，这就是所谓社交中的距离礼仪，又叫界域语。

第一，亲密距离（0～45 cm），又称亲密空间。其语义为亲切、热烈，只有关系亲密的人才可能进入这一空间。如：夫妻、父母、子女、恋人、亲友等。亲密距离又可分为两个区间，其中0～15 cm为亲密状态距离，常用于恋人、亲友、父母、子女之间的关系；16～45 cm为亲密疏远状态，身体虽不相接触，但可以用手相互触摸。

第二，个人距离（46～120 cm），其语义为“亲切、友好”，其语言特点是语气和语调亲切、温和，谈话内容常为无拘束的、坦诚的，比如个人私事。在社交场合往往适合于简要会晤、促膝谈心或握手。这是个人在远距离接触所保持的距离，不能直接进行身体接触。个人距离的接近状态为46～75 cm，可与亲友亲切握手，友好交谈；个人距离的疏远状态为76～120 cm，在交际场所任何朋友、熟人都可自由进入这一区间。

第三，社交空间（120～360 cm），其语义为“严肃、庄重”。这个距离已超出了亲友和熟人的范畴，是一种理解性的社交关系距离。社交距离的接近状态为120～210 cm，其语言特点为声音高低一般、措辞温和，它适合于社交活动和办公环境中处理业务等；社交距离的疏远状态为210～360 cm，其语言特点为声音较高、措辞客气，它使用于比较正式、庄重、严肃的社交活动，如谈判、会见客人等。

第四，公共距离（360 cm以上），这是人们在较大的公共场所保持的距离，其语义为“自由、开放”。它适用于大型报告会、演讲会、迎接旅客等场合。其语言特点为声音洪亮，措辞规范，讲究风格。

【基本训练】

复习思考题

1. 应从哪些方面训练自己的仪态，使自己符合礼仪规范要求？
2. 为什么在人际交往中需要多一点微笑？怎样才能做到恰到好处的微笑？
3. 列举生活中不礼貌的界域行为，并分析原因。

实训练习与操作

靠墙站立训练。

实训目标：熟练掌握正确站立训练方法。

实训内容与要求：实训内容为学生正确靠墙站立训练，要求每位学生按“五点一线”，尽量收腹贴墙站立，训练时间15分钟，全班同学分成两组轮流练习。

实训成果与检测：一组学生进行站立训练，另一组学生进行检查，最后教师进行点评。

1.3 服饰礼仪

【本节学习目标】

1. 初步掌握服饰穿着的基本原则
2. 初步掌握服饰色彩搭配的基本原理
3. 掌握西装穿着的基本规范及要领
4. 初步掌握女子的着装规范

【引例】

一年轻职员被派去接待一个法国投资考察团，这个年轻人外语流利、衣着得体，可是，外商还是没有将他所在的城市选为投资场所。因为他们发现这个年轻人的西装袖子上，缺少一粒纽扣，因而判定他的介绍一定不严谨周密，可信度不高。

思考题：你觉得外商是否小题大做？

服饰是一种文化，它反映着一个民族的文化水平和物质文明发展的程度。服饰具有极强的表现功能，在社交活动中，人们可以通过服饰来判断其身份地位、涵养；通过服饰可展示个体内心对美的追求、体现自我的审美感受；通过服饰可以增进其仪表、气质。所以，服饰是人类的一种内在美和外在美的统一。

1.3.1 服饰穿着原则

1.3.1.1 整洁原则

整洁原则是指整齐干净的原则，这是服饰打扮的一个最基本的原则。一个穿着整洁的人总能给人以积极向上的感觉，并且也传达出对交往对方的尊重和对社交活动的重视。整洁原则并不意味着时髦和高档，只要保持服饰的干净合体、全身整齐有致即可。

1.3.1.2 个性原则

个性原则是指社交场合树立个人形象的要求。由于每个人在年龄、性格、职业、文化素养等方面均有差异，因此也形成了各自不同的气质。我们在进行服饰打扮时，不仅要符合个人的气质，还要凸显出自己美好的一面。在突出自我个性时，还要注意首先不要盲目追赶时髦，因为最时髦的东西往往是最没有生命力的；其次不要盲目模仿别人，失去个人特色。

1.3.1.3 和谐原则

和谐原则是指协调得体原则。选择服装时不仅要与自身体型相协调，还要与着装年龄、肤色相配。服饰是一种艺术，能掩盖体形的某些不足。我们要借助于服饰，创造出一种美妙身材的错觉。不论是高矮胖瘦，年轻或年长，只要根据自己的特点，用心去选择适合自己的服饰，总能创造出服饰的神韵。

1.3.1.4 着装的 T. P. O 原则

T. P. O 分别是英语单词 Time，Place，Occasion 的缩写字头，即着装的时间、地点、场合的原则。被认为美的、漂亮的服饰不一定适合所有的场合、时间、地点。因此，我们在着装时应该要考虑到这三方面的因素。

（1）着装的时间原则。

时间涵盖了每一天的早间、日间、晚间 3 个时间段，也包括了每年的春、夏、秋、冬 4 个季节。人们在着装时应考虑时间因素，做到“随时更衣”。

白天是工作时间，着装要根据自己的工作性质和特点。总体上以庄重大方为原则。如安排有社交活动，则应以典雅端庄为基本着装格调。

（2）着装的地点原则。

地点原则也指环境原则，即不同的环境需要与之相适应的服饰打扮。穿着同一套服装在铺着丝绒地毯的会客厅与陈旧简陋的会客室，得到的心理反应是截然不同的。同样，在高贵雅致的办公室，在绿草丛生的林荫中，或在曲折狭窄的小巷里，在这三个地方穿戴同样的服饰给人以身份与穿着不相配的感觉，或是给人呆板的感觉，或是显得华而不实……凡此种种不快的感觉都有损我们的形象，而避免它的最好办法就是“入乡随俗”。不同地点不同着装，服装已经超越了实用性的最低准则，而成为一种文化。

（3）着装的场合原则。

人们的服饰也要与特定的场合和气氛相协调，所以有必要选择与之相配的服饰款型与色彩，实现人景相融的最佳效应。以下为不同场合的着装原则，见图 1－3－1。

上班装

休闲装

图 1－3－1　着装

第一，上班装。上班装是从事公务活动时的着装，要求既传统又保守。上班穿的服装要整洁、大方，不需要过分引人注目，尤其不宜穿暴露过多的服装。上班时，还要避免穿经常需要整理的衣服。假如你需要反复地整理腰带或装饰，不仅自己工作时分神，让客人看了也感到累赘。比如，一个饭店的服务员小姐，在工作时穿得花枝招展，就会喧宾夺主；如果是一个从事体力劳动的男子，穿上西装工作，便会令人感觉不协调。

第二，社交装。社交装是在公共场合和熟人相处时的着装，要求既时髦又流行。比如观看演出、参加宴会及舞会等应酬性的交往活动（生日纪念、结婚典礼、联欢晚会、假日游园等）时，应准备得体的社交装。喜庆场合是女性展示各式时装的机会。按照季节和活动性质的不同，既可以穿西装（下身配西裤或裙子）又可穿民族服装，也可以穿中式上衣配长裙或长裤，还可以穿旗袍或连衣裙等。女性除了穿各类服装外，还可以佩戴饰物。至于男性，除了穿西装，也可以穿两用衫、T 恤衫、夹克衫、牛仔衫等各种便服，力求显出轻松与潇洒。

第三，休闲装。它是在非正式场合穿着的服装。休闲装通常在以下场合穿着：自己在家休息、上街购物、健身锻炼、观光旅游等。现在市场上流行的休闲装主要是无领、无袖、宽松、舒适、得体的服装。休闲装还包括运动装、牛仔装、沙滩装等。穿上它们，可以得到很好的放松与休息。

服饰的 T. P. O 原则的三要素是相互贯通、相辅相成的。人们在社交活动与工作中，总是会处于一个特定的时间、场合和地点中，因此你在着装时，应考虑穿什么、怎么穿。这是踏入社会并取得成功的一个良好开端。

1. 3. 1. 5 着装的配色原则

服饰的美是款式美、质料美和色彩美三者完美统一的体现，而在生活中，色彩美是最先引人注目的，因为色彩对人的视觉刺激最敏感、最快速，会给他人留下很深的印象。

服装色彩搭配可供参考的三种方法如下。

第一，同色搭配。即由色彩相近或相同，明度有层次变化的色彩相互搭配造成一种统一和谐的效果。如墨绿配浅绿、咖啡配米色等。在同色搭配时，宜掌握上淡下深、上明下暗。这样整体上就有一种稳重踏实之感。

第二，相似色搭配。色彩学上将色环大约 90°以内的邻近色称为相似色。如蓝与绿、红与橙。相似色搭配时，两个色的明度、纯度要错开，如深一点的蓝色和浅一点的绿色配在一起比较合适。

第三，主色搭配。指选一种起主导作用的基调和主色，相配于各种颜色，造成一种互相陪衬、相映成趣之效。采用这种配色方法，应首先确定整体服饰的基调，其次选择与基调一致的主色，最后再选出多种辅色。主色调搭配如选色不当，容易造成混乱不堪的感觉，有损整体形象，因此使用的时候要慎重。

1. 3. 2 服饰的选择要素

在选择服饰色彩的时候，不仅要考虑色彩之间的相配，还要考虑与着装者的年龄、体形、肤色、性格、职业等相配。

1. 3. 2. 1 服饰与年龄

不论年轻人还是年长者都有权利打扮自己。但是在打扮时要注意，不同年龄的人有不同的着装要求。年轻人的穿着可鲜艳、活泼和随意些，这样可以充分体现年轻人朝气蓬勃的青春之美；而中老年人的着装则要注意庄重、雅致、含蓄，体现其成熟和端庄，充分表现出成熟之美。但无论何种年龄段，只要着装与年龄相协调，都可以显示出独特的韵味。

1. 3. 2. 2 服饰与体形

世上之人，高矮胖瘦各得其所，不同的体形着装要有所区别。对于高大的人而言，在服装选择与搭配上，要注意服色宜选择深色、单色为好，太亮、太淡、太花的色彩都有一种扩张感，使着装者显得更高更大。对于较矮的人而言，服色稍淡、明快柔和些为好，上下色彩一致可以造成修长之感。对于较胖的人而言，在服色的选择上，应以冷色调为好，过于强烈的色调就更显得胖。对于偏瘦的人而言，服色选择应以明亮柔和为好，太深、太暗的色彩反而显得瘦弱。

1.3.2.3 服饰与肤色

肤色影响着服饰配套的效果，也影响着服装及饰物的色彩。但反过来说服饰的色彩同样作用于人的肤色而使肤色发生变化。

肤色发黄或略黑、粗糙的人，在选择服色时应慎重。服色的调子过深，会加深肤色偏黑的感觉，使肤色毫无生气；也不宜用调子过浅的服色，色泽过浅，会反衬出肤色的黝黑，同样会令人显得暗淡无光。这种肤色的人最适宜选用的是与肤色对比不强的粉色系、蓝绿色。最忌色泽明亮的黄、橙、蓝、紫或色调极暗的褐色、黑紫、黑色等。

肤色略带灰黄，则不宜选用米黄色、土黄色、灰色的服色，否则会显得精神不振和无精打采。

肤色发红，则应配用稍冷或浅色的服色，但不宜使用浅绿色和蓝绿色，因为这种强烈的色彩对比会使肤色显得发紫。

1.3.2.4 服饰与性格

不同的性格需要由不同的色彩来表现，只有选择与性格相符的服色才会给人带来舒适与愉快。性格内向的人，一般喜欢选择较为沉着的颜色，如青、灰、蓝、黑等；性格外向的人，一般以选用暖色或色彩纯度高的服色为佳，如红、橙、黄等。

1.3.2.5 服饰与职业

不同的职业有不同的着装要求。如法官的服色一般为黑色，以显示出应重、威严；银行职员的服色一般选用深色，这会给客户以踏实、信任的感觉。

1.3.3 饰物礼仪

饰物指与服装搭配对服装起修饰作用的其他物品，主要有领带、围巾、丝巾、胸针、首饰、提包、手套、鞋袜等。饰物在着装中起着画龙点睛、协调整体的作用。

1.3.3.1 丝巾

常见的丝巾有丝绸丝巾、棉丝巾、毛丝巾、麻丝巾、混纺丝巾等。

丝巾的佩带要与脸型相配。圆脸型人应将丝巾下垂的部分尽量拉长，强调纵向感，并注意保持从头至脚的纵向线条的完整性，尽量不要中断。可以系玫瑰花、心形结、十字结等。四方脸型人选择系丝巾时尽量做到颈部周围干净利索，并在胸前打出些层次感强的花结，再配以线条简洁的上装，演绎出高贵的气质。倒三角脸型人应利用丝巾让颈部充满层次感，来一个华贵的系结款式，会有很好的效果。如带叶的玫瑰花结、项链结、青花结等。长脸型人应选择百合花结、项链结、双头结等。

丝巾打法与场合有着密切的联系。成熟优雅的条状结适用于商务型非正式聚会；热情洋溢的包头结适用于旅游度假和节日聚会等；恬静秀美的蝴蝶结适用于约会和非正式聚会，见图1－3－2。

图1－3－2　丝巾佩戴与打法

1.3.3.2　围巾

围巾不仅具有保暖功能，更具有装饰美化的效果。佩戴围巾时应注意与其他服饰相协调。

男士在较为正式的场合或在上班时应选用深色的围巾，如灰色、黑色、深蓝色、酱紫色等。进入室内后应将围巾连同外衣、帽子一齐脱下。

女士围巾的颜色要与服装协调。单色、暗色的服装配花色的围巾，艳丽花哨的服装可配素色围巾，并且应与脸色相近，见图1－3－3。

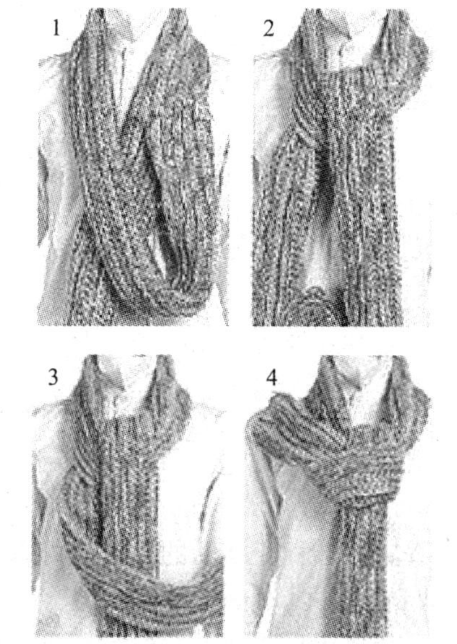

图1－3－3　围巾的佩戴与打法

1.3.3.3　帽子

帽子不仅防寒抗晒，也是服饰搭配的一个组成部分。对于服饰来说，帽子款式、颜色的选用是十分讲究的，它直接关系到服饰整体效果的好坏。

帽子的选用，既要照顾款式，更应兼顾色彩、大小、高矮与人的脸型、肤色、年龄、体形、身份以及与服饰之间的配套关系。

尖脸型的人选用圆顶帽比较适宜，圆脸型的人宜选用棒球帽；身材高大的人选用的帽子宜大不宜小，身材瘦小的人则相反。女士的时装帽会使其显得潇洒大方，富有青春气息；翻边礼帽会使女性刚柔相济，富有男性气派；各种草帽、金丝帽配上夏令时装，顿觉清凉明快，充满女性魅力。

正戴帽子显得庄重、严肃，增加脸形的丰满、端庄；歪戴帽子则显得活泼、妩媚，显出脸的清瘦、俏皮。

一般来说，不论是参加各种活动还是在室内都不宜戴帽子，女士的纱手套、纱面罩、传统礼帽、披肩等除外。

1.3.3.4 墨镜

佩戴墨镜会使人平添几分神秘感和魅力，给人严肃、神气、深沉之感，因此备受人们的喜爱。选择墨镜时，不仅要考虑其颜色、款式、质地，还要考虑自己的脸形、头饰、肤色等，尤其是它们的整体效果。

提请注意的是：室内活动不要戴墨镜，室外礼仪性的活动也不应戴墨镜。

1.3.3.5 腰带

腰带具有装饰、美化人体的作用，是矫正体型、制造错觉的重要手段之一。男士在工作中使用的腰带以黑色或棕色皮革制品为佳，不宜过长，宽度一般不超过3厘米。女士系腰带既要考虑同服装配套，又要考虑体型。杨柳细腰的女士选一条宽腰带会更加楚楚动人。

另外，通过系腰带部位的上下移动还可以调节人们对人体上下身的视觉；通过腰带的颜色深浅、宽度大小可以调节人们对腰身的粗细视觉。

1.3.3.6 包

包是职业女性在社交场合中不可缺少的配件，既有实用功能，又有装饰价值。

上班族女性所用包的材料多为真皮，颜色沉稳，款式简单大方，可带有规矩的金属扣装饰，显得端庄稳重、干练利索，适合于搭配各种服装，又能盛放女性物品，如笔记本、化妆盒、手纸等，非常实用。

出席宴会、晚会等，如果穿典雅的礼服，可以选择小巧、高档的夹包，精致的皮包或手工包；切忌过大的包，否则与气氛不协调。颜色不妨是亮眼的金色、银色，灯光下更添光彩。

经常参加社交活动的女性，可以多备不同款式、颜色、质地的包，可根据穿着的服饰搭配不同的包，达到整体和谐美。

休闲式样的大挎包、双肩包或手拎包，适合于休闲时逛街、游玩。高级时装可以搭配高档的牛皮包、柔软的羊皮手袋或闪亮的金属包，这样会显得华贵富丽，气质高雅。若穿着一身合体的羊毛套裙，则可以配古典秀雅的小坤包。

男士上班时可以选择真皮公文包。

1.3.3.7 首饰

首饰主要指耳环、项链、戒指、手镯、手链等。佩戴首饰应与脸型、服装协调。首饰不易同时戴多件，比如戒指，一只手最好只佩戴一枚，手镯、手链一只手也不能戴两个以上。多戴则不雅而显得庸俗，特别是工作和重要社交场合，穿金戴银太过分总不适宜，不合礼仪规范，见图1-3-4。

1.3.3.8 手表

手表的佩戴因人而异，但不论男士还是女士，在社交场合最好不要戴潜水表、失效表、劣质表、怀式表、广告表、世界表或卡通表，见图1-3-5。

图1-3-4 首饰的佩戴方法

图1-3-5 手表佩戴方法

1.3.3.9 胸针

胸针适合女性一年四季佩戴。佩戴胸针应因季节、服装的不同而变化。穿西装时，胸针应别在左侧领上；穿无领上衣时，应别在左侧胸前。发型偏左时，胸针应当居右；反之，应居左。别胸针的高度，应在自上而下的一、二粒纽扣之间。佩戴胸针时，最好将其花茎向下，还应考虑自己的身高。个子较矮者应选用小一点的胸针，佩戴得稍高一点；反之，可选择大一点的胸针，佩戴得稍低一点。

虽然佩饰的种类繁多，但在佩戴时应精心挑选一两种适合自己的饰品，不要一齐上阵，弄得满身珠光宝气，庸俗不堪，失去了锦上添花的作用。

在使用首饰时要注意讲究规则：在数量上以少为佳，下限是零，上限是三，必要时可以一件首饰也不戴，若有意同时戴多种时，在数量上不要超过三种，要力求简单。

1.3.4 着装规范

1.3.4.1 男子西装的穿着规范

就目前来说，西装是一种国际性服装，是世界公认的男士正统服装。男士在所有社交场合都可以身着西装。因此，经常出入社交场合的男士应自备合体的西装，见图1-3-6。

（1）西装的选择与穿着。

在选择西装时，要充分考虑到自己的身高、体型，选择合适的款式。另外，还要注意选择合适的面料与颜色，西装的面料应该挺括、垂感好，一般宜选择全毛料制作。在颜色上宜选用黑色、深蓝色、深灰色等深色调，这样可适用于任何正式场合。

在选择西装的大小时应注意合身。西装的长度应以其下摆垂到手的虎口处、袖口垂下来到手腕为好。西裤的大小应以裤子扣好后腰中能塞进一只手，长度垂下来正好到皮鞋，两条裤缝笔直为佳。系西裤的皮带应以黑色、庄重、典雅的牛皮皮带为好。

西装在穿着时，要注意单排扣西装在非正式场合可以不扣，以示飘逸的风度。在正式场合中可以扣上面的一粒或两粒纽扣，以示端庄。而双排扣在穿着时要全部扣上，在坐下时可以解开下面的扣子，以免坐久了衣服会弄皱，但站起来时不要忘记扣好下面的扣子。

图 1-3-6　男士西装穿着

（2）衬衣的选择与穿着。

①衬衣颜色的选择。一般而言，衬衫以淡颜色居多，最常用的是白衬衫，可以配所有的西服。而花衬衣、条纹衬衣可以配单色西装，单色衬衣可以配条纹或方格西装。

近几年比较流行西装里面配有色衬衣，颜色一般选择与西服同色系。如深灰色西装配浅灰色衬衣；深咖啡色西装配浅咖啡色衬衣，给人的感觉没有白色衬衣那样显眼，很文静、稳重。

②衬衣大小的选择。在选择衬衣时，其大小以领口的大小为准。一般衬衣穿好后，扣好扣子，领子的大小以能塞进一个手指头为好。这样等系好领带后，可显得不松不紧。衬衣领子以小方领为多，领头要硬挺，切忌折皱松软。随着时代的变化，领子大小有所改变。

③衬衣的穿着。衬衣穿好后其衬衣领子应高出西装领子 1 厘米左右，衬衣袖子应长出西装袖口 1.5 ~2.5 厘米为宜。穿西装时，衬衣应塞进裤腰内，衬衣内如要穿棉毛衫的话，最好要看不出痕迹。穿衬衣打领带时，衬衣最上面的一粒扣子应扣紧，包括袖口上的扣子都要扣好。如不系领带，衬衫的最上面的扣子应不扣。如衬衣单穿不系领带时，则袖子可以卷起。

（3）领带的选择与系法。

领带是西装的装饰品，也是西装的灵魂。在正式场合下，如不系领带而穿着高级西装就显得苍白无力。领带的面料有毛织、丝质、化纤等。花色图案更多。领带的选色应与衬衫和西装相配。一般而言，男子服饰的色彩以不超过三色为原则。比如藏青色西装，可以配雪青色衬衫和天青色的领带。当然领带上可以有一些红色或白色的其他花纹图案，则可以起到“万绿丛中一点红”的效果，使着装者显得更精神。

领带的系法有讲究，一般先扣好衬衣领后，将领带套在衣领外，然后将宽的一片稍稍压在领下，抽拉另一端，领带就自然夹在衣领中间了，而不必把领子翻立起来。领带系好后两端应自然下垂，宽的一片盖住窄的一片，而且宽的一片的领带尖刚好与裤腰平起为宜，切忌领带压住或垂至裤腰下。如同时穿西装马甲或“V”领羊毛衫，则领带应放置于背心或羊毛衫内。领带系法见图1-3-7。

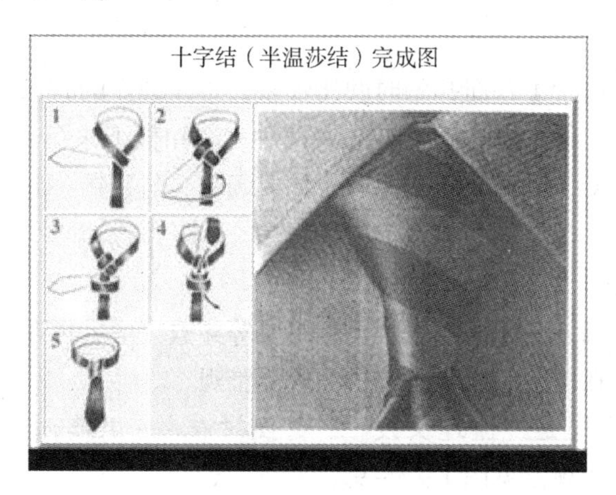

图1-3-7 领带系法

领带的最重要部位是领结，不同的系法可以获得不同形状大小的领结。

（4）皮鞋和袜子。

皮鞋和袜子虽然穿在脚上，不是十分引人注意，但还是作为男子穿西装时必须与衬衣、领带同等看待的重要配件。试想，一套深色西装，配一双浅黄色皮鞋或一双白色袜子该是何等刺眼。对于男士而言，深色西装最好配双黑色皮鞋，最规范的应是黑色的系带皮鞋。男子的皮鞋后跟不要太高，也不要打钉，否则走起路来“咯咯”响是很刺耳的。袜子最好是与西裤的颜色相同或与皮鞋的颜色相同，切忌选配浅色袜子。而且选袜子的时候，最好选袜筒长一点的；否则，坐下来裤子一拉露出一截皮肤是不雅观的。穿西装最忌讳的就是配穿旅游鞋、套鞋或布鞋，见图1-3-8。

图1-3-8 皮鞋和袜子规范

（5）手帕、领带夹与别针。

西装手帕也是西装的有机组成部分，可以起到锦上添花的作用。装饰性手帕一般以白色居多，因为衬衣一般都为浅色，但也可以是与衬衣相近的其他颜色，以起到里外呼应的效果。如深色西装，浅咖啡色衬衣可以配浅咖啡色手帕；米色衬衣可以配米色手帕，显得别具一格。

穿单排扣的西装，由于不扣纽扣的时间比较多，人在动作的时候容易使领带飘起来，因此，穿单排扣的西装可夹领带夹。领带夹应夹在衬衣纽扣数下来第 4 ~5 颗处。而别针可夹在西装左衣领上，约与第 3 颗衬衣纽扣平齐。如要领带夹与别针一起用，那领带夹和别针应是同款同色为好。

（6）穿西装的程序。

西装穿着程序也可以说是一种礼仪规范，不要等穿戴完毕后再照镜子梳头，这样会把头皮屑、脱落的头发全梳在了西装上，走出去会极不雅观。

西装穿着的正常程序是：梳理头发——更换衬衣——更换西裤——穿皮鞋——系领带——穿上装。穿西装的规范见图 1 –3 –9。

图 1 –3 –9　穿西装规范

1. 3. 4. 2　女子服饰的选择与穿着

（1）女子服饰的选择与穿着。

职业服是指上班族上班时穿的服装，根据工作性质可把职业服装分成两大类，即办公服和工作服。这里主要是指办公服。

办公服是指坐办公室的女士穿用的上班服装。选择办公服的一个原则就是要求高雅、整齐、大方、舒适、实用和挺括不起皱。女性办公服在款式上宜选用套装、套裙为好，颜色以素雅为好，如藏蓝、炭黑、烟灰、雪青、黄褐、茶褐、蓝灰、暗土黄、暗紫红等较冷的色彩，这些颜色会给人一种稳重、端庄、高雅无华之感。切忌选用大红大绿或太亮、刺眼的颜色。

从图案上讲，西装套裙讲究的是朴素、简洁。除素色面料外，还可以选择各种或明或暗，或宽或窄的格子与条纹图案，以及规则的圆点所组成的图案的面料。

从整体造型上讲，西装套裙是变化无穷的。但是，它的变化主要集中于长短与宽窄两个方面。在西装套裙中，上衣与裙子的长短没有明确的规定。但最好不要太长或太短，以免短了不雅，长了没神。

以两件套西装套裙为例，上衣与裙子可以是同一色，也可以采用上浅下深或上深下浅等两种不同的色彩，来使之形成对比。前者正统而庄重，后者则富有动感与韵律，二者各有千秋。另外，可以在上下一色的套裙上，以衬衫、装饰手帕、丝巾等不同色彩的衣饰来“画龙点睛”，或者把上衣的衣领、兜盖用与上装花色图案不同的裙子的面料来做，使衣裙的色彩“遥相呼应”，给人一种协调美，见图1－3－10。

图1－3－10 女子服饰的选择与穿着

（2）女子鞋子的选择与穿着。

一身漂亮的衣服总得有一双得体的鞋相配方能显示出一种整体美，穿一套西装套装或套裙绝不能配一双布鞋或球鞋，而应配皮鞋，深色套装套裙可以配黑色皮鞋。但随着人们穿着品位的提高，女士不同颜色不同款式的套装越来越多。因此，在选择套装时，最好也应选择与套装相配的皮鞋。比如棕色套装最好选棕色或棕黑色皮鞋，这样上下呼应，有一种整体美感。再如穿带花色的套裙，最好选择一双与裙子主色相应的皮鞋，这样皮鞋与裙子的某一种颜色呼应，能产生高雅动人之感。相反，如皮鞋颜色与上下装的颜色反差太大，看起来会使人感觉不舒服。

（3）女子袜子的选择与穿着。

在社交场合，女士如着裙装，必须穿适当的袜子。不穿袜子出现在社交场合是很不礼貌的，见图1－3－11。女士穿长裙子，可选择中长肉色袜子，如穿超短裙或一步裙，应配穿连裤袜。总之，长筒袜的长度一定要高于裙子下部边缘。袜子的颜色应与自己的肤色相配，

裙鞋袜不搭

光腿穿职业裙

三截腿

皮裙

图1－3－11 女士着职业装禁忌

一般肉色长筒袜能使女士皮肤罩上一层光晕而显示出一种线条美。但肉色长筒袜又有许多种颜色层次，皮肤较白的人，可选择一些浅肉色的长筒袜，可以更显细腻娇嫩。皮肤较黑或粗糙的人，可以选深肉色的长袜，这样可以弥补肤色的缺陷，从而使得腿部更加修长健美。

1.3.4.3 着装的注意点

第一，男子进入室内场所应卸去帽子、大衣、手套等。而女子如戴着装饰性的手套、帽子、披肩、短外套等，都不用脱，因为这作为服饰的一部分，脱去就失去整体美了。

第二，女子在穿露肩、露胸和露背的晚礼服赴会时，在会场外，应把裸露的部分用披肩、斗篷等遮掩起来。进入会场后，披肩才可以脱下。

第三，在宴会中，手套与手提包都不能放在餐桌上，手提包可以挂到架子上或放到餐椅靠背处。

第四，拿餐具时，手套应脱下，但喝鸡尾酒时可以只脱一只手套，脱下的手套可以放在手提包中或椅子后背。

第五，结婚戒指不应戴在手套上，但装饰性戒指除外。

【基本训练】

复习思考题

1. 着装礼仪的基本原则有哪些？请举例说明。
2. 着装的 T. P. O 原则是什么？

实训练习与操作

男生穿西装以作示范，女生穿色彩与款式搭配好的服装以作示范。

实训目标：掌握规范穿着西装，认识色彩与款式搭配的重要性。

实训内容与要求：西装、领带、各种色彩与款式的服装等，由学生自己准备。要求学生西装穿着应符合规范，女生穿着和谐。

实训成果与检测：学生穿好后进行演示，其他学生及教师进行检查和点评。

1.4 言语谈吐

【本节学习目标】

1. 初步掌握语言礼仪
2. 掌握交谈技巧
3. 初步掌握倾听的技巧

言谈是人们建立良好的人际关系的重要途径。任何人在各种社交场合总要同老相识和新结识的人接触和谈话，借以增进相互了解。因此，懂得言谈的礼节，谈吐得体，举止文雅是很重要的。

1.4.1 语言礼仪

1.4.1.1 称谓用语

人际交往，礼貌当先；与人交谈，称谓当先。使用称谓，应当谨慎，稍有差错，便贻笑于人。恰当地使用称谓，是社交活动中的一种基本礼貌。称谓要表现尊敬、亲切和文雅，使双方心灵沟通，感情融洽，拉近彼此距离。正确地掌握和运用称谓，是人际交往中不可缺少的礼仪因素。

（1）姓名称谓。

姓名，即一个人的姓氏和名字。姓名称谓是使用比较普遍的一种称呼形式。用法大致有以下几种情况。

全姓名称谓，即直呼其姓和名。如："李大伟""刘建华"等。全姓名称谓有一种庄严感、严肃感，一般用于学校、部队或其他等郑重场合。一般说来，在人们的日常交往中，指名道姓地称呼对方是不礼貌的，甚至是粗鲁的。

名字称谓，即省去姓氏，只呼其名字，如"大伟""建华"等，这样称呼显得既礼貌又亲切，运用场合比较广泛。

姓氏加修饰称谓，即在姓之前加一修饰字。如"老李""小刘""大陈"等，这种称呼亲切、真挚。一般用于在一起工作、劳动和生活中相互比较熟悉的同志之间。

（2）亲属称谓。

亲属称谓是对有亲缘关系的人的称呼，我国古人在亲属称谓上尤为讲究，主要有：

对亲属的长辈、平辈决不称呼姓名、字号，而按与自己的关系称呼，如祖父、父亲、母亲、胞兄、胞妹等；

称别人的亲属时，加"令"或"尊"，如尊翁、令堂、令郎、令爱、令侄等；

对别人称自己的亲属时，前面加"家"，如家父、家母、家叔、家兄、家妹等；

对别人称自己的平辈、晚辈亲属，前面加"敝""舍"或"小"，如敝兄、敝弟，或舍弟、舍侄，小儿、小婿等；

对自己亲属谦称，可加"愚"字，如愚伯、愚岳、愚兄、愚甥、愚侄等。

随着社会的进步，现在我们在日常生活中，使用亲属称谓时，一般都是称自己与亲属的关系，十分简洁明了，如爸爸、妈妈、哥哥、弟弟、姐姐、妹妹等。

有姻缘关系的，在当面称呼时，也有了改变，如岳父——爸，岳母——妈。

称别人的亲属时和对别人称自己的亲属时也不那么讲究了，如：您爹、您妈、我哥、我弟等。

不过在书面语言上，文化修养高的人，还是比较讲究的，不少仍沿袭传统的称谓方法，显得高雅、礼貌。

（3）职务称谓。

职务称谓就是用所担任的职务作称呼。主要有三种形式。

用职务称呼，如“李局长”“张科长”“刘经理”“赵院长”“李书记”等。

用专业技术职务称呼，如“李教授”“张工程师”“刘医师”。对工程师，总工程师还可称“张工”“刘总”等。

职业尊称，即用其从事的职业工作当作称谓，如“李老师”“赵大夫”“刘会计”，不少行业可以用“师傅”相称。

（4）使用称谓要规范。

称谓的使用是否规范，是否表现出尊重，是否符合彼此的身份和社会习惯，这是一个十分重要的问题。进行人际交往，在使用称呼时，一定要回避以下几种错误的做法。其共同的特征，是失敬于人。

误读。误读，一般表现为念错被称呼者的姓名。比如，“郇”“查”“盖”这些姓氏就极易弄错。

误会。误会，主要指对被称呼的年纪、辈分、婚否以及与其他人的关系做出了错误判断。比如，将未婚妇女称为“夫人”，就属于误会。

使用过时的称呼。有些称呼，具有一定的时效性，一旦时过境迁，若再采用，难免贻笑大方。比方说，在我国古代，对官员称为“老爷”“大人”。若将它们全盘照搬进现代生活里来，就会显得滑稽可笑，不伦不类。

使用不通行的称呼。有些称呼，具有一定的地域性，比如，北京人爱称人为“师傅”，山东人爱称人为“伙计”，中国人把配偶、孩子经常称为“爱人”“小鬼”。但是，在南方人听来，“师傅”等于“出家人”，“伙计”肯定是“打工仔”。而外国人则将“爱人”理解为进行“婚外恋”的“第三者”，将“小鬼”理解为“鬼怪”“精灵”，可见更是“南辕北辙”，误会太大了。

使用不当的行业称呼。学生喜欢互称为“同学”，军人经常互称“战友”，工人可以称为“师傅”，道士、和尚可以称为“出家人”，这无可厚非。但以此去称呼“界外”人士，并不表示亲近，没准对方还会不领情，反而产生被贬低的感觉。

使用庸俗低级的称呼。在人际交往中，有些称呼在正式场合切勿使用。例如，“兄弟”“朋友”“哥们儿”“姐们儿”“死党”“铁哥们儿”，等等一类的称呼，就显得庸俗低级，档次不高。它们听起来令人肉麻不堪，而且带有明显的黑社会人员的风格。逢人便称“老板”，也显得不伦不类。

使用绰号作为称呼。对于关系一般者，切勿自作主张给对方起绰号，更不能随意以道听途说的对方的绰号去称呼对方。至于一些对对方具有侮辱性质的绰号，例如，“鬼子”“拐子”“秃子”“罗锅”“四眼”“肥肥”“傻大个”“北极熊”“黑哥们”“麻秆儿”，等等，则更应当免开尊口。

另外，还要注意，不要随便拿别人的姓名乱开玩笑。要尊重一个人，必须首先学会去尊重他的姓名。每一个正常人，都极为看重本人的姓名，而不容他人对此进行任何形式的轻践。对此，在人际交往中，一定要予以牢记。

1.4.1.2 问候用语

问候是见面时最先向对方传递的信息，它是作为社交场合的“开场白”来被使用的。跟初次见面的人问候，标准的问候语是：“您好！很高兴认识您!”“见到您非常荣幸!”等。如果对方是个有名望的人，也可以说“久仰”，或者说“幸会”“早听说过您的大名”“我早就拜读过您的大作”“您的故事我早有耳闻”等。与熟人的问候语就不必如此客套，用语也可以更加亲切、具体一些，可以说“好长时间没见了”“你最近气色不错”等。

1.4.1.3 迎送用语

（1）欢迎用语。

最常用的欢迎用语有：“欢迎”“欢迎光临”“欢迎您的到来”“见到您很高兴”“恭候您的光临”等。但在客人再次到来时，可在欢迎用语之前加上对方的尊称，如“先生，真高兴再次见到您”“欢迎您再次光临”等，以表明自己尊重对方，使对方产生被重视之感。

（2）送别用语。

最为常用的送别用语，主要有“再见”“慢走”“走好”“欢迎再来”“一路平安”等等。需要注意的是，送别乘飞机的客人忌讳说“一路顺风”。

1.4.1.4 请托用语

通常指的是在请求他人帮忙或是托付他人代劳时，照例应当使用的专项用语。在工作岗位上，任何服务人员都免不了可能会有求于人。在向客人提出某项具体要求或请求时，都要加上一个“请”字。

在工作中我们必须杜绝的语言有：

（1）不尊重之语：面对残疾人时，切忌使用“残废”“瞎子”“聋子”等词；对体胖之人的“肥”，个矮之人的“矮”，都不应当直言不讳；

（2）不客气之语：如在劝阻服务对象不要动手乱摸乱碰时，不能够说：“别乱动”“弄坏了你得赔”等。

1.4.1.5 致谢用语

致谢用语一般为“谢谢”“感谢您的帮助”等。

致谢的几种情况：一是获得他人帮助时；二是得到他人支持时；三是赢得他人理解时；四是感到他人善意时；五是婉言谢绝他人时；六是受到他人赞美时。

1.4.1.6 应答用语

常用的应答用语主要有“是的”“好”“很高兴能为您服务”“好的，我明白您的意思”“我会尽量按照您的要求去做”等。重要的是，一般不允许对客人说一个“不”字，更不允许对其置之不理。

1.4.1.7 道歉用语

常用的道歉用语主要有“抱歉”“对不起”“请原谅”等。

（1）道歉语应当文明而规范。

有愧于他人之处，宜说“深感歉疚”“非常惭愧”。渴望见谅，该说：“多多包涵”“请您原谅”。有劳别人，可说：“打扰了”“麻烦了”。一般场合，则可以讲“对不起”“很抱歉”“失礼了”。

（2）道歉应当及时。

知道自己错了，马上就要说“对不起”，否则越拖得久，就越会让人家“窝火”，越容易使人误解。道歉及时，还有助于当事人“退一步海阔天空”，避免因小失大。

（3）道歉应当大方。

道歉绝非耻辱，故而应当大大方方，堂堂正正，完全彻底，不要遮遮掩掩，“欲说还休，却道天凉好个秋”。不要过分贬低自己，说什么“我真笨”“我真不是个东西”，这样可能让人看不起。

（4）道歉可以借助于“物语”。

有些道歉的话当面难以启齿，写在信上寄去也成。对西方妇女而言，令其转怒为喜，既往不咎的最佳道歉方式，无过于送上一束鲜花，婉“言”示错。这类借物表意的道歉“物语”，会有极好的反馈。

1.4.2 交谈技巧

1.4.2.1 赞美

赞美别人，应有感而发，诚挚中肯。因为它与拍马屁、阿谀奉承，终究是有所区别的。

赞美别人的第一要则，是要实事求是，力戒虚情假意、乱给别人戴高帽子。夸奖一位不到40岁的女士“显得真年轻”，还说得过去；要用它来恭维一位气色不佳的80岁的老太太，就过于做作了。离开真诚二字，赞美将毫无意义。

有位礼仪学者说：“面对一位真正美丽的姑娘，才能夸她‘漂亮’。面对相貌平平的姑娘，称道她‘气质很好’，方为得体。”

赞美别人的第二要则，要因人而异。男士喜欢别人称道他幽默风趣，很有风度。女士渴望别人注意自己年轻、漂亮。老年人乐于别人欣赏自己知识丰富，身体保养好。孩子们爱听别人表扬自己聪明，懂事。适当地道出他人内心之中渴望获得的赞赏，适得其所，善莫大焉。这种“理解”，最受欢迎。

赞美别人的第三要则，是话要说得自自然然，不要听起来过于生硬，更不能“一视同仁，千篇一律”。

1.4.2.2 幽默

幽默是一种修养、一种文化、一种艺术、一种润滑剂、一种兴奋剂，日常生活需要幽默。幽默具有无比的力量，为我们敞开快乐之门。

幽默语言技巧最能体现“给人留下回味的余地”这个特点。幽默也是一种委婉的表达技巧，能帮助你把一些不想直说的话间接地说出来，让听话的一方在做出延伸或深入判断之后，领悟出被你“藏”起来的那层意思。

1.4.3 倾听技巧

一般人在交谈中，倾向于以自己的意见、观点、感情来影响别人，因而往往谈个不停，似乎非如此无法达到交谈的目的。实际上，与人交谈，光做一个好的演说者不一定成功，还须做一个好的听众。

外国曾有谚语说“用10秒钟的时间讲，用10分钟的时间听”。因为听，同样可以满足对方的需要。认真聆听对方的谈话，是对讲话者的一种尊重，在一定程度上可以满足对方的需要，同时可以使人们的交往、交谈更有效，彼此之间的关系更融洽。能够耐心地倾听对方的谈话，等于告诉对方“你是一个值得我倾听你讲话的人”，这样在无形中就能提高对方的自尊心，加深彼此的感情。反之，对方还没有把将要说的话说完，你就听不下去了，这最容易使对方自尊心受挫。

倾听是有技巧的，增进倾听技巧的方法有以下几种。

（1）消除外在与内在的干扰。

外在和内在的干扰，是妨碍倾听的主要因素。因此要改进聆听技巧的首要方法就是尽可能地消除干扰。必须把注意力完全放在对方的身上，才能掌握对方的有声语言和肢体语言，明白对方说了什么、没说什么，以及对方的话所代表的感觉与意义。

（2）鼓励对方先开口。

鼓励对方先开口，可以降低谈话中的竞争意味。

（3）非必要时，避免打断他人的谈话。

善于听别人说话的人不会因为自己想强调一句话、想修正对方话中一些无关紧要的部分、想突然转变话题，或者想说完刚刚没说完的话，就随便打断对方的话。经常打断别人说话就表示我们不善于听人说话，个性激进、礼貌不周，很难和人沟通。

（4）听取关键词。

找出对方话中的关键词，也可以帮助我们决定如何响应对方的说法。我们只要在自己提出来的问题或感想中，加入对方所说过的关键内容，对方就可以感觉到你对他所说的话很感兴趣或者很关心。

（5）反应式倾听。

反应式倾听指的是重述刚刚所听到的话，这是一种很重要的沟通技巧。我们的反应可以让对方知道我们一直在听他说话，而且也听懂了他所说的话。但是反应式倾听不是像鹦鹉一样，对方说什么你就说什么，而是应该用自己的话，简要地述说对方的重点。

（6）弄清楚各种暗示。

很多人都不敢直接说出自己真正的想法和感觉，他们往往会运用一些叙述或疑问，百般暗示，来表达自己内心的看法和感受。一旦遇到暗示性强烈的话，应该鼓励说话的人再把话说得清楚一点。

【基本训练】

复习思考题

1. 谈话中如何使用礼貌语言？
2. 交谈时如何引出合适的话题？
3. 赞美他人需要把握哪些尺度？

实训练习与操作

“听与说”游戏。

实训内容与要求：

请6名同学参加角色扮演，具体角色如下：

1. 孕妇，怀胎八月。
2. 发明家，正在研究新能源（可再生、无污染）汽车。
3. 医学家，经年研究艾滋病的治疗方案，已取得突破性进展。
4. 宇航员，即将远征火星，寻找适合人类居住的新星球。
5. 生态学家，负责热带雨林抢救工作。
6. 流浪汉，一无所有。

游戏背景：私人飞机坠落在荒岛上，只有6人存活。这时逃生工具仅有一个能容纳一人的橡皮气球吊篮，没有水和食物。

游戏方法：针对由谁乘坐气球先行离岛的问题，各自陈诉理由（2~3分钟）。先复述前一人的理由再申述自己的理由。

实训成果与检测：大家根据6位同学复述别人逃生理由的完整与陈述自身理由充分性，决定一人可先行离岛。教师根据同学的表现评价好的表达/坏的表达。

第 2 章　社交礼仪

【学习目标】

通过本章学习，了解日常社会交往中的基本礼仪，从而在社交活动中游刃有余，事半功倍。

【教学要求】

认知：由浅入深使学生对日常社交礼仪有一个基本的认识。

理解：在认知的基础上，能够深入学习日常社交礼仪的精髓，理解并掌握日常交往中常用的介绍方法等。

运用：通过学习可以使学生有意识地注意自己日常交往中的行为，并在不断的实践中改善自身的缺点，提高自身修养。

社交，通常是对人们在社会上所进行的各种交际活动的简称。人际交往，古往今来便有之，随着社会的发展，人们的社会交往便日益频繁起来，一个人的成功来源于各方面的支持和鼓励，比如家人的支持、师长的教诲、领导的培养、同事的关照、朋友的帮助、客户的合作等，这在很大程度上都离不开自己在社交方面的努力付出。社交礼仪是人际交往的纽带和桥梁，人们在社交中应当遵循社交规则和惯例。我们在日常生活中的会面、问候、迎来、送往、约会、赴宴、馈赠、祝福，以及婚丧嫁娶等仪式，都离不开社交礼仪的规范。

社交礼仪的一个重要作用，就是善待他人、尊重他人。孔子说："礼者，敬人。"孟子曰："尊敬之心，礼也。"他们的高度概括，是对社交礼仪重要作用的最好阐述。我们经常说要以礼待人，其用意不是为了虚伪、矫情地做一些表面工作，而是为了借助礼仪规范更好地向交往对象表达我们的尊重。

2.1　介绍礼仪

【本节学习目标】

1. 了解介绍的要求
2. 初步掌握自我介绍的类型
3. 掌握他人介绍的顺序

4. 掌握集体介绍的注意事项

【引例】

王丽的单位来了一位新同事小刘，单位安排小刘与她住同一间宿舍，不到几天两人便成了好朋友。有一天，在外出差一个月的小李回来找王丽玩，王丽只顾着和小李聊天，把小刘晾在一边，使小刘极为尴尬。

思考题：在什么场合你要充当“中间人”，为他人作介绍？

当今社会，在日常生活和工作中，介绍是一种经常使用的社交形式，是人际交往中与他人沟通、建立联系、增进了解的一种最基本、最常见的形式。它能帮助扩大社交圈子、结识新朋友、加快彼此的了解，成为人与人之间进行相互沟通的出发点，同时替自己在人际交往中消除误会、减少麻烦。

2.1.1 自我介绍

自我介绍，就是在社交场合由自己担任介绍的主角，自己将自己介绍给其他人，以使对方认识自己。

2.1.1.1 自我介绍的要求

(1) 时机恰当。

自我介绍的时机恰当就是指在什么时间、什么地点、以什么身份进行自我介绍，往往正确时机的自我介绍能给对方留下深刻的印象，而不恰当的时机即便自我介绍很精彩也将适得其反。以下为自我介绍的恰当时机：

应聘求职时；

应试求学时；

在社交场合，与不相识者相处时；

在社交场合，有不相识者表现出对自己感兴趣时；

在社交场合，有不相识者要求自己作自我介绍时；

在公共聚会上，与身边的陌生人组成交际圈时；

在公共聚会上，打算介入陌生人组成的交际圈时；

交往对象因为健忘而记不清自己，或担心这种情况可能出现时；

有求于人，而对方对自己不甚了解，或一无所知时；

拜访熟人遇到不相识者挡驾，或是对方不在，而需要请不相识者代为转告时；

前往陌生单位，进行业务联系时；

在出差、旅行途中，与他人不期而遇，并且有必要与之建立临时接触时；

因业务需要，在公共场合进行业务推广时；

初次利用大众传媒向社会公众进行自我推荐、自我宣传时。

（2）要有特点。

自我介绍可以先声夺人，使对方一下子认识你，并留下深刻的印象。如“您好，我叫李国庆，国庆这一天出生的，希望以后多多关照。”

（3）要自信、友善、清楚。

自我介绍要充满自信和勇气，显得胸有成竹；要面带微笑，正视对方或人家；同时，语气要自然，声音不宜过高或过低、语速适中、语音清晰。作自我介绍时，避免眼神左右看或上下看，甚至翻白眼，否则会给对方留下极不好的印象。

2.1.1.2 自我介绍的类型

应当如何进行自我介绍，是否可以千篇一律？显然是不可以的，因为自我介绍涉及时间、地点、当事人、旁观者、现场气氛，等等，所以自我介绍不能一概而论。根据自我介绍表述的内容不同，可以分为以下5种形式。

（1）应酬型。

应酬型的自我介绍适用于一般性接触的交往对象。对介绍者而言，对方属于泛泛之交，或者早已熟悉，进行自我介绍只是确认身份，用一个字概括就是“少”，只要姓名这一项包含了即可。如“您好！我是汪洋”“您好，我的名字叫张燕”。

（2）工作型。

工作型的自我介绍有个特点：主要适用于工作中，突出工作，因工作而交友，因工作而交际。有时也可称它为“公务型的自我介绍”。其中包括三项内容：姓名、工作单位或部门、职位。如“您好！我是李扬，是××市××局副局长”“我是王平，现在在××银行××市支行工作，任副行长一职”。

（3）交流型。

交流型的自我介绍，主要适用于在社交活动中，它不仅介绍了自己，让对方认识自己，更重要的是刻意寻求与对方进一步交流与沟通。在作这种自我介绍时，可以不面面俱到，但应该从最容易进行交流与沟通的方面入手。如“我是李林，毕业于××大学法律专业，我和您夫人是校友”“您好，我的名字是邢晓，来自××省，我们可是老乡哦”。

（4）礼仪型。

礼仪型的自我介绍适用于最为正式的场合，礼仪性最强。比如讲座、报告、演出、仪式、庆典等一些较为正式的场合，这种介绍内容可以稍微全面一点，凸显自己的友好、谦虚。如：“尊敬的各位来宾，大家好！我是王艳，是××公司的副经理。我代表本公司对大家的莅临表示热烈的欢迎，谢谢大家的支持。”

（5）问答型。

甲：“您好！请问您贵姓？”乙：“您好，免贵姓王，叫王燕。”

甲：“您好！请问怎么称呼您？”乙：“我的名字是王燕，是一名银行工作人员。”

2.1.1.3 自我介绍的注意事项

不要急于表现自己：当别人正在进行谈话时，打断别人谈话，把自己硬塞进去，会给别人很不好的印象；不要夸大自己：信口开河，口若悬河，不切实际地吹嘘自己，会给对方留下不好的印象；不敢表现自己：不自信、说话断断续续、害羞等。

2.1.2 他人介绍

他人介绍，又称为第三人介绍，也就是第三人为彼此不认识的两个人引见、介绍的一种方式。为他人作介绍的第三人是介绍者，而被介绍的双方都是被介绍者，见图 2－1－1。

图 2－1－1 他人介绍

2.1.2.1 他人介绍的时机

(1) 陪他人时，遇见其不识者，而对方又跟自己打了招呼。
(2) 在家中接待彼此不认识的客人。
(3) 在社交场合遇到自己的两位或两位以上的朋友，但他们互不相识。
(4) 在办公地点接待彼此不相识的来访者。
(5) 陪家人外出，遇到家人不识的朋友或同事。
(6) 陪同亲友拜会亲友不认识者。

2.1.2.2 他人介绍的主角

在他人介绍时，哪些人可以充当介绍者呢？我们应该考虑特定的角色，比如公共人员或者熟悉双方的人，还有就是地位高者充当介绍者。如家庭性聚会中的女主人；社交活动中的长者；社交活动中的东道主；一些专职人员，比如文秘人员、公关人员、办公室工作人员、接待人员；熟悉被介绍双方者。

2.1.2.3 他人介绍的顺序

国际上一般惯例是把身份地位低的介绍给身份地位高的。介绍的原则是让尊者优先了解情况，在介绍过程中，先提某人的名字是对他（她）的一种敬意。

根据“让尊者优先了解情况”原则，为他人进行介绍时的顺序大致如下：

（1）介绍女士与男士认识时，应先介绍男士，后介绍女士；

（2）介绍长辈与晚辈认识时，应先介绍晚辈，后介绍长辈；

（3）介绍年长者与年幼者认识时，应先介绍年幼者，后介绍年长者；

（4）介绍已婚者与未婚者认识时，应先介绍未婚者，后介绍已婚者；

（5）介绍老师与学生认识时，应先介绍学生，后介绍老师；

（6）介绍同事、朋友与家人认识时，应先介绍家人，后介绍同事、朋友；

（7）介绍上级与下级认识时，先介绍下级，再介绍上级；

（8）介绍来宾与主人认识时，先介绍主人，后介绍来宾。

2.1.2.4 他人介绍的形式

（1）标准型。

适用于比较正式的一些场合。如：“两位好！我来介绍一下，这位是××省国际旅行社的总经理王林先生，这位是××酒店的客房部经理李岚女士。”

（2）引见型。

适用于比较随便的应酬中，“两位认识一下怎么样？好，你们自报家门吧。”

（3）简洁型。

适用于一般场合，内容往往很简单，可以只有姓名一项。如：“老李，这是小王。你们来认识认识。”

（4）推荐型。

适用于比较正式的一些场合。如“大家好，首先让我来介绍一下，这位是××公司的刘力总经理，刘先生可是一位管理方面的专业人士，他还是×大学的MBA。”

（5）礼仪型。

适用于正式的场合，是一种正规的他人介绍。内容与标准型类似，但语气、表达、称呼上更为礼貌、谦恭。如：“李小姐，您好！请允许我把××省国际旅行社的经理王林先生介绍给您。王林先生，这位是××酒店的客服部经理李岚女士。”

2.1.2.5 他人介绍的注意事项

（1）介绍者为被介绍者介绍之前，一定要征求一下被介绍双方的意见，切勿上去开口即讲，显得很唐突，让被介绍者感到措手不及。

（2）被介绍者在介绍者询问自己是否有意认识某人时，一般不应拒绝，而应欣然应允。实在不愿意时，则应说明理由。

（3）介绍者和被介绍者都应起立，以示尊重和礼貌；待介绍者介绍完毕后，被介绍双方应微笑点头示意或握手致意。在宴会、会议桌、谈判桌上，视情况介绍者和被介绍者可不必起立，被介绍双方可点头微笑致意；如果被介绍双方相隔较远，中间又有障碍物，可举起右手致意，点头微笑致意。

(4) 在作具体介绍时，应礼貌地平举右手掌心斜向上示意，且眼神要随手势指向被介绍的对象，而不应该指手画脚的，切忌用食指示意，否则给人指着鼻子骂的感觉。

(5) 对介绍时所表述的内容要字斟句酌，介绍别人时要将相关信息进行核对，保证准确无误，如姓名、职务。

2.1.3 集体介绍

集体介绍其实是他人介绍的一种特殊形式，它是指介绍者在为他人介绍时，被介绍者其中一方或双方不止一人、甚至许多人。集体介绍有两种情形：一是为一人和多人作介绍；二是为多人和多人作介绍。

2.1.3.1 集体介绍的时机

(1) 规模较大的社交聚会，有多方参加，各方均可能有多人，为双方做介绍。

(2) 大型的公务活动，参加者不止一方，而各方不止一人。

(3) 涉外交往活动，参加活动的宾主双方皆不止一人。

(4) 正式的大型宴会，主持人一方人员与来宾均不止一人。

(5) 演讲、报告、比赛，参加者不止一人。

(6) 会见、会谈，各方参加者不止一人。

(7) 婚礼、生日晚会，当事人与来宾双方均不止一人。

(8) 举行会议，应邀前来的与会者往往不止一人。

(9) 接待参观、访问者，来宾不止一人。

2.1.3.2 集体介绍的顺序

在进行集体介绍时，大家应掌握顺序，越是大型、正式的交际活动，对集体介绍的顺序越是不可马虎。

(1) 强调地位与身份。

若被介绍者双方地位、身份之间存在明显差异，应先介绍地位高者。

(2) “少数服从多数”。

若被介绍者双方地位、身份大致相似，或者难以确定时，应当使人数较少的一方礼让人数较多的一方，一个人礼让多数人，先介绍人数较少的一方或个人，后介绍人数较多的一方或多数人。

2.1.3.3 集体介绍的注意事项

(1) 不要拿被介绍者开玩笑。

集体介绍往往较为正式，无论你与被介绍者关系如何好，千万别拿对方开玩笑，让对方尴尬。如某次正式会议上，办公室主任主持会议，他本人比较喜欢开玩笑，当他介绍其中一位姓“龚”的领导时这样介绍的：“龚县长，为人亲和，平时我们都叫他‘老龚’。”（“龚”

与“公”同音）下边人顿时哈哈大笑，令龚县长非常尴尬。

（2）不要使用易产生歧义的简称。

如“消协”，到底是“消费者协会”还是“消防协会”。

【基本训练】

复习思考题

1. 自我介绍的类型有哪些？为自己写两份不同类型的自我介绍。
2. 集体介绍的注意事项有哪些？

实训练习与操作

每三位同学一组，其中一同学充当介绍者，另外两位同学充当被介绍者，轮流练习。

实训目标：掌握规范的他人介绍。

实训内容与要求：掌握介绍时正确的微笑、眼神、手势，提高学生的语言表达能力。

实训成果与检测：一同学做介绍时，另外两同学观摩并指出不足之处。

2.2 握手礼仪

【本节学习目标】

1. 了解握手礼的起源
2. 初步掌握握手礼的适用范围
3. 重点掌握握手的正确方法
4. 掌握握手时的注意事项

【引例】

在一次社交场合，小张代表公司接待来访客人。由于客人来得比较多，而且时间相对集中，小张忙不过来，又担心先后握手给客人厚此薄彼的感觉，于是灵机一动，用右手与一方握手，同时用左手交叉着与另外的客人进行握手。

思考题：你认为小张的做法是否正确？为什么？遇到同样的情况我们应该怎样做？

握手是在相见、离别、恭贺或致谢时相互表示情谊、致意的一种礼节，双方往往是先打招呼，后握手致意。握手，是交际的一个部分。握手的力量、姿势和时间的长短往往能够表达出对握手对象的不同礼遇和态度，显露自己的个性，给人留下不同印象，也可通过握手了解对方的个性，从而赢得交际的主动，见图2-2-1。

图 2-2-1　握手礼仪

2.2.1　握手礼的适用范围

2.2.1.1　应当握手的场合

在哪些场合下应当握手是每个进入社会的工作者应当掌握的，不仅能使自己给对方留下良好的印象，更能为进一步交往打下基础。

（1）在被介绍与别人相识、双方互致问候的时候，应和对方握手致意，表示为相识而感到高兴，今后愿意建立联系或商谈工作等。

（2）对较长时间未见面的友人或多日未见的同事，相见时应热情握手，以此表示问候、关切和感到高兴的意思。

（3）在家中或办公地点接待来访者时，迎接或送别都应与来访者握手表示欢迎或欢送。

（4）当对方获得新成绩、得奖和有喜事时（如就任新职、作品发表或得奖、竞赛获得名次等），见面时应与之握手，以表示祝贺。

（5）当自己取得成绩，别人对自己表示祝贺时，应与对方握手，以表示感谢。

（6）在自己领取奖品时，应与颁奖者握手，以表示感谢领导对自己的鼓励。

（7）当他人经历挫折或受打击时，应与之握手以表示慰问。

（8）应邀参加社交活动，如宴会、舞会之后，应与主人握手，以表示谢意。

2.2.1.2　不必要握手的场合

（1）对方所处的环境不适合握手时。

（2）对方右手负伤。

（3）对方右手负重。

（4）多方手中忙于其他事情，比如：接听电话、用餐、喝饮料、主持会议时。

2.2.2 握手时的伸手顺序

社交场合行握手礼时最为关键的问题，是握手的双方应当由谁先伸出手来“发起”握手。如果对此掌握不好就会失礼。

2.2.2.1 “地位高者优先”原则

见面时位卑者先向地位高者或尊者问好，由地位高者或尊者先伸出手，位卑者只能在此后伸出手以示尊重。

2.2.2.2 具体握手顺序

主人、长辈、上司、女士主动伸出手，客人、晚辈、下属、男士再相迎握手。

（1）长辈与晚辈之间，长辈伸手后，晚辈才能伸手相握。

（2）上下级之间，上级伸手后，下级才能接握。

（3）主人与客人之间，主人宜主动伸手。

（4）女士与男士握手，女士伸出手后，男士才能伸手相握；如果男士年长，是女士的父辈年龄，在一般的社交场合中仍以女士先伸手为主。男士已是女士祖辈年龄，或女士未成年在20岁以下，则男士先伸手是适宜的。但无论什么人如果他忽略了握手礼的先后次序而已经伸了手，对方都应不迟疑地回握。

2.2.3 握手的方法

握手时，距离受礼者约1米，双腿立正，上身稍向前倾，伸出右手，四指并拢，拇指张开，掌心斜向上，向受礼者握手，握住以后上下抖动一两下，见图2－2－2。

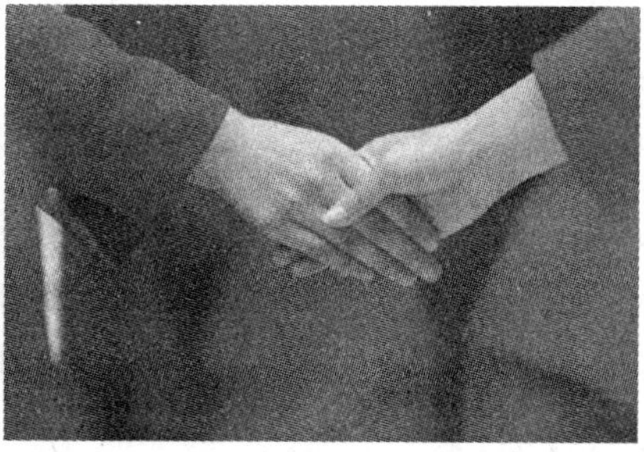

图2－2－2 握手的方法

握手的时候，应面带微笑，眼睛一定要与注视对方，不能左顾右盼，口头上有所问候，传达出你的诚意和自信，千万不要跟这个人握手还没完就将目光移至下一个人身上，这样别人从你眼神里体味到的只能是轻视或慌乱。

握手的力度要掌握好，握得太轻对方会觉得你在敷衍他；太重了，人家不但没感到你的热情，反而会觉得你是个老粗。女士尤其不要把手软绵绵地递过去，显得连握都懒得握的样子，既然要握手，就应大大方方地握。

握手的时间以1~3秒为宜，不可一直握住别人的手不放。与大人物握手，男士与女士握手，时间以1秒钟左右为原则。

2.2.4 握手的注意事项

(1) 被介绍之后，最好不要立即主动伸手。

年轻者、职务低者被介绍给年长者、职务高者时，应根据年长者、职务高者的反应行事，即当年长者、职务高者用点头致意代替握手时，年轻者、职务低者也应随之点头致意。与年轻女性或异国女性握手，一般男士不要先伸手。

(2) 多人相见时，不要交叉握手。

当两人握手时，其中一人不可将左胳膊从上面架过去，急着和另外的人握手。

(3) 忌用左手与他人握手。

尤其是在与阿拉伯人、印度人打交道时要牢记此点，因为信仰伊斯兰教的人认为左手是不洁的。如果你是左撇子，握手时也一定要用右手。当然如果你右手受伤了，那就不妨声明一下。

(4) 不拒绝对方主动要求握手。

在任何情况下拒绝对方主动要求握手的举动都是无礼的。但手上有水或不干净时，应谢绝握手，同时必须解释并致歉。

(5) 忌戴手套与别人握手。

男士勿戴帽、手套与他人相握，穿制服者可不脱帽，但应先行举手礼，再行握手礼。女士可戴装饰性帽子和装饰性手套行握手礼。

(6) 忌坐着握手。

除非是年老体弱或者身体有残疾的人，握手双方应当站着而不能坐着握手。

(7) 忌戴着墨镜与对方握手。

只有眼部有眼疾或眼部有缺陷者例外。

(8) 忌顾此失彼。

在握手时如果有几个人，而你只同一个人握手，对其他人视而不见，这是极端不礼貌的。同一场合与多人握手时，与每个人握手的时间应大致相等，若握手的时间明显过长或过短，也是有失礼仪的。

(9) 忌用脏手与对方握手。

忌将自己不干净的手伸出与对方握手，这种情况可以跟对方致歉以求谅解。

(10) 行握手礼时要注意力集中，不要左顾右盼，一边在握手，一边在跟其他人打招呼。

(11) 见面与告辞时，不要跨门槛握手。

(12) 单手相握时左手不能插口袋。

（13）握手用力要均匀，对女性一般象征性握一下即可，但握姿要沉稳、热情和真诚。

【基本训练】

复习思考题

1. 握手时应遵循什么原则？
2. 握手的禁忌有哪些？

实训练习与操作

设定每位同学的身份，将同学分为两人一组，同学间交叉练习握手。

实训目标：掌握规范的握手方式以及伸手的顺序。

实训内容与要求：训练学生在握手时符合正确的站姿、手势、眼神等。

实训成果与检测：学生进行演示，其他学生进行检查和点评。

2.3 名片礼仪

【本节学习目标】

1. 了解名片的作用
2. 初步掌握名片的分类
3. 掌握名片交换的正确方法

【引例】

小吴是今年刚毕业的大学生，毕业后他非常顺利地进了一家公司。第一次跟随领导外出参加商务活动时，他发现大家都在交换名片。当有人走过来要同他交换名片时，他非常尴尬地说："不好意思，我是新人，单位没给我印名片。"

思考题：在你没有名片的情况下，你最好怎样说？

名片起源于中国。早在西汉时，便有以削竹、木为片，上写姓名供拜访者使用，古称"谒"。到唐宋时期出现了纸，被称为"名纸"。现在，名片已成为人们在交际场合体现个人身份的介绍信。借助小小的名片，可以明白无误地向对方说明自己的姓名、工作单位、职务职称、社会头衔、通信地址、联系方式等。

2.3.1 名片的作用

（1）可以减少初次见面自我介绍的麻烦。

使用名片可省却初次见面口头介绍容易造成的遗忘、误听、误解的麻烦。

（2）缩短彼此之间的距离。

一张精心设计的名片能给人留下深刻的印象，它缩短双方之间的距离，便于以后随时联系。

(3) 显示使用者的修养。

名片能显示性格特点、职业特点，展示企业精神，代替广告宣传，能显示使用者的修养。

(4) 起到推荐他人、牵线搭桥的作用。

介绍某人去见另外一人时，可用回形针将本人名片居上，与被介绍人名片居下固定在一起，然后将其装入信封，再交予被介绍人，这就是一封非常正规的介绍信，是会受到高度重视的。

2.3.2 名片的内容与分类

2.3.2.1 名片的内容

名片的基本内容一般有姓名、工作单位、职务、职称、通信地址等，也有的把爱好、特长等情况写在上面，选择哪些内容，由需要而定，但无论繁、简，都要求信息新颖，形象定位独树一帜。

2.3.2.2 名片的分类

现代社会，名片的使用相当普遍，最常见的分类主要有以下几种。

(1) 按排版方式分类。

①横式名片。横式名片是指以宽边为底，窄边为高的名片版面设计。横式名片因其设计方便、排版便宜，成为目前使用最普遍的名片印刷方式，见图 2－3－1。

图 2－3－1 横式名片

②竖式名片。竖式名片是指以窄边为底，宽边为高的名片版面设计。竖式名片因其排版复杂，可参考的设计资料不多，适于个性化的名片设计，见图 2－3－2。

③折叠名片。折叠名片即为可折叠的名片，比普通名片多出一半的信息记录面积，见图 2－3－3。

图2-3-2 竖式名片

图2-3-3 折叠名片

(2) 按名片用途分类。

①商务名片。商务名片是为公司或企业进行业务活动时使用的名片，名片使用大多以营利为目的。商业名片的主要特点为：各种常使用标志、注册商标，印有企业业务范围，大公司有统一的名片印刷格式，使用较高档纸张，名片没有私人家庭信息，主要用于商业活动。

②公务名片。公务名片是政府或社会团体在对外交往中所使用的名片，其名片的使用不是以营利为目的。公务名片的主要特点为：名片常使用标志，部分印有对外服务范围，没有统一的名片印刷格式，名片印刷力求简单适用，注重个人头衔和职称，名片内没有私人家庭信息，主要用于对外交往与服务。

不论是商务名片还是公务名片，名片上均可以有公司或政府、社会团体的口号，能给对方一种信息，该组织还是非常严谨的，但最好不宜留下自己的口号或人生格言等，否则就违背名片的真实意义。

③个人名片。个人名片是朋友间交流感情，结识新朋友所使用的名片。个人名片的主要特点为：名片不使用标志，名片设计个性化、可自由发挥，常印有个人照片、爱好、头衔和职业，使用名片纸张依据个人喜好，名片中含有私人家庭信息，主要用于朋友交往。

(3) 按印刷表面分类。

按印刷表面分，名片有单面印刷、双面印刷两类。按印刷表面分类即是按名片印刷的正面和反面来划分。每张名片都可印刷成单面，也可两面一起印刷。

2.3.3 名片的放置

一般说来，把自己的名片放于容易拿出的地方，不要将它与杂物混在一起，以免要用时手忙脚乱，甚至拿不出来；若穿西装，宜将名片置于左上方口袋；若有手提包，可放于包内伸手可得的部位。不要把名片放在皮夹内，工作证内，甚至裤袋内，这是一种很失礼的行为。另外，不要把别人的名片与自己的名片放在一起，否则，一旦慌乱中误将他人的名片当作自己的名片送给对方，这是非常糟糕的。

2.3.4 名片的交换

2.3.4.1 交换名片的时机

出示名片应把握好时机。当初次相识，自我介绍或别人为你介绍时可出示名片；当双方谈得较融洽，表示愿意建立联系时就应出示名片；当双方告辞时，可顺手取出自己的名片递给对方，以示愿结识对方并希望能再次相见，这样可加深对方对你的印象。

碰到以下几种情况，则不必把自己的名片递给对方，或与对方交换名片：如对方是陌生人，不想认识对方，对方对自己并无兴趣，经常与对方见面，双方之间地位、身份、年龄差别很大。

2.3.4.2 交换名片的办法

(1) 呈上自己的名片。

向对方递送名片时，应郑重其事，面带微笑，稍欠身，注视对方，将名片正对着对方，用双手的拇指和食指分别持握名片上端的两角或一只手持名片的左上角、另一只手持名片的右下角，将名片正面面对对方，交予对方。如果是坐着的，应当起立或欠身递送，递送时可以说一些“我是××，这是我的名片，请笑纳。”“我的名片，请你收下。”“这是我的名片，请多关照”之类的客气话。在递名片时，切忌目光游移或漫不经心，见图2-3-4。

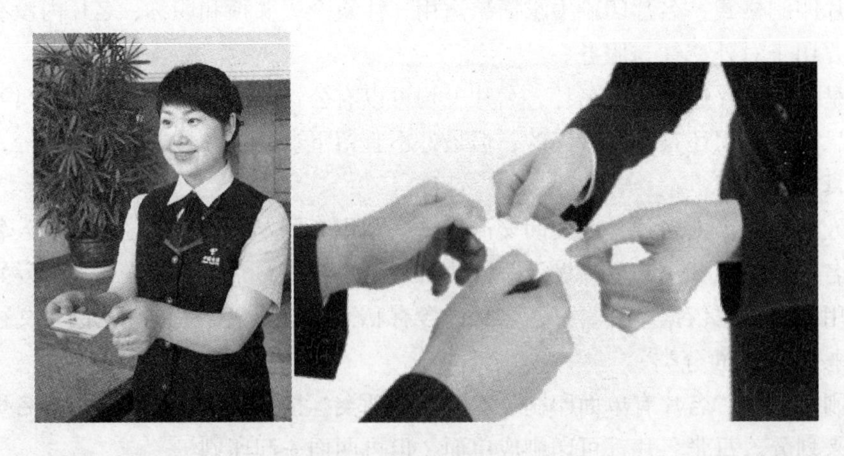

图2-3-4 呈上名片

名片的递送先后虽说没有太严格的礼仪讲究，但是，也是有一定的顺序的。一般是地位低的人先向地位高的人递名片，男性先向女性递名片。当对方不止一人时，应先将名片递给职务较高或年龄较大者，或者由近至远处递，依次进行，切勿跳跃式地进行，以免对方误认为有厚此薄彼之感，见图2－3－5。

客人递过来名片（1）

伸出双手接收（2）

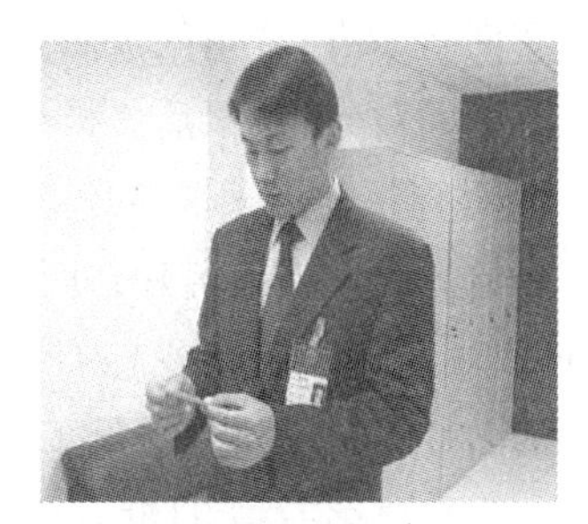

认真仔细地阅读名片（3）

然后放进上衣上部的口袋（4）

用双手的食指和拇指分别夹住名片的左右端递过去（5）

对方索要没有名片时，委婉说明

图2－3－5　交换名片方法

（2）接受他人的名片。

当他人表示要递名片给自己或交换名片时，应立即停止手中所做的一切事情，起身站立，面含微笑，目视对方。接受名片时，宜双手捧接，用双手的拇指和食指接住名片的下方两角，或以右手接过，切勿单用左手接过。态度也要毕恭毕敬，使对方感到你对名片很感兴趣，接过名片后为了表示对对方的尊重首先要看。具体而言，就是接过名片后，当即要用半分钟左右的时间，从头至尾将其认真默读一遍。若有疑问，则可当场向对方请教。若接过他人名片后看也不看，或拿在手头上玩耍，或直接甩在桌上，或直接装入口袋，或递给旁人，都是非常失礼的。

接受他人名片时，应口头道谢，如“谢谢”，或重复对方的话语“请您多多关照”“请您多多指教”“能得到您的名片，真是十分荣幸”。若需要当场将自己名片交换过去，最好在收到对方名片装入名片夹后操作，不要一来一往同时进行。切忌接过对方的名片一眼不看就随手放在一边，也不要在手中随意玩弄，不要随便拎在手上，不要拿在手中搓来搓去，否则会伤害对方的自尊，影响彼此的交往。

收到名片两三天之内，按名片上的电话联系一下对方，向对方问声好，并提醒对方自己是他名片的持有者，对方会感到受重视，会非常高兴，这为将来进一步交往打下良好基础。

（3）索取他人的名片。

如果没有必要最好不要强索他人的名片。若要索取他人名片，则尽量不要直截了当地说，而应采用以下几种方法：

①向对方提议交换名片；

②主动递上本人名片，意思就是我希望获得你的名片；

③询问对方："请问今后如何向您请教？"这种方法适用于向长辈、上级索取名片；

④询问对方："以后怎样与您联系？"此法适用于向平辈或晚辈索要名片。

（4）婉拒他人索取名片。

当他人索取本人名片，而自己又不想给对方时或者自己目前暂时没有名片无法赠予对方时可以说："对不起，我忘了带名片"，或者"抱歉，我的名片用完了"。不过若手中正拿着自己的名片，又被对方看见了，这样讲显然不合适。

如果自己名片真的没有带或是用完了，自然也可以这么说，不过不要忘了加上一句"改日一定补上"，并且一定要言出必行，改天有机会一定要给对方。否则会被对方理解为自己没有名片，或成心不想给对方名片。

2.3.4.3 名片交换的注意事项

（1）与西方、中东、印度等外国人交换名片只用右手就可以了，与日本人交换用双手。

（2）忌炫耀：有些人的名片上印有无数职衔，连造诣卸任的资料也列举出来，名片上的文字最好简单一些。

（3）忌过大，名片过大，收到的人难以把他存于名片夹或名片盒内。

（4）忌过小，有些唯美派的名片设计，上面的字过小，看起来很费事。

（5）忌香味，因为收名片者可能会对香味抗拒或敏感，因此不宜采用。

【基本训练】

复习思考题

1. 名片的内容应包括哪些要素？

2. 婉拒他人索取名片时有哪些比较正确的方法？

实训练习与操作

让每位同学设计一张自己的名片，将每两位同学分成一组，练习名片的交换方法。

实训目标：让学生掌握名片的类型以及包含要素，掌握名片的正确交换方法。

实训内容与要求：每位同学根据要求设计自己的名片，交换名片时考查学生的站姿、手势、眼神、口头语言。

实训成果与检测：学生进行演示后，其他学生进行检查和点评，以便相互促进。

2.4 拜访礼仪

【本节学习目标】

1. 了解拜访在社会交往的意义

2. 初步掌握拜访前的准备

3. 掌握拜访的类型及具体要求
4. 初步掌握拜访时礼品的选择要求

【引例】

严鹏是一家企业的部门经理，由于业务上的需要，他决定去拜访一位多年未谋面的朋友王华。严鹏想以前关系那么好，也用不着预约，便直接登门拜访。当他到王华家的时候，正巧王华的家里有客人，王华家的客人见此状借故离开了。在随后的聊天中，严鹏直截了当地对王华提出需要他的协助，更提出了其他要求，王华心里很是不舒服。

严鹏在这次的拜访中有哪些地方不妥？

2.4.1 拜访的意义

当今社会人们用很多方式或形式进行交流、沟通，而其中一种形式就是拜访。任何一个社会组织和个人都不应当忽视拜访这种社交活动形式，而应适时地考虑安排必要的拜访活动，因在某种意义上它不仅代表个人，更代表一个组织的形象。

不要让我们的拜访给对方造成一种“无事不登三宝殿”的感觉，所以平时的联系与沟通也是非常重要的，不能只在“有求于人”的时候才想去拜访，要使我们的拜访经常化。当你知道对方迫切需要物质帮助或精神扶助的时候，能急对方之所急，想对方之所想，及时地登门帮助分析原因，解决问题，作出乎意料的感情投资，从长远来看，这才是最佳的拜访时机。与此相反，那种“有事才上门”的拜访原则是不受欢迎的，效果也是不太好的。

拜访前我们首先要思考目的性，否则事情没办好，目的没达到，也浪费双方的时间，因此我们就要做好拜访前的准备。

2.4.2 拜访前的准备

2.4.2.1 拜访前的相邀礼仪

不论因公还是因私拜访，都不能搞“突然袭击”，突然访问容易让对方措手不及，造成麻烦。尽量不要做“不速之客”，不得已必须要突然拜访时，可在5分钟前打个电话征得对方同意，所以拜访前要与被访者电话联系。联系的内容主要有5点：自报家门（姓名、单位、职务）；询问被访者是否在单位（家），是否有时间或何时有时间；提出访问的内容（有事相访或礼节性拜访）使对方有所准备；在对方同意的情况下约定具体拜访的时间、地点；最后对对方表示感谢。

在一年四季中，春夏秋冬都可以找到探亲访友的好时机。不过，夏天因为天气炎热，穿戴举止都不太方便，如果可能应尽量避免在夏天安排太多的私宅拜访活动。

在具体的拜访时间选择上，最好是利用对方比较空闲的时间。到办公室拜访，最好不要选择星期一；如果是到家拜访，最好选择在节假日前夕。由于中国人普遍有午休的习惯，登门时间最好不要安排在中午，当然更不要选在用餐时间。从我国目前的实际情况看，晚上7点30分至8点也许是私宅拜访较好的时机。

2.4.2.2 拜访前的时间观念

原则上必须提前5分钟到达，第一次去的地方要留有充裕的时间。但在现实生活中去办公区域拜访应提前5~7分钟到达，而去私宅拜访则尽量准时到达最佳。

2.4.2.3 拜访前的着装礼仪

出门拜访之前，应根据访问的对象、目的等，选择适合自己的服饰和妆容，头发要梳理好，面容要干净并且应作适当的修饰，蓬头垢面、衣冠不整的形象不但给别人不愉快的感觉，而且是不尊重主人的表现。整洁的衣帽反映的是你对访问者的尊重程度。

注意衣帽应整洁，该扣的衣裤扣子应扣好，鞋带应系好。女士尤其注意一下自己的丝袜，应防止丝袜被刮坏，给别人留下不好的印象。在平时社交访问中，尤其是在访问老熟人、老同事时，这一点却往往容易被许多人忽视。即使去再好的朋友、再近的邻居家访问，也不应穿背心、拖鞋或者睡衣、裤衩，因为倘若你访问时只有你的朋友一个人在场，你穿得随便点，也许他不会在意，但假如他的家人都在，或正好有其他的亲朋好友来访时，就会引起主人和其他来宾的难堪，当然就是对主人的不礼貌。

2.4.3 拜访的类型

2.4.3.1 私人住宅的拜访

（1）讲究敲门的艺术。

进门访问前，应当先轻声敲门或按门铃。要弯曲食指和中指用指关节敲门，力度适中，间隔有序敲三下，如果主人问“谁呀?”除了天天见面的熟人，主人能辨别你的声音外，应通报自己的姓名，或姓名加单位，而不能只是回答“我”。如无反应，可再稍加力度，再敲三下；如有应声，再侧身隐立于右门框一侧，待门开时再向前迈半步，与主人相对。

（2）主人开门请你进屋。

客人应礼貌询问主人是否要换鞋，并要询问鞋的放置（有的家庭是放在门外而不是地垫上)。进门后，我们随身带来的外套、雨具等物品应搁放到主人指定的地方，不可任意乱放。夏天进屋后再热也不应脱掉衬衫、长裤，冬天进屋再冷也应脱下帽子、手套，有时还应脱下大衣和围巾，并切忌说冷，以免引起主人误会。

（3）进屋以后。

客人应主动向所有人打招呼、问好，或适当寒暄；对陌生人也应点头致意，如果你带孩子或其他人来，要介绍给主人，并教孩子如何称呼。

（4）在主人家的礼规。

如果主人是年长者或上级，主人不坐，则自己不能先坐。主人让座之后，要口称“谢谢”，然后采用规矩的礼仪坐姿坐下。

主人递上烟茶要双手接过并表示谢意。如茶水太烫，应等其自然冷了后再喝，必要时也可将杯盖揭开。放置杯盖时，盖口一定要朝上。切忌将茶水用嘴边吹边喝，喝茶时应慢慢品饮，不要一饮而尽，也不要发出声响。主人递烟时，如你不会抽，也应致谢，要说“谢谢，我不会抽”。如果主人没有递烟，而自己又特别想抽时，应征得主人同意，说“对不起，我可以抽烟吗?”待主人说“请”或“可以”，你道谢之后再抽。如果主人没有吸烟的习惯，要克制自己的烟瘾，尽量不吸，以示对主人习惯的尊重。主人献上果品，要等年长者或其他客人动手后，自己再取用。即使在最熟悉的朋友家里，也不要过于随便，这是对朋友的尊重。如果抽烟，应将烟灰弹入烟灰缸内；假如没有烟灰缸，应自己主动用一张小纸卷成一个小筒，将烟灰弹入，待出门时扔进垃圾箱里，千万不可将烟灰随处乱弹。吸烟时不可四处走动。吸烟时应注意烟雾的走向，如果你吐的烟雾直冲你旁边的某位不吸烟的主人或客人，应该主动请求换位或挪动一下座椅。吸剩的烟蒂要适度，以留 1 厘米左右为宜，一直吸到滤嘴才罢休的方式在社交场合是不得体的。

（5）一定要“客听主安排”。

一定要“客听主安排”，虽然不是“不可多说一句话，不可多走一步路”，但也应放弃一些随意，应充分体谅主人。

主人没有邀请你参观他们的其他房间或设施时，不应主动提出参观，更不能未经主人许可就到处乱窜，特别是到主人家里访问时更应注意这一点。因为一般来说每个再爱整洁的家庭都有自己的“死角”，这样的地方会比较零乱一些。又如有的家里客厅布置很有秩序，卧室则不太讲究。几乎所有的主人都不愿把属于“死角”的地方暴露在众人面前。到别人家不可乱翻乱动，否则也是对主人不尊重的表现。翻阅朋友家人的书刊杂志之前，也最好征求一下主人的意见，当然更不可随意拉开主人的抽屉、衣柜，不要轻易打听主人的东西值多少钱，在哪里买的，等等。总之，我们去别人住所拜访时一定要自律，尽量不要给主人增添麻烦。

（6）逗留的时间不宜太长。

一般情况下要控制在 30 分钟之内，或者要办的事办完后就应告辞。

当遇到以下这几种情况，也应及时告辞：一是双方话不投机，或当你谈话时，主人反应冷淡，甚至不愿搭理时。二是主人将双肘抬起，双手支于椅子的扶手甚至频繁地看表等情况时。告别前，应对主人的友好、热情等给以适当的肯定。

（7）带礼物。

要委托主人办事或者是向主人致谢的拜访，最好带些礼物。古今中外的交往几乎都离不开赠送礼物这个内容，它是情感的象征和媒介。

在我国的传统交往活动中，多以食品、点心、水果、衣料、现金作为礼品。礼品的雅俗贵贱常常是以礼品本身的商品价值和使用价值来衡量的。西方人多以鲜花、工艺品、首饰、书籍等作为礼品，其雅俗贵贱多是以艺术价值、知识价值即精神价值为尺度的。

近年来，我国，特别是在现代都市里，人们不再以金钱标准来衡量礼品的价值，而是倾向于充分考虑受礼者的实际，以实用性为基础，兼顾艺术性、趣味性、针对性、纪念性等方面。如果不了解对方的个人特长、爱好，也有规律可循：例如，出差或旅游带回的纪念品，送女士可以是化妆品、小饰品或生活用品，送男士可以是领带、衬衣等，如到有孩子的主人家作客可以送一些玩具、文具、糖果等，另外，床上用品、餐具、茶具、陈设品等都是不错的礼物，非常实用。

赠送礼品应注意以下几点。

①要搞清对象，注重效果。首先要清楚被访者与拜访者的关系来选择礼品，礼品不一定要贵重，但一定要有意义。其次要掌握一些与赠礼有关的禁忌。搞清了这些内容，我们赠送的礼品才能帮助我们的拜访达到沟通关系、联络感情、增进了解、互相关心的目的。

②抓准时机，注意场合。从时间上讲，赠礼贵在及时、准确。毫无理由地过早赠送或“马后炮”“雨后送伞”等赠送行为不但没有好结果，而且可能失礼。从地点上讲，赠礼要考虑场合，一些高雅而清廉的礼品适宜送到办公室，而生活用品或价值较高的礼品则应送至私宅。向受礼者呈送礼品时间，一般是在相见时或分手道别时。

③挑选礼品要精心包装。礼品选好后，应取下价格标签，避免产生不必要的尴尬。送礼前的最后工序就是对礼品进行包装，包装结束后可贴上写有自己祝词和签名的缎带或卡片，以表达自己的情感和诚意。递送礼品时要注意用双手递接，并同时说些祝福的话。

（8）道别。

起身告辞时，要向主人表示“打扰”之歉意。起身告退时，如主人处还有其他客人，即使你不熟悉，也应遵守“前客让后客”的原则礼貌地向他们打招呼，或者说“你们谈”；出门后，回身主动伸手与主人握别并说：“请留步”。主人送你出门时，应劝主人留步，并主动伸手握别；然后看好门外第一个拐弯处，当走到该处时，一定要再回头看看主人是不是还在目送。如果主人还未返回，应挥手向主人示意，以示最后的谢意，并请主人快回家去。如果主人站在门口，发现你“一去不回头”，那你就失礼了，主人也会很失望。

2.4.3.2 办公区域的拜访

（1）按约定准时进行。

访问必须守时，如因故不能及时到达，应尽早通知对方，并讲明原因，无故迟到或爽约都是不礼貌的。在到了和客户约定时间前2~3小时，再和对方确定一次，以防临时发生变化；选好交通路线，算好时间出发，确保提前5~10分钟到。

要阅读拜访对象的个人和公司资料，准备好拜访时可能用到的资料，制定好拜访目标并拟好提问的目录，以提高办事效率。检查各项携带物是否齐备（诸如名片、笔和记录本、电话本、磁卡或现金、计算器、公司和产品介绍、合同等等）。

（2）着装准备。

拜访的地点设在对方的办公区域则应着正装或拜访者所在单位的制服，因为你的拜访在很大意义上代表的是你单位的形象，这样着装可以传递出“你很重视这次拜访”的友好信息；而制服作为你所在单位的公关识别系统的重要组成部分，能让被访者感受到你所在企业的良好的企业文化，进而对你的单位留下良好的印象，利于继续合作。

（3）拜访礼仪。

进入办公大楼或客户公司门口前，最好能去洗手间一次。特别是在淋雨后、出汗时要注意擦干头发、衣服、脚上、鞋上、皮包、资料上的水渍。为了不破坏整齐的装扮，不妨用纸巾轻按，避免大力擦抹。

进入室内时面带微笑，向接待员说明身份、拜访对象和目的，从容地等待接待员将自己引到会客室或者到受访者的办公室。

如果是雨天，不要将雨具带入办公室。在会客室等候时，不要看无关的资料或在纸上涂画。接待员奉茶时，要表示谢意。等候超过一刻钟，可向接待员询问有关情况，如受访者实在脱不开身，则留下自己的名片和相关资料，请接待员转交。如果需要事后联系的，一定要按约定时间回复消息。

见到拜访对象，要进行问候、握手，并交换名片等。注意称呼、遣词、用字、语速、语气、语调。会谈过程中，如无急事最好不打电话或接电话。

拜访结束时一定要与对方道别，对本次的打搅表示歉意。

【基本训练】

复习思考题

1. 私人住宅拜访具体有哪些要求?
2. 赠送礼品的禁忌有哪些?

实训练习与操作

将学生进行分组，分别拟定身份和设置情景，相互进行私人住宅的拜访和办公区域的拜访。

实训目标：掌握拜访时具体礼仪要求。

实训内容与要求：相约—准备—前往—拜访—离开，按拜访礼仪规范掌握一定程序和步骤。

实训成果与检测：学生进行演示，其他学生进行检查和点评。

2.5 待客礼仪

【本节学习目标】

1. 了解接待礼仪
2. 初步掌握接待礼仪的步骤

【引例】

周一上午，秘书小王在办公室接听电话，这时进来一位客人，小王因为正在接听电话所以招招手让对方进来，然后专心地做着电话记录。因为电话时间比较长，所以来访者只能站在一旁等，大概10分钟以后，小王挂上电话开始工作，才“突然”发现这位来访者，询问他的来访目的。

待客礼仪是交际礼仪中一个非常重要的环节，是与人建立良好沟通关系的一种方式，在现代实用交际礼仪中待客礼仪应与拜访礼仪结合起来掌握。在待客工作之中，对于来宾的招待乃是重中之重，要做好待客工作，重要的是要以礼待客。

2.5.1 以礼待客的因素

2.5.1.1 时间因素

招待来宾的时间因素，主要涉及两个基本问题：一是来宾何时正式抵达，二是来宾将要停留多久。如果在来宾正式登门拜访时，因为接待人员的考虑不周，而让对方吃闭门羹或者招待不周，无疑会非常失礼，给对方非常不好的印象，并且有损单位形象。因此得知有人将要进门拜访，或是与他人商议邀其上门做客时，一定要预先向对方了解正式抵达的时间和将要停留的时间，以保证不与其他事情相冲突。

2.5.1.2 空间因素

招待来宾的空间因素，指的是待客时的具体地点的选择问题。一般而言，在家进行接待时，一般选择客厅。在公务活动之中待客的常规地点，有办公室、会客室、接待室等。接待一般的来访者可在自己的办公室进行，接待重要的客人可选择专门用来待客的会客室。接待身份极其尊贵的来宾，有时还可选择档次最高的会客厅或贵宾室。至于接待室，则多用于接待就某些专门问题来访之人，必要时还须设置指引客人用的“指向标”。

2.5.1.3 光线因素

应以自然光源为主，人造光源为辅，切勿使光线过强或过弱。招待来宾，尤其是接待贵宾的房间最好向南，这样光线更好。如果阳光直射，则可设置百叶窗或窗帘予以调节。使用人造光源时，最好使用顶灯、壁灯，尽量不要使用台灯或地灯，特别是不要以之直接照射来宾。使用彩灯、漫光灯或瀑布灯，也是毫无必要的。

2.5.1.4 环境因素

招待来宾的现场，通常应当布置得既庄重又大方。特别是主要装潢、陈设的色彩，有意识地控制在一两种之内，最好不要令其超过 3 种，否则就会让来宾眼花缭乱，无所适从。

在选择招待现场的主色调时，不要选用过于沉闷的白色、灰色、黑色，不要选用过于热烈的红色、黄色、橙色，也不要选用易于给人以轻浮之感的粉色、金色或银色。乳白、淡蓝、草绿等颜色可为上佳之选。

2.5.1.5 温度因素

室温以25℃~26℃为最佳，因为它是人体体温的“黄金分割点”，令人最为舒适。室温低于18℃，往往令人寒冷难耐；室温高于30℃，则又可能会令人燥热不堪。

2.5.2 公务接待礼仪

2.5.2.1 公务接待的规格

公务接待一般根据来宾身份，分为高规格接待、低规格接待、同等级接待三种。

（1）高规格接待。本单位陪客比来客职务要高的接待。通常有这样几种情况：上级领导派一般工具人员向下级领导口授意见；兄弟单位领导派人到本单位商谈重要事宜；下级人员来访，要办重要事宜等。这种情况一般要求领导出面作陪。

（2）低规格接待。即本单位陪客比来客职务低的接待。低规格接待通常在基层单位中比较多见，一般有这样几种情况：上级领导部门或主管部门领导来本地、本单位视察；老干部故地重游；老干部和上级领导路过本地，短暂休息；外地参观团来本地参观等。这种接待只需领导出面看望一下。

（3）同等级接待。即陪客与客人职务、级别大体一样的接待。一般是来的客人什么级别，本单位也派什么级别的人员陪同，职称或职务相同则更好，或按预约由具体经办部门对等接待。

2.5.2.2 公务接待的步骤

（1）迎接。

迎接客人必须准确掌握来访客人所乘交通工具和抵达时间，并提前通知全体迎接人员和有关单位。如果情况发生变化，应及时告知有关人员，做到既顺利接送来客，又不多耽误迎接人员的时间。

对于经常见面的客人，有关人员在会客室里静候即可。如果来宾人数较多，主方可以安排几位公关接待人员在楼下入口处迎接。如果来宾中有级别较高或身份重要的人物，东道主的高级领导应该亲自到门口迎候。

迎接客人时，应在客人抵达前到达迎接地点，等到来宾的车辆开来，接待人员要微笑挥手致意。车停稳后，要快步上前，同来宾一一握手、寒暄，表示欢迎。

（2）陪行。

接待人员在引导来宾去往会见、会谈地点时，要用声音和手势同时向来宾示意跟自己走，声音、手势都应适度得体。

接待人员中应该有一位在左前方带路，其余的人按尊卑顺序沿左侧陪同来宾一起前行。带路人步伐要适中，照顾后边的来宾。在转弯处、楼梯口、电梯口要稍稍停一下，待来宾跟上再前行。遇到不起眼的台阶、地毯接缝处，要提醒来宾注意安全。

如果电梯有专人负责，接待人员要先请来宾进入，自己最后进入。如果电梯没有专人负责，那么带路人就要先进入电梯，按住开门按钮，请来宾进入电梯。到达目的楼层后，电梯内若宽敞，应先请来宾走出电梯；若较挤，自己应先出来给来宾让路。

到达会客室的门口，要先向来宾介绍这是什么地方，然后为来宾开门。外开的门，接待人员应拉开门并站在门后请来宾先进；内开的门，接待人员向里推开后自己先进去，然后在门后拉住门，请来宾进入。

如果走过去的距离较远，经客人允许，可以帮助其拿包或其他东西，并说一些比较得体的话。如果需要转换行进方向，应在说明后同时以手指示。

如果客人有雨具、大衣等物品，帮客人放好后，放置的位置也要向客人讲清楚。如果领导不在会客室，应让客人稍候，自己马上去向领导汇报，请领导前来会客。

宾主见面握手寒暄后，接待人员可以退场。

(3) 接待。

①接待人员对来访者，一般应起身握手相迎，对上级、长者、客户来访，应起身上前迎候。对于同事、员工，除第一次见面外，可不起身。

②不能让来访者坐冷板凳。如果自己有事暂不能接待来访者，应安排秘书或其他人员接待客人。不能冷落了来访者。

③要认真倾听来访者的叙述。公务往来是“无事不登三宝殿”，来访者都是为了谈某些事情而来，因此应尽量让来访者把话说完，并认真倾听。

④对来访者的意见和观点不要轻率表态，应思考后再作答复。对一时不能作答的，要约定一个时间再联系。

⑤对能够马上答复的或立即可办理的事，应当场答复，迅速办理，不要让来访者无谓地等待，或再次来访。

⑥正在接待来访者时，有电话打来或有新的来访者，应尽量让秘书或他人接待，以避免中断正在进行的接待。

⑦对来访者的无理要求或错误意见，应有礼貌地拒绝，不要刺激来访者，使其尴尬。

⑧如果要结束接待，可以婉言提出借口，如“对不起，我要参加一个会，今天先谈到这儿，好吗?”等，也可用起身的体态语言告诉对方就此结束谈话。

(4) 送行。

在客人告辞离开时，要起身将客人送到门口，礼貌地说“感谢您的光临”“欢迎您再来”等文明用语。

要协助外地客人办好返程手续。要准确掌握外地客人离开本地时间，以及所乘交通工具的意向，为其预定好车票、机票，尽早通知客人，使其做好返程准备。作为主人，可以为长途旅行的客人准备一些途中吃的食品。另外，最好由原接待人员将客人送至车站、码头、机场。如果原接待人员因为特殊原因不能送行，应该向客人解释清楚，并表示歉意。

送客的时间一定要严格掌握。送客的人到达的时间要恰当，要给客人留出收拾东西、打点行装的时间。来得太早，不但会影响客人收拾行李，而且也有催他们走的嫌疑；来得太晚，可能会错过飞机或火车的开行时间，让客人着急。

2.5.3 私宅接待的礼仪

2.5.3.1 迎客

客人在约定的时间到达，不宜在房中静候，应到门口迎接，如果是夫妇一同前往，应该女主人在前。如果是长者、贵客来访，应让全家人到门口微笑迎接。迎接客人时应说一些“欢迎，欢迎”“稀客，稀客”“一路辛苦啦”“请进”“这么热的天，难为您了”等欢迎词和问候语，使客人有受到礼遇、获得尊重的感觉。如果客人有随身携带的物品，应帮助其接下，放到适当的地方。

要让来客有好感，秘诀在于家居环境的整齐清洁。进门处尽量不要摆太多的东西，要保持干净、清爽。给客人穿的拖鞋要事先排放整齐，在客人来之前，茶水、点心要准备好。另外，主人在家中的穿着也很重要，要整理好自己的衣衫，避免出现尴尬。

2.5.3.2 待客

在待客过程中，一般主要以交谈、招待茶点为主，下列内容是应注意的。

（1）交谈：话题很重要，最好将谈话的主导权交给对方。作为主人只需做一个好的听客就可以了，无须一个人滔滔不绝。若无法奉陪客人交谈，切不可出现主人只管自己忙，把客人晾在一旁的情况。可安排身份相当者代陪或提供报纸杂志、打开电视供客人消遣。

（2）招待茶点：请客人吃水果前，应请客人先洗手。将洗净消毒的水果和水果刀交给客人削皮。如果代为客人削皮，一般只应削到你的手指即将碰到已削过的果肉为止，剩下的部分最好向客人致歉后请客人自己削掉。

（3）递烟时，应轻轻将盒盖打开，将烟盒的上部朝着客人，用手指轻轻弹出几只让客人自己取，不要自己用手指取烟递给客人。如果为客人点火，则最好是打着一次火只为一个客人点烟；如果需连续点火，打一次火最多也只能为两人点烟，绝不要打一次火后为客人“点转转火”，即使你的打火机再好也不能这样做，因为这是一种失礼的行为；如果用火柴点火，每划燃一根火柴，也不能为两个以上的人点烟。点过以后，应先吹灭再丢进烟灰缸中。如果为多位客人点烟，点烟的顺序应是身份高者、年长者、女士在先。

（4）上茶的时候，应在客人入座后再取出杯子，当着客人的面将杯盖揭开，注意，杯盖一定要盖口朝上放在茶几上；杯中倒入适量开水，烫片刻后将水倒掉；再放入适量茶叶，倒入约1/3杯开水，将杯子盖好；从客人的左边为客人上茶；估计茶叶差不多已经泡开的时候，再为客人续上开水。注意，沏茶时杯盖子可以执于右手，如果要放在茶几上，盖口就需朝上，以免染上脏物或病菌；水不应倒得太满，一般为杯子的4/5左右即可。

2.5.3.3 送客

当客人散席或准备告辞时，主人应婉言相留。客人要告别，要帮他们收拾东西，以免忘了带走。外套应拿至门口，有时可帮他们穿上。

送客要送到门口，若是在大楼，则送到楼梯口或电梯口；如果客人乘轿车离去，则可送客人上车，目视客人离去后才回屋内。千万不可在客人未离视线之前关上大门，切忌跨在门槛上向客人告别，或客人前脚走你后脚就“啪”地关门，这将是一个很不礼貌也很突兀的举动。

为了表达对客人及客人的同事、亲人的友好感情，临别时别忘了告诉客人代表你向他们问好。可以这样说：“请向贵公司全体同仁问好！”“祝贵公司生意兴隆，财源茂盛！”“请代问令尊令堂大人好！”“请代问你姐姐好”等，必要时还应为客人或客人的亲友赠一份土特产或纪念品，请客人笑纳。

如果将客人送至门口，应在客人的身影完全消失后再返回。否则，当客人走了一段再回头致意时，发现主人已经不在，心里会很不是滋味。同时，送客返身进屋后，应将房门轻轻关上，不要使其发出声响。那种在客人刚出门就返身“呯”地关上大门的做法是极不礼貌的，并且很有可能因此而葬送客人来访时你精心培植起来的所有情感。

如果是送客至车站、码头，则最好是等车船开动并消失在视线以外后再返回。送客至机场时，应待客人通过安检处之后再返回。如果有很特殊的原因不得不提前返回，也应详细向客人说明理由，请客人谅解，否则都是失礼的。到车站、码头或机场送客时，尤其不要频频看表或表现得心神不宁，以免客人误解你催他快快离开。

2.5.4 座次位次安排礼仪

2.5.4.1 座次安排的原则

(1) 面门为上。

采用“相对式”就座时，通常以面对房门的座位为上座，应让之于来宾，以背对房门的座位为下座，宜由主人自己在此就座。

(2) 以右为上。

“并列式”排位的标准做法，是宾主双方面对正门并排就座。此时，以右侧为上，应请来宾就座；以左侧为下，应归主人自己就座。

(3) 居中为上。

如果来宾较少，而东道主一方参与会见者较多之时，往往可以由东道主一方的人员以一定的方式围坐在来宾的两侧或者四周，而请来宾居于中央，呈现出“众星捧月”之态。

(4) 以远为上。

离房门近者易受打扰，离房门较远者则受到的打扰较少。

(5) 佳座为上。

长沙发优于单人沙发，沙发优于椅子，椅子优于凳子，较高的座椅优于较低的座椅，宽大舒适的座椅优于狭小而不舒适的座椅。

(6) 自由为上。

有时未及主人让座，来宾便自行选择了座位，并且已经就座，此刻主人亦应顺其自然。

在客人登门拜访之时，主人务必要使自己临场的一切表现都中规中矩。

座次安排顺序参见图2-5-1。

图2-5-1 座次的安排

2.5.4.2 乘车的座次

坐车时（指一般五座轿车），如何确定车内座次，关键是看乘车者和司机是什么关系，见图2-5-2。

（1）主人亲自驾车时，按乘车人与主人关系远近分别坐在副驾驶座、后排座，注意副驾驶座不能空，否则会让主人感觉自己只是司机，很不礼貌。

（2）专职司机开车时，后排右是正座，左是副座，副驾驶座是末座。

（3）一般高层人物坐司机后面，且后面只有他一个人坐。

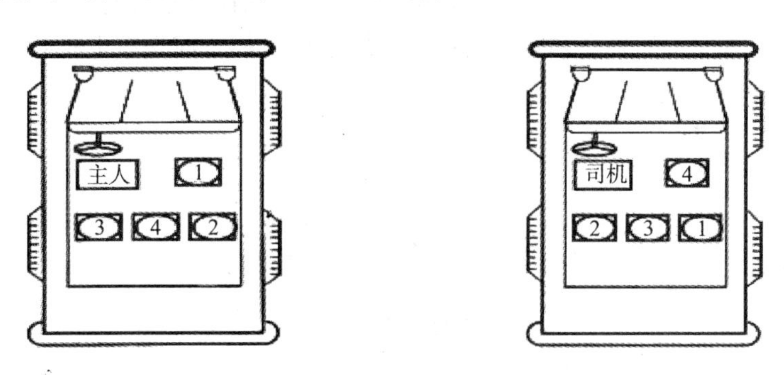

图2-5-2 乘车的座次

2.5.4.3 行进中的位次

（1）与客人并排行进时，位次排列的要求是职务高者走在中央，其次是内侧，再次是外侧。一般情况下，应该让客人走在中央或是内侧。

（2）与客人单行行进，即前后在一条线上时，一般应该让客人在前面行进。

（3）接待方的人员若与主宾为同性，则应走在主宾一方的稍靠前处，而不应走在异性一方。

（4）走楼梯时的次序，一般来说，上下楼时应右侧单行行进，以前方为上。但也有例外，男女同行上下楼梯时，宜女士居后。在客人不认路的情况下，陪同引导人员要在前面带路。

行进中的位次参见图2-5-3。

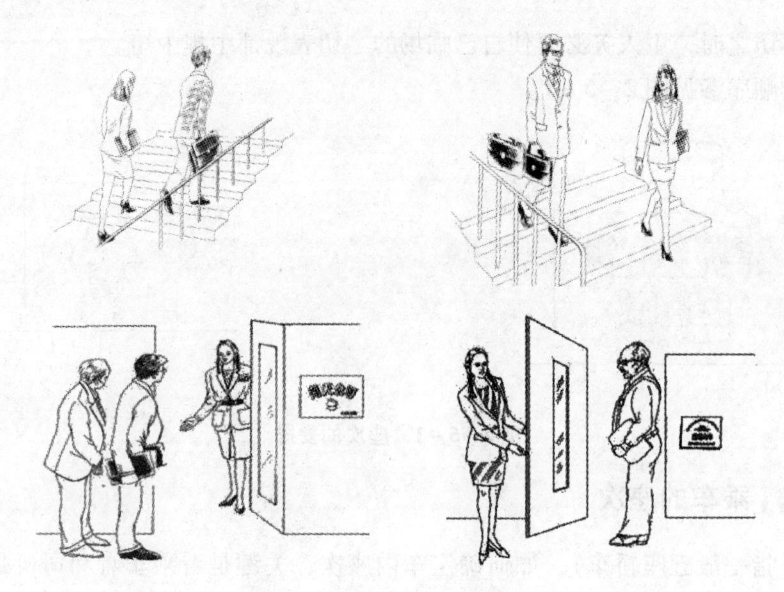

图 2-5-3　行进中的位次

2.5.4.4　乘坐电梯的次序

陪同客人或长辈来到电梯门口，先按电梯呼梯按钮。电梯门打开时，若客人不止一人，自己可先行进入电梯，一手按住“开门”按钮，另一手拦住电梯侧门，礼貌地说“请进”，请客人或长辈进入电梯。如果是和自己的领导一同乘用电梯，应先按电梯呼梯按钮，电梯门开时请领导先行进入。

【基本训练】

复习思考题

1. 以礼待客包括哪些要素？
2. 公务接待和私宅接待的步骤分别是什么？
3. 接待中的位次礼仪有哪些？

实训练习与操作

结合拜访礼仪让学生掌握接待礼仪，将学生分组训练。

实训目标：掌握规范的接待礼仪，注重细节的处理。

实训内容与要求：准备必要的道具，设置一定的情景，让学生结合拜访礼仪掌握接待礼仪。

实训成果与检测：学生进行演示，教师及其他学生进行检查和点评。

2.6　中餐礼仪

【本节学习目标】

1. 了解常见的中餐用餐方式

2. 掌握桌次排列和位次排列的基本要求
3. 掌握中餐礼仪的基本规范

【引例】

郭晓凡是一位外贸公司的业务经理，有一次，郭先生因为工作上的需要，在国内设宴招待一位来自英国的生意伙伴。有意思的是，那一顿饭吃下来，令对方最为欣赏的，倒不是郭先生专门为其所准备的丰盛菜肴，而是郭先生在陪同对方用餐时的一处细小的举止表现。用那位英国客人当时的原话来讲就是："郭先生，你在用餐时一点儿响声都没有，使我感到你的确具有良好的教养。"

中餐礼仪，是中华饮食文化的重要组成部分。中国的饮宴礼仪号称始于周公，经过千百年的演进，形成了今天为大家普遍接受的一套饮食进餐礼仪，这套礼仪是古代饮食礼制的继承和发展。

2.6.1 常见的中餐用餐方式

2.6.1.1 宴会

宴会通常指的是以用餐为形式的社交聚会。一般多在晚间举行，往往有负责人出席。

宴会可以分为正式宴会和非正式宴会两种类型。正式宴会，是一种隆重而正规的宴请。它往往要用请柬邀请，是为宴请某人而精心安排的、在比较高档的饭店或是其他特定的地点举行的、讲究排场和气氛的大型聚餐活动。对于到场人数、穿着打扮、席位排列、菜肴数目、音乐演奏、宾主致词等，往往都有十分严谨的要求和讲究。

非正式宴会，也称为便宴，也适用于正式的人际交往，似多见于日常交往。它的形式较简单，偏重于人际交往，而不注重规模、档次。一般来说，它只安排相关人员参加，不邀请配偶，对穿着打扮、席位排列、菜肴数目往往不作过高要求，而且也不安排音乐演奏和宾主致词。

2.6.1.2 家宴

家宴是在家里举行的宴会。相对于正式宴会而言，家宴最重要的是要制造亲切、友好、自然的气氛，使赴宴的宾主双方轻松、自然、随意，彼此增进交流、加深了解、促进信任。

通常家宴在礼仪上往往不作特殊要求。为了使来宾感受到主人的重视和友好，基本上要由女主人亲自下厨烹饪，男主人充当服务员；或男主人下厨，女主人充当服务员，来共同招待客人，使客人产生宾至如归的感觉。

2.6.1.3 便餐

便餐是家常便饭。用便餐的地点往往不同，礼仪讲究也最少。只要用餐者讲究公德，注意卫生、环境和秩序，在其他方面就不用介意过多。

2.6.1.4 工作餐

工作餐是指在商务交往中具有业务关系的合作伙伴，为进行接触、保持联系、交换信息或洽谈生意而以用餐的形式进行的商务聚会。

工作餐不同于正式宴会和亲友们的会餐。它重在一种氛围，意在以餐会友，创造出有利于进行进一步接触的轻松、愉快、和睦、融洽的氛围。工作餐是借用餐的形式继续进行的商务活动，把餐桌充当会议桌或谈判桌。

工作餐一般规模较小，通常在中午举行，主人不用发正式请柬，客人不用提前向主人正式进行答复，时间、地点可以临时选择。出于卫生方面的考虑，最好采取分餐制或公筷制的方式。

工作餐是主客双方“商务洽谈餐”，所以不适合有主题之外的人加入。如果正好遇到熟人，可以打个招呼或是将其与同桌的人互作简略的介绍。但不要擅自做主张将朋友留下。万一有不识相的人“赖着”不走，可以委婉地下逐客令：“您很忙，我就不再占用您宝贵时间了”，或是“我们明天再联系，我会主动打电话给您”。

2.6.1.5 自助餐

自助餐是近年来借鉴西方的现代用餐方式。它不排席位，也不安排统一的菜单，是把能提供的全部主食、菜肴、酒水陈列在一起，根据用餐者的个人爱好，自己选择、加工、享用。采取这种方式可以节省费用，而且礼仪讲究不多，宾主都方便，用餐的时候每个人都可以悉听尊便。在举行大型活动，招待为数众多的来宾时，这样安排用餐，也是最明智的选择。

2.6.2 宴请的组织安排

宴请宾客是一种较高规格的礼遇，具有很重要的礼仪作用，主办单位或主人一定要认真、周到地做好各项准备。宴请程序一般包括：

迎接宾客（主人一般站在门口）—引宾入座（按先女宾后男宾，先主宾后一般宾客的顺序，从椅子左边进入）—上菜服务—致辞祝酒—散席送客。

2.6.2.1 确定宴请的目的、对象、范围、形式等

（1）目的。

宴请目的多种多样，可以是表示欢迎、欢送、答谢，也可以是庆贺、纪念等。明确了目的，根据需要安排宴请的范围和形式。

（2）对象。

主要根据来宾的身份、国籍、习俗、爱好等确定宴会的规格、主陪人、餐式等。

（3）范围。

应事先明确宴请什么人，请多少人参加。

（4）形式。

根据规格、对象、目的来确定是举办正式宴会还是家宴，一般正规的、规格高的、人数少的，以宴会形式为宜。

2.6.2.2 时间地点的选择

确定正式宴请的具体时间，主要要遵从民俗惯例。而且主人不仅要从自己的客观能力出发，更要讲究主随客便，要优先考虑被邀请者，特别是主宾的实际情况，不要对这一点不闻不问。如果可能，应该先和主宾协商一下，力求双方方便。至少，也要尽可能提供几种时间上的选择，以显示自己的诚意，并要对具体长度进行必要的控制。

另外，在社交聚餐的时候，用餐地点的选择也非常重要。

（1）环境幽雅。

宴请不仅仅是为了“吃东西”，也要“吃文化”。要是用餐地点档次过低、环境不好，即使菜肴再有特色，也会使宴请大打折扣。在可能的情况下，一定要争取选择清静、幽雅的地点用餐。

（2）卫生条件良好。

在确定社交聚餐的地点时，一定要注意卫生状况。如果用餐地点太脏、太乱，不仅卫生问题让人担心，而且还会破坏用餐者的食欲。

（3）交通方便。

充分考虑到聚餐者来去交通是不是方便。有没有公共交通线路通过，有没有停车场，是不是要为聚餐者预备交通工具，以及该地点设施是否完备。

2.6.2.3 发出邀请或请柬

宴会一般都要用请柬正式发出邀请。这样做一方面出于礼节，另一个方面也是供客人备忘。

请柬内容应包括活动的主题、形式、时间、地点与主人姓名。请柬书写应清晰、打印精美。通常提前一周左右将请柬发出，太晚则不够礼貌，也不便于被宴请者提早安排。

2.6.2.4 订菜与菜单

根据我们的饮食习惯，与其说是“请吃饭”，还不如说成“请吃菜”，所以对菜单的安排马虎不得。它主要涉及点菜和准备菜单两方面的问题。

点菜时，不仅要吃饱、吃好，而且必须量力而行。如果为了讲排场、装门面，而在点菜时大点、特点，甚至乱点一通，不仅对自己没好处，还会招人笑话。这时一定要心中有数，力求做到不超支、不乱花、不铺张浪费。可以点套餐或包桌，这样费用固定，菜肴的档次和数量相对固定。也可以根据“个人预算”，在用餐时现场临时点菜，这样不但自由度较大，而且可以兼顾个人的财力和口味。

做东招待时，可请客人点菜，或请女士先点。被请者在点菜时，一是要告诉做东者，自己没有特殊要求，这实际上正是对方欢迎的；也可以认真点一个不太贵、又不是大家忌口的菜，再请别人点。别人点的菜，无论如何都不要挑三拣四。

一顿标准的中餐大菜，不管什么风味，上菜的次序都相同。通常先是冷盘，接下来是热炒，随后是主菜，然后上点心和汤，最后上果盘。如果上咸点心的话，讲究上咸汤；如果上甜点心的话，就要上甜汤。了解中餐标准的上菜次序，不仅有助于在点菜时巧作搭配，而且还可以避免因为不懂而出洋相、闹笑话。

在宴请前，主人需要事先对菜单再三斟酌。在准备菜单的时候，主人要着重考虑哪些菜可以选用、哪些菜不能用。

优先考虑的菜肴有4类。

第一，有中餐特色的菜肴。宴请外宾的时候这一条更要重视，像炸春卷、煮元宵、蒸饺子、狮子头、宫保鸡丁等，因为具有鲜明的中国特色，所以受到很多外国人的推崇。

第二，有本地特色的菜肴。比如西安的羊肉泡馍、湖南的毛家红烧肉、上海的红烧狮子头、北京的涮羊肉，在那里宴请外地客人时，上这些特色菜恐怕要比千篇一律的生猛海鲜更受好评。

第三，本餐馆的特色菜。很多餐馆都有自己的特色。上一份本餐馆的特色菜，能说明主人的细心和对被请者的尊重。

第四，主人的拿手菜。举办家宴时，主人一定要当众露上一手，多做几个拿手菜。其实所谓的拿手菜不一定十全十美，只要主人亲自动手，单凭这一条足以让对方感觉到你的尊重和友好。

在安排菜单时，还必须考虑来宾的饮食禁忌，特别是要对主宾的饮食禁忌高度重视。饮食方面的禁忌主要有4条。

第一，宗教的饮食禁忌。例如穆斯林通常不吃猪肉，并且不喝酒。国内的佛教徒不吃荤腥食品，它不仅指的是不吃肉食，而且包括葱、蒜、韭菜、芥末等气味刺鼻的食物。

第二，出于健康的原因对于某些食品也有所禁忌。比如心脏病、脑血管脉硬化、高血压和脑卒中后遗症的人不适合吃狗肉；肝炎病人忌吃羊肉和甲鱼，胃肠炎、胃溃疡等消化系统疾病的人也不合适吃甲鱼；高血压、高胆固醇患者要少喝鸡汤等。

第三，不同地区人们的饮食偏好往往不同。对于这一点在安排菜单时要兼顾。比如，湖南人普遍喜欢吃辛辣食物而少吃甜食。英美国家的人通常不吃宠物、稀有动物、动物内脏、动物的头部和脚爪。

第四，有些职业出于某种原因在餐饮方面往往也有各自不同的特殊禁忌。例如国家公务员在执行公务时不准吃请，在公务宴请时不准大吃大喝，不准超过国家规定的标准用餐，不准喝烈性酒。再如驾驶员工作期间不得喝酒，忽略了这一点，便有可能犯错误。

在隆重而正式的宴会上，主人选定的菜单也可以在精心书写后给每人一份，使用餐者不但餐前心中有数，而且餐后也可以留作纪念。

2.6.2.5 席位的安排

中餐的席位排列，关系到来宾的身份和主人给予对方的礼遇，所以是一项重要的内容。中餐席位的排列，在不同情况下有一定的差异，可以分为桌次排列和位次排列两方面。

（1）桌次排列。

在中餐宴请活动中，往往采用圆桌布置菜肴、酒水，排列圆桌的尊卑次序有两种情况，见图2－6－1。

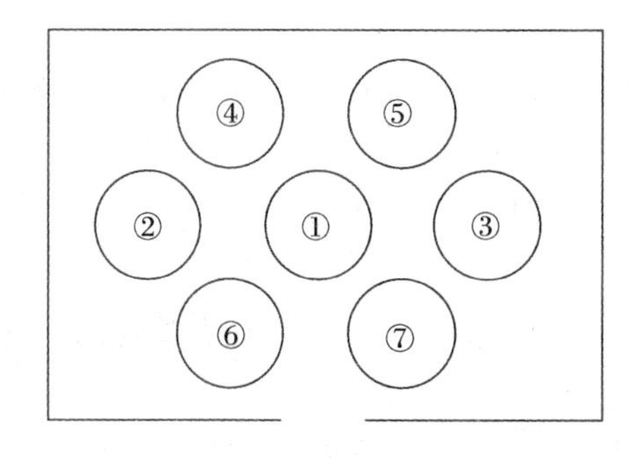

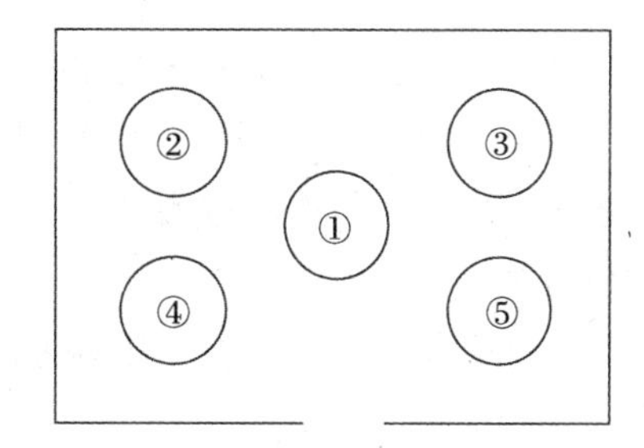

图2－6－1 桌次排列

第一种情况是由两桌组成的小型宴请。这种情况又可以分为两桌横排和两桌竖排的形式。当两桌横排时，桌次是以右为尊，以左为卑。这里所说的右和左，是由面对正门的位置来确定的。

当两桌竖排时，桌次讲究以远为上，以近为下。这里所讲的远近，是以距离正门的远近而言。

第二种情况，是由三桌或三桌以上的桌数所组成的宴请。在安排多桌宴请的桌次时，除了要注意“面门定位”“以右为尊”“以远为上”等规则外，还应兼顾其他各桌距离主桌的远近。通常距离主桌越近，桌次越高；距离主桌越远、桌次越低。在安排桌次时，所用餐桌的大小、形状要基本一致。除主桌可以略大外，其他餐桌都不要过大或过小。

为了确保在宴请时赴宴者及时、准确地找到自己所在的桌次，可以在请柬上注明对方所在的桌次，在宴会厅入口悬挂宴会桌次排列示意图，安排引位员引导来宾按桌就座，或者在每张餐桌上摆放桌次牌（用阿拉伯数字书写）。

（2）位次排列。

宴请时，每张餐桌上的具体位次也有主次尊卑的分别，见图2－6－2。排列位次的基本方法有4条，它们往往会同时发挥作用。

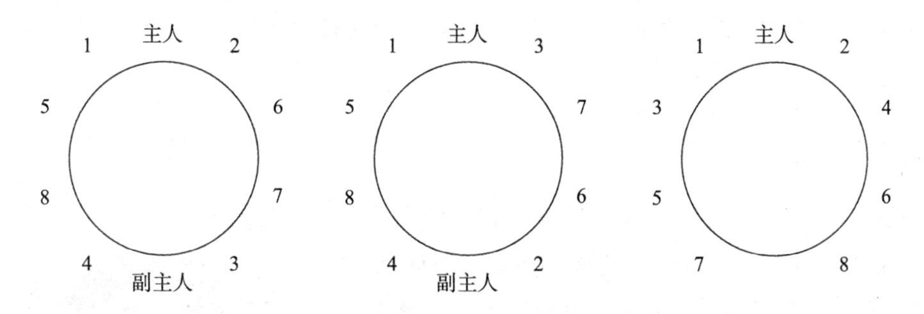

图2－6－2 位次的排列

①主人大都应面对正门而坐，并在主桌就座。

②举行多桌宴请时，每桌都要有一位主桌主人的代表在座。位置一般和主桌主人同向，有时也可以面向主桌主人。

③各桌位次的尊卑，应根据距离该桌主人的远近而定，以近为上，以远为下。

④各桌距离该桌主人相同的位次，讲究以右为尊，即以该桌主人面向为准，右为尊，左为卑。

另外，每张餐桌上所安排的用餐人数应限在 10 人以内，最好是双数。比如 6 人、8 人、10 人。人数如果过多，不仅不容易照顾，而且也可能坐不下。

根据上面 4 个位次的排列方法，圆桌位次的具体排列可以分为两种具体情况。它们都是和主位有关。

第一种：每桌一个主位的排列方法。特点是每桌只有一名主人，主宾在右首就座，每桌只有一个谈话中心。

第二种：每桌两个主位的排列方法。特点是主人夫妇在同一桌就座，以男主人为第一主人，女主人为第二主人，主宾和主宾夫人分别在男女主人右侧就座。每桌从而客观上形成了两个谈话中心。

如果主宾身份高于主人，为表示尊重也可以安排在主人位子上坐，而请主人坐在主宾的位子上。

为了便于来宾准确无误地在自己位次上就座，除招待人员和主人要及时加以引导指示外，应在每位来宾所属座次正前方的桌面上，事先放置醒目的个人姓名座位卡。举行涉外宴请时，座位卡应以中、英文两种文字书写。我国的惯例是中文在上，英文在下。必要时，座位卡的两面都书写用餐者的姓名。

排列便餐的席位时，如果需要进行桌次的排列，可以参照宴请时桌次的排列进行。

位次的排列，可以遵循四个原则。

第一，右高左低原则。两人一同并排就座，通常以右为上座，以左为下座。这是因为中餐上菜时多以顺时针方向为上菜方向，居右坐的因此要比居左坐的优先受到照顾。

第二，中座为尊原则。三人一同就座用餐，坐在中间的人在位次上高于两侧的人。

第三，面门为上原则。用餐的时候，按照礼仪惯例，面对正门者是上座，背对正门者是下座。

第四，特殊原则。高档餐厅里，室内外往往有优美的景致或高雅的演出，供用餐者欣赏。这时候，观赏角度最好的座位是上座。在某些中低档餐馆用餐时，通常以靠墙的位置为上座，靠过道的位置为下座。

2.6.2.6 餐具的准备

宴请餐具十分重要，考究的餐具是对客人的尊重。依据宴会人数和酒类、菜品准备足够的餐具，是宴会厅的基本礼仪。餐具应卫生，餐布、餐巾应干净整洁，杯、筷子、刀叉、碗碟等洗净擦亮，见图 2-6-3。

图 2-6-3 餐具准备

（1）筷子。

筷子是中餐最主要的餐具。使用筷子，通常必须成双使用。用筷子取菜、用餐的时候，要注意以下几个方面：

①不论筷子上是否残留着食物，都不要去舔；

②和人交谈时，要暂时放下筷子，不能一边说话，一边像指挥棒似的舞着筷子；

③不要把筷子竖插放在食物上面，因为这种插法，只在祭奠死者的时候才用；

④严格筷子的职能：筷子只是用来夹取食物的，用来剔牙、挠痒或是用来夹取食物之外的东西都是失礼的。

（2）勺子。

勺子的主要作用是舀取菜肴、食物。有时用筷子取食，也可以用勺子来辅助。尽量不要单用勺子去取菜。用勺子取食物时，不要过满，免得溢出来弄脏餐桌或自己的衣服。在舀取食物后，可以在原处“暂停”片刻，汤汁不会再往下流时，再移回来享用。

暂时不用勺子时，应放在自己的碟子上，不要把它直接放在餐桌上，或是让它在食物中“立正”。用勺子取食物后，要立即食用或放在自己碟子里，不要再把它倒回原处。如果取用的食物太烫，不可用勺子舀来舀去，也不要用嘴对着吹，可以先放到自己的碗里等凉了再吃。不要把勺子塞到嘴里，或者反复吮吸、舔食。

（3）盘子。

主要用来盛放食物，在使用方面和碗略同。盘子在餐桌上一般要保持原位，不要堆放在一起。

需要着重介绍的，是一种用途比较特殊的被称为食碟的盘子。食碟的主要作用，是用来暂放从公用的菜盘里取来享用的菜肴的。用食碟时，一次不要取放过多的菜肴，看起来繁乱不堪。不要把多种菜肴堆放在一起，弄不好它们会相互“串味”，不好看，也不好吃。不吃的残渣、骨、刺不要吐在地上、桌上，而应轻轻取放在食碟前端；放的时候不能直接从嘴里吐在食碟上，要用筷子夹放到碟子旁边。如果食碟放满了，可以让服务员换。

（4）水杯。

主要用来盛放清水、汽水、果汁、可乐等软饮料时使用。不要用它来盛酒，也不要倒扣水杯。

（5）酒杯。

酒杯分为红酒杯和白酒杯。喝酒的时候，一味地给别人劝酒、灌酒，特别是给不胜酒力的人劝酒、灌酒，都是失礼的表现。

敬酒时要注意以下几点：

①斟啤酒时应先慢倒，接着猛冲，最后轻轻抬起瓶口，其泡沫自然高涌，气泡保持了啤酒的新鲜美味，一旦泡沫消失，香气减少，则苦味必加重，有碍口感；

②中餐常以开杯酒作为宴请开始的标志，宴席开始时，主人举杯敬所有来宾，这个时候，无论会不会喝酒，都要举杯浅酌，不宜推拒，它代表了主人的谢意与祝福；

③当主人起立敬酒时，所有来宾也应起立回敬，这是基本礼节；

④向长辈或上级敬酒时，宜双手捧杯，起立敬酒；

⑤许多“酒国英雄”，喝酒时仰起脖子，将整杯酒滴酒不剩地倒进喉咙里，虽然豪气万千，却很不雅观。

(6) 牙签。

尽量不要当众剔牙。非剔不可时，用另一只手掩住口部，剔出来的东西，不要当众观赏或再次入口，也不要随手乱弹，随口乱吐。剔牙后，不要长时间叼着牙签，更不要用来扎取食物。

2.6.2.7 用餐注意事项

(1) 中餐用餐前，比较讲究的话，会为每位用餐者上一块湿毛巾。它只能用来擦手。擦手后，应该放回盘子里，由服务员拿走。有时候在正式宴会结束前，会再上一块湿毛巾。和前者不同的是，它只能用来擦嘴，却不能擦脸、抹汗。

(2) 任何国家的餐饮都有自己的传统习惯和寓意，中餐也不例外。比如，过年少不了鱼，表示“年年有余”；和渔家、海员吃鱼的时候，忌讳把鱼翻身，因为有“翻船”的意思。

(3) 宴会快结束时，服务员都会端上果盘。享用果盘时，一般要用牙签，千万别直接用手拿，这样非常失礼。

(4) 如果宴会没有结束，但你已用好餐，不要随意离席，要等主人和主宾餐毕先起身离席，其他客人才能依次离席。

(5) 斟茶是一件很简单的事，不过，很多朋友会疏忽个中的礼貌。如果一个人当然可以自斟自饮，否则，就应斟完其他人再替自己斟。

(6) 有人喜欢用自己的筷子替左右邻夹菜，其实很多人是害怕别人这番“热情”的，想拒绝却又怕对方不高兴，只有勉强接受，心中总是不快，既然如此，何必“多此一举”。

(7) 吃饱之后乱放胃气，“怪声”阵阵会给人坏印象。假如是一顿商务应酬的饭宴，几下“怪声”就可能将整天的努力都白费，良好的形象亦毁于此刻。

(8) 圆桌以顺时针方向旋转为基本，上菜后，由主宾或年长者首先动筷夹菜，如果有人反向旋转也无妨，但要避免来回改变方向旋转。

(9) 右边是常动方，左边是不动方，所以不常用的物品，摆放在左边。杯、筷摆在右边；湿纸巾、汤碗、菜单放在左边。

(10) 残渣勿直接吐在桌面上。

(11) 用毛巾抹面、抹颈和抹身，诸如此类的行为，切戒切戒！否则不自觉令人产生反感而不自知。

(12) 如果是在柜台结账，结账者需早点离席结账，不要让同席人等待。

(13) 如果是上司或年长者请客，一般不必回请，但要郑重道谢。

2.6.3 参加宴请

如果要参加宴会，首先要把自己打扮得整齐大方，这是对别人也是对自己的尊重，还要按主人邀请的时间准时赴宴。除酒会外，一般宴会都请客人提前半小时到达。如因故在宴会开始前几分钟到达，不算失礼。但迟到就显得对主人不够尊敬，非常失礼了。

当走进主人家或宴会厅时，应首先跟主人打招呼。同时，对其他客人不管认不认识，都要微笑点头示意或握手问好；对长者要主动起立，让座问安；对女宾举止庄重，彬彬有礼。

入席时，自己的座位应听从主人或招待人员的安排，因为有的宴会主人早就安排好了。如果座位没定，应注意正对门口的座位是上座，背对门的座位是下座。应让身份高者、年长者以及女士先入座，自己再找适当的座位坐下。入座后坐姿端正，脚踏在本人座位下，不要任意伸直或两腿不停摇晃，手肘不得靠桌沿，或将手放在邻座椅背上。入座后，不要旁若无人，也不要眼睛直盯盘中菜肴，显出迫不及待的样子。可以和同席客人简单交谈。上菜以后，应该先等主人家起筷后才动手夹菜。

【基本训练】

复习思考题

1. 宴会的组织应考虑哪些要素？
2. 宴会的席位安排应遵循哪些原则？

实训练习与操作

将各种桌次和位次绘制成图，让学生排序。

实训目标：掌握中餐礼仪中席位安排的具体要求。

实训内容与要求：对桌次和位次进行排序。

实训成果与检测：学生进行演示，其他学生进行检查和点评。

2.7　西餐礼仪

【本节学习目标】

1. 了解西餐的菜序
2. 掌握西餐中座次安排的具体要求
3. 熟悉正确使用西餐餐具的方法
4. 掌握西餐中的礼仪规范

【引例】

有位绅士独自在西餐厅享用午餐。就餐过程中，他的手机突然响了。为了不影响他人用餐，他放下刀叉，把餐巾放在桌上，起身到门外接电话。几分钟后，当那位绅士重新回到餐桌时，发现桌上的酒杯、牛排、刀叉、餐巾全被侍者收走了。

思考题：请问那位绅士的餐巾等为何全被侍者收走？正确的做法是什么？

西餐是迥然不同于我国饮食文化的外来品。许多人听过也吃过西餐，但不知为什么叫它西餐？西餐是我国和其他部分东方国家及地区的人民对西方国家菜点的统称。广义上讲，是对西方餐饮文化的统称。我们所说的“西方”习惯上是指欧洲国家和地区，以及由这些国家和地区为主要移民地的北美洲、南美洲和大洋洲的广大区域，因此西餐主要指代的是以上区域的餐饮文化，见图2－7－1。西方人把中国的菜点叫“中国菜”、把日本菜点叫作“日本料理”、韩国菜叫作“韩国料理”，等等，他们不会笼统地称之为“东方菜”，而是细细对其划分，依其国名而具体命名。实际上，西方各国的餐饮文化都有各自的特点，各个国家的菜式也都不尽相同，例如法国人会认为他们做的是法国菜，英国人则认为他们做的菜是英国菜。西方人自己并没有明确的“西餐”概念，这个概念是中国和其他东方国家人民的概念。

图2－7－1　西餐

2.7.1　西餐的菜序

正规的西餐宴会，其菜序既复杂又非常讲究。一般情况下，比较简便的西餐菜单可以是：开胃菜——汤——副菜——主菜——甜品——咖啡。

(1) 开胃菜。也称为头盘，一般有冷头盘和热头盘之分，常见的品种有鱼子酱、鹅肝酱、熏鲑鱼、鸡尾杯、奶油鸡酥盒、焗蜗牛等。

(2) 汤。大致可分为清汤、奶油汤、蔬菜汤和冷汤等4类。品种有牛尾清汤、各式奶油汤、海鲜汤、美式蛤蜊汤、意式蔬菜汤、俄式罗宋汤、法式葱头汤。

(3) 副菜。通常水产类菜肴与蛋类、面包类、酥盒菜肴均称为副菜。西餐吃鱼类菜肴讲究使用专用的调味汁，品种有鞑靼汁、荷兰汁、酒店汁、白奶油汁、大主教汁、美国汁和水手鱼汁等。

(4) 主菜。肉、禽类菜肴是主菜。其中最有代表性的是牛肉或牛排，肉类菜肴配用的调味汁主要有西班牙汁、浓烧汁精、蘑菇汁、白尼丝汁等。禽类菜肴的原料取自鸡、鸭、鹅；禽类菜肴最多的是鸡，可煮、可炸、可烤、可焗，主要的调味汁有咖喱汁、奶油汁等。

(5) 蔬菜类菜肴。可以安排在肉类菜肴之后，也可以与肉类菜肴同时上桌，蔬菜类菜肴在西餐中称为沙拉。与主菜同时搭配的沙拉，称为生蔬菜沙拉，一般用生菜、番茄、黄瓜、芦笋等制作。还有一类是用鱼、肉、蛋类制作的，一般不加调味汁。

(6) 甜品。西餐的甜品是主菜后食用的，可以算作是第六道菜。从真正意义上讲，它包括所有主菜后的食物，如布丁、冰淇淋、奶酪、水果等。

(7) 咖啡。饮咖啡一般要加糖和淡奶油。

2.7.2　西餐的座次

2.7.2.1　西餐的座次安排

(1) 恭敬主宾。

在西餐中，主宾极受尊重。即使用餐的来宾中有人在地位、身份、年纪方面高于主宾，但主宾仍是主人关注的中心。在排定位次时，应请男、女主宾分别紧靠着女主人和男主人就座，以便进一步受到照顾。

（2）女士优先。

在西餐礼仪里，女士处处备受尊重。在排定用餐位次时，主位一般应请女主人就座，而男主人则须退居第二主位。

（3）以右为尊。

在排定位次时，以右为尊依旧是基本方针。就某一特定位置而言，其右位高于其左位。例如，应安排男主宾坐在女主人右侧，应安排女主宾坐在男主人右侧。

（4）面门为上。

有时又叫迎门为上。它所指的是，面对餐厅正门的位子，通常在序列上要高于背对餐厅正门的位子。

（5）距离定位。

一般来说，西餐桌上位次的尊卑，往往与其距离主位的远近密切相关。在通常情况下，离主位近的位子高于距主位远的位子。

（6）交叉排列。

用中餐时，用餐者经常可能与熟人，尤其是与其恋人、配偶在一起就座，但在用西餐时这种情景便不复存在了。商界人士所出席的正式的西餐宴会，在排列位次时，要遵守交叉排列的原则。依照这一原则，男女应当交叉排列，生人与熟人也应当交叉排列。因此，一个用餐者的对面和两侧，往往是异性，而且还有可能与其不熟悉。这样做，最大的好处是可以广交朋友。不过，这也要求用餐者最好是双数，并且男女人数各半。

2.7.2.2 座次排列的详情

在西餐用餐时，人们所用的餐桌有长桌、方桌和圆桌。有时，还会以之拼成其他各种图案。不过，最常见、最正规的西餐桌当属长桌。以下是西餐排位的种种具体情况。

（1）长桌。

以长桌排位，见图2－7－2。一般有两个主要办法：一是男女主人在长桌中央对面而坐，餐桌两端可以坐人，也可以不坐人；二是男女主人分别就座于长桌两端。某些时候，如用餐人数较多时，还可以参照以上办法，以长桌拼成其他图案，以便安排大家一道用餐。

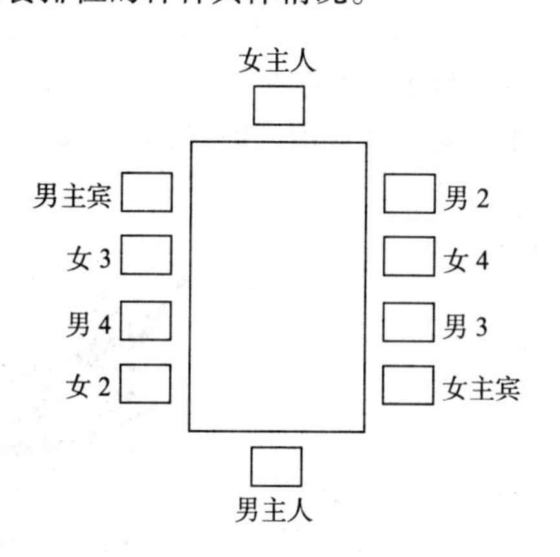

图2－7－2 长桌排位

（2）方桌。

以方桌排列位次时，就座于餐桌四面的人数应相等。在一般情况下，一桌共坐8人，每侧各坐两人的情况比较多见。在进行排列时，应使男、女主人与男、女主宾对面而坐，所有人均各自与自己的恋人或配偶坐成斜对角。

（3）圆桌。

在西餐里，使用圆桌排位的情况并不多见。在隆重而正式的宴会里，则尤为罕见。其具体排列，基本上是各项规则的综合运用。

2.7.3 西餐的餐具

西餐的常用餐具参见图2－7－3。

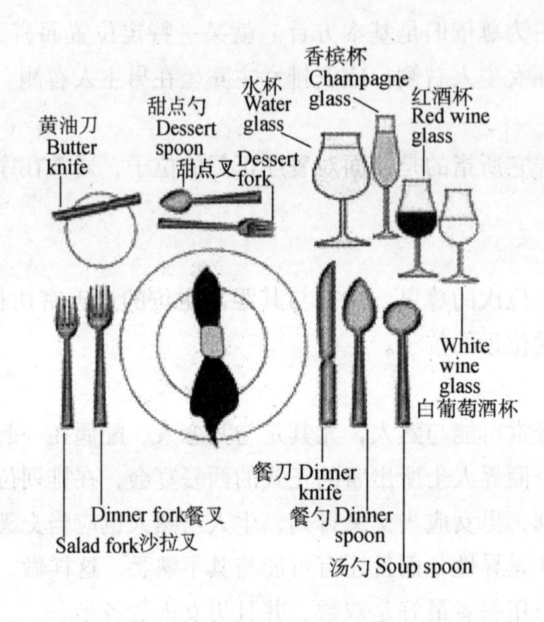

图2－7－3 西餐餐具

2.7.3.1 刀叉的使用

刀、叉分为肉类用、鱼类用、前菜用、甜点用，刀叉就像是中国的筷子一样。有时是刀与叉（或汤匙）两只为一组放置在刀叉架上；有时是将刀、叉、汤匙三只为一组，放置在刀叉架上；有时是刀与叉（或汤匙）两只为一组地放置其上，使刀的刀刃部与叉子的前部不会碰触到桌巾，见图2－7－4。

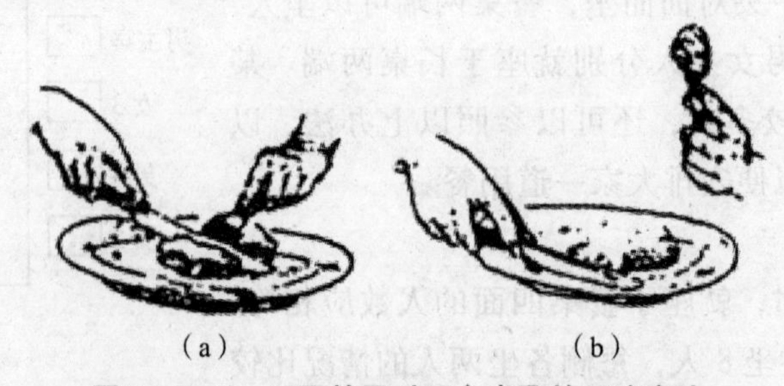

图2－7－4 刀叉并用时两个步骤的正确方法

(1) 进餐时，餐盘在中间，刀子和勺子放置在盘子的右边，叉子放在左边。一般右手写字的人，饮用西餐时，很自然地用右手拿刀或勺，左手拿叉，杯子也用右手来端。

（2）在桌子上摆放刀叉，一般最多不能超过三副。三道菜以上的套餐，必须在摆放的刀叉用完后随上菜再放置新的刀叉。

（3）刀叉是从外侧向里侧按顺序使用（也就是说事先按使用顺序由外向里依次摆放）。

（4）进餐时，一般都是左右手互相配合，即一刀一叉成双成对使用的。有些例外，喝汤时，则只是把勺子放在右边——用右手持勺。食用生牡蛎一般也是用右手拿牡蛎叉食用。

（5）刀叉有不同规格，按照用途不同而决定其尺寸的大小。吃肉时，不管是否要用刀切，都要使用大号的刀。吃沙拉、甜食或一些开胃小菜时，要用中号刀。叉或勺一般随刀的大小而变。喝汤时，要用大号勺，而喝咖啡和吃冰激凌时，则用小号为宜。

（6）不能用叉子扎着食物进口，而应把食物铲起入口。当然现在这个规则已经变得不是那么的严格。英国人左手拿叉，叉尖朝下，把肉扎起来，送入口中，如果是烧烂的蔬菜，就用餐刀把菜拨到餐叉上，送入口中，美国人用同样的方法切肉，然后右手放下餐刀，换用餐叉，叉尖朝上，插到肉的下面，不用餐刀，把肉铲起来，送入口中，吃烧烂的蔬菜也是这样铲起来吃。

（7）如食用某道菜不需要用刀，也可用右手握叉，例如意大利人在吃面条时，只使用一把叉，不需要其他餐具，那么用右手来握叉倒是简易方便的。没有大块的肉要切的话，例如素食盘，只是不用切的蔬菜和副食，那么，按理也可用右手握叉来进餐。

（8）为了安全起见，手里拿着刀叉时切勿指手画脚。发言或交谈时，应将刀叉放在盘上才合乎礼仪。这也是对旁边的人的一种尊重。

（9）叉子和勺子可入口，但刀子不能放入口中，不管它上面是否有食物。除了礼节上的要求，刀子入口也是危险的。

2.7.3.2 摆置刀与叉

用餐中，刀、叉位置为“八”字形，如果在用餐中途暂时休息片刻，可将刀叉放于盘中，刀头与叉尖相对成“一”字形或“八”字形，刀叉朝向自己，表示还是继续吃。如果是谈话，可以拿着刀叉无须放下；但若需做手势时，就应放下刀叉，千万不可手执刀叉在空中挥舞摇晃。

应当注意，不管任何时候，都不可将刀叉的一端放在盘上，另一端放在桌上。刀与叉除了将料理切开送入口中之外，还有另一项非常重要的功用。刀叉的摆置方式传达出“用餐中”或是“结束用餐”之讯息，如图2－7－5。而服务生利用这种方式，判断客人的用餐情形，以及是否收拾餐具准备接下来的服务等，所以希望能够记住正确的餐具摆置方式。特别要注意的是刀刃侧必须面向自己。用餐结束的摆置方式是：将叉子的下面向上，刀子的刀刃侧向内与叉子并拢，平行放置于餐盘上。摆置方式又可以分为英国式与法国式，不论哪种方式都

（a）

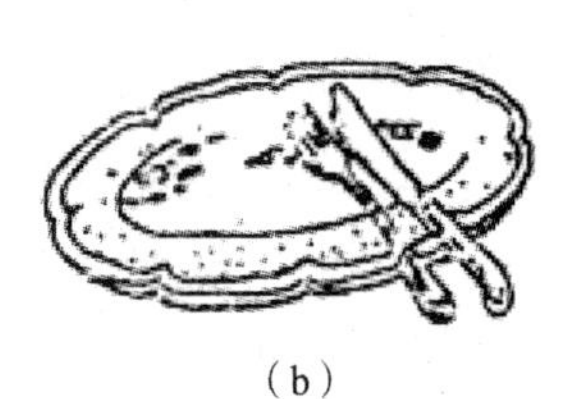

（b）

图2－7－5　刀叉的摆法

（a）尚未吃完的刀叉摆法；（b）已吃完的刀叉摆法

可以，但最常用的是法国式。尽量将柄放入餐盘内，这样可以避免因碰触而掉落，服务生也较容易收拾。

2.7.4 西餐的食用方法

2.7.4.1 汤的吃法

一般使用的餐具是汤盘或汤碗。汤碗分带把儿和不带把儿两种。饮用汤要使用汤勺。握汤勺的方法同握写字笔近似，不要太紧张，也不能太松弛。握的位置要适当，握柄的中上部最为理想，看上去优雅自然。

进汤时，身体要保持端正，头部不要太接近汤盘，长头发的女士千万注意不要把头发落到汤盘里，那样既不卫生，又不美观。用勺子送汤到嘴里，而不是用低头去找汤盘。注意不要让汤从嘴里流出来或把汤滴在汤盘外边。

在进汤类食物时，千万避免发出向嘴里吸溜的声音，如果汤是滚烫的，可稍等片刻再享用，不可将嘴巴凑近汤盘猛吹。即使汤盘里只有少许汤底，也不可举盘把汤底倒入口中。可将汤盘向外倾斜，以便将最后的几滴用勺子舀起。如果是汤碗的话，最后的几滴可倒入口中。

2.7.4.2 沙拉的吃法

沙拉做头盘是比较理想的选择，它既爽口又开胃，正统西餐的沙拉汁一般偏酸，也就是力图达到这个效果。西方人不习惯在餐前吃带甜味的沙拉。

盛沙拉一般用沙拉盘，平盘深盘都可以。一般讲究的餐厅要摆上刀和叉，即使有些人习惯只是用叉而不用刀。作为同主食一起上菜时的沙拉，把沙拉盘放在主菜盘的左侧，这时一般只放一把叉子。

遇见比较大叶的蔬菜的时候，要先用刀子和叉子折起来，然后再用叉子入口。

2.7.4.3 鱼的吃法

鱼肉极嫩易碎，因此餐厅常不备餐刀而备专用的汤匙。这种汤匙比一般喝汤用的稍大而且较平，不但可切分菜肴，还能将菜和调味汁一起舀起来吃。若要吃其他混合的青菜类食物，还是使用叉子为好。对于鱼骨头，首先用刀在鱼鳃附近刺一条直线，刀尖不要刺透，刺入一半即可。将鱼的上半身挑开后，从头开始将刀放在骨下方，往鱼尾方向划开，把骨剔掉并挪到盘子的一角。最后再把鱼尾切掉，由左至右边切边吃。

2.7.4.4 肉类的吃法

(1) 从左边开始切。用餐时，以叉子从左侧将肉叉住，再用刀沿着叉子的右侧将肉切开，如切下的肉无法一口吃下，可直接用刀子再切小一些，切开刚好一口大小的肉，然后直接以叉子送入口中。

（2）重点在于利用刀压住肉时的力度。为了轻松地将肉切开，首先就要松肩膀，并确实用叉子把肉叉住。再以刀轻轻地慢慢地前后移动。用力点是在将刀伸出去的时候，而不是将刀拉回时。

（3）将取得的调味酱放在盘子内侧。点排餐时，会附带一杯调味酱。在正式的场合中，调味酱应是自行取用，而非麻烦服务生服务。首先将调味酱钵拿到盘子旁边，以汤勺取酱料时要注意不要滴到桌巾上。调味酱不可以直接淋在牛排上，应取适量放在盘子的内侧，再将肉切成一口大小蘸酱料吃。调味酱的量约以两汤匙为最适量。取完调味酱后，将汤勺放在调味酱钵的侧边，并传给下一个人。

（4）不可一开始就将肉全部切成一块一块的，否则好吃的肉汁就会全部流出来了。如果用叉子叉住肉的左侧却从肉的右侧开始切，会很难将肉切开。因左手拿叉子，所以从左侧开始切才是正确的。千万不要从右侧开始切。如果太用力切，在切开时会因与盘子碰撞而发出很大的声音。身体向前倾的姿势很难使用刀子。

（5）点缀的蔬菜也要全部吃完。放在牛排旁边的蔬菜不只是为了装饰，同时也是基于营养均衡的考虑而添加的。国人大都会把水芹留下，如果不是真的不爱吃，最好不要剩下。利用汤勺取酱料并放在餐盘内侧，放在旁边的蔬菜与肉互相交替着吃完。

2.7.4.5 喝酒的方法

喝酒时绝对不能吸着喝，而是应倾斜酒杯，像是将酒放在舌头上似的喝。轻轻摇动酒杯让酒与空气接触以增加酒味的醇香，但不要猛烈摇晃杯子。此外，一饮而尽，边喝边透过酒杯看人，都是失礼的行为。不要用手指擦杯沿上的口红印，用面巾纸擦较好。

2.7.4.6 面包的吃法

吃面包时先用两手撕成小块，再用左手拿来吃。吃硬面包时，用手撕不但费力而且面包屑会掉满地，此时可用刀先切成两半，再用手撕成块来吃。避免像用锯子似的割面包，应先把刀刺入另一半。切时可用手将面包固定，避免发出声响。

2.7.5 西餐的礼仪要求

2.7.5.1 预约的窍门

越高档的饭店越需要事先预约。预约时，不仅要说清人数和时间，也要表明是否要在吸烟区或视野良好的座位。如果是生日或其他特别的日子，可以告知宴会的目的和预算。在预定时间内到达，是基本的礼貌。

2.7.5.2 用餐着装

吃饭时穿着得体是欧美人的常识。去高档的餐厅，男士要穿着整洁的上衣和皮鞋；女士要穿套装和有跟的鞋子。如果指定穿正式服装的话，男士必须打领带。

2.7.5.3 入座礼节

最得体的入座方式是从左侧入座。当椅子被拉开后，身体在几乎要碰到桌子的距离站直，领位者会把椅子推进来，腿弯碰到后面的椅子时，就可以坐下来。

用餐时，上臂和背部要靠到椅背，腹部和桌子保持约一个拳头的距离，两脚交叉的坐姿最好避免。

2.7.5.4 点酒礼节

在高级餐厅里，会有精于品酒的调酒师拿酒单来，对酒不大了解的人，最好告诉他自己挑选的菜色、预算、喜爱的酒类口味，请调酒师帮忙挑选。

2.7.5.5 点菜礼节

吃西餐时，没有必要全部都点，点太多却吃不完反而失礼。稍有水准的餐厅都不欢迎只点前菜的人。前菜、主菜（鱼或肉择其一）加甜点是最恰当的组合。点菜并不是由前菜开始点，而是先选一样最想吃的主菜，再配上适合主菜的汤。

主菜若是肉类应搭配红酒，鱼类则搭配白酒。上菜之前，不妨来杯香槟、雪利酒或吉尔酒等较淡的酒。

2.7.5.6 餐巾礼节

点完菜后，在前菜送来前的这段时间把餐巾打开，往内折三分之一，让三分之二平铺在腿上，盖住膝盖以上的双腿部分。最好不要把餐巾塞入领口。

进餐一半回来还要接着吃的话，餐巾应放在你座椅的椅面上，它表示的信号是告诉在场的其他人，尤其是服务生，你到外面有点事，回来还要继续吃。餐巾放桌上去，就是就餐结束的意思。

餐巾可以擦嘴，但是不能擦刀叉，也不能擦汗。

2.7.5.7 握杯礼节

酒类服务通常由服务员负责将少量酒倒入酒杯中，让客人鉴别一下品质是否有误。只需把它当成一种形式，喝一小口就行。接着，侍者会来倒酒，这时，不要动手去拿酒杯，而应把酒杯放在桌上由侍者去倒。正确的握杯姿势是用手指轻握杯脚。为避免手的温度使酒温增高，应用大拇指、中指、食指握住杯脚，小指放在杯子的底台固定，见图2－7－6。

图2－7－6 握杯礼节

【基本训练】

复习思考题

1. 西餐的座次安排与中餐的座次安排有何不同?
2. 西餐菜序与中餐菜序有何不同?

实训练习与操作

找一个酒店专业的实训室，将学生进行分组，拟定学生的身份，分别扮演用餐者和侍者进行练习。

实训目标：掌握西餐礼仪的规范要求。

实训内容与要求：学生自备相对正式的服装和侍者衣服，借一部分西餐的餐具进行练习。

实训成果与检测：学生在演示时，其他学生进行检查和点评。

第3章　公共场所礼仪

【学习目标】

通过本章学习，基本了解在公共场所的礼仪要求及规范，包括散步行路、排队等候、超市购物、游玩参观、乘坐电梯等礼仪。

【教学要求】

认知：能够了解不同公共场所的礼仪规范。

理解：在认知的基础上，深入理解公共场所礼仪的精髓，塑造完美的个人形象。

运用：通过学习使学生有意识地注意自己日常在公共场所的行为，并内化为良好的修养习惯。

公共场所是公众共同活动的地方，是为社会公众提供服务的地方。公共场所的礼仪也最能显示出人们的气质修养，反映他们所受的家庭教育。一个人的礼仪素养也总是通过日常的诸多细节得以体现，细节决定成败，细节彰显境界。

公共场所个人举止的禁忌一般包括以下方面。

（1）在众人之中，应力求避免从身体内发出的各种异常的声音。

（2）公共场合不得用手抓挠身体的任何部位。

（3）公开露面前，须把衣裤整理好。

（4）参加正式活动前，不宜吃带有强烈刺激性气味的食物，以免口腔产生异味，引起交往对象的不悦甚至反感。

（5）在公共场所里，高声谈笑、大呼小叫是一种极不文明的行为，应避免。

（6）对陌生人不要盯视或评头论足。

（7）在公共场合不要吃东西。

（8）感冒或其他传染病患者应避免参加各种公共场所的活动，以免将病毒传染给他人，影响他人健康。

（9）在公共场所，时刻注意自己的体态语。

（10）不要违反公共场所的规则。

3.1 散步行路礼仪

【本节学习目标】

1. 掌握散步行路的姿势
2. 理解散步行路中的礼仪规范，提高行路修养

【引例】

一个小伙子即将大学毕业，曾参与的诸多社会实践使他获得了很好的工作能力。他的应聘简历获得了一家大型企业人力资源部的赏识。

面试那天，他进行了精心的准备，配上了得体的服装上路了。可一大早公交站台上就排满了人。当公车还没停稳，他就一个箭步冲向车门，拼命挤上了车……

车在行驶过程中，突然一个急刹车，他“哎呀”一声！原来他的脚被重重地踩了一下，“眼睛瞎了！”他张口就骂。旁边一位女士尴尬地跟他道歉“对不起，对不起……”他正眼也没看：“我今天去面试，你踩脏了我的皮鞋。要是我面试没通过你得负责！”女士一再道歉才避免了事态的升级。

他准时地到达了这家企业，并被引领到面试的会议室里。

过了一会，人力总监与助理进来了。面试进行得非常顺利，他的应答也是对答如流，人力总监一再点头。正当他洋洋自得的时候，助理说话了：“你的学习经历以及你的实际工作能力都让我们非常赏识，这个职位也非常适合你。但请允许我将今天早上公交车上发生的事情向总监做一个如实汇报。”原来这个助理恰巧是在公车上被他骂的那位女士。

当总监听完情况的汇报之后，坦诚地对小伙子说：“一个人的工作能力很重要，但是你知道吗？一个人成功的要素，能力和学识只占15%，更多的在于他的人际关系、处事能力以及他的基本修养!”

……

思考题：从以上事件中你收获了什么？

广场、道路是基本的公众场所，一个人单独行路的机会比较多，所以能不能自觉地讲究行路散步的规则，尤其能反映一个人修养水准的高低。无论男女，行路散步时目光要自然前视，不左顾右盼，东张西望，摇头晃脑，上蹿下跳。

3.1.1 严格遵守交通规则

行路时，要走人行道，不走自行车或机动车道。过马路要走人行横道，或是过街天桥、地下通道，如果是路口，一定要等绿灯亮了，再看两边没车时才通过，不能低头猛跑。

行人应该避免以下的交通陋习：

（1）走路、骑自行车闯红灯；

（2）道路上嬉笑打闹，并排行走，并排骑车；

（3）为抄近路践踏草坪或翻越交通隔离设施和护栏；

（4）骑自行车逆行、骑车带人；

（5）与机动车争抢道路，在车流中穿行；

（6）闯入封闭高速道路；

（7）眼看信号灯闪烁要变换，仍慢慢走在斑马线上；

（8）在车行道上招呼出租汽车。

3.1.2 保持道路卫生，爱护交通设施

保持环境卫生是人类健康生活的需要，不要一面走路，一面吃东西或抽烟，既不卫生，又不雅观，如确实是肚子饿或口渴了，可以停下来，在路边找个适当的地方，吃完后再赶路。

要自觉维护环境卫生，不随地吐痰，不乱扔果皮等杂物，而应将其扔到果皮箱或垃圾桶中。出门一定带上面巾纸或小手绢，有痰要吐在面巾纸或手绢上，否则随地吐痰会影响市容，搞不好还会同别人发生口角、摩擦，还容易传染疾病。

要自觉爱护广场道路上的各种设施设备，不人为弄脏、损坏公用电话、邮箱、报栏、座椅等公共设施，不做毁坏公物之事，如攀折树木、采摘花卉、蹬踏雕塑、信手涂鸦、划痕或践踏绿地、草坪等。

3.1.3 自觉自律，礼貌谦让

在路上，与年老人相遇，要主动让路；遇到妇女儿童不要拥挤；遇到路人摔倒，要上前扶一扶；别人掉了东西，看到了要招呼他一下；到人多拥挤的地方，要自觉依次而过，三人以上同行，不要并行，不要嬉笑打闹；不在道路上停下来长谈，影响交通；碰了别人或踩了别人要及时说声“对不起”；别人碰了自己，踩了自己，不必过分计较，应表现出良好的修养和自制力，切不可口出恶言，厉声责备，应宽容和气地说：“慢一点，别着急”，必须讲清的，可以礼貌而委婉地说一声“请你注意一下”，不可大声争吵，以免有失身份；遇到蛮不讲理的人，不要与之纠缠，尽早摆脱。始终保持理智而冷静的态度，就不致酿成更大的不愉快。

3.1.4 路上行进，讲究位置

走人行道或路边，要靠右侧行走，同时让出盲道。

路上行进时要保持一定的速度，不要行动太慢，以免阻挡身后的人，更不要在马路上停留、休息或与人长谈。要与其他人保持适当的距离，走廊内不要多人并排同行。尤其与异性

同行时，不应表现得过分亲密，否则既有碍观瞻又有不自重之嫌。如果你走路时同时提着物品，应留神别让自己提的物品阻拦或碰撞了别人。若与人同行，你则应提物品走外侧。

多人行走时，不携手并肩行走、互相打闹，以免影响他人通行。在一般情况下尤其是在人多之处，往往需要单行行进。

在单行行进时，有两点务必要注意：行进时应自觉走在道路的内侧；在客人、女士、尊长对行进方向不了解或是道路较为坎坷时，主人、男士、晚辈与职位较低者则须主动上前带路或开路。

若道路状况允许两人或两个以上的人并排行走时，一般讲究“以内为尊，以外为卑”，即道路内侧是安全而又尊贵的位置。若你作为秘书陪同上司、客人外出，则应将其让给上司、客人行走，你走在外侧。当走到车辆较多或人多处，你应先走几步，同时提醒和引领、照顾上司和顾客。

当三人一起并排行进时，以前进方向为准，由尊而卑依次为：居中者，居右者，居左者。三人以上并排行进时，一般居中者为上，以右为上，以内侧为上；以左为下，以外侧为下。多人单行行走时，以前为上，以后为下。

3.1.5 路遇事故，不可围观

路遇别人发生矛盾，或其他突发性事件，不要围观起哄、添火加油或扎堆观望，应主持公道，排解纠纷，以免妨碍交通，增加不安全的因素。

路遇熟人，热情礼貌，应主动打招呼互致问候，不能视而不见，把头扭向一边，擦肩而过。但不必高声大喊，以免惊扰他人。如果想多交谈一会儿，应靠边站立，不要站在路当中或拥挤的地方，不过分亲密。

3.1.6 问路礼貌，助人热情

总的原则是不应轻易打扰别人去问路。必须问路时，在问询之前态度要诚恳，热情礼貌地打招呼，如“劳驾”“请问”等，然后根据年龄特点选择称呼，如“老大爷”“阿姨”“叔叔”“小朋友”等。发问要用请示语气，发问后无论对方能否为你指路，均要诚恳致谢。

如遇人问路，要热情为他人指路，不能置之不理，必要时也可以为对方带路。若不知要向对方说明，请其转问他人，并表示歉意，不可以不实之言欺人。

【基本训练】

复习思考题

行路时的礼仪规范有哪些？

实训练习与操作

让学生演示不正确的散步行路行为。

实训目标：掌握散步行路的礼仪规范。

实训内容与要求：5人一组，分别自行设计并演示五种不正确的散步行路行为。

实训成果与检测：教师及其他学生进行检查和点评。

3.2 排队等候礼仪

【本节学习目标】

1. 学习排队等候的礼仪规范
2. 培养排队等候的行为习惯

【引例】

要滑不排队，加塞把命丧

北京通州的某天凌晨2点左右，一些车辆在加油站外排队加油。这时，一辆蓝色的农用货车忽然从队尾往前开去，想加在一辆大型解放货车前面。

“那解放车马上就要加油了，当然不让农用车加。”张先生回忆，当时双方就发生了口角，争吵越来越激烈，后来都从车上下来了。农用车司机30多岁，车上还坐着一名妇女。解放车上有两名年轻男子。几个人互相骂着就动起手来，之后农用车司机被另外两人追打出十多米后，倒在地上。

张先生说，因为事发突然，旁边的人根本没有机会劝架。他没有看到解放车上的两名男子手里有东西，可农用车司机倒地后，后脑血流不止，可能是撞到了什么地方。那两个人看到对方血流不止，也害怕了，就打电话报了警。

结果，加塞男子奔赴黄泉，打人小伙儿锒铛入狱。

思考题：你从上述事件吸取了哪些教训？

排队是一个民族文明程度最明显的表现之一。在公共场合，不管有没有明文规定或是他人监督，都应该主动排队。排队就跟后辈礼让前辈一样，后到之人应该礼让先到之人。

3.2.1 排队等候的礼仪要求

（1）如果你在等车或别的需要排队却没有其他人时，你应该站在龙头位置而不要四处走动，不然别人就无法确定你是不是要排队。

（2）排队时，应尽快调整好心态，自觉按照先来后到的顺序排列成行，耐心等候，不要起哄、拥挤。

（3）遵守秩序，依次行事。队列秩序需众人共同维护。排队的基本秩序为：先来后到，依次而行。不仅自己做到不插队，而且还要做到不让自己的任何熟人插队。

（4）间距适当，互惠互利。排队时应与前面的人保持适当距离，尽量保持在一臂左右即可，靠得太近可能有侵犯人家私人空间之嫌，站得较远又会惹来提问："你是否在排队?"在排队时，大家均应缓步前行，前后之间不应有身体上的接触，尤其在金融窗口、取款机等涉及个人隐私的场合，前后之间的距离应适当增大。

（5）排队过程中有事暂时离开，再次返回后，应向原位身后的人说明情况并获得同意才能回到原处继续排队，否则需要到队尾重新排队。

（6）不但自己不插队，还要批评、制止不守秩序的人，帮助维护公共秩序。如果大家都肯出来说一句公道话，不守秩序的人逐渐就没有市场了。比较自觉的人都会立刻有所收敛，可能你周围的人也会声援你，一起谴责插队的人。如果不奏效，可向维持秩序的保安或其他工作人员求助，请他们维持秩序，制止插队的人。

3.2.2 在特殊场合，排队需要注意的礼仪

3.2.2.1 医院

排队时不要大声喧哗，不要偷窥他人的处方或化验单，更不要随意询问陌生人的病情，或者站在诊室门口倾听、观看别人的检查诊断。

3.2.2.2 银行

在银行办理相关业务时，应按照银行划定的区域按顺序排队。在前人临近窗口办理个人业务时，后者应主动远离，在1米线后等待。窥视、越步上前询问或未等前人办完就争抢办理业务，都是非常不礼貌的行为。在排队时，个人物品应拿好，以免别人碰到造成不必要的误会。不要窥视和记录他人的账号和密码，也不要偷听他人与银行业务员的谈话内容。

3.2.2.3 邮政局

排队时不要妨碍或干涉他人办理邮政业务，也不要偷窥他人填写的汇款单或汇物单据。

3.2.2.4 安检

不要拥挤和插队，不要偷窥他人的证件，提前拿出钥匙等随身携带的金属物品，登飞机前不要忘记关闭手机。

【基本训练】

复习思考题

1. 排队等候有哪些礼仪要求?
2. 简述在特殊场合排队需要注意的礼仪。

实训练习与操作

让学生演示不同场合不正确的排队等候行为。

实训目标：掌握排队等候的礼仪规范。

实训内容与要求：10人一组，分别自行设计3个场合正确及不正确的排队等候行为。

实训成果与检测：教师及其他学生进行检查和点评。

3.3 超市购物礼仪

【本节学习目标】

1. 掌握超市购物的礼仪规范
2. 培养良好的超市购物习惯

【引例】

超市商品“长腿乱串门”

超市购物时，你遇到过超市商品“长腿乱串门”的事儿吗？

王女士是家庭主妇，她每周三次去超市购物，在熟食区，经常会看见用袋子装好的鲜肉、水果、生鲜蔬菜，等等，这样冷食和熟食混放在一起很不卫生。而且在冷冻区一袋袋称好的速冻饺子、粽子、冰淇淋都放在篮子里面，地上还有融化的水迹。摆放袜子的区域内出现了一只锅盖，牙膏上躺着一包抽纸，可乐旁斜靠着一包瓜子。

还有一次，她买了一盒黑人牙膏，结果拿到家一看——却是两面针牙膏，真是哭笑不得。

亲爱的同学们，你喜欢超市商品“长腿乱串门”吗？

在超市除了要具备公共场所应该具有的礼仪外，还有一些约定俗成的行为规范。

3.3.1 寄存随身携带的物品

去超市买东西的时候，除了随身的坤包，最好不要带其他物品进入店内，应该把它们存在存包处。

3.3.2 严禁吸烟

大部分商场、超市是禁止吸烟的，即使没有规定，吸烟也有可能为您带来麻烦——不小心烟灰烧着了其他顾客的衣服或者是陈设的商品，后果不堪设想。

3.3.3 控制音量，礼貌交流

浏览商品时，保持安静，不大声说笑。不要用“喂”“咳”等字眼把售货员呼来喝去；也不要“借题发挥”把从别处带来的坏情绪发泄在售货员身上。常说“谢谢”“请”和“您”等词语，在礼貌待人的同时，您会看到更加发自内心的笑脸。

3.3.4 购物着装需整洁

不要因为超市开在自己家附近，就穿着睡衣或是光着膀子去超市，这是极其失礼的表现。

3.3.5 慎重选取，物归原位

购买水果、蔬菜，如果仅凭看色泽就能分辨好坏，就请不要用力去捏，也不要不停地翻来翻去，这样会让新鲜的水果、蔬菜很受伤。

选购物品的时候，要轻拿轻放，不要乱拿乱放。拿了一些东西后又决定不要的话，应及时放回原处，也可以将它放在超市指定的地点。此外，贵重的商品轻拿轻放也能为您避免很多麻烦。

购买衣物时应将试过的衣物归还售货员，不要随便放在角落就扬长而去。

有东西掉到通道地板上时，应捡起来放回原位。

3.3.6 讲究公共卫生

如果手有污渍，应避免触摸商品，尤其不可触摸食品。白色的物件不要随便触摸，超市里的酱菜夹不起来可以请工作人员帮忙，不要用手抓。米的质量看一下就好了，不要把白米摸成“黑米”。

3.3.7 不随便打开包装

选购商品时，不要随意打开包装。除了试用品外，不应随手打开商品试用，更不能顺手牵羊。

3.3.8 耐心说明，自觉排队

选购商品时若遇纠纷，应以事实为依据，心平气和地耐心说明，不要发生无谓的争执。

买东西、试衣服、上厕所，只要是两人以上，就要自觉排队。结账时，按顺序付款，并主动协助店员把自己选购的货品放在付款台上。

3.3.9 文明使用手推车

使用商场手推车时，要抓稳并顾虑到别人。停下来看货架上的东西时，要把商场手推车停在适应的位置，让别的顾客可以轻易地推着他们的手推车穿过你的身旁通过。用完应停放到指定位置，不要随处扔下购物车，以方便他人。人不能坐在购物车里。

3.3.10 带好孩子

带孩子购物时，应主动规范孩子的行为，不要让他们四处乱跑，以免损坏商品或遭遇危险，并阻止其随意乱抓或乱扔货架上的货品，更应该注意不要拆开食物包装或食用没付账的食品。

3.3.11 诚实消费，损物赔付

若因不慎而损坏超市的物品，则需如实说明，主动承担责任并照价赔偿，不应若无其事，溜之大吉。

若有一些可免费品尝的，也不可贪图小便宜，无休止地享用，应优雅地尝一下就决定买或不买，不要等到吃饱了才离开。

【基本训练】

复习思考题

在超市除了要具备公共场所应该具有的礼仪外，还有哪些约定俗成的行为规范？

实训练习与操作

超市购物情景表演。

实训目标：掌握规范的超市购物礼仪，注重细节的处理。

实训内容与要求：5人一组，准备适当的道具，自行设计并表演出超市购物的不文明行为。

实训成果与检测：学生进行演示，教师及其他学生进行检查和点评。

3.4 游玩参观礼仪

【本节学习目标】

1. 掌握游玩参观的礼仪规范

2. 培养良好的游玩参观习惯，做文明游客

3.4.1 参观博物馆、展览馆和美术馆的礼仪

博物馆、展览馆和美术馆是高雅的场所，前去参观可以增长知识和提高艺术修养，因而在这种场合更要讲礼仪。参观时要注意几点。

（1）衣着整洁。

凡参观博物馆或展览馆者等均应注意自己的仪容穿戴，力求做到整洁、得体。蓬头垢面、衣冠不整或着装过于暴露，非但与馆内文化氛围不相宜，而且还有失自尊。

（2）爱护展品。

博物馆陈列的展品，大多数具有很高的艺术价值。在美术馆展出的作品，多出自名家之手，极其珍贵。因此，参观时不妨“多用眼、少用手”，不要吸烟，不随便触摸展品，不任意使用闪光灯拍照。此外，还应积极配合展馆管理人员的工作，按照指定线路参观，并自觉遵守相关规定，见图3-4-1。

（3）文明参观。

参观博物馆和美术馆这些高雅场所时要保持安静和良好的学术氛围，低声轻语，不要大声喧哗。有讲解员时，要给他留下一定空间，不要过于簇拥，听讲解时要专心，遇到不懂的可以围绕展品展开请教，但不要问个没完没了，惹人生厌。不要出言不逊，不要对艺术作品妄加评论，见图3-4-2。

图3-4-1 爱护展品

图3-4-2 文明参观

如果你很欣赏某件展品，在不妨碍他人的情况下可以多欣赏一会儿；如果别人停住欣赏某件展品，而你不得不从他面前穿过时，一定要说“对不起”。

不携带食品等杂物进入展览厅，一边参观一边吃东西是不文明的举止。

参观人多时，不要拥挤，应当按顺序边走边看。不宜在一件展品前停留时间过长，以免影响他人欣赏。

3.4.2 旅游观光礼仪规范

3.4.2.1 游览观光时的礼仪规范

（1）爱护名胜古迹、公共财物。

在各种旅游景点、公园名胜地旅游时，一定要爱护当地的各种公共财物，大至建筑设施、各种文物古迹，小至一草一木，不可随意损坏。要保护亭台楼榭等建筑物的结构装饰，不要随意践踏，更不要在建筑物上乱写乱画，签名刻字。

（2）讲究卫生，保护环境。

游览时要预备垃圾袋，保持景点的环境卫生。不要乱丢果皮纸屑，野餐后要将瓜果包装材料等收拾干净，切勿在游玩中走一路、吃一路、丢一路，更不可随地大小便。

（3）讲文明，多礼让，不争抢。

游览时要讲文明，保护和谐静谧的气氛，不要妨碍他人游览。

对服务场所的接待员以礼相待，对其提供的服务表示感谢。若有服务上的失误，应善意提出，妥善解决，避免讥笑怒骂，不激化矛盾纠纷。

行至曲径、小桥等险峻狭窄路段和山洞时，要主动为老人、妇女、儿童让道，不要争先恐后，以防发生意外。

（4）合理安全使用游乐设施。

在游乐园使用游乐设施之前，每位游客都应认真倾听相关的安全知识讲解和安全事项说明，活动中则严格按规程行事，绝不可掉以轻心。参加游乐项目，应自觉排队等候，切忌不讲先后随意插队或争抢，以免发生拥挤造成混乱。

在活动过程中，应文明使用各类设施，不乱踩乱踏供游客休息就座之处，不躺在公园长椅上休息，见到老弱病残者及抱小孩的游客应主动让座。另外，人多时应轮流使用游乐设施，长时间占用设施不仅影响他人游玩同时也是不礼貌的。

（5）注意景区防火。

在林区内不得使用明火。在人流密集的景点抽烟是对周围人不礼貌和不负责任的行为，同时，点燃的烟头可能导致火灾，所以游人不要在景点吸烟。

（6）拍照留念有学问。

拍照时若有人走近妨碍镜头，应礼貌地向人家打招呼，或者等别人过去后再拍，不要大声叫嚷、斥责或是上前推拦。当穿过别人的拍照地点时，应先示意或是等候别人拍照后再通过。如果几批游人要在同一地方照相时应该互相谦让，不要争抢。当然在这种时候，拍照者也不要长时间占用景点。

不允许拍照的地方，不能强行拍照，更不能偷拍。

（7）警惕上当受骗。

“萍水相逢”时，切忌轻易深交，勿泄“机密”，以防上当受骗造成自己经济、财物上的损失。

（8）尊重当地的习俗。

俗话说："入乡随俗。"在进入少数民族聚居区旅游时，要尊重他们的传统习俗和生活中的禁忌，切不可忽视礼俗或由于行动上的不慎而伤害他们的民族自尊心。

3.4.2.2 宾馆住宿礼仪规范

旅客在任何宾馆居住都不要在房间里大声喧哗，以免影响其他客人。对服务员要以礼相待，对他们所提供的服务表示感谢。

3.4.2.3 饭店进餐礼仪规范

要尊重服务员的劳动，对服务员应谦和有礼，当服务员忙不过来时，应耐心等待，不可敲击桌碗或喊叫。对于服务员工作上的失误，要善意提出，不可冷言冷语，加以讽刺。

【基本训练】

复习思考题

1. 参观博物馆、展览馆和美术馆有哪些要求？
2. 旅游观光时要注意哪些礼仪规范？

实训练习与操作

让学生演示不文明的游玩参观行为，将学生分组训练。

实训目标：掌握游玩参观的礼仪规范，注重细节。

实训内容与要求：5人一组，自行设计游玩参观的情景，至少演示出三种不文明行为。

实训成果与检测：学生进行演示，教师及其他学生进行检查和点评。

3.5 观看演出礼仪

【本节学习目标】

1. 掌握观看演出的礼仪规范
2. 培养良好的观看演出的习惯，做文明观众

3.5.1 观看演出、电影礼仪

观看各种类型的演出是一种高尚的娱乐和美的享受，观众应当在高度文明的环境中观赏演出，每位观众都要掌握必要的礼仪，否则，你可能影响到他人的观看。

观看演出需要注意以下礼仪规范。

3.5.1.1 穿着干净、整洁的正装

在观看正式的演出时，比如古典的歌剧、新年音乐会、京剧、舞剧、歌剧、文艺晚会

等，一般应该自觉地穿正装。不要着浅色衣服出席，因为白色服饰会分散台上演员的注意力。特别是陪同他人前往或者应邀前往时，则不仅要穿正装，而且要穿具有礼服性质的正装。即男士应穿深色的中山装或西装，配深色的袜子与黑色皮鞋；若打领带，则宜选黑色，并着白衬衫。女士应着单色的旗袍、连衣裙、西服套裙或礼服等；下装尽量不要穿长裤。绝对不准穿牛仔服、沙滩服、背心、短裤、拖鞋之类随便的服装入场，更不能打赤膊。若观看演出时携带家人同往，则不仅在着装上要合乎规范，还要注意使之与家人的着装相协调，切勿“泾渭分明”，对比太大，见图 3－5－1。

图 3－5－1　穿着干净整洁的正装

若是观看流行的演唱会、曲艺、杂技、电影，则只要遵守观看演出的着装基本要求就行了。

如果你戴着帽子，一定要脱下来，以免挡住后面的人的视线。如果是在露天运动场看比赛，为了防晒，可以戴太阳帽，不过也要以不遮住别人的视线为宜。

3.5.1.2　尽早入场，对号入座

为保证演出效果又不影响其他观众的欣赏，在观看演出时，一般提早 15 分钟进场，演出正式开始之后，不宜再陆续入场。入场后应尽快安静对号入座，就座时宜轻、宜稳。演出过程中，应尽量避免发出任何声响，绝对禁止接打手机，最好不用相机，并禁止使用闪光灯。此外，中场休息时不应站在通道和检票口随意交谈，否则会妨碍他人的通行。

如在演出或电影开映后到场则应先就近入座，或在外厅等候，等到幕间休息时再入场；悄悄入座，穿过座位时姿势要低，脚步要轻，不要影响他人的观看。对起身为你让座的同排观众要致谢、致歉。若有引位员主动提供服务时，可随行于其后。找到座位后，别忘了谢谢对方。若多人一起行进，且演出厅的过道较窄的话，则宜单列而行，不要并排着走。

进出演出厅时，应不慌不忙，依次而行。走得可以稍许快一些，免得挡道，但是不要奔跑。倘若演出厅门口人员一时过多，应当稍候片刻，不要拥挤。

观看文艺节目的座位，一般以第七八排座位为最佳（外国大剧院以包厢为最好）。看电影则第十五排前后（宽银幕影片更靠后一些）为好。

3.5.1.3　交际适度

观看演出时的交际主要一是种无言的精神上的交流，而不一定非要借助于交谈不可。演出一旦开始，任何观众不得再进行交谈，并且应当坚持一直闭口不言，到演出结束为止。

如果有话要谈，可在演出开始前、中场休息时或是在演出结束后进行。在观赏演出时，不可向他人解说剧情、猜测结局或是发表观感。因为在观看演出时观众所说的任何一句话都会妨碍别人。

若是遇到他人在演出期间肆意说话，我们可以适当给予他能够接受的示意，温和地说：

“对不起，你们说话的时候我什么也听不见。”如果他们还是说个不停，你可以请服务员或执勤人员来处理。

在休息厅里与别人交谈时，不要粗声大气，好似有意要令人瞩目似的。交谈一定要低声低语，让对方听清楚即可。

在演出大厅内，不管演出是否开始，都尽量别跟熟人打招呼，更不要主动找别人聊天。双方见了面，点点头即可。如果有话要谈，须待中场休息或演出结束。

夫妻或情侣一道观看演出时，举止言谈均要得体，不要放肆，不要忘了这里是公共场合而当众忘乎所以地进行自我表演。

在观看演出时，一般不宜主动跟陌生人攀谈，更不要在这里目不转睛地打量不认识的异性，或者对其评头品足。

3.5.1.4 维持秩序

在演出进行期间，每一名观众都有自觉维持演出秩序的义务，因为这是确保演出顺利、成功的一大前提。

（1）不得随意走动。

演出开始后，任何观众都不宜再随意走动，否则就会给其他观众带来不便。有什么事情需要处理的话，一定要争取提前办好，或是看完演出之后处理。

（2）不准拍照摄像。

相机的闪光灯，会分散台上演员的注意力。就算不用闪光灯，“喀嚓喀嚓”照相的声音也会干扰周围观众的观看和演员的表演。况且，擅自拍照还涉及演出的版权问题，很可能给自己惹上官司。即便演出场地允许拍照，拍照的观众也要注意分寸，尽量在幕间或演出告一段落时，抓住时机拍摄。

（3）不得喧哗或进行通信联络。

节目演出或影片放映当中，要保持安静，不要大声谈笑、评论或哼唱、击拍。为了避免在演出进行时分散演员与其他观众的注意力，任何观众在进入演出厅之后需自动关闭自己的手机，或令其处于“震动”状态，绝不能让它在演出期间此起彼伏地“大呼小叫”。

（4）不得大吃大喝。

演出厅毕竟有别于餐厅，一边观看演出，一边大吃大喝的做法，终究有些不合时宜。因此在观看演出期间要克制自己的口腹之欲。不要携带食物、饮料入场，尤其是不要享用带壳的食物和易拉罐式的饮料。

（5）不得吸烟。

所有演出厅，都是禁烟的场所。在观看演出时吸烟，既有害于他人的健康，又会因为烟雾缭绕而妨碍观赏效果。

（6）不得乱扔废物。

在观看演出期间，为了维护演出厅内的卫生，不准随手乱扔废弃物。不仅废纸之类的“身外之物”不准乱扔，而且自己的痰、鼻涕之类的“身内之物”也不准乱扔。万一有此必要，可暂作处理，并在退场时自觉带出场外，扔进垃圾桶内。

（7）不得更换衣衫。

在观看演出时，在大庭广众之前脱换衣衫，亦为不妥。在演出厅内，不要脱鞋脱袜。

（8）正确对待儿童观看演出。

要事先打听好你要去的演出是否允许儿童入场。可以提前给孩子讲一些演出的相关知识，让他提前有个大概印象。

看演出时最好坐在走道边上，因为有些孩子可能坚持不下来，很有可能你们会中途退场。

（9）不得肆意乱坐。

坐在座位上观看演出，坐姿要稳，要端端正正，不得前蹬后仰，扭来扭去。不允许把脚踩在他人的椅面上，或前排观众的椅背上，以免弄脏别人的衣服。

未到演出结束，不得随意起立，更不能坐在座位的扶手上、椅背上，或垫高座位，从而影响他人的观看。

（10）献花要征得同意。

一般情况下，演出期间观众不能随意向演员献花，如有特殊情况要求以个人的名义向演员献花应事先与工作人员联系，由工作人员安排献花活动。

3.5.1.5 尊重演员，适时鼓掌

我们在观看演出时，一定要以自己的实际行动对全体演职员的辛勤劳动表示应有的尊重。每逢一个节目终了或一幕结束之后，按照惯例，应当热烈鼓掌，以示对演员的支持。但是鼓掌一定要有分寸，不要在演出进行期间频频鼓掌，甚至掌声经久不息。那样的话，不仅会打断演员的表演，而且也会影响到其他观众对演出的欣赏。若音乐会非常成功，请起立鼓掌感谢指挥和参与演出的音乐家，也可以喝彩。演员谢幕时应报以热烈的掌声，这是对他们辛勤劳动的肯定和答谢。一个正规乐团在常规音乐季演出里，正式曲目结束后，一般是没有加演曲目的，而那些交流、访问性质的演出，因为难得一见、难得一听，返场总是少不了的，每到这个时候，乐团和指挥都会使出浑身解数奉献出他们最擅长、最精彩的动人一刻，而他们的返场表现、返场曲目的多少很大程度上取决于听众掌声、喝彩声的热烈程度，如果你确实喜欢他们的表现，不妨鼓掌鼓得猛烈一点、热情一点。

3.5.1.6 有序退场

演出或影片放映中，不应随便走动，也不应随便退场。一般不应中途退场，不得已退场时，应选择在交响音乐会中乐队演奏完一支乐曲时、歌剧中独唱结束时、芭蕾舞独舞结束时方可离席。离座动作要轻、身姿放低，不要站在过道或剧场门口。当你离开座位而打扰别人时，应轻声礼貌地说“对不起，借光”。如果别人必须起身让你通过，你要说“谢谢你”或“对不起”。注意不要让手提包等东西从前面观众的头上拖过去。

在演出全部结束后，应当起立，鼓掌。如果演员出场谢幕，应再次鼓掌，不能急匆匆地忙着退场。只有在演员谢幕之后，才可井然有序地退场。听交响乐音乐会时只要乐队首席（坐在第一小提琴最前面的那一位）没有起身退场，观众最好不要匆忙起身退场！退场的时

候，千万别忘了遗留在座位上的物件，当然，也不要留下垃圾。不要拥挤，应该保持有秩序地离开现场。如遇嘉宾上台接见演员，应在接见仪式结束后再退场。退场时不要在场内滞留。

3.5.2 鼓掌的礼仪

3.5.2.1 正确的鼓掌方式

正确的鼓掌方式是双掌十字交叠上下击掌，声音坚定、清脆。女孩们则应该用一只手的手指去拍打另一只手的手心，柔和的掌声是一位淑女文雅举止的标志，见图3－5－2。

图3－5－2 鼓掌礼仪

3.5.2.2 不同演出的鼓掌时机

（1）文艺晚会。

应一幕结束或一个节目终了，要热烈鼓掌。但不要鼓掌过早，不要在演员最后几句道白还没说完，或者乐曲最后几小节还未结束就鼓起掌来。

（2）音乐会。

当指挥或演奏员、演唱者上场时，必须鼓掌表示欢迎。在音乐进行中保持绝对的安静，在一部完全的音乐作品演奏停止后再鼓掌表示感激和赞许。这里需要特别提示的是：一般来说，乐曲之中有许多章节，而乐章与章节之间，有时拥有极微妙、藕断丝连、一气呵成的关系，乐章间保持安静既可以保证一部宏大作品的整体性，又能够保证我们欣赏思绪的连续。在两个乐章之间没有鼓掌的必要，否则就会出现扰乱演奏的问题，使演奏家站起来回礼也不好，不站起来也不是。所以，不管前面的乐章多么精彩动人，我们只能把全部由衷的感谢激情留待曲终时再释放出来。音乐会正式曲目奏完后，观众也会以鼓掌欢迎表演者再加演一二首曲目，以使音乐会达到美满完善，并将现场的气氛推向沸腾的顶点。

观赏交响乐、歌剧，即使在各部分间歇时，也不能用掌声打断。

总之，鼓掌是一种常用的礼节，要适地、适时、适度、得体。在运动会上，当你支持的一方有出色表现时鼓掌；在剧院中，当大幕拉起时或一幕戏结束时，以及正常演出结束时鼓掌；在听报告或演讲时，当听到你十分赞同的言论时，鼓掌支持；当报告或演讲结束时，此时不管你是否喜欢这场报告，都应该以鼓掌鼓励。

3.5.3 观看体育赛事礼仪

观看体育比赛有两个层面的活动，一个是欣赏，欣赏运动员优美的技术动作，欣赏运动员之间浑然天成的战术配合；另一个就是参与，观众在看台上摇旗呐喊，助威加油，场上场下融为一体。赛场上，观众与运动员的互动是十分重要的，良性互动能够激发运动员振奋精神，更好地投入比赛。观众应该文明欣赏和参与比赛，见图3－5－3。

图3－5－3 文明观赛

（1）提前进场、有序退场。

观看体育比赛和文化活动时均应提前入场。在设置安检的现场、比赛场馆，入场时，要听从安检人员的指挥，按秩序排队接受安检。进入所有场馆一律不得携带管制器具、软硬包装饮料、打火机、易燃易爆等违禁物品。

入场后，应该对号入座。不要因为自己的座位不好，而占了别人的座位。

如果赛后想快点退场，应在终场前几分钟悄悄走，不要等散场时，在人群中乱穿乱挤。

散场的时候，要跟着人流一步步地走向门口。不要挤、推，万一被推挤的观众围困，要向最近的出口缓行或顺着人流前进，切勿乱钻。

（2）文明观赛事，理智对输赢。

观看体育比赛时，要注意自己的言行举止。礼貌地对待运动员的比赛，对其偶尔的失误应理解、鼓励，不可当场出口不逊、扔物品。可以为你所喜欢的一方叫好，但不应该辱骂另一方。如果是精彩的场面，不管是主队的还是客队的，都应该鼓掌加油，表现出公道和友好。主场观念应体现出东道主的风度和公平精神，为双方鼓掌。

在比赛中起哄、乱叫、向场内扔东西、鼓倒掌、喝倒彩的行为，是违背体育精神的，更是没有教养的表现。在比赛的紧要关头，尽量不要因一时激动而从座位上跳起来，挡住后面的观众。要知道，越是关键的时刻，大家的心情越是一样的。

在比赛中要支持裁判员的工作。瞬息万变的体育竞技，难免出现判断失误，如果觉得裁判有问题，要按照程序向有关人员提出。谩骂、起哄甚至围攻裁判都是无礼的。

在涉外比赛中，举行升旗仪式时，观众应当面向国旗，肃立致敬。对于其他国家的国旗、国徽，也应当本着相互平等、相互尊重的原则，给予应有的尊重和礼遇。

（3）讲究卫生，保护环境。

体育场内一般不许吸烟。实在忍不住，可以到休息厅或允许吸烟的地方去吸烟。如果喜欢吃零食的话，记得不要把果皮纸屑随地乱扔。能产生较大噪声的零食最好别吃，因为大的噪声会影响身边其他观众的情绪。

（4）衣着整洁、大方得体。

观看体育比赛时的穿着，可以随气候、场所和个人爱好而定。但也要注意公共场所礼节。即便再热，不能只穿一件小背心，更不能光着膀子观看比赛，这样不雅观。

【基本训练】

复习思考题

1. 观看演出、电影要遵守哪些礼仪规范？
2. 如何文明观看体育赛事？
3. 观看演出、电影时为何要尽早到场？

实训练习与操作

作为观众，练习鼓掌。

实训目标： 掌握规范的鼓掌礼仪。

实训内容与要求： 2人一组，训练学生在观看演出结束后的鼓掌方式。

实训成果与检测： 学生进行演示，其他学生进行检查和点评。

3.6 乘坐电梯礼仪

【本节学习目标】

1. 掌握走楼梯、乘电梯的礼仪规范
2. 培养良好的上下楼梯及乘坐电梯的习惯

3.6.1 上下楼梯

3.6.1.1 上下楼梯的仪态

上下楼梯时头要正，背要伸直，胸要微挺，臀部要收，膝要弯曲，保持优雅的仪态。

3.6.1.2 上下楼梯的注意事项

（1）上下楼梯或楼道行走时均应靠右单行行走，不应多人或并排行走，遇到师长、老弱幼妇女应主动站立一旁，让其先走。

（2）上下楼梯时，既要注意楼梯，又要注意与身前、身后的人保持一定距离，以防碰撞。步伐要轻，注意姿态、速度，不管自已有多么急的事情，都不应推挤他人，也不要快速奔跑。

（3）上下楼梯时，男女长幼之顺序如下：上楼时，女士在前男士在后；长者在前，幼者在后，以示尊重；下楼时，男士在前，女士在后；幼者在前，长者在后。此为安全顾虑之故。

（4）上下楼梯，尽量少交谈，更不应站在楼梯上或转角处深谈。

（5）若携带较多物品上下楼梯应等楼梯上人较少时再走，以免相互影响。

3.6.2 乘箱体电梯的礼仪

3.6.2.1 注意安全

轻按按钮，不随意扒门，更不能在电梯内乱蹦乱跳；不要超载运行；遇火警不能使用电梯。

电梯关门时，不要扒门，不要强行挤人。在电梯人数超载时，不要强行进入。如果电梯已超载，请您自觉等下一次机会。身上若背了背包或多拿了东西时，务必小心进出电梯，以免碰到他人引起不快。

在电梯升降途中，如发现突然停梯或其他事故，不要惊慌失措，应通知检修人员检修，耐心等候，不要冒险攀缘而出。

3.6.2.2 注意秩序

等候电梯时，不应挡住电梯门口，以免妨碍电梯内的人出来。

乘坐厢式电梯，应先出后入。如果电梯有司机，应让老人和妇女先进入；如无电梯司机，可先进入轿厢操控电梯，让老人和妇女后进电梯以确保安全。先进入轿厢的人要尽量往里站。与同乘电梯人不相识时，目光应自然平视电梯门。

在电梯里，尽量站呈“凹”字形，挪出空间，以便让后进入者有地方站，见图3-6-1。进入电梯后，正面应朝电梯口，不要四处张望或盯着某一个人看，目光自然平视，可以看电梯门或楼层显示的数字，以免造成面对面的尴尬。在电梯中，禁饮、禁食、禁烟，不应高声谈笑，或隔空喊话，不能乱丢垃圾，要爱护公物。

图3-6-1 电梯里的正确站立方式

在没有明令禁止宠物乘电梯的地方，小宠物应由主人抱起乘梯；大宠物应在没有其他乘客的情况下方可由主人带乘电梯。若携带较多物品上下楼梯应等楼梯上人较少时再走，以免相互影响。在自己的目的楼层快要到时，应尽早等候在电梯门旁，不要等电梯打开时，才匆匆忙忙出来。电梯到达后，应先出后进，依次进出，尽量让残障人士、孕妇、老人和妇女先行，先上的人尽量往里站。同时要遵循“尊者为先”的原则，晚辈礼让长辈，男士礼让女士，职位低者礼让职位高者。如果与尊长、女士、客人同乘电梯，尽量把无控制按钮的一侧让给尊长者和女士。一般说来，与不相识者同乘电梯，出来时应由外至内依次而出，不要争先恐后。若与客人同乘电梯，应一手按住“开门”按钮，另一手做出请出的动作，可说：“到了，您先请!”客人走出电梯后，自己立刻步出电梯，并热诚地引导行进的方向。

如果你是一位接待人员，经常接待尊贵客人，那你还必须牢记，电梯里也有上座和下座之分。所谓上座，就是最舒适、视野最好、最尊贵的位置。越靠里面的位置，越尊贵。上座是电梯操作板之后最靠后的位置，下座就是最靠近操作板的位置了，因为这个人要按楼层的按钮，相当于司机。

3.6.2.3 主动服务

乘电梯时，即便电梯中的人都互不认识，站在开关处的人，也应做好开关的服务工作。如果你站在电梯按钮旁，你有义务替其他同乘者服务，可主动询问每人欲前往之楼层，并代为按钮。如果你远离电梯按钮，则可有礼貌地请按钮旁的人代劳。千万不要自行伸长手臂翻山越岭地去按钮，别人代劳也别忘了致谢。

3.6.2.4 不在电梯内整理仪容

现在的电梯很多内侧装饰了带镜面的材料。但是，这些“镜面”不是用来整理仪容的。尤其是电梯内有他人同乘，你不应该兀自面对“镜子”修饰自己的面容或着装；即便电梯内只有你一个人也不要这样，殊不知多数电梯内安装了摄像头，你的一举一动可能已经传到了别人的“眼”里。整理仪容是很私密的举动，应该放在洗手间进行。

3.6.2.5 陪客人长辈乘坐箱体电梯的步骤

(1) 伴随客人或长辈来到电梯前，先按电梯，并注意站立的位置长幼有别。

(2) 电梯来时，若客人或长辈不止一人时，可先行进入电梯，一手按“开”，另一手按住电梯侧门，口中礼貌地说“请进”，请客人们或长辈们安全进入电梯，见图3-6-2。

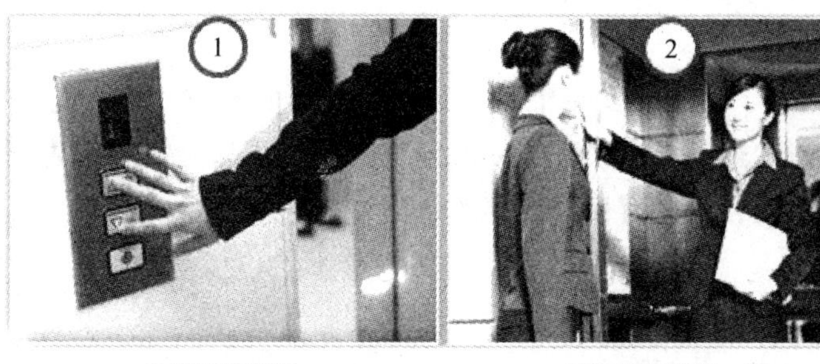

先按呼梯按钮　　一手扶住电梯门一侧

图3-6-2 陪客人长辈乘坐电梯规范

(3) 进入电梯后，尽量侧身面对客人，并按下客人或长辈要去的楼层。若电梯行进间有其他人员进入，可主动询问要去几楼，帮忙按下。电梯内可视状况是否寒暄，例如没有其他人员时可略做寒暄，有外人或其他同事在时，可斟酌是否有必要寒暄。

(4) 到达目的地，一手按住“开”，另一手做出请出的动作，口中可说：“到了，您先请!”客人走出电梯后，自己立刻步出电梯，并热诚地引导行进的方向。

3.6.3 乘自动扶梯的礼仪

(1) 应靠右侧站立，为有急事走路的人空出左侧通道；
(2) 手应扶在电梯扶手上，以免失足；
(3) 主动照顾同行的老人，小孩和行动不便的人乘扶梯；
(4) 有急事走急行通道时要确保安全和礼貌。

【基本训练】

复习思考题

1. 上下楼梯时应该注意哪些方面?
2. 乘扶梯时要怎么做?
3. 乘箱式电梯应注意哪些礼节、礼貌要求?

实训练习与操作

让学生演示陪客人/长辈乘坐箱体电梯的步骤。

实训目标：掌握乘箱体电梯的礼仪规范。

实训内容与要求：10人一组，分别演示如何陪同客人及长辈乘坐箱体电梯。

实训成果与检测：教师及其他学生进行检查和点评。

3.7 洗手间礼仪

【本节学习目标】

1. 掌握在洗手间里的行为规范
2. 了解卫生间使用的注意事项

俗话说“人有三急”，卫生间是每个人每天都要光顾的地方。家中的卫生间是私密的地方自不必说，而在上班、逛商场、去公园以及住宾馆的时候都要使用公共卫生间，在卫生间里讲究公德、遵守规范是自身具有良好教养的体现。

3.7.1 洗手间礼仪规范

(1) 使用前一定要先敲门，以确定是否有人正在使用。

（2）使用时关好小门。如听见有人敲门也应回敲，以示有人，用完后不用关门。

（3）知道里面有人，即使很急，也不可以频频敲门督促。

（4）知道外面有人等候，就应抓紧时间，以便利别人。

（5）使用完后，应顺手冲净厕所。个人束装结束，再冲水一次。再用纸巾把马桶垫圈擦干净，用过的卫生纸，应放入垃圾桶中，不可乱丢，弄脏地面，以方便下一个使用者。

（6）便后洗手，自觉关好水龙头。洗完手要用纸巾把手和弄湿的洗手台擦干净再走。湿手不应边走边甩，把地板弄湿。

（7）盥洗之后，应对着镜子迅速整理一下自己的仪表，仔细地把衣饰整理好，但不要做太大的变动，避免不雅观地出现在大庭广众之中。梳理或淡妆后的废料应扔在垃圾桶内或用水冲洗清洁，千万不能只顾自己美丽而弄脏洗手间。

（8）洗手间绝对禁止大声谈笑，不要进行长时间的阅读，也不要吸烟或向别人让烟。不要发出怪声响，如迫不得已，也要以冲水的声音来加以掩饰，否则会使自己以及外面的人感到难堪。

（9）如果要更换衣服，也应进小间，以免影响别人使用和令别人感到你太随便、太粗鄙。

3.7.2 使用洗手间的注意事项

（1）卫生间里的排队。

在洗手间都有人占用的情况下，后来者必须排队等待，一般是在入口的地方，按先来后到依序排成一排，一旦有其中某一间空出来时，排在第一位的自然拥有优先使用权，这是国际通常的惯例，而不是各人排在某一间门外，以赌运气的方式等待。排队时，尽量不要说话，点头招呼即可。如果自己情况比较特殊，急于方便，也不要硬往前面挤，而是要征得其他人的同意，相信大家都会给予谅解的。

在飞机、轮船、游览车、火车等交通工具上，洗手间是男女共用的，男女一起排队是很正常的。这种情况下不必讲究“女士优先”。

（2）携带幼童去卫生间。

六岁以下的儿童一般是可以和父亲或母亲一起使用洗手间的。但不成文的规定是，母亲可以带着小男孩一起上女厕，没有人会介意，而父亲则不可以带女孩上男厕。

（3）开放式卫生间的使用。

在开放式的公共卫生间内，盯着他人看是非常失礼的行为。男士在小便的时候切不可左顾右盼、瞻前顾后、东张西望，而抬头看天花板等避免直视他人的做法则是不错的选择。

【基本训练】

复习思考题

1. 使用公共洗手间要注意什么？

2. 在洗手间里应该怎样排队？

实训练习与操作

让学生演示不文明的洗手间行为，将学生分组训练。

实训目标：掌握规范的洗手间礼仪，注重细节的处理。

实训内容与要求：五人一组，分别自行设计并演示出三种不文明的洗手间使用行为。

实训成果与检测：学生进行演示，教师及其他学生进行检查和点评。

3.8 交通礼仪

【本节学习目标】

1. 掌握在小轿车、出租车、火车、地铁、公共汽车、飞机、轮船等交通工具中的行为规范

2. 培养良好的搭乘交通工具的行为习惯

【引例】

一天，正是上班时的交通高峰时间。一位太太登上了公共汽车，她穿着合体的套装，拎着一只小小的漆皮包，在车厢里走了一步，便犹豫地站住了，因为乘客挺多，已经没有空座位了。一位先生见状，便客气地站起身对她说："请坐这儿吧。"这位太太走上前，看也没看他一眼，便一声不吭地坐下了。让座的先生颇诧异，周围的乘客也都对她这种不礼貌的行为感到不满。

这位先生站在她的身边，想了一下，俯下身问她："太太，您刚才说什么来着？我没有听清楚。"那位太太抬头看看他，奇怪地说："我什么也没有说呀。""喔，对不起，太太，"那位先生淡淡地说，"我还以为您在说'谢谢'呢。"车里的其他乘客都笑了起来，那位不讲礼貌的太太在众人的笑声中羞得满脸通红。

思考题：乘公共汽车时还有哪些会令人"满脸通红"的行为？

3.8.1 小轿车礼仪

3.8.1.1 驾驶小轿车的礼仪

（1）要遵守交通法规和交通信号。注意路上的交通标志，了解各个路段的时速限制。自觉遵守红绿指示灯。拐弯前要开亮转弯灯，并开进转弯线。晚上开车，在没有车辆行驶的路段上可以开大灯，一旦发现对面有车开来，就要把大灯转换成近光灯。如果对方的车仍开着大灯，可以闪动自己的车灯以提醒对方，并尽量不要按喇叭。

（2）按规定停车。停车时应当注意其他车辆，不要占用两个停车位或争抢停车位置，

也不要把车辆停在挡住其他车辆出入的地方。如果实在没车位，又一定要短暂停留，可在车上贴个条写上自己的电话，告知需要挪车时联系你。不要不管不顾地停，因为后果很难预料。当你的汽车抛了锚，应该把汽车停在路边，而不要停在马路中央，以免堵塞交通。见图3-8-1。

图3-8-1 按规定停车

（3）注意卫生。车辆中的饮料罐、用过的纸袋、塑料袋以及果皮等物，不要往车外扔，要放在一起，等找到垃圾箱再行处理。

（4）雨雪天慢行。驾驶或趟过路面积水时，经过行人、自行车身边，一定要减速慢行，防止把水溅至路人身上。在停车时开雨刮器或喷水刮前风挡，先看看周围有没有人。

（5）假如你开车速度较慢，请到右边外侧车道，否则想开快一点的驾驶人将被迫变换车道来超车，可能会造成通道混乱。

（6）不乱按喇叭。有情况按一声别人知道即可。尤其不要在小区、校园等安静的地方按喇叭。开车去接人可事先打电话告诉对方，不要在楼下狂按喇叭。如果是休息时间停在居民楼附近等人，不要把音响声音开得太大。

（7）进出小区要慢。进出小区要减速慢行，尽量不按喇叭。小区里很多人正处于悠闲的状态，尤其是老人小孩，对身后的车是很不敏感的。如果有人挡在你前面没有察觉，可以轻按喇叭，或闪灯提示。如果前面有无人看管的小孩、宠物等，请耐心等待，按喇叭不会有效解决问题。

3.8.1.2 乘坐小轿车的礼仪

（1）乘坐轿车应遵循客人为尊、长者为尊、女士为尊的礼仪规则。

（2）在正式场合，乘坐轿车应分清座位的主次，找准自己的位置。非正式场合，不必过分拘礼。

（3）女士登车不要一只脚先踏入车内，也不要爬进车里。需先站在座位边上，把身体降低，让臀部坐到位子上再将双腿一起收进车里，双膝一定要保持合并的姿势，见图3-8-2。

图3-8-2 女士乘坐礼仪

3.8.1.3 陪同领导及客人外出乘车注意事项

（1）让领导和客人先上，自己后上。

（2）要主动打开车门，并以手示意，待领导和客人坐稳后再关门，一般车的右门为上、为先、为尊，所以应先开右门，关门时切忌用力过猛。

3.8.2 乘坐出租车的礼仪

乘客应当坐后排。一女二男时，女的坐边上，不在中间。应照顾长辈和女士先上车，下车时一般是男士和晚辈先下，然后照顾长辈和女士再下。

注意带好随身物品，不要将垃圾废弃物留在车上。

3.8.3 乘坐火车、轮船时的基本礼仪

（1）保持安静。

在候车（船）室要保持安静，不喧哗，谈天、打扑克、听广播不要打扰别人。不乱扔果皮纸屑。一个人只能坐一个位子，不要用行李占位子，行李的摆放不要妨碍其他旅客通行。而且，注意异性之间不要过于亲密。无论是同性还是异性，都不要坐在对方腿上，这是非常不礼貌的行为。在座位紧张的情况下，要把座位让给老人、抱小孩的妇女或孕妇。未经允许，不要随便取阅人家的书刊，也不要凑过去与别人同看一份报纸。

（2）对号入座（卧）。

要依次排队上车（船），不要乱挤乱撞，人为制造紧张气氛。进入车厢（船舱）后，对号入座（卧），不可占用别人订好的座位（铺位）。

（3）合理放置物品。

长途旅行，一般都带有较多的行李，乘客之间要相互照顾，合理使用行李架。将较大的行李放在行李架上，不要占用过道。站在座位上放置行李时，要脱掉鞋子。有行动不便的

人，要主动给予帮助。随身携带机器零件或鱼肉等的乘客，应将所带物品包好，以免弄脏其他乘客的衣服。

（4）适度交流。

长途旅行有较多共处的时间，因此，需要友爱和互助。在不泄露机密的前提下，可以交流一点情况或探讨一点共同感兴趣的问题，但不要打扰到别人。有人跟自己交谈，不要置之不理；若对方反应一般，向其点点头微笑一下即可，不必一厢情愿，说得过多。也不要轻易相信别人，以免上当受骗。

（5）讲究卫生和仪表。

要自觉保持车厢的整洁卫生，不随地吐痰，不把果皮残渣扔在地上。需要吸烟时，到吸烟区去吸烟，当服务员提供服务时，要主动予以配合。不要随意脱鞋，将脚放在对面的座位上。需要休息时一般不应宽衣解带。不论天气多么炎热，都不要打赤膊，下装也不应过于短小。

（6）不要长时间占用洗手间和盥洗室。

（7）带小孩的旅客应看管好自己的孩子。

3.8.4 乘坐公共汽车和地铁列车的礼仪

公共汽车是中国城市居民最常用的交通工具。平时上下班，双休日上街购物，通常都乘坐票价便宜的公共汽车。乘坐公共汽车，应讲究以下礼仪。

（1）排队候车，先下后上。

车辆进站停稳后，应待车内乘客下车后再依次上车，切勿推拉、挤撞他人。对老弱妇幼病残等行动不便的乘客，应礼让其优先上车。上了车的乘客应酌情向车厢内空处移动，不要堵在车门口，以免妨碍后面的乘客上车。

到站前，提前向车门移动时，要向别人说“请原谅”或“对不起”，不要猛挤乱冲。下车时要待车子停稳后有秩序地快速下去。

（2）尊老爱幼，主动礼让。

不应无故抢占座位。遇年迈、患病、残疾、怀孕、幼童及怀抱婴儿的乘客，应主动让出自己的座位，如果自己是站着的，也要把有扶手的或空间大的地方让出来，切勿熟视无睹。当他人为自己让座时，应立即道谢。

（3）遵守规则，注意安全。

上车后，注意安全，扶好、坐好。不要将身体伸到车外，或随意动车厢里的设施。不带易燃、易爆和危险品上车，如仿真枪、管制刀具、易燃气体、易燃液体、烟花爆竹、油漆、农药、气体杀虫剂、玻璃胶、花露水等。不私自开启车门，不在车未停稳时上下车，不在车上织毛衣，不将雨伞尖对着他人。注意保管随身物品，发现失窃应立即通知驾乘人员或报警，发生危急情况，应服从驾乘人员安排，及时疏散。尊重司乘人员，车辆行进途中不要大声交谈或随意喧闹，以免分散司机的注意力或使其他乘客感到不悦。

（4）互谅互让，待人宽容。

在公共车辆上碰碰撞撞是常有的事，不能斤斤计较，应相互礼让，注意礼貌。如果碰到了别人，要表示道歉，请示别人原谅；如果被别人碰了，则要有一点绅士风度，待人宽容一点。在公共车厢里，随身携带的物品不要占用座位；遇到老弱病残的乘客要主动让座。

（5）讲究卫生，衣着得体。

在车上不要随意吃东西、吸烟、吐痰，不将瓜果之类的东西随地乱扔，更不能扔出车窗外。雨雪天乘车，应将雨具放入事先准备好的塑料袋中，以保持车内清洁。不携带未经包装的刀具、玻璃等以及家禽和其他暴露的腥、臭、污秽物品，不携带未受约束的可能危及他人的宠物。

乘客着装应齐整。尽管公交车上没有严格的着装要求，但公交车也是公共场合，在衣着方面依然应该比较注意，上下身衣着都应相对齐整。尤其夏季乘车不能赤膊赤足。

（6）保持安静。

即使你带着小孩也应该善加约束，不可让他们在车上玩闹，要让他们安静地坐好，不可大声吵闹。人多时，车上遇到熟人只要点头示意即可，不可挤过去交谈。

3.8.5 乘飞机的礼仪

3.8.5.1 乘飞机的礼仪常识

（1）登机前的礼仪。

①乘坐飞机要求提前一段时间去机场。国内航班要求提前半小时到达，而国际航班需要提前一小时到达，以便留出托运行李、检查机票、身份证和其他旅行证件的时间。

②飞机的行李要尽可能轻便。

手提行李一般不超过5公斤，其他能托运的行李要随机托运。在国际航班上，对行李的重量有严格限制。随机托运行李时可将几个小件行李集中放在一个大袋中，这样可以节省时间，又避免遗失。为了避免在安全检查中耽搁时间或出现不快，应将带有金属的物品装在托运行李中。为了在国外开会时有一套整洁、挺括的衣服，大多数大型飞机上，还可以携带装衣服的挂袋，如西装挂袋，你可请空中乘务员将挂袋挂在专门的柜子里。随机托运行李的件数、样式要记清，以便抵达时认领。

③乘坐飞机前要领取登机卡。有的航班在你买机票时就为你预留了座位，同时发给你登机卡。大多数航班都是在登记行李时由工作人员为你选择座位。登机卡应在进入候机室和登机时出示。

④领取登机卡后，乘客要通过安全检查门。乘客应先将有效证件（如身份证、军官证、警官证、护照、台胞回乡证等）、机票、登机卡交安检人员查验，放行后通过安检门时需将电话、传呼机、钥匙和小刀等金属物品放入指定位置，手提行李放入传送带。乘客通过安检门后，注意将有效证件、机票收好以免遗失，只持登机卡进入候机室等待。

⑤上下飞机时，均有空中小姐站立在机舱门口迎接乘客。她们会向每一位通过舱门的乘

客热情地问候。此时，作为乘客应有礼貌地点头致意或问好。

（2）登机后的礼仪。

①乘客上机时，请主动出示登机牌，以便乘务员为您正确指引座位。进入客舱通道后，请迅速竖向安放行李，并尽快根据飞机上座位的标号按秩序对号入座，不妨碍其他乘客的正常通行。

②飞机起飞前，乘务员通常给旅客示范如何使用降落伞和氧气面具等，以防出现意外时使用。当飞机起飞和降落时要系好安全带。在飞机上要遵守“请勿吸烟”的信号，同时禁止使用移动电话、AM/PM 收音机、便携式电脑、游戏机等电子设备，并配合乘务员的安全检查。为了安全，全程不得使用手机，甚至包括飞行模式。从安全角度而言，飞机起飞后 20 分钟至落地前 30 分钟为客舱安全的黄金时间，乘务员在这段时间内肩负着安全使命，乘客应尽量减少或避免呼叫乘务员的次数。

③飞机起飞后，乘客可看书看报或与同座交谈。如你愿意交谈，可以“今天飞行的天气真好”等开场白来试探同座是否愿意交谈，在谈话中不必通报姓名，只是一般谈谈而已。如你不愿交谈，对开话头的人只需“嗯哼”表示，或解释“我很疲倦”。

④休息时，注意自己的坐姿和躺姿，不得随意脱鞋脱袜，不翘或抬腿。调节座椅靠背时，注意观察后方乘客的状态。如：他是否在用餐？是否在使用电脑？后方是不是有小孩在玩耍？

⑤正值就餐之际，由于机上餐食按乘客人数配备，如需加餐，可待乘务员发放餐食流程完毕后，提出申请加餐要求。配合乘务员收餐，归还的空餐盘不叠放，按乘务员发放的餐盘原样归还，此外，将塑料杯单独递给乘务员。

⑥使用机上洗手间前，请先敲门，询问是否有人；使用完毕，请及时冲水，并将垃圾投入专用垃圾箱内；使用完手油、香水等卫生用品后，记得放回原位，以免出现安全隐患；千万不可在厕所内吸烟，这是违法行为。所有垃圾，包括机上毛毯的外包装袋，请妥善安放，也可置于座椅前方的清洁袋内。婴儿尿布等清洁用品，不可投入厕所马桶内，以免阻塞马桶。

（3）停机后的礼仪。

①飞机在滑行期间，请不要急于提拿行李或站在过道中，待飞机停稳后，方可起身，切勿操之过急。停机后，乘客要带好随身携带的物品，按次序下飞机，不要抢先出门。

②国际航班下飞机后要办理入境手续，通过海关便可凭行李卡认领托运行李。许多国际机场都有传送带设备，也有手推车以方便搬运行李。还有机场行李搬运员可协助乘客。在机场除了机场行李搬运员要给小费外，其他人不给小费。

3.8.5.2 乘飞机的注意事项

（1）不乱动飞机上的安全用品及设施。需要找乘务员时，可以揿按呼唤铃，不宜大声喊叫。接受乘务员服务应致谢。

（2）在飞机上进餐时，主动将座椅椅背调至正常位置，以免影响后排乘客进餐。

（3）保持舱内整洁卫生，因晕机呕吐时，应使用机上专用呕吐袋。

（4）飞行过程中尽量不要脱下鞋子以免异味影响他人；如果是长途飞行，脱下鞋后应在外面再罩上护袜。

（5）机上读物阅后整齐放入面前插袋。

（6）飞机未停稳时不要抢先打开行李舱取行李，以免行李摔落伤人。

（7）上下飞机时，对空中乘务员的迎送问候有所回应。

【基本训练】

复习思考题

1. 乘坐火车和地铁应注意哪些礼仪？
2. 乘坐公共汽车和地铁列车时应遵守哪些礼节、礼貌？
3. 乘飞机时应注意哪些礼仪？

实训练习与操作

让学生演示不正确的乘坐行为。

实训目标：掌握乘坐小轿车、火车、公共汽车的礼仪规范。

实训内容与要求：10人一组，分别自行设计并演示出3种以上不正确的搭乘行为。

实训成果与检测：学生进行演示，教师及其他学生进行检查和点评。

第 4 章　职场日常礼仪

【学习目标】

通过本章学习，了解职场工作中的基本礼仪，从而在职业场合中塑造自身良好形象。

【教学要求】

认知：了解职场面试、办公室日常、幼儿教师、政务人员的基本礼仪常识。

理解：在认知的基础上，能够深入学习职场礼仪的精髓，理解并掌握职场工作中常用礼仪规范等。

运用：通过学习可以使学生提前有意识地注意自己的礼仪修养，并在不断的实践中改善自我。

4.1　求职礼仪

【本节学习目标】

掌握面试中应该注意的礼仪常识，并内化在言谈举止中。

【引例】

招聘经理问："你们学过哪些课程?"
应聘学生 1 答："我们什么都学。"
应聘学生 2 答："学得可多了。"
应聘学生 3 答："比别的学校忙多了。"
应聘学生 4 答："数都数不过来了。"
应聘学生 5 答："我认识的人里就数我们学校忙。"

相信同学们在看这则引例时候都会笑话别人答不到点子上，可是换了自己大概也会经常答非所问，或者绕了一个大圈也没回到正题上来。

思考与讨论：你觉得对于招聘经理的问题，应该怎样回答比较合适?

面试是用人单位对应聘者进行选拔而采取的诸多方式中的一种，也是应聘者取得求职成功的关键一步。

几乎所有的应聘者都会提出这样的问题："我穿什么衣服合适""我这样的发式行吗""进去要鞠躬吗"，等等。求职时，良好的礼仪可以充分展现出自己的修养及个人素质，使用人单位对你欣赏有加。因此，求职前要很好地掌握面试的技巧与相关的礼仪知识。

4.1.1 服饰仪表礼仪

服饰对一个人的整体形象起到至关重要的作用，人们常常会通过服饰来推断一个人的性格、职业、地位甚至是素质，所以也有人把服饰称为人的另一张脸。面试服饰的总体要求是简洁、明快、得体、大方。

4.1.1.1 男装的选择

有人曾经说过这样一句话："公务员面试穿西装不打领带，打领带不穿西装。"这句话是当前应聘者服饰的经验总结，它告诉我们在面试时既不能穿着太随便，也不要太严肃。因为在地方政府机关中，干部对服饰还是比较随意的，所以我们穿衣服不必太正规。否则会显得拘谨，失去了年轻人的朝气。建议：春秋两季均可以西装配休闲衬衣，衬衣颜色可以稍跳一点；也可以配圆领T恤，但不能有太花哨的图案。夹克配衬衣和T恤也是不错的选择，但要注意搭配。假如夹克的颜色比较张扬，那么衬衣和T恤就应该素淡。夏季方领、圆领T恤、棉质短袖衬衣都是可以的，但要注意色彩不能太艳，款式不宜怪异。

提醒应聘者注意事项：不穿毛衣；穿西装配皮鞋；运动鞋不宜纯白色或运动色彩很强；不穿无袖衫。

4.1.1.2 女装的选择

女装选择的范围比较广，职业套装是比较稳妥的选择。但是穿套装要注意不要把自己弄得老气横秋，可以选择色彩鲜艳或者款式活泼的衬衣搭配，体现稳重又活泼的个性。也可以选择休闲的套装，注意款式简洁，不要有繁复的装饰。夏季宜选择有领子的衬衣，尽量不穿圆领、鸡心领的T恤。

提醒应聘者注意事项：如果不习惯职业套装就不要勉强；鞋跟不要太高；不穿吊带、背心式衣服；衣服质料不能太透明。

面试人最先注意到的是你的外表，所以尽可能地赏心悦目，着装职业化。最重要的是整洁大方，首饰过多、浓妆艳抹、追求时髦和穿紧身衣或奇装异服都是不合适的。运动装虽然轻松、随意、舒适，但不适合进面试场合。

选择服装的关键是看职位要求。应聘银行、政府部门，穿着偏向传统正规；应聘公关、时尚杂志等，则可以适当地在服装上加些流行元素。除了应聘娱乐影视广告这类行业外，最好不要选择太过突兀的穿着。应届毕业生允许有一些学生气的装扮，可以穿休闲类套装。

4.1.1.3 发式

男女发式均应该简洁明快，男不宜留长发，女生的发型可以多样化，但要注意答题时如果需要用手去捋头发，说明发式不适宜，应该束发。不宜过于时尚，如用发饰不超过一个。男生最好不染发，女生染发也应该注意颜色自然。

4.1.1.4 饰物

应聘时不宜佩戴太多的饰物，因为容易分散面试官的注意力。指甲要修剪干净；衣服的纽扣齐全；衣服边缘和袖口没有磨损；鞋要干净光亮，不要太破旧。

4.1.2 必须守时

守时是职业道德的基本要求，迟到、失约更是公司面试中的大忌。这不但会表现出求职者没有时间观念和责任感，更会让面试官觉得你对这份工作没有热忱，从而对你的第一印象大打折扣。

提前10～15分钟到达面试地点效果最佳。提前半小时以上到达也会被视为没有时间观念，但在面试时迟到或是匆匆忙忙赶到却是致命的。不管你有什么理由，迟到也会被视为缺乏自我管理和约束能力。如因有要事迟到或缺席，一定要尽早打电话通知该公司，并预约另一个面试时间。如果路程较远，宁可早点出门，但早到后不宜立刻进入办公室，可在附近的咖啡厅等候。

4.1.3 面试举止

面试其实就是给考官一个总体的印象，然后让考官给出一个评价。这个测试从考生叩门时就开始了，所以应该注意每一个细节。

4.1.3.1 进门

进入面试室之前，应轻叩房门两三下（若有工作人员导引则不必如此），再轻轻推门而入。进门后，背对考官，将房门关上。手注意拉住把手，动作要轻，如果门是碰锁，最好先旋起锁舌，关上门后，再放开。然后自然地扫视一下整个房间，确定面试考场的基本布局（包括自己的座椅位置），然后走向自己的位置，见图4－1－1。

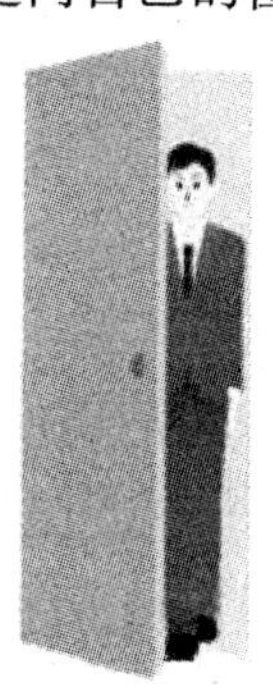

图4－1－1 进门

4.1.3.2 招呼

站立在自己的座位上时，身体要正对考官，一般大规模的面试考官是不会和考生握手的，当然假如考官主动伸出手，你要毫不迟疑伸手和考官握手。然后略带微笑注视主考官，主考官会示意你坐下，你微微欠身点头表示感谢，口中也可以轻轻地说声“谢谢”。

虽然说是礼多不怪，但是我们还是要注意自然，遵守约定俗成。如有位应聘生进试场后一边大声说：“各位考官好!”一边一个90°的鞠躬，吓考官们一跳，这样的礼仪反而弄巧成拙。

4.1.3.3 眼神

交流中目光要注视对方，但万万不可死盯着别人看。如果不止一个人在场，要经常用目光扫视一下其他人，以示尊重和平等。

4.1.3.4 坐姿

入座（离座时也一样）时动作要轻盈和缓，从容不迫。不要紧贴着椅背坐，不要坐满，坐下后身体要略向前倾。一般以坐满椅子的三分之二为宜。这样既可以让你腾出精力轻松应对考官的提问，也不至让你过于放松，见图4-1-2。

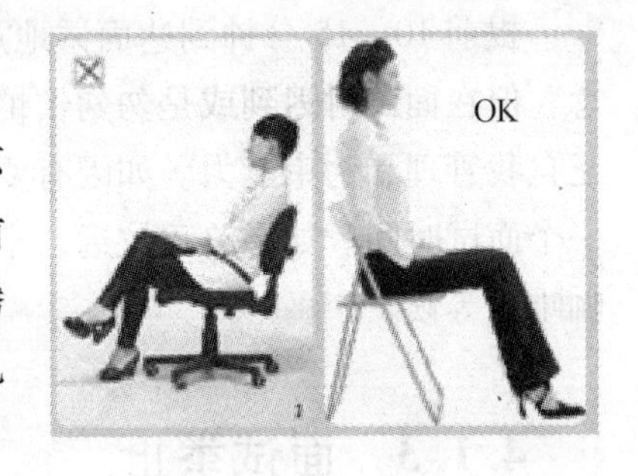

图4-1-2 坐姿

4.1.3.5 离席

当考官提示面试结束时，不管自我感觉如何，还是要注意礼节。起立，面对面试官，微微欠身点头表示感谢，口中也可以轻轻地说声“谢谢”，然后再离去。出门时仍要注意拉住门把手，出去，面向门，轻轻关上考场门。

4.1.3.6 微笑

面带微笑，脸上带着愉快轻松和真诚的微笑会使你处处受欢迎，因为微笑会显得和和气气，而每个人都乐于与和气、快乐的人一起共事。应该表现出自己的热情，但不要表现得太过分。

4.1.3.7 禁忌举止

在面试时不可以做小动作，比如折纸、转笔，这样会显得很不严肃，分散对方注意力。不要乱摸头发、耳朵，这可能被理解为你在面试前没有做好个人卫生。用手捂嘴说话是一种紧张的表现，应尽量避免，见图4-1-3。

图4-1-3 禁忌举止

4.1.4 面试谈吐

语言是求职者的第二张名片，能客观反映一个人的文化素质和内涵修养。面试时对所提出的问题要对答如流，恰到好处，且不夸夸其谈，夸大其词。谈吐上应把握以下几个要点，见图4-1-4。

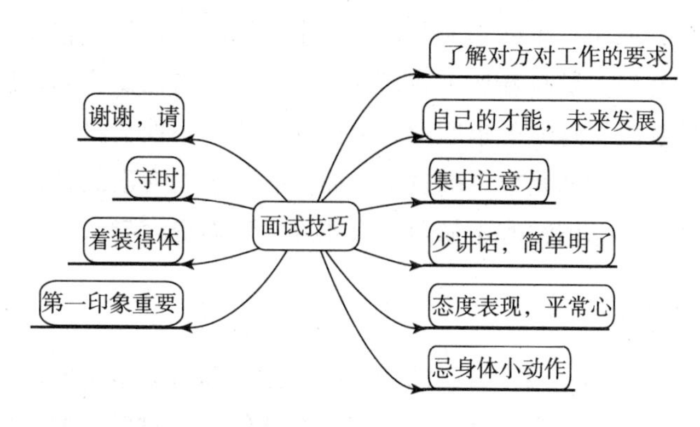

图4-1-4 面试技巧

（1）突出个人的优点和特长，并有相当的可信度。语言要概括、简洁、有力，不要拖泥带水，轻重不分。

（2）展示个性，使个人形象鲜明，可以适当引用别人的言论，如用老师、朋友的评论来支持自己的描述。

（3）坚持以事实说话，少用虚词、感叹词。

（4）要注意语言逻辑，介绍时层次分明、重点突出。

有的同学说话啰唆，一件事要摊开几个支叉，各个支叉下又有几个小支叉，反反复复三四个层次，最后自己都不知道在讲什么了。比如说“我们4年要上40门课。第一年上10门，第一学期上5门，第一门是哲学……”俨然一副老师写教科书的架势。面试时要先听清问题，一般不需要展开了细说，招聘经理若感兴趣，会挑出一段细问。

（5）尽量少要用简称、方言、土语和口头语，以免对方难以听懂。

（6）面试时如果碰到难以回答的问题而冷场的话会很难堪，也会加剧考生的紧张心理，这时可以这样来回答：“对不起，由于我学习不够，对这个问题所涉及的知识缺乏了解，我以后一定加强学习，拓展自己的知识面。”因为，如果你含糊其辞和胡吹乱侃会导致失败。态度要谦逊，诚恳，落落大方。

面试结束后为了加深招聘人员的印象，增加求职成功的可能性，面试后的两三天内，求职者最好给招聘人员写封信表示感谢。

感谢信要简洁，最好不超过一页纸。信的开头应提及自己的姓名、简单情况以及面试的时间，并对招聘人员表示感谢。感谢信的中间部分要重申对公司、应聘职位的兴趣。信的结尾可以表示对自己的信心，以及为公司的发展壮大做贡献的决心。

4.1.5 面试礼仪忌讳

4.1.5.1 数落别人

很多跳槽者在面对“你为什么要离开原来的公司”这一问题时，往往会数落原单位的不是，比如薪水过低、原雇主不能知人善任、同事间钩心斗角等，将自己跳槽的原因全部推到原单位的过错上，并极力赞扬新雇主如何如何好，以博得面试官的好感。

事实上，在面试官眼里这样的求职者只会逢迎拍马，不找自身的原因，这样的人工作一定不认真。更重要的是，即使是对方的过错，而一味地推脱自己的责任、数落别人，也只会让面试官觉得你记仇、不念旧情和不懂得与人相处，反而更会导致面试官的反感。

4.1.5.2 造假说谎

伪造自己的职业史，将不属于自己的功劳据为己有的行为也是面试礼仪的大忌。因为诚信是做人最起码的要求，任何雇主都不会聘用没有诚信、随时撒谎的人作为自己的员工。即使在面试现场能蒙混过关，但谎言一旦被揭穿，那么你的好日子就到头了。因此，面试时千万要实话实说，不能无中生有。

4.1.5.3 口若悬河

面试的目的是了解你简历上不能体现的能力，面试官的目的非常明确，因此，你在推销自己时切忌滔滔不绝、喋喋不休。否则，面试官会觉得你不善于抓住问题的重点，总结归纳的能力太差。

但有的求职者在回答问题时只有一两句，甚至只回答是或者不是，这也是不可取的，应该尽量做到谈吐自如。

4.1.5.4 适时告退

谈话时间的长短要视内容和气氛而定，一般招聘者认为该结束面试时，往往会说一些暗示的话语。如“我很感激你对我们公司这项工作的关注”，或“谢谢你对我们招聘工作的关心，我们一做出决定就会立即通知你”或“你的情况我们已经了解了。你知道，在做出最后决定之前我们还要面试几位申请人”。

求职者在听了诸如此类的暗示语之后，就应该主动告辞。告辞时应该与招聘者握手，礼貌地说再见。如在门外见到其他工作人员或秘书时，也应该向他们致谢告辞。面试结束时的礼节也是公司考察录用的一个砝码。因此，求职者应该要善始善终，把握好这最后的一关。

【基本训练】

复习思考题

1. 如何做好面试前的礼仪准备工作？

2. 当面试官提问关于求职动机，如“为什么选择我们公司”，你该怎样答复？
3. 在整个面试的程序中，你怎样做才能给招聘者留下一个良好的第一印象？

实训练习与操作

面试模拟练习。

实训目标：掌握求职面试的礼仪。

实训内容与要求：按照面试的程序与礼节，进行求职面试的练习。要求学生角色扮演，成立招聘小组，让学生进行单个面试演习。

实训成果与检测：学生进行面试演示后，其他学生及老师进行点评。

4.2 办公室礼仪

【本节学习目标】

1. 初步掌握办公室日常礼仪
2. 初步掌握职场的谈吐礼仪
3. 掌握电脑礼仪
4. 掌握电话礼仪

【引例】

一名海外客商到某公司商谈合资办厂事宜。公司经理在会客室专候，并准备了烟茶水果。客商进公司大门后，迎候在门厅的公司办公室工作人员和客商握手，并说道：“我们经理在上面（指二楼会客室），他叫你去。”客商一听，当即一愣：他叫我去？我又不是他的下属，凭什么叫我？于是这客商转身说：“贵公司如有合作诚意，叫你们经理到我住的宾馆去谈吧。”说完拂袖而去。

思考与讨论：如果那位工作人员不说“叫你”，而说“请您”，情况又会如何呢？你觉得工作人员应该怎样礼貌地说和做？

4.2.1 日常礼仪

4.2.1.1 仪容与着装要求

办公人员的仪容装束应典雅、庄重、保守、规范，不可标新立异，奇装异服。男职员最好要穿深色西装套装、白衬衫，打素色领带，配深色皮鞋；女职员最好穿西装套裙、长筒或连裤式肉色丝袜，配黑色高跟皮鞋或半高跟皮鞋。女职员不允许穿过于暴露或紧身的服装，上班时不要佩戴过多的首饰，使用过浓的香水。佩戴首饰应遵循同质同色，以少为佳的原则，见图4－2－1。

图4-2-1 仪容与着装要求

4.2.1.2 遵守制度与注意小节

办公室的规章制度是保证工作正常进行的重要前提。比如：上班不迟到，不早退，不串岗，不接打私事电话，不干私活。办公要注意坐相，切忌跷二郎腿，晃动脚尖，当着人面不能挖耳朵、剔牙、剪指甲。不要在办公室吃瓜子等零食，不要看小说、娱乐杂志等，见图4-2-2。

图4-2-2 办公室禁忌行为

要注意办公桌的整洁，桌子上的常用物品要各归各位，不要随手乱扔，不要把办公桌的桌面搞得像小商小贩的地摊一样。尽量不在办公桌上放自己的私人物品，如孩子的照片、恋人的信物、备用的化妆品、个人的收藏品等，见图4-2-3。

进入办公室应主动和同事打招呼，问候一声“早安”“您好”，不必拘泥要人家先招呼你再还礼。同事之间要注意称呼，对有职务的可按职务相称，如“×科长”“×会计”；上

图 4－2－3 注意办公室整洁

司或长辈对小辈可称“小张”“小李”，对年长者可称“老张”“老李”。对外来办事人员，可视其性别、年龄、职务，称呼“先生”“小姐”“经理”等，除礼貌称呼外，还应热情接待，真诚相助，办完公事后应礼貌相送。

4.2.1.3 与上司相处的礼仪

与上司保持良好的关系，这是下属能顺利开展工作的重要条件，也是保持自己身心愉快、事业长进的重要因素。

（1）摆正上下级关系。

从工作的角度看，下属要尊重领导，服从领导，维护领导的尊严。遇到领导要主动打招呼，遇到自己难以决断的事要向领导请示，以争取领导的支持。

①在摆正关系上，有三种不良情况应予以纠正：

第一，绝对服从，把现代社会条件下的领导者与被领导者的关系，搞成封建的“君臣关系”，甚至是奴役性的“猫鼠关系”；

第二，傲慢无礼，强调人格平等，轻视怠慢领导，不愿“任人摆布”；

第三，庸俗不堪，一味巴结奉承，媚上吹捧，甚至把上下级关系搞成赤裸裸的“金钱关系”。

②正确的做法。人格上应该是与领导者平等的，要不卑不亢。平时保持适当的距离，不可动辄称兄道弟。工作上应该是勤奋积极，成为领导者的参谋和助手，并经常主动向领导学习，提高自己的工作能力。还应注意，对不同的领导要做到在人格上一样尊重，在工作上一样支持，在组织上一样服从，不搞亲疏有别。

（2）尊重上司，不能越位。

不在其位，不谋其政。领导者与被领导者分工不同，应各司其职，各负其责。不能相互替代，否则就会带来工作上的混乱。对领导者最大的支持，不是出力代劳，而是做好领导分配给你的工作。另外，越俎代庖的结果，会被视为心术不正，图谋不轨，结果是出力不讨好，把关系弄僵。原因不是你做少了，而是做“多”了你不该做的事。可见，不管是决策越位、表态越位，还是工作越位等，对下属来讲都是不利的。要学会收敛和约束自己，才能与领导和睦相处。

（3）不可锋芒毕露。

与上司交谈不可锋芒毕露，咄咄逼人。你的聪明才智需要得到上司的赏识，但在他面前故意显示自己，则不免有做作之嫌。上司会因此而认为你是一个自大狂，恃才傲慢，盛气凌人，而在心理上觉得难以相处，彼此间缺乏一种默契。

与上司交谈要遵循两个原则。

第一，要寻找自然的话题，令上司充分发表意见，你适当做些补充，提一些问题。这样，他便知道你是有知识、有见解的，自然也就认识了你的能力和价值。

第二，不要用上司不懂的技术性较强的术语与之交谈。不然，他会认为你是在故意难为他，也可能觉得你的才干对他的职务将构成威胁，并产生戒备，而有意压制你。

（4）尽可能为上司做好公共关系。

赞扬与欣赏上司的某个特点，意味着肯定这个特点。只要是优点是长处，对集体有利，你可以毫不顾忌地表现你的赞美之情。领导也是人，也需要从别人的评价中了解自己的成就及在别人心目中的地位。当受到称赞时，他的自尊心会得到满足并对称赞者产生好感，拉近了彼此之间的距离。下属喜欢上司，上司自然也喜欢下属，这是人际吸引中相悦作用的结果。

（5）正确对待上司的批评。

当上司批评你时，不可一脸不高兴。犯错误本身并不影响上下级关系，关键是犯了错误之后，接受批评的态度。被批评后一脸的不高兴，会让领导认为你不服气，在做无言的抗议。而被批评后，找来一大堆理由，强词夺理为自己争辩，则更是大忌。相反，适当地做些自我批评，便可缓和僵局，令领导放心。

（6）慎重对待领导的失误。

当领导在工作中出现失误时，千万不要持幸灾乐祸或冷漠旁观的态度，这会令他极为寒心。能担责任则担责任，不能担责任则可帮助他分析原因，多加劝慰。不要在这种情况下持指责、嘲讽的态度，这样更容易把关系搞僵，矛盾激化。

（7）掌握上司的好恶。

可常常从上司的言行或签文件指示中归纳他治事的原则，体会他处世的态度，选择他的优点作为你处事治人的参考。上司所深恶痛绝的事，应尽量避免发生，上司所要主办的事项及所需的材料，应及早予以准备。对上司的工作习惯、业余爱好等都要有所了解。一个精明老练的有见识的上司是很欣赏了解他并能预见他的愿望与情绪的下属的。

（8）注意自己的仪态。

无论上司如何赏识你、喜欢你，你都不要得意忘形，都要注意自己的仪态。在上司面前不拘小节，以示与领导的亲密程度，其实是失礼。比如上司正在开会或处理其他公务，你轻易闯进去打断会议或正在进行的工作，谈些无关紧要的话，给人留下的不会是好印象，除非是紧急公务，一般应等候或下次再来。工作时间有事找上司，应简洁明快地说明来意，不应绕了半天弯子才进入正题，更不要唠叨不已。进入上司办公室，不管上司在不在，不能随意翻阅桌上的公文、信件。

4.2.1.4 与同事相处的礼仪

当你来到一个新单位，在新的工作环境中恐怕会有许多的不适应，其中特别明显的是人际关系的不适应。怎样做才是适当的呢?

(1) 要多看多做少说。

首先，初入新环境，人生地不熟，要多看少说。因为不了解情况，轻易评这评那，很容易因所言不符实际，误解别人导致矛盾或受人轻视。

其次，要有自知之明，对现实不要期待太高。不要认为自己很能干，什么都懂，从而指手画脚；也不要老觉得自己怀才不遇，似乎自己的才识得不到赏识，从而对新的职业环境感到不满。

最后，要学会待人处世的艺术，要尽快熟悉周围的同事，要真诚待人，关心他人，尽量克服使人讨厌的性格和习惯，也不要斤斤计较。

总之，在一个新的环境里，你要时时提醒自己，最重要的是先去熟悉工作，先去熟悉环境，其他的事情，暂时可忍就忍。在对工作和环境熟悉了以后，就没有那么容易受人欺负、受人愚弄了。

(2) 要尊重同事之间的距离感。

在单位与同事相处要尊重同事之间的距离感。要巧妙地运用回避之术。首先是尊重他人的空间感。对正在办公的同事，无论他在看什么，或在写什么，只要他不主动和你聊，你最好回避不问，忌刻意追问，刨根究底。如“谁来的信?”“写什么东西呀?”其次是不可轻易翻动同事的东西。如同事不在，而你又确实急需找东西，事后要说明致歉。再次是对同事的私事采取不干预态度。

(3) 要保持“一视同仁”的公正感。

同事由于个体不同，因而存在着性别、性格、年龄、阅历、能力、家庭、文化水平等各方面的差异。但在交往中我们还是要注意一视同仁。

(4) 同事间忌飞短流长。

经常说别人是非给对方听的人，哪一天连对方都会成了他批评的对象，因此慢慢地大家都会对他敬而远之。有些人很喜欢捕风捉影地说些他人的谣言，甚至将一件小事慢慢添油加醋使整个事件严重起来。这么一来，人际关系自然会出现一条很深的裂痕了。

4.2.2 职场的谈吐礼仪

4.2.2.1 保持距离

从职场礼仪上说，说话时与对方离得过远，会使对话者误认为你不愿向他表示友好和亲近，这显然是失礼的。然而，如果在较近的距离和人交谈，稍有不慎就会把口沫溅在别人脸上，这是最令人讨厌的。有些人，因为有凑近和别人交谈的习惯，又明知别人顾忌被自己的口沫溅到，于是先知趣地用手掩住自己的口，这样做形同“交头接耳”，样子难看也不够大方。因此，从礼仪角度来讲谈吐距离一般保持一两个人的距离最为适合。这样做，既让对方感到有种亲切的气氛，同时又保持一定的“社交距离”，在常人的主观感受上，这也是最舒服的。

4.2.2.2 恰当地称呼他人

无论是新老朋友，一见面就得称呼对方。每个人都希望得到他人的尊重，人们比较看重自己已取得的地位。对有头衔的人称呼他的头衔，就是对他莫大的尊重。直呼其名仅适用于关系密切的人之间。你若与有头衔的人关系非同一般，直呼其名来得更亲切，但若是在公众和社交场合，你还是称呼他的头衔会更得体。对于知识界人士，可以直接称呼其职称。但是，对于学位，除了博士外，其他学位，就不能作为称谓来用。

4.2.2.3 善于言辞的谈吐

不管是名流显贵，还是平民百姓，作为交谈的双方，他们应该是平等的。交谈一般选择大家共同感兴趣的话题。但是有些不该触及的问题：比如对方的年龄、收入、个人物品的价值、婚姻状况、宗教信仰，还是不谈为好。打听个人隐私是不礼貌和缺乏教养的表现。

4.2.3 电脑礼仪

电脑是我们职场日常工作的重要工具，使用电脑，也不只是开机、关机、上网那么简单，电脑礼仪也会体现一个人的素质和教养。

4.2.3.1 爱护电脑

虽然是公司的电脑，但也要倍加爱护，平时要擦拭得干干净净，不要把白色电脑用成黑色了还没擦过；擦拭显示屏时，注意不要为了干净，用湿抹布一擦了之，损害屏幕；不用时正常关机，不要丢下就走；外接插件时，要正常退出，避免导致数据丢失、电脑崩溃等故障。

4.2.3.2 公私分明

有些人公私不分，拿着U盘，一会将个人电脑资料复制到公司电脑上，一会又将公司电脑资料复制到个人电脑上，这种现象一旦被公司发现，必须坚决制止。

4.2.3.3 上网内容

在公司里上网，要查找与工作相关的内容和资料，而不是自己凭兴趣查看自己的东西，否则，既违反公司章程，慢慢地还会导致业务落伍。很多公司不允许员工在公司电脑上打游戏、网上聊天，但仍有人趁领导不在时私自偷玩，或用公司的内部网络“笑傲江湖”，从网站上下载图片，这些都是违反劳动纪律的。

4.2.3.4 电子邮件

电子邮件在给人们带来方便的同时，也带来了职场礼仪方面的新问题。我们都应当讲究有关电子邮件的礼节，别让电子邮件出笑话。

电子邮件是职业信件的一种，而职业信件中是没有不严肃的内容的。尤其在商业界，我们崇尚信誉、掌握时机及合作分工，信奉顾客至上，着重与顾客的沟通，以达成促销、增产与营利的目的。但我们常忽视了有关电子邮件的礼节，一些邋遢懒散的习惯，不仅会引起员工的窃笑，更容易在顾客面前闹笑话。在今天的许多公司里，电子邮件充斥着笑话、垃圾邮件和私人便条，与工作相关的内容反而不多，应该重视电子邮件的礼仪规范。

(1) 标题要提纲挈领，切忌使用含义不清、胡乱浪漫的标题，例如："嘿"或是"收着"。添加邮件主题是电子邮件和信笺的主要不同之处，在主题栏里用短短的几个字概括出整个邮件的内容，便于收件人权衡邮件的轻重缓急，分别处理。尤其是回复的信件，重新添加、更换邮件主题是要格外注意的环节，最好写上"来自××公司的邮件"和年、月、日，以便对方一目了然又便于保留。

(2) 电子邮件的文体格式应该类似于书面交谈式的风格，开头要有问候语，但问候语的选择比较自由，像"你好""Hi"，或者仅仅是一个简单的称呼，结尾也可随意一些，比如"以后再谈""祝你愉快"等；也可什么都不写，直接注上自己的名字。但是，如果你写的是一封较为正式的邮件，还是要用和正式的信笺一样的文体。开头要用"尊敬的"或者是"先生/女士，您好!"结尾要有祝福语，并使用"此致/敬礼"这样的格式。

(3) 内容简明扼要，针对需要回复及转寄的电子邮件，要小心写在电子邮件里的每一个字，每一句话。因为现在法律规定电子邮件也可以作为法律证据，是合法的，所以发电子邮件时要小心，如果对公司不利的，千万不要写上，如报价等。发邮件时一定要慎重，还要定期重新审查你发过的电子邮件，评估其对商业往来所产生的影响。

(4) 一定要清理回复的内容。在美国加州有一位传播学专家摩根女士曾举例说："我最近收到一份电子邮件，其中包括了辗转收送的十二个人的姓名，我实在没有必要知道这些讯息。"

(5) 注意回答问题的技巧。当回件答复问题的时候，最好只把相关的问题抄到回件，然后附上答案。不要用自动应答键，那样会把来件所有内容都包括到回件中；但也不要仅以"是的"二字回复，那样太生硬了，而且让读的人摸不着头脑。

(6) 合宜地称呼收件者，并且在信尾签名。虽然电子邮件本身已标明了邮自哪方，寄予何人，但在邮件中注明收信者及寄件者大名乃是必需的礼节。包括在信件开头尊称收信者的姓名，在信尾也注明寄件者的姓名以及通信地址、电话，以方便收信者未来与你的联系。在越是大型的公司，你越是要注意在自己的邮件地址中注上自己的姓名，同时在邮件的结尾添加个人签名栏。人们通常会把邮件转发给过多的人，打开邮件箱你可能发现有一半的邮件是与你无关的，删除它们费时费力，所以在转发前要做一下整理，把邮件的数量控制在最小。条件允许的话要每天检查自己的邮箱，及早回复邮件。重要邮件发出后要电话确认。另外，重要的机密和敏感的话题不要使用电子邮件，因为它不能保证严守机密。见图4-2-4。

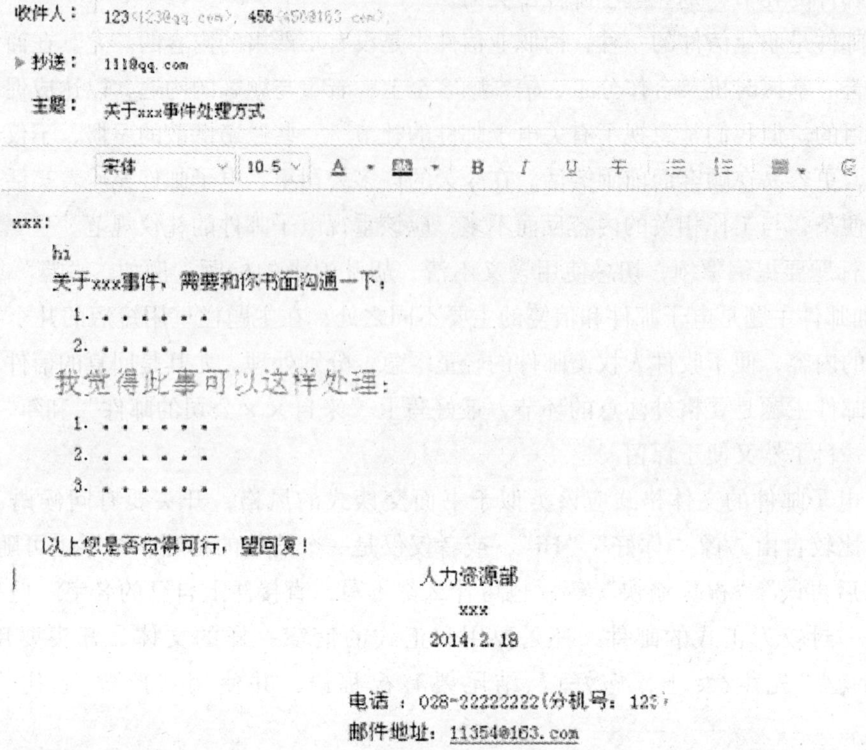

收件人： 123<123@qq.com>, 456<456@163.com>;

▶抄送： 111@qq.com

主题： 关于xxx事件处理方式

宋体 10.5

xxx:

hi

关于xxx事件，需要和你书面沟通一下：

1. ......

2. ......

我觉得此事可以这样处理：

1. ......

2. ......

3. ......

以上您是否觉得可行，望回复！

人力资源部

xxx

2014.2.18

电话：028-22222222(分机号：123)

邮件地址：113540163.com

图 4-2-4 文明邮件通信

4.2.4 电话礼仪

在商务交往中，普普通通的接打电话，实际上是在为通话者所在的单位、为通话者本人绘制一幅给人以深刻印象的电话形象。所谓电话形象，即人们在通电话的整个过程之中的语言、声调、内容、表情、态度、时间感等的集合。它能够真实地体现出个人的素质、待人接物的态度，以及通话者所在单位的整体水平。正是因为电话形象在现代社会中无处不在，而商务交往又与电话“难解难分”，因此凡是重视维护自身形象的单位，无不对电话的使用给予了高度的关注。

4.2.4.1 拨打电话的礼仪

（1）主动拨打电话之前应做必要准备。

先列一个提纲，有所准备，这样可以节省打电话的时间，同时这也是一个非常好的商务习惯。提纲列好之后，应该做一个简单的寒暄，然后迅速直奔主题，不要闲聊，东拉西扯，偏离你要表达的主要意思。

（2）选择适当的通话时间。

一般情况下，选择通话时间应遵循不在早上 8 点之前、晚上 10 点以后、三餐之间给人打电话。也就是说，白天应在 8 点以后，假日最好在 9 点以后，夜间则要在 10 点以前，以免干扰受话人包括对方家里老人或小孩的睡眠，三餐之间应该给对方一个舒心的就餐心情，所以尽量不要在三餐之间给对方打电话。还有，老年人大多数有午睡的习惯，无特殊情况，也不要在中午给老年人打电话。

（3）查清对方的电话号码，并正确地拨号。

万一弄错了，应向接电话者表示歉意，不要将电话一挂了事。拨号以后，如只听铃响，没有人接，应耐心等待片刻，待铃响六七次后再挂断。否则，如对方正巧不在电话机旁，匆匆赶来接时，电话已挂断了，这也是失礼的。

4.2.4.2 重要的第一声

当我们打电话给某单位，若一接通，就能听到对方亲切、优美的招呼声，心里一定会很愉快，使双方对话能顺利展开，对该单位有了较好的印象。在电话中只要稍微注意一下自己的行为就会给对方留下完全不同的印象。同样说“你好，这里是某某公司”，但声音清晰、悦耳、吐字清脆，给对方留下好的印象，对方对其所在单位也会有好印象。因此要记住，接电话时，应有“我代表单位形象”的意识。这就是语调的魅力，用清晰而愉快的语调接电话能显示出说话人的职业风度和可亲的性格。

4.2.4.3 要有喜悦的心情

打电话时我们要保持良好的心情，这样即使对方看不见你，但是从欢快的语调中也会被你感染，给对方留下极佳的印象，由于面部表情会影响声音的变化，所以即使在电话中，也要抱着“对方看着我”的心态去应对。

4.2.4.4 端正的姿势与清晰明朗的声音

打电话过程中绝对不能吸烟、喝茶、吃零食，即使是懒散的姿势对方也能够听得出来。如果你打电话的时候弯着腰躺在椅子上，对方听你的声音就是懒散的，无精打采的。若坐姿端正，身体挺直，所发出的声音也会亲切悦耳，充满活力。

打电话时的语调应平稳柔和、安详。这时如能面带微笑地与对方交谈，可使你的声音听起来更为友好热情，虽然对方无法看到你的面容，但你的喜悦或烦躁仍会通过语调流露出来。

打电话时声音要文雅有礼，以恳切之话语表达，口与话筒间应保持适当距离，适度控制音量，以免听不清楚，滋生误会，或因声音粗大，让人误解为盛气凌人。因此打电话时，即使看不见对方，也要当作对方就在眼前，尽可能注意自己的姿势和语调。

4.2.4.5 迅速准确的接听

现代工作人员业务繁忙，桌上往往会有两三部电话，听到电话铃声，应准确迅速地拿起听筒，接听电话，以长途电话为优先，最好在三声之内接听。

在礼貌问候对方之后应主动报出公司或部门名称以及自己的姓名，电话铃声响一声大约3秒钟，若长时间无人接电话，或让对方久等是很不礼貌的，对方在等待时心里会十分急躁，你的单位会给他留下不好的印象。

即便电话离自己很远，听到电话铃声后，附近没有其他人，我们应该用最快的速度拿起听筒，这样的态度是每个人都应该拥有的，这样的习惯是每个办公室工作人员都应该养成的。如果电话铃响了五声才拿起话筒，应该先向对方道歉，若电话响了许久，接起电话只是“喂”了一声，对方会十分不满，会给对方留下恶劣的印象。

4.2.4.6 认真清楚的记录

随时牢记 5W1H 技巧，所谓 5W1H，一是 When（何时），二是 Who（何人），三是 Where（何地），四是 What（何事），五是 Why（为什么），六是 How（如何进行）。在工作中这些资料都是十分重要的。电话记录既要简洁又要完备。

4.2.4.7 有效电话沟通

上班时间打来的电话几乎都与工作有关，公司的每个电话都十分重要，不可敷衍，即使对方要找的人不在，切忌粗率答复。接电话时要尽可能问清事由，避免误事。对方查询本部门其他单位电话号码时，应迅速查告，不能说不知道。

首先应确认对方身份，了解对方来电的目的，如自己无法处理，也应认真记录下来，委婉地探求对方来电目的，就可不误事而且赢得对方的好感。

对对方提出的问题应耐心倾听。表示意见时，应让他能适度地畅所欲言，除非不得已，否则不要插嘴。其间可以通过提问来探究对方的需求与问题。注重倾听与理解、抱有同情心、建立亲和力是有效电话沟通的关键。

接到责难或批评性的电话时，应委婉解说，并向其表示歉意或谢意，不可与发话人争辩。电话交谈事项，应注意正确性，将事项完整地交代清楚，以增加对方认同，不可敷衍了事。如遇需要查寻数据或另行联系之查找案件，应先估计可能耗用时间之长短，若查阅或查找时间较长，最好不让对方久候，应改用另行回话之方式，并尽早回话。

4.2.4.8 让工作顺利的电话术

（1）迟到、请假由自己打电话；

（2）外出办事，随时与单位联系；

（3）外出办事应告知去处及电话；

（4）延误拜访时间应事先与对方联络；

（5）用传真机传送文件后，以电话联络；

（6）同事家中电话不要轻易告诉别人；

（7）借用别家单位电话应注意一般不超过 10 分钟。遇特殊情况，非得长时间打电话时，应先征求对方的同意和谅解。

在商业投诉中，单位的电话留言不能及时回电话最为常见。为了不丧失每一次成交的机会，有的公司甚至做出对电话留言须在 1 小时之内答复的规定。一般应在 24 小时之内对电话留言给予答复，如果回电话时恰遇对方不在，也要留言，表明你已经回过电话了。如果自己确实无法亲自回电，应托付他人代办。

打电话时要留意时差。要搞清地区时差以及各国工作时间的差异，不要在休息日打电话谈生意，以免影响他人休息。即便客户已将家中的电话号码告诉你，也尽量不要往家中打电话。

要恰当地使用电话。在美国你可以通过电话向一个素不相识的人推销商品，而在欧洲、拉美和亚洲国家，电话促销或在电话中长时间地谈生意就难以让人接受。发展良好商务关系的最佳途径是与客户面对面地商谈，而电话主要用来安排会见。当然一旦双方见过面，再用电话往来就方便多了。

4.2.4.9 不要煲“电话粥”

当你有急事，对方电话一直占线，你一定会心急如焚。然而，你自己是否也曾有过煲“电话粥”的情形呢？打电话，切忌喋喋不休，不分重点，唠唠叨叨说个没完，而要简明扼要，节省时间。电话交谈所持续的时间，以谈话内容多少来定，事多则长，事少则短。如果不是预约电话，时间需5分钟以上的，那么就应首先说出自己的通话大意，并征询对方现在讲话对对方是否合适。若不方便，就请对方另约时间。有时候来电话的人啰啰唆唆，你不愿意再花费时间和他无聊地谈下去，你可以礼貌地说：“我不想占你太多的时间，以后再谈行吗？”

4.2.4.10 挂电话前的礼貌

要结束电话交谈时，一般应当由打电话的一方提出，然后彼此客气地道别，应有明确的结束语，说一声“谢谢”或“再见”，再轻轻挂上电话，不可只管自己讲完就挂断电话。

电话礼仪的特点，直接与“电话形象”密切相关。不论是打电话还是接电话，都必须以礼待人，克己而敬人。假如不注意在使用电话的过程中讲究礼貌，失敬于人，无形之中，将会使自己的人际关系受到损害。我们应该随时保持良好的电话形象，养成良好的电话礼仪习惯，见图4－2－5。

电话接听的基本技巧：

➤左手持听筒、右手拿笔
➤电话铃声响过两声之后接听电话
➤报出公司或部门名称
➤确定来电者身份姓氏
➤听清楚来电目的
➤注意声音和表情
➤保持正确姿势
➤复诵来电要点
➤最后道谢
➤让客户先收线

图4－2－5 电话接听技巧

4.2.5 特别要注意职场礼仪的小细节

第一，早晨进办公室时主动向同事问早，下班回家时与同事互相道别。

第二，转接电话时应当使用文明用语。

第三，请求帮助时要向对方表达谢意，无论是上下级，秘书还是办公室的后勤人员。

第四，需要打扰别人时先说对不起。

第五，不议论任何人的隐私。

第六，进出电梯时为需要帮助的人按住电梯控制开关。

第七，在同事需要帮助的时候伸出援助之手。

第八，在开会或同事聚集的场合，不对任何不同意见做出轻蔑的举止。

第九，与来访者握手时做到大方得体，不卑不亢。

第十，与别人交换名片，双手送出以示恭敬。

第十一，不在办公室里脱鞋或者将脚伸到桌上。

第十二，将手机的声音调低或振动，以免影响别人。

第十三，打电话时尽量放低声音，如果是私人电话，尽量减少通话时间。

第十四，不翻动其他同事桌上的文件资料，甚至电脑、传真机上与自己无关的任何资料。

第十五，有任何资料需要移交给别人，一定要贴上小纸条，写清时间、内容、签名并且不忘致谢。

第十六，将自己的办公桌整理得干干净净，不可将废纸乱丢一地。

第十七，尽量不在办公室里化妆、涂指甲，也不穿过分性感的衣服。

第十八，在办公室里见到同事或是来访者不忘微笑。

第十九，不在办公室里制造流言蜚语或传播小道消息。

第二十，尽量不在办公室里与同事发生财务纠纷等。

【基本训练】

复习思考题

1. 简述与上司相处的礼仪。
2. 如何礼貌拨打与接听电话？
3. 职场中哪些话题是禁谈的？

实训练习与操作

办公室礼仪训练。

实训目标：掌握在办公室的礼仪知识。

实训内容与要求：学生分组进行角色扮演，运用所学过的礼仪知识编排一个在办公室工作的情景剧，要求情景剧把礼仪知识综合起来进行表演。

实训成果与检测：学生分组进行表演后，教师及其他组学生进行点评。

4.3 幼儿教师礼仪

【本节学习目标】

掌握幼儿教师对待幼儿与家长的礼仪规范

所谓幼儿教师礼仪是指教师在从事班级管理及对学生进行教育教学工作时所必须遵守的礼仪规范和表现出的应有气质与风度。教师担负着教书育人、为人师表的神圣职责，因此，幼儿教师应该一要具有职业美，衣着、发型整洁大方，体现教师形象；二要具有风度美，做到举止稳重端庄、落落大方、谈吐风雅，体现教师的素养。

4.3.1 幼儿园教师仪容、仪表礼仪

就个人的整体形象而言，仪容仪表反映着一个人的精神面貌，是传达给他人的最直接、最生动的第一信息。幼儿教师的仪容仪表代表着教师的精神风貌。一个积极向上、朝气蓬勃的好教师，在穿衣打扮上也应该对幼儿起潜移默化的教育作用。

（1）幼儿教师仪容（化妆）要求。

精神饱满，健康向上，充满活力。细则：日常生活化妆要求自然、大方、淡雅，与肤色衣服相匹配。杜绝浓妆艳抹，使用有刺激性味道的化妆品。发式要清爽、干练且典雅不夸张，特别不提倡教师染彩发。额前头发不可过长，挡住视线。勤洗手、勤修剪指甲，不蓄留长指甲，指甲油以淡色为宜。工作时间将长发束起，不披头散发。

（2）幼儿教师着装要求。

衣着活泼大方，大小得体，便于活动，颜色鲜艳，不同场合穿不同服装，给孩子以美的熏陶。细则：日常着装柔和、大方、典雅，以色彩柔和淡素的职业装为佳。上岗时穿轻便、色彩艳丽的休闲装或娃娃服，并配以不同的鞋子，不穿拖鞋，赤脚。一般来说舒适、简洁、方便活动的服装及平底鞋有利于开展幼儿园一日活动。考虑教师与幼儿接触时的卫生和安全因素，服装上不应有过多的装饰片或串珠的佩饰，不小心碰到或散落就可能存在安全隐患。

4.3.2 幼儿教师言谈举止礼仪

好模仿是幼儿的天性，幼儿的学习实质上是一种感性模仿。教师的一言一行、一举一动都会对他们起到潜移默化的作用。因此，幼儿教师在教学活动中的言语、表情、姿势、动作应优美、温柔并且富有亲和力。

（1）幼儿教师语言要求：语速适中，态度温和，语言生动、有趣、儿童化。参见表4-3-1。

表4-3-1 幼儿教师语言要求

语言情境	基本要求	细则
上课语言	语速适中 语言生动、有趣、儿童化	使用普通话，用词规范 咬字准确，吐音清晰 抑扬顿挫，语速适中 语气柔和，委婉中听 忌大声呼叫
课间语言	活泼欢快 亲切温柔 力求言简意赅	生动活泼，言情一致，目光恰当 说话时不可过分夸张、喜怒形于色 杜绝训斥，讥讽，给孩子造成惧怕、恐慌心理的语言
生活语言	亲切关爱 体贴入微 力求体现母爱	不讲粗话、脏话，忌训斥幼儿 忌大呼小叫，不要离听者太近 时刻面带微笑，保持恰当的目光 不催促孩子过快饮食，引导幼儿养成良好习惯

（2）幼儿教师体态（站姿、走姿、坐姿、交谈姿式手势）要求：姿态端正、大方、自然、规范。细则：体态挺拔，站立自然，挺胸收腹，头微上仰，两手自然下垂，面带微笑；走姿稳健，头正胸挺，双肩放平，两臂自然摆动，双目平视，不左顾右盼，随时问候家长、同事和幼儿。手势自然、适度，曲线柔美，动作缓慢，力度适中，左右摆动，不宜过宽。交谈姿态以站姿为主，自然亲切，对幼儿可采取对坐、蹲下、搂抱，尽量与交谈方保持相应的高度。

4.3.3　幼儿教师表情手势礼仪

教师面带微笑就会给幼儿以亲切、和蔼、可信的感觉，幼儿才愿意和你亲近。与此同时，在教学活动中，教师如果能够恰到好处地运用眼神和手势来调节学生的学习活动，将会收到意想不到的教学效果。

4.3.3.1　幼儿教师要学会面带微笑

（1）微笑要真诚。微笑最重要的是真诚和自然，是最有价值的面部表情。真诚的微笑应该是口到、眼到、心到、意到、神到、情到。参见图4－3－1。

（2）微笑要得体。微笑的基本特征是齿不露、声不出。要神态自然、得体，向每个幼儿传递温馨和亲切的感受，笑得适度才能充分表达友善、诚实、和蔼、融洽等美好的情感。

（3）微笑要适宜。微笑是“世界通用语言”，但也不能走到哪里笑到哪里，见谁对谁笑。微笑要适宜，比方说：特别严肃的场合，不宜笑；当幼儿做错了事，不宜笑；当孩子遭受打击，心情悲痛或痛苦时，不宜笑。

图4－3－1　微笑

4.3.3.2　幼儿教师要学会运用恰当得体的手势

幼儿教师在日常的教学活动中常常用到以下手势，参见图4－3－2。

（1）垂放，双手自然下垂，掌心向内，叠放或相握于腹前。持物时动作要自然，五指并拢，用力均匀（忌跷指，故作姿态）。

（2）鼓掌表示欢迎、祝贺、支持，应以右掌心向下，有节奏地拍击掌心向上的左掌，不允许出现鼓倒掌。

图4-3-2 得体的手势

(3) 跷起大拇指表示夸奖，用于表扬孩子。忌将右手拇指竖起反向指向他人或自指鼻子，意味着藐视或自大。

(4) 指示。以右手或左手抬到一定的高度，五指并拢，掌心向上，以肘部为轴，朝向指示方伸出手臂指示。

在与幼儿沟通和交流的过程中，教师应注意不要做出以下的动作和手势。

(1) 不要当众搔头、剔牙、抓痒痒、咬指甲，以免影响教师的形象。

(2) 在谈及他人、介绍他人、指示方向、邀请他人时，应使用正确的指示手势，同时身体稍向前倾。用手指指点人是非常不礼貌的，含有教训和不屑的意思。

(3) 不要双手交叉抱臂或双手后背，这个姿势传递的信息是冷漠、拒绝。

(4) 上课时不要敲击课桌或其他物品。

4.3.3.3 幼儿教师要学会巧妙地运用眼神调节课堂。

教师要善于运用自己的眼神，调节幼儿的学习活动。“组织教学活动，第一流的教师用眼神，第二流的教师用语言，第三流的教师施以惩罚”。教师的眼神应该是真诚的、发自内心的。

(1) 目光的注视部位：教师与幼儿交谈时，注释的常规部位有幼儿的眼睛、额头、眼部至唇部，或幼儿的整个上身。教师的眼睛转动的幅度要适宜。太快不真诚，太慢缺乏生气。

(2) 当幼儿答不上题目或答错时，教师不能紧盯孩子的脸或看一眼后马上转移视线，会让幼儿觉得老师在讽刺或嘲笑他。

(3) 瞪眼、斜视的眼神千万不能使用，表示对孩子不满，传递着冷漠、敌意的情绪。

师幼交往的“五个一”：

一副仪表风范
一张笑脸相迎
一句好话回应
一个眼神鼓励
一颗爱心相待

4.3.4 教师对家长的礼仪

4.3.4.1 家长会与家长接待礼仪

家长会是一个教师与家长沟通的重要途径，通过家长会，教师可以与家长加深双方对幼儿的了解，帮助家长正确地教育子女，同时也可以让家长认识老师、理解老师，从而支持老师的工作。在召开家长会前，教师要提前书面通知家长。在召开家长会的过程中，教师要努力创设和谐氛围，与家长平等交流，友好协商，多给家长发言的机会，重视且及时做好会后反馈。

4.3.4.2 与家长日常沟通礼仪

热情接待来园的幼儿家长。家长来访教师要立即起身，问明来意。尊重家长，态度诚恳，主动微笑，仪态端庄。谈话时要控制音量并保持距离，认真倾听家长的叙述。营造宽松的氛围，要以平等的身份与家长交谈。对孩子的评价一定要客观全面，既肯定优点与进步也要真诚地提出不足之处。适时提出建议，询问对方的意见。不要仓促地做决定，不要催促对方下决定。交谈时不要与别的幼儿比较，谈完后要肯定沟通收获。

【基本训练】

复习思考题

1. 幼儿教师在着装上有哪些要求？
2. 幼儿教师怎样做到言谈举止优雅、温柔、有亲和力？
3. 幼儿教师如何运用眼神来调节课堂教学？
4. 幼儿教师在与家长直接接触时应注意哪些礼仪规范？

实训练习与操作

1. 幼儿教师对待幼儿礼仪训练。

实训目标：掌握幼儿教师与学生沟通交流过程中的礼仪规范。

实训内容与要求：学生模拟幼儿园中班教师，运用所学过的礼仪知识完成一节幼儿园中班课程，要求妆容得体、优雅大方，语言生动、有亲和力，学会运用眼神、手势等肢体语言鼓励学生，调节课堂教学活动。

实训成果与检测：教师点评，学生互评。

2. 幼儿教师与家长沟通礼仪训练。

实训目标：掌握幼儿教师与家长沟通过程中的礼仪规范。

实训内容与要求：学生分组进行角色扮演，运用所学过的礼仪知识编排一个家访的情景剧。

实训成果与检测：学生分组进行表演后，教师及其他组学生进行点评。

4.4 政务礼仪

【本节学习目标】

掌握政务人员在仪容仪表、言谈举止、办公及社交等方面的礼仪规范

政务礼仪是政务人员特别是国家公务员作为国家机关形象的重要代表，在日常工作及生活中应掌握并遵守的礼仪规范，是机关单位形象和个人文明道德修养的表现形式，主要包括仪容仪表礼仪、言谈举止礼仪、办公礼仪及社交礼仪等四个方面。

4.4.1 政务人员仪容仪表、言谈举止礼仪要点

4.4.1.1 服饰庄重大方

一般来说，政务人员的服装应当合乎身份，庄重、朴素、大方。在工作中，政务人员的打扮穿着是不宜完全自行其是的，因为政务人员的服饰直接关系到人民群众对其所产生的第一印象的好坏，并且在一定程度上体现着其自身的教养与素质，所以对它不能不有所规范。

政务人员在工作场合所选择的服饰，其色彩宜少不宜多，其图案宜简不宜繁。在经费允许的条件下，政务人员的服饰应尽量选用质地精良者。如其正装一般应选用纯毛、纯棉或高比例含毛、含棉面料，而忌用劣质低档的面料。政务人员的服饰，应以其款式的素雅庄重为基本特征。若其款式过于前卫、招摇，则与政务人员员自身的身份不符。政务人员的服饰虽不必选择名牌货、高档货，但对其具体做工应予以重视。若其做工欠佳，则必定会有损于政务人员的整体形象。

4.4.1.2 语言优美文雅

政务人员在选择、使用语言时，要文明当先，用词文雅，以体现出自身良好的文化修养。

（1）讲普通话。《中华人民共和国宪法》明文规定：“国家推广全国通用的普通话。”政务人员在这一点上必须身体力行。应当强调的是，政务人员使用普通话进行交际，不但反映着其较高的文明程度，而且也有助于其对外交流。因此，除面对外国友人、少数民族人士或个别不懂普通话的人员之外，政务人员最好都要讲普通话，尽量不讲方言、土语。

（2）用文雅词。在日常性交谈中，政务人员要努力做到用词文雅。用词文雅，并非是要求机政务人员在交谈时咬文嚼字，脱离群众，而是重点要求其自觉回避使用不雅之词。即不允许政务人员在日常性交谈中，尤其是在公务性交谈中动辄讲脏话、讲粗话，更不能讲黑话、讲黄话、讲怪话。

（3）检点语气。语气，即人们讲话时的口气。与外人交谈时，特别是在面对人民群众之际，政务人员务必须检点自己的语气，令其显得热情、亲切、和蔼、友善、耐心。在任何情况下，语气急躁、生硬、狂妄、嘲讽、轻慢，都绝不允许。

（4）内容合法。政务人员交谈时的内容要符合我国的宪法和其他法律，并且与党和政府的各项方针、政策保持一致。要实实在在地说话，不说官话、假话、闲话、怪话。

4.4.2 政务人员办公礼仪要点

4.4.2.1 工作汇报礼仪

汇报工作前，汇报者要认真负责地整理汇报材料，以确保交给领导的材料内容是准确无误的。若汇报材料为普通材料，字迹可以朝外；若材料为保密材料，一定要装在文件夹内，然后保持文件夹的口朝上，手托着其下端，以突出材料的重要性。

在汇报前，汇报者需要提前了解领导的时间安排，拿捏准时间。概括来说，在寻找汇报时机时，应注意下列问题：错开三个时间段，刚上班或快下班半小时内、中午快休息时，都不是汇报工作的最佳时间；领导不在或在忙时，另找时间进行汇报；汇报者在进领导办公室前，要轻敲门三下。如果敲门后没有得到回应，可以稍等一下再敲门，如果三次敲门后仍无回应，应另选时间进行汇报，千万不要做出任何窥探行为。如果敲门后得到回应，但进门后发现领导不方便，应立即退出，过几分钟后再进去汇报。急事一定要急办，如果汇报事件紧急，需立即处理，但领导又不方便时，汇报者可以准备一张便条，告知事情的紧急状况，等待领导的处理。

汇报工作时，汇报者需双手齐拿材料上端，正面朝向领导进行递交。如果领导不接，可直接将材料置于桌面，并翻到签字处，待领导签完后致谢，并附问一句“领导您还有什么吩咐吗”，若领导回答没有，可说“好，那我先去忙了”。汇报工作一般实行层级式汇报，汇报者要服从领导，不要越级汇报。当然，在一些特殊情况下，如重要提案长期被压等，是可以进行越级汇报的。

4.4.2.2 接待信访礼仪

接待人员对来访者，一般应起身握手相迎，对上级、长者、客户来访，应起身上前迎候。对于同事、员工，除第一次见面外，可不起身。不能让来访者坐冷板凳。如果自己有事暂不能接待来访者，应安排秘书或其他人员接待客人。不能冷落了来访者。要认真倾听来访者的叙述。公务往来是“无事不登三宝殿”，来访者都是为了谈某些事情而来，因此应尽量让来访者把话说完，并认真倾听。对来访者的意见和观点不要轻率表态，应思考后再作答复。对一时不能作答的，要约定一个时间再联系。对能够马上答复的或立即可办理的事，应当场答复，迅速办理，不要让来访者无谓地等待，或再次来访。正在接待来访者时，有电话打来或有新的来访者，应尽量让秘书或他人接待，以避免中断正在进行的接待。对来访者的无理要求或错误意见，应有礼貌地拒绝，不要刺激来访者，使其尴尬。如果要结束接待，可以婉言提出借口，如“对不起，我要参加一个会，今天先谈到这儿，好吗?”等，也可用起身的体态语言告诉对方就此结束谈话。

4.4.2.3 慰问礼仪

慰问是人文关怀的一种具体形式。慰问二字拆开，即安慰、问候之意，即对伤病、死亡、遭灾、挫折（如破产、失业、失恋）等陷于危困、痛苦的人或对社会做出贡献、付出辛劳的人，在精神、感情方面表示关怀、同情、抚慰，有时还需要送上慰问品。慰问活动的主题就是对慰问对象表以深切的关怀。

关怀、慰问，需要亲自登门探望，通过问候、交谈、劝解、疏导、陪伴等，给予身处逆境、困厄的人以慰藉。对为社会付出了辛劳、做出了贡献的人，单位负责人乃至国家领导人等前来看望、慰问，肯定其功绩和贡献，体现了社会的文明与进步。

慰问对象不同，慰问品也不一样。救灾、济困，应以满足生存需要为主，一般送上生活必需品，比如，食品（米、面、油等）、家纺用品（衣物、棉被等）、生活用品、蔬菜、水果、学生用的文具、电器、现金等；慰问付出辛劳、做出贡献的人，可选择鲜花、匾额等；慰问伤病者，在我国崇尚送时令水果、营养品等。可是在西方，医院病房多不允许给病人送食品，以鲜花为常见。鲜花能使人们精神愉悦，显然是合适的慰问品。在西方一些国家，送病人鲜花，讲究花枝应为单数（双数为送死者），且为单一颜色（如为杂色，被认为同病房者，有人会生，有人会死）。现在，在我国，给病人送鲜花也很时兴，讲究也不少，如不送盆栽花，以弃久病生根之嫌。还有，我国人一般忌讳白、黄、蓝色花。另外，花色太艳，可能会令病者情绪烦躁；香味过浓，可能会引起病人呼吸道不适，易咳嗽，对刚做完手术的病人不利。一般而言，送兰花、水仙、百合、康乃馨等品种配搭的花束或花篮，比较受欢迎。

公务人员在慰问时切忌态度过于冷漠、凝重，或者过于随便，甚至出言调侃。在慰问品的选择上不送有碍宗教信仰的物品，不送带有广告意识的物品，不送有违社会公德的物品，有违社会公德的物品包括珍稀动物或是以宠物为原料制作的物品，出于维护生态环境、保护珍稀动物的考虑，在公务活动中不要赠送此类物品。

4.4.3 政务人员社交礼仪要点

政务人员所从事的具体工作往往有别，但从其本质上来看，都免不了要与他人打交道。因此，在实际工作中，政务人员必须力求交际美，即妥善地协调自己的各种人际关系，高度地重视自己的每一位交往对象，以内求团结，外求发展。

4.4.3.1 内部交际

政务人员必须首先处理好自己在本单位、本部门的各种内部人际关系，因为它是自己所须正视的种种交际的基础之所在。进行内部交际时，政务人员应当讲究团结，严于律己，宽以待人，并且善于协调各种不同性质的内部人际关系。

（1）与上级的交往。政务人员在实际工作中，不能不处理好自己与上级的关系。要做好这一点，基本要诀有三：一是要服从上级的领导，恪守本分；二是要维护上级的威信，体谅上级；三是要尊重上级，支持上级。

（2）与下级的交往。与下级进行交往时，政务人员切不可居高临下，虚张声势。处理好与下级之间的关系，政务人员至少需要注意以下三个方面的问题：一是要善于“礼贤下士”，尊重下级的人格；二是要善于体谅下级，重视双方的沟通；三是要善于关心下级，支持下级的工作。

（3）与平级的交往。处理与平级同事的人际关系，也不容政务人员有丝毫的忽略。与平级同事打交道时，政务人员对以下三点应当予以充分重视：一是要相互团结，不允许制造分裂；二是要相互配合，不允许彼此拆台；三是要相互勉励，不允许讽刺挖苦。

4.4.3.2 外部交际

不论因公还是因私，政务人员都有大量机会与外界人士进行交往应酬。与外界人士交往或相处时，政务人员既要与人为善，广结善缘，努力扩大自己的交际面，又要不忘维护政府形象与个人形象，注意检点自己的举止行为，使之不失自己的身份。进行下列两种常见的外部交往时，尤须政务人员处处好自为之。

（1）与群众的交往。同人民群众直接打交道时，政务人员既要不忘自己的身份，又不能过分强调自己的身份；既要具备强烈的为群众服务的意识，又不能时时以施舍者的身份自居。为人民群众服务时，一是要待人热诚，不允许对群众冷言冷语；二是要主动服务，不允许对群众漠不关心；三是要不厌其烦，不允许对群众缺乏耐心；四是要一视同仁，不允许对群众亲疏有别。

（2）与社会的交往。许多时候，政务人员都离不开与社会各界人士的交往。与社会各界人士打交道时，政务人员须做好下列五点：一是要掌握分寸，防止表现失当；二是要公私有别，防止假公济私；三是要远离财色，防止腐败变质；四是要正视权力，防止权钱交易；五是要广交朋友，防止拉帮结派。

4.4.3.3 政府外事礼仪

（1）国际礼宾次序。

所谓礼宾次序是指重要的礼仪场合的参加团体或个体的位次按一定的规则和惯例进行排列的先后次序。礼宾次序体现了主人对宾客应予的礼遇及这种礼遇给予宾客以平等的地位。

礼宾次序的基本内容包含两个方面。

第一个方面是就位次客体而言，即位次本身的大小、上下及前后。一般情况下，以右为大、为长、为尊，以左为小、为次、为偏。二人同行前者为大，右者为尊；三人并行中者为尊，三人前、后行，前者为大；二人并坐，右者为尊；三人并坐，中者为大。乘坐小轿车时，尊者由右边上车，位低者由左边上车；车内二排席，后排中间为尊位，右边次之，左边再次之，前排司机旁位为最次。但当主人亲自驾车时，司机旁位为尊位。上楼时，前者为尊，下楼时，特别是楼梯陡时，尊者在后。室内就座时，以对门的座位为尊。但值得提醒注意的是，我国一般以左为大、为长、为尊，以右为小、为次、为偏。二人同行左者为尊，二人并坐左者为大。而在法国乘坐小轿车，则是后排右位为尊，左位为次，中位最小。如此特殊情况，应予了解，灵活掌握运用。

第二个方面是就位次的主体而言，即位次对象的大小先后。位次本身是固定的，但位次的对象却是随着活动内容的不同而有所变动。要为固定的位次找到适合这一位次的对象同样具有客观的依据标准（当然仅仅是就每一次特定的公关活动而言的）。一般在重要的礼仪场合，位次对象的排定有以下三种方法。

第一，按身份和职务的高低排列。这是礼宾次序排列的主要依据，就一级组织而言，总经理自然列副总经理之前。

第二，按字母或笔画顺序排列。多边活动的各方或参加者不便按身份与职务的高低排列的，可采用按字母顺序或笔画顺序排列的方法，这是一种予各方和个人最平等机会的方法，现在公关活动的排次中也被广泛运用。

第三，按通知和抵达时间的先后排列。这种排列方法多见于对团体的排次。常有按派遣方通知代表团组成的日期先后排列，按代表团抵达活动地点的时间先后排列，按派遣方决定应邀派遣代表团参加活动的答复时间的先后排列三种排法。

（2）外事礼仪中的禁忌。

在外事活动中，我们不仅应做到尊重国际公众、礼貌待人，也应了解国外人们的种种禁忌，避免不礼貌情况的发生。

①外事礼仪数字禁忌。

西方人认为13是不吉利的，应当尽量避开，甚至每个月的13日，有些人也会感到忐忑不安。并且人们还认为星期五也是不吉利的，尤其是逢到13日又是星期五时，最好不举办任何活动。在日常生活中的编号，如门牌号、旅馆房号、层号、宴会桌编号、汽车编号等也尽量避开13这个数字。

“四”字在中文和日文中的发音与“死”相近，所以在日本与朝鲜等东方国家将它视为不吉利的数字，因此这些国家的医院里没有四号病房和病床。在我国也是如此，如遇到“四”，且非说不可时，禁忌的人往往说“两双”或“两个二”来代替；另外，在日语中“九”发音与“苦”相近似，因而也属禁忌之列。

②外事礼仪颜色禁忌。

日本人认为绿色是不吉利的象征，所以忌用绿色；巴西人以棕黄色为凶丧之色；欧美许多国家以黑色为丧礼的颜色，表示对死者的悼念和尊敬；埃塞俄比亚人则是以穿淡黄色的服装表示对死者的深切哀悼；叙利亚人也将黄色视为死亡之色；巴基斯坦忌黄色是因为那是僧侣的专用服色；而委内瑞拉却用黄色作医务标志；蓝色在埃及人眼里是恶魔的象征；比利时人也最忌蓝色，如遇有不吉利的事，都穿蓝色衣服；土耳其人则认为花色是凶兆，因此在布置房间、客厅时绝对禁用花色，好用素色。

③外事礼仪花卉禁忌。

德国人认为郁金香是没有感情的花；日本人认为荷花是不吉祥之物，意味着祭奠；菊花在意大利和南美洲各国被认为是“妖花”，只能用于墓地与灵前；在法国，黄色的花被认为是不忠诚的表示；绛紫色的花在巴西一般用于葬礼；在国际交际场合，忌用菊花、杜鹃花、石竹花、黄色的花献给客人，已成为惯例；在欧美，被邀请到朋友家去做客，献花给夫人是件愉快的事，但在阿拉伯国家，则是违反了礼仪。

④外事礼仪食品禁忌。

伊斯兰国家和地区的居民不吃猪肉和无鳞鱼；日本人不吃羊肉；东欧一些国家的人不爱吃海味，忌吃各种动物的内脏；叙利亚、埃及、伊拉克、黎巴嫩、约旦、也门、苏丹等国的人，除忌食猪肉外，还不吃海味及各种动物内脏（肝脏除外）；在阿拉伯国家做客不能要酒喝。

⑤外事礼仪其他禁忌。

在使用筷子进食的国家，不可用筷子垂直插在米饭中；在日本不能穿白色鞋子进房间，这些均被认为是不吉利之举；佛教国家不能随便摸小孩的头，尤其在泰国，认为人的头是神圣不可侵犯的，头部被人触摸是一种极大的侮辱；住宅门口也忌悬挂衣物，特别是内衣裤；脚被认为是低下的，忌用脚示意东西给人看，或把脚伸到别人跟前，更不能把东西踢给别人，这些均是失礼的行为；欧洲国家，新娘在婚礼前是不试穿结婚用的礼服的，因为害怕幸福婚姻破裂；还有些西方人将打破镜子视作运气变坏的预兆；另外，西方人不会随便用手折断柳枝，他们认为这是要承受失恋的痛苦的；在匈牙利，打破玻璃器皿，就会被认为是厄运的预兆；中东人不用左手递东西给别人，认为这是不礼貌的；英美两国人认为在大庭广众中节哀是知礼，而印度人则相反，丧礼中如不大哭，就是有悖礼仪。

【基本训练】

复习思考题

1. 政务人员的办公礼仪有哪些？
2. 政务人员如何处理好同事之间的关系？
3. 政务人员的外事活动中应该注意哪些禁忌？

实训练习与操作

公务人员办公礼仪训练。

实训目标：掌握政务人员办公礼仪规范。

实训内容与要求：学生分组模拟信访接待过程，要求在信访接待过程中，着装庄重朴素，使用普通话，语言温和文雅，接待礼仪规范，耐心听取并尽心解决问题，呈现良好的政务人员的风范。

实训成果与检测：教师点评，学生互评。

第5章　商务礼仪

【学习目标】

通过本章学习，了解商务活动中的基本礼仪，从而塑造良好的个人与企业形象。

【教学要求】

认知：基本了解商务谈判、商务仪式中的礼仪常识。

理解：在认知的基础上，能够理解商务礼仪在商务活动中的重要性。

运用：通过学习使学生有意识地注意自己在商务活动中的行为，全面提高自身综合素质。

5.1　商务谈判礼仪

【本节学习目标】

1. 初步掌握谈判准备阶段的礼仪
2. 掌握谈判实施阶段的礼仪规范
3. 初步掌握谈判签约阶段的礼仪

【引例】

美国通用汽车是世界上最大的汽车公司之一，早期通用汽车曾经启用了一个叫罗培兹的采购部经理，他上任半年，就帮通用汽车增加了净利润20亿美元。他是如何做到的呢？汽车是由许许多多的零部件组成，其大多是外购件，罗培兹上任的半年时间里只做一件事，就是把所有的供应配件的厂商请来谈判。他说，我们公司信用这样好，用量这样大，所以我们认为，现在要重新评估价格，如果你们不能给出更好的价格的话，我们打算更换供应的厂商。这样的谈判结束后，罗培兹在半年的时间里就为通用省下了20亿美元！

美国前总统克林顿的首席谈判顾问罗杰·道森曾说：“全世界赚钱最快的办法就是谈判！”

思考题：你是如何看待商务谈判能帮助企业增加利润的？

商务谈判是比较常见的公务活动之一，是指不同的经济实体各方为了自身的经济利益和满足对方的需要，通过沟通、协商、妥协、合作、策略等各种方式，把可能的商机确定下来的活动过程。各方要在平等、友好，互利的基础上达成一致，消除分歧。谈判者的临场表现，往往直接影响到谈判现场的气氛，因此要特别注意会谈中的礼仪。

5.1.1 谈判准备阶段的礼仪

（1）确定谈判人员。

谈判之前，首先要确定谈判人员。一般情况下，双方代表的身份、职务要相当。谈判人员一般选择 3 ~4 人，组成谈判小组。根据洽谈的具体事宜，选择这一领域的业务中坚或技术骨干来参加，以便增强技术优势。如果谈判涉及面较广，则要求相关的专业人士都参与进来，方便随时咨询，就地解决问题，切实维护企业的核心利益。

（2）注意仪表仪容，见图 5 -1 -1。

图 5 -1 -1　注意仪容仪表

谈判代表的服饰要符合礼仪规范。谈判代表要注重仪容仪表，穿着整洁、正式、庄重。

男士注意剃须、理发，最好将头发吹成型。建议穿深色西服和白衬衫，打素色或条纹领带，配深色袜子和黑色皮鞋。

女士可化淡妆，给人淡雅清新、自然大方的良好印象，不可浓妆艳抹。可选择深色套装、套裙、白色衬衫，并配以肉色长袜、黑色半跟皮鞋。穿着不宜过于暴露，不宜穿细脚高跟鞋。

（3）布置谈判会场，见图 5 -1 -2。

在谈判前，主办方应布置好会场，预备好相关物品，根据可能出席谈判的代表名单，排好座次，准备好桌椅等。

商务谈判常用长方形或椭圆形的谈判桌，宾主分坐桌子两边。

一般门对面座位为尊，应让给客方；背对门的一方为下，则属于主方。

若桌子竖放，则以门的右手座位为尊，应属于客方；左侧为下，属于主办方。

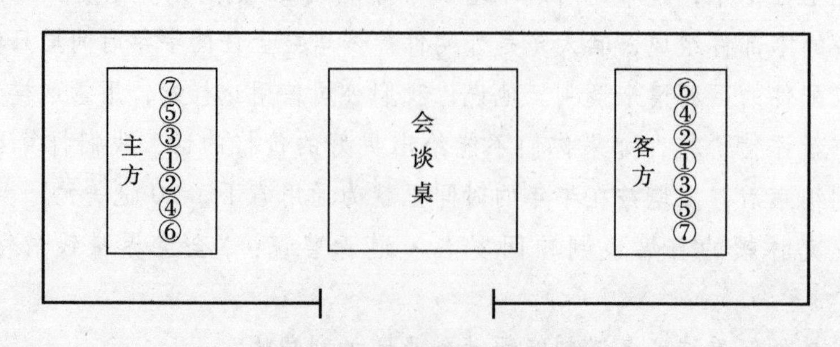

图 5 -1 -2　谈判会场布置

进行谈判的时候，双方的主谈人员应在自己一方居中而坐，其余人员则按照谈判桌右高左底的原则，依照自身职务的高低在主谈人员两侧由近而远依次入座。如有翻译人员，一般安排在主谈人员之右。

另外有一种圆桌会议，多用于国际性商务会谈，依国际惯例一般以圆桌为谈判桌，较好解决了座次难题，避免了失礼，见图5－1－3。

图5－1－3 圆桌会议

（4）收集双方信息。

“不打无准备的仗。”在商务谈判开始之前，要做好充分的准备。这就要求收集大量的资料，并作归纳分析与评判论证。就双方的实力和基本情况，双方谈判的目的和要求，所依据的条件的合理性，以及谈判方案的可行性进行论证。分析双方的优劣和合作的可行性，以便应对谈判过程中出现的各种问题。

（5）明确目标议程。

制订合理的谈判目标，对谈判进行指导，有利于自始至终把握主动权。制订目标的时候，一般要有最低目标、最高目标，即明确可以让步的底线及能获得的最大利润的标准，两者中间部分己方所占多寡则要靠谈判人员去努力争取。当然，只有议定出合理的日程，才能有计划、有步骤地完成谈判目标。对这些日程中可能出现的意外要充分估计到，如何让对方接受己方的观点，采取何种的技巧方法要提前打算。谈判中一些相关事项的进度、目标、策略、方式，都要做好准备，临阵方能镇定自若，从容应付。

5.1.2 谈判实施阶段的礼仪

商务谈判是一个复杂的过程，一般经历摸底、报价、磋商、成交、签约5个阶段，如何运用礼仪，把握节奏，让双方都在轻松愉悦的心情下进行谈判，对最终达成协议的作用不可低估。谈判实施阶段的礼仪包括以下几个方面。

（1）见面问候对方。

商务谈判中双方人员见面，先要相互介绍，这可由第三者介绍，也可自我介绍。若为他人介绍时，应了解双方是否有结识的意愿。介绍时要大方得体，讲清楚被介绍者的姓名、身份、单位或国籍。若为第三者介绍，还可介绍与自己的关系，便于新结识的对象相互了解和信任。被介绍时，若在会谈桌与宴席上，可不必起立，微笑点头示意即可，其他情况下除年长者和妇女外，一般应起立点头答谢。若有名片，介绍后应主动递上并点头示意。客方来访时，主人应主动握手，以表示欢迎；告别时，客方则应主动握手。

（2）坦诚进入正题。

在营造轻松和谐的气氛后，顺利进入谈判的正题是双方所期待的。可根据日程安排先谈双方都容易达成的话题，本着协商原则与对方商定程序，主客双方或多方分别陈述有关事项的看法和见解。要注意主旨鲜明，中心突出，简明扼要。切忌含混不清，拖泥带水。力争引起对方的关注和好感，以求得到对方的理解和肯定。要注意尊重和理解对方，避免一开始触怒对方，引起焦虑和抵触情绪，这会严重影响后面谈判的顺利进行。

（3）平等协商问题。

交谈磋商活动是商务谈判的核心。商谈过程中，特别是在报价阶段以后，不可避免地会出现分歧。如何减少分歧，缩小差距，遵守必要的交谈礼仪是必不可少的。最重要的是正视矛盾，知难而进，以积极的态度商讨辩论，在平等互信的基础上协商，不时进行换位思考，寻找双方都能认可的切入点，深入交流，扩大成果。这就要求双方坦诚相见，在理解和信赖的基础上，毫无掩饰地表明己方对某个问题的看法、希望和担心，打消对方顾虑，消除戒备心理，平等对待对方，心平气和地表达双方意愿，并向既定目标逐渐靠拢。谈判人员具有开诚布公的豁达风度正是礼仪修养的表现。

（4）倾听提问有礼。

在商务谈判中，倾听与提问有技巧，要注意相关礼仪规范。听对方的发言时，要心、耳、脑并用，要专心有鉴别地倾听，学会分析表面现象与深层原因，作客观公正的评判，不可偏听偏信，为表象所迷惑。不要抢话，在未领会对方意图的情况下就匆忙插话，是不尊重对方的表现，不利于良好谈判气氛的营造。不要刻意回避话题，对对方提议充耳不闻，而应主动做出反馈性表示，诸如面部表情、动作或语言表达自己的理解程度及希望要求。

发问在谈判中起着重要作用，有利于做到少说多听，了解对方看法，收集信息，摸清对方意图。在交流中比较与己方目标的差距，从而调整策略和方式。常见的发问方式有：让对方做出“是否”选择，以利于判断可能性有无或大小；就一些不够清晰的事实或观点要求对方进一步澄清；进行探询式或引导式的提问。

（5）说服对手有方。

谈判中能否说服对方接受自己的观点，对谈判能否成功是至关重要的。双方坦诚相见，在追求己方利益的同时，尽量满足对方的要求，这是双方达成共识的关键。努力寻求双方的共同点，强调彼此利益的一致性，消除对抗情绪，赢得对方信任，淡化矛盾争端，多从对方的角度思考，让对方更容易接受己方的观点和看法。

说服要有足够的耐心，回答问题要讲究技巧。必须做深入细致的思想工作，做到动之以情，晓之以理，明之以法。要适当尊重对方的意见，给予对方足够的时间，让对方心悦诚服地接受你的意见。要诚信感化，成功说服，适当运用技巧，声东击西，欲擒故纵是可以的。但不能用欺诈的方法骗服，或威逼方法进行压服等，更不得用其他涉嫌违法犯罪的手段谋求不法利益。

5.1.3 签约阶段的礼仪

谈判双方历经前期的开局报价、平等磋商、让步洽谈，在此基础上已就一些问题达成共识，实现了都能够接受的目标。可根据前期谈判所达成的意向或共识，拟成合同、协议，为签字仪式作准备。举行签字仪式是对谈判成果予以固定和公开，也是各方对将履行的合同协议所做出的一种承诺。签约阶段的礼仪包括以下几个方面。

（1）草拟合同，预备文本。

谈判结束后，应该由各方指定专人，负责文本的拟定、翻译、校对、印刷装订等。考虑所有正式合同都具有法律约束力，要求负责拟写的商务人员必须熟悉相关法律法规、国际条约与国家惯例，以便维护企业正当权益。合同与协约内容要符合相关专业常识。在拟定条款时，既要讲原则性，又要兼顾灵活性，照顾双方利益。

（2）布置场地，排好座次。

通常情况下，签字场地有常设专用的，也有临时的，可用其他会议厅（会客室）来替代。

原则上要求：庄重、整洁、清净。签字厅室内可放置一签字长桌，横放在室中，让门正对签字席位。如签署双边协议，可放置两张桌椅，双方签字人就座。如签多边性协议，可仅放一张座椅供签字人轮流入座，也可为每位签字人提供座椅。此外，还应及时安排签字人员的出席随员及接待人员等。

签字仪式比较正式，各方都比较在意座次，故要慎重安排。一般由主办方负责排定。并列式排座是双边仪式常用的仪式，室内签字桌面门横放，客方签字人在桌子右侧就座，主方签字人应同时就座左侧，双方各自助签人，分别站在各方签字人外侧，以便协助。双方出席仪式的其他成员到桌前并排站在己方签字人后侧并排，一般依照职位的高低，客方依次从左至右排列，而主方从右到左依次排列，一排站不了情况下，依照前高后低原则，可排列两三行或多行，见图5-1-4。相对式排座只是将双方参会人员的随员移到签字人的对面站立或入座，而不像并列式站在后方。主席式排座，则适合多边签字，签字桌仍然室内横放，签字席只留一个面对正门。签字时，各方人员皆面向签字席位，背对正门入座。各方签字人按规定顺序上签字席位签字，签完后离开。

（3）宣布开始，正式签字。

签字程序开始后，有关人员进入签字厅，相互握手致意，依照既定座次各就各位。双边协议中协助签字人员列于各自代表的签约人外侧，其余人依照既定次序排列在己方的身后。

通常由助签员打开文本，指明签字的位置。双方代表先签完己方保存的文本，然后由助签员交换文本，签字代表再在对方的文本上签字。注意在己方文本上签字的次序应居于首位，这样双方机会均等，以示公平。

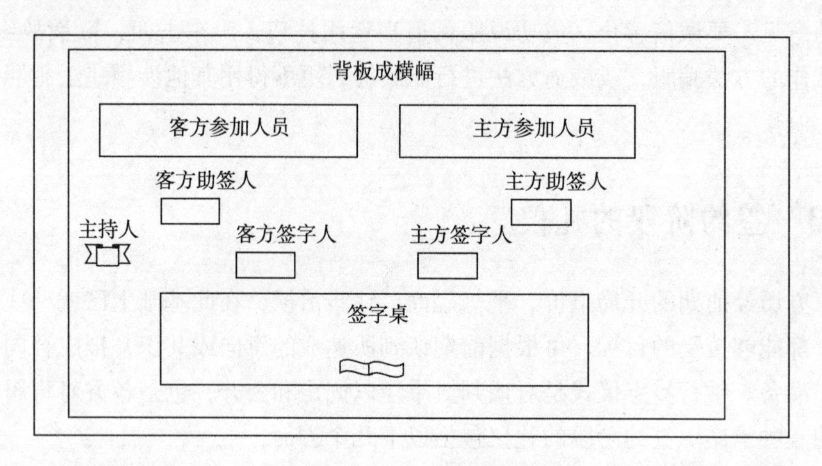

图5-1-4 会场座次

(4) 交换文本，彼此祝贺。

签字完毕后，双方应同时起立，交换文本。各方签字人也应互相握手，相互祝贺，并互换刚才使用的签字笔，以作纪念。全场人员应热烈鼓掌，以示庆祝。国际通行的做法是：在交换已签文本后，签字人员及其他有关人员当场干一杯香槟酒，用以增添喜庆色彩。

【基本训练】

复习思考题

1. 你认为谈判准备阶段应注意哪些礼仪？
2. 你认为谈判实施阶段应注意哪些礼仪？请举例说明。
3. 如何做好签约仪式？

实训练习与操作

根据学生人数，分成若干小组，进行商务谈判模拟实训。

实训目标：掌握谈判过程，领会商务谈判礼仪的作用。

实训内容与要求：谈判的案例、文本、服装等可以由学生自己准备，谈判厅（室）可以由学校提供，要求学生穿着符合规范。

实训成果与检测：学生分组模拟，其他学生进行观摩和点评，也可聘请老师点评。

5.2 商务仪式礼仪

【本节学习目标】

1. 掌握剪彩仪式礼仪
2. 掌握签字仪式礼仪
3. 熟悉新闻发布会会前的筹备礼仪工作
4. 熟悉新闻发布会程序

5. 掌握展览会礼仪
6. 善于运用解说技巧

5.2.1 剪彩礼仪

【引例】

经过长期洽谈之后，我国南方某市的一家公司终于同美国的一家跨国公司谈妥了一笔大生意，双方决定举行一次签字仪式。

因为当时双方的洽谈在中国举行，故此签字仪式便由中方负责。在仪式正式举行的那一天，让中方出乎意料的是，美方差一点要在正式签字之前“临场变卦”。

原来，中方的工作人员在签字桌上摆放中美两国国旗时，以中国的传统做法“以左为上”代替了目前所通行的国际惯例“以右为上”，将中方国旗摆到了签字桌的右侧，而将美方国旗摆到了签字桌的左侧。结果让美方人员恼火不已，他们甚至因此而拒绝进入签字厅。这场风波最终经过调解平息了。

思考题：你认为美方人员是否小题大做了？从这则案例中得到了怎样的启迪？

剪彩仪式是指商界的有关单位为了庆祝公司的成立、公司的周年庆典、企业的开工、宾馆的落成、商店的开张、银行的开业、大型建筑物的启用、道路或航道的开通、展销会或展览会的开幕等而举行的一项隆重的礼仪性程序。

宾客来临后，要有专人请他们签到，见图5-2-1。签到簿以红色封面、装饰美观的宣传簿为宜。同时，如印制有程序表，可分发给来宾。

宾客签名毕，由接待人员引导至备有茶水、饮料的接待室，让他们稍作休息，相互结识。由专人接待记者，为他们提供方便。

图5-2-1 宾客签到

5.2.1.1 头彩之前要布置好现场

这里所说的要布置好剪彩的现场，除了要求布置好举行剪彩的现场环境之外，更重要的是要事先准备好剪彩所用的用具，它们主要包括红色缎带、剪彩刀、白色薄纱手套以及托盘等。

(1) 红色缎带。

红色缎带即剪彩之中的“彩”，是令人瞩目的主角。按照传统，应由一整匹未曾使用过的红缎，在中间扎上几朵红花而成。红花应当大而醒目，其数目与剪彩者的具体人数有关。遵循惯例，一位剪彩者应在两朵红花之间剪彩，也就是说，红花的数目要比剪彩者的人多一朵。现在为了节约，使用长两米左右的窄的红缎带或是红布条、红纸条也是可行的，见图5-2-2。

(2) 剪彩刀。

剪彩刀是供剪彩者剪彩时使用的。它应当一人一把，而且应好使，能够“手起刀落”，见图5-2-3。

图5-2-2 缎带

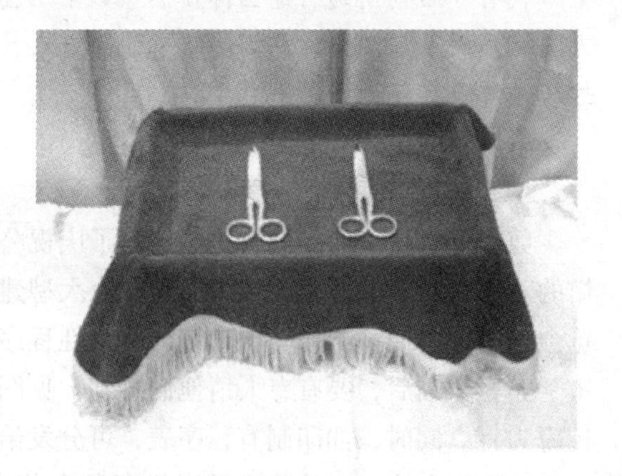

图5-2-3 剪彩刀

(3) 白色的薄纱手套。

白色的薄纱手套是供剪彩者剪彩时戴的，也可以不准备，如果准备的话，就应当确保其干干净净、洁白无瑕、人手一副、大小适度。

(4) 托盘。

托盘是供盛放剪刀、手套之用的。它最好是白色不锈钢的，切勿过于花哨。在剪彩时，可以用一只托盘依次向各位剪彩者提供剪刀与手套，也可以为每一位剪彩者提供一只托盘。

(5) 红色地毯。

红色地毯主要用于铺设在剪彩者正式剪彩时的站立之处。其长度可视剪彩人数的多寡而定，其宽度则不应在一米以下。在剪彩现场铺设红色地毯，主要是为了提升档次，并营造一种喜庆的气氛。

5.2.1.2 剪彩之前要确定好剪彩者与助剪人员

剪彩是一种荣誉，所以它通常由上级负责人、社会名流、本单位的员工代表或消费者代表来进行操作。

一般来说，剪彩者的人数不宜过多，通常以1～3人为佳。剪彩者一定要提前确定，尽早相告。不要临时找人凑数，也不要让关系不好的人士同时出任剪彩者。

助剪人员是为剪彩者在剪彩时提供帮助的人员，是由剪彩单位的负责人、礼仪小姐一同担任的。从分工上说，助剪人员分为引导者、拉彩者、捧花者与托盘者。引导者可以为一人，也可以替每一位剪彩者配一名引导者；拉彩者应有两名；捧花者的人数则应视花数而定，一般应当一人一花；托盘者可以是一人，也可以为每位剪彩者配一名托盘者。在一般情况下，助剪人员大都由经过训练的、形象较好的礼仪小姐担任。有时，为了表示重视或对剪彩者的重视，捧花者可以由剪彩单位的主要负责人亲自担任。

礼仪小姐的人数应比剪彩领导人数多1人。一般礼仪小姐应身着礼服，中国人的传统观念认为红色为吉庆的象征，礼服最好是红色旗袍，身披绶带，绶带上要有开业或庆典标志及企业名称等。礼仪小姐的发式可以是齐耳直发，也可以梳古老典雅的发髻，无论冬夏，只要是身着旗袍，脚下均为黑鞋，还应穿连裤袜。一般情况下，礼仪小姐要化淡妆。本单位的负责人，则应穿深色西装套装或西装套裙。见图5－2－4。

图5－2－4 助剪人员

5.2.1.3 剪彩仪式的过程中要做好对外界的宣传工作

在举行剪彩之前，可以运用刊登广告、张贴告示等方法，对即将进行的剪彩进行预告，以便外界对此有所了解。如果有能力，可以采用系列广告、系列告示以及“倒计时”等方法，吸引社会各界的关注。

在举行剪彩时，应邀请新闻人士参加，并为对方进行公正客观的采访、报道提供一切方便。可以成立一个小型的新闻组，专门负责与新闻界合作。如有可能，应当向新闻界统一提供仅供参考但内容周全的文字稿，以便对方了解。假如对方提出采访剪彩人的要求，应尽可能地接待，并畅所欲言。

5.2.1.4 剪彩时要规范操作

在剪彩开始前，助剪人员均应各就各位。拉彩者与捧花者应面含微笑，在既定位置上拉直缎带，捧好花朵。切勿在宣布剪彩后，才忙着去履职。当司仪宣布剪彩开始后，引导者应带领剪彩者走到红色缎带前，面向全体出席者站好，然后引导者从剪彩者身后退下。接着应由托盘者依次为剪彩者送上剪刀与手套。他们应从左后侧上场，当剪彩者剪彩时，应在其左后侧约 1 米处恭候。

在剪彩时，剪彩者应同时行动。剪彩之前，他们应先向拉彩者与捧花者示意，随后动手剪彩，使之“一刀两断”。这时，司仪应带全体人员鼓掌，乐队奏乐。捧花者应注意不要让花朵落地。

剪彩完毕，剪彩者应脱下手套，将它与剪刀一同放进托盘里。托盘者与拉彩者、捧花者应后退两步，然后一起依次列队从左侧退下。剪彩者在此之后应向全体出席者鼓掌，并与司仪和其他主人一一握手，以示祝贺。然后，他们应紧随引导者依次退场。至此，剪彩过程全部结束。

5.2.1.5 剪彩六项基本程序

（1）请来宾就位。在剪彩仪式上，通常只为剪彩者、来宾和本单位的负责人安排座席。在剪彩仪式开始时，即应敬请大家在已排好顺序的座位上就座。在一般情况下，剪彩者应就座于前排。若其不止一人时，则应使之按照剪彩时的具体顺序就座。

（2）宣布仪式正式开始。在主持人宣布仪式开始后，乐队应演奏音乐，现场可燃放鞭炮，全体到场者应热烈鼓掌。此后，主持人应向全体到场者介绍到场的重要来宾。

（3）奏国歌。此刻须全场起立。必要时，亦可随之演奏本单位标志性歌曲。

（4）进行发言。发言者依次应为东道主单位的代表、上级主管部门的代表、地方政府的代表、合作单位的代表等。其内容应言简意赅，每人发言应不超过三分钟，重点分别应为介绍、道谢与致贺。

（5）进行剪彩。此刻，全体应热烈鼓掌，必要时还可奏乐或燃放鞭炮。在剪彩前，须向全体到场者介绍剪彩者。

（6）进行参观。剪彩之后，主人应陪同来宾参观被剪彩之物，仪式至此宣告结束。随后东道主单位可向来宾赠送纪念性礼品，并以自助餐款待全体来宾。

5.2.2 签字仪式

在涉外交往中，有关国家的政府、组织或企业单位之间经过谈判，就政治、经济、文化科技等领域内的某些重大问题达成协议时，一般需举行签字仪式。不同的签字仪式各有特点，在我国国内举行签字仪式通常要考虑以下几个方面的礼仪问题。

5.2.2.1 签字仪式礼仪

（1）布置签字厅。

要布置好签字厅，并做好有关签字仪式的准备工作，见图5-2-5。在我国国内举行的签字仪式，必须在事先布置好的签字厅里举行，绝不可草率行事。

图5-2-5 布置签字厅

（2）确定参加签字仪式的人员。

要确定好签字人和参加签字仪式的人员，签字人由签字双方各自确定，但是他的身份必须与待签文件的性质相符，同时双方签字人员的身份和职位应当大体相当。

（3）安排签字人的位置。

要安排好双方签字人的位置，并且议定签字仪式的程序。我国的惯例是：东道国签字人座位位于签字桌左侧，客方签字人的座位位于签字桌的右侧。双方的助签人员分别站立于各方签字人的外侧，其任务是翻揭待签文本，并向签字人指明签字处，双方其他参加签字仪式的人员则应分别按一定的顺序排列于各方签字人员之后，见图5-2-6。

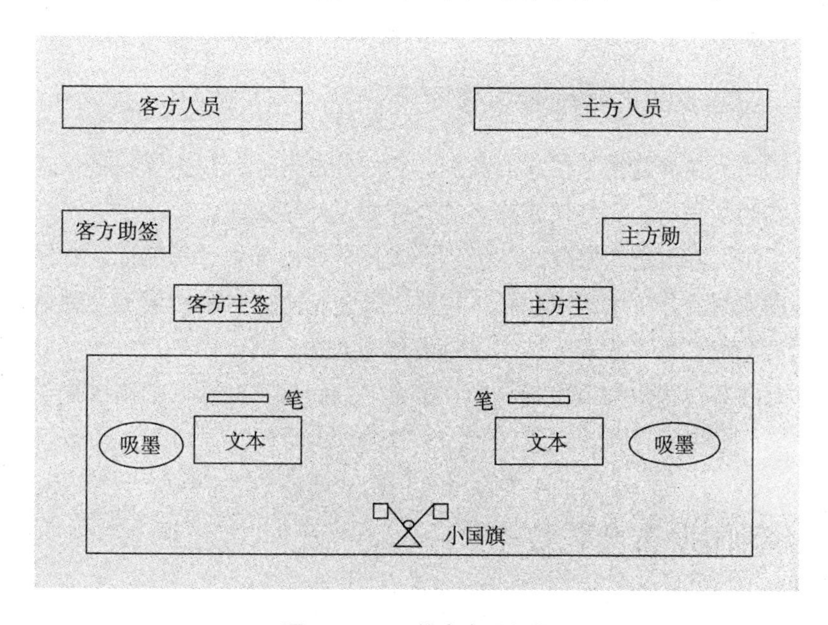

图5-2-6 签字人员位置

我方人员在外国参加签字仪式，应尊重该国举行签字仪式的传统习惯。有的国家可能会准备两张签字桌，有的国家可能要求参加签字仪式的人员坐在签字人对面，对此不必在意。

5.2.2.2 签字仪式的流程

（1）就座。

参加签字仪式的有关人员进入签字厅后，主签人按主左客右的位置入座，助签人站在主签人的外侧，其他人员以职位、身份高低为序，客方自左向右，主方自右向左，分别站立于各主签人的后面。当一行站不下时，可遵照“前高后低”的原则排成两行以上。

（2）正式签字。

签字时，应按国际惯例，遵守“轮换制”，即主签人首先签署己方保持的合同文本，而且签在左边首位处，这样使各方都有机会居于首位一次，以示各方平等、机会均等。然后由助签人员互相交换文本，再签署他方保存的文本。

（3）交换文本。

签字完毕，由双方主签人起立交换文本，并相互握手，其他陪同人员鼓掌祝贺，仪式达到高潮，见图5－2－7。随后，由礼宾人员端上香槟酒，供双方出席签字仪式的人员举杯庆贺。

图5－2－7 交换文本

（4）退场。

签字仪式完毕后，应先请双方最高领导者退场，然后请客方退场，东道主最后退场。整个仪式以半小时为宜。

5.2.2.3 签字仪式的详细考虑事项

第一，从形式上弄清楚签字仪式的类别。它们分别是：合作协议签字仪式；合作备忘签字仪式；个人签约某公司的签字仪式；多方合作协议签字仪式。

第二，从目的上弄清楚签字仪式的类别。具体分为内部纪念和见证、媒体发布两类。

第三，根据上面的分析来确定问题。这些主题包括主席台桌位设计、邀请嘉宾、邀请媒体、签字仪式的流程、签字代表人选、主持人代表人选。

第四，注意细节。这些细节包括合影、宴会、嘉宾席和观众席的座次摆放及如有外方是否需要翻译。

5.2.3 新闻发布会礼仪

【引例】

2010年2月12日，温哥华冬奥会开幕日传出噩耗，格鲁吉亚无舵雪橇选手库玛丽塔什维利在一次训练中意外受伤，经抢救无效死亡。12日成为奥林匹克运动以及国际雪橇联合历史上最为悲痛的一天，这是35年来在人工赛道上发生的首次死亡事故。

国际奥委会主席罗格为此专门举行了新闻发布会，身着黑色西服、系着黑色领带的他心情沉痛，一度摘下眼镜擦拭眼泪。他表示，他对这位年轻选手的不幸去世感到非常难过，国际奥委会与组委会正对事故发生的原因进行调查。

思考题：请大家从礼仪角度讨论罗格参加新闻发布会的服饰与神情。

新闻发布会一般是政府、企事业单位、社会团体向其外部公众传播具有一定社会影响、有新闻价值的信息，或某个人为澄清某一事件的真相而向社会作某些有关情况的介绍。它是组织与公众沟通的例行方式，是一种两级传播：先将消息告知记者，再通过记者所属的大众媒介告知公众。

新闻发布会一般是在新闻发布厅举行。新闻发布厅，是指可以用于召开各类新闻发布、小型会议、学术报告、产品宣传展示等的地方。设有固定主席台、活动座椅和独立的控制室。它结合了现代化的专业音响设施、多媒体显示设备、高清晰摄录像技术、智能化集中控制、舞台灯光等若干功能于一身，在近几年的时间里得到了迅速的普及和应用，非常适合我国的国情需要。新闻发布厅通常设立在大中型企事业单位、政府机关、展览中心、酒店、商务中心等地。

举办新闻发布是组织形象的一次“亮相”，因此，必须精心组织和策划。新闻发布会的组织策划工作及礼仪工作主要包括会前筹备、会议进程掌握、会后效果检测三个环节。

5.2.3.1 会前的筹备

（1）确定新闻发布会的主题。

主题是新闻发布会的中心议题。发布之前要考虑这个主题是否非常重要，是否具有新闻价值，能否对公众产生重大影响，此时召开新闻发布会是否适宜等。

（2）选择会议地点和举办时间。

举办新闻发布会，主要考虑要给记者创造各种方便采访的条件。新闻发布厅可安排在某一饭店、会议室、公关俱乐部机构等，会场要具备必要的照明设备、视听设备和通信设备等，要安静，不受干扰，交通要方便，要有舒适的座椅以便记录、就座。会议的时间要尽量避免节假日、重大社会活动和其他重大新闻发布的日子，以免记者不能参加。会议时间一般宜控制在一小时以内。

（3）选择会议主持人和发言人。

对主持人和发言人的各方面要求很高。主持人和发言人必须对提问头脑清醒，反应机敏，有较高的文化修养、口头表达能力和礼仪修养。在组织中，会议的主持人一般由有较高专业技能的公关礼仪人员担任，会议的发言人由组织或部门的高级领导担任，因为他们清楚组织的整体情况、方针、政策和计划等问题，又具有权威性。

（4）准备发言稿和报道提纲。

礼仪人员在会议召开前，应在组织内部统一口径，组织专门小组负责起草发言稿，全面认真收集有关资料，写出准确、生动的发言稿。还要写出新闻报道提纲，在会上发给记者作为采访报道的参考。

（5）准备宣传辅助材料。

宣传辅助材料要围绕主题准备，尽量做到全面、详细、具体和形象。形式应多样，有口头的、文字的、实物的、照片和模型等。会议举行时在现场摆放或分发，以增强发言人的讲话效果。

（6）择定邀请记者的范围。

邀请的记者各方新闻机构都要照顾到，不仅要有报刊记者，还要有电台、电视台的记者；不仅要有文字记者，还应有摄影记者。对记者要一视同仁，讲究礼仪礼节，不能厚此薄彼。在会议举行前要及时用电话联系落实记者出席情况。

（7）组织参观和宴请的准备。

发布会后，可配合主题组织记者进行参观活动，请记者作进一步的深入采访，这样常常可以挖掘出具有重大价值的新闻报道。有关参观活动事宜应在会前就安排好，并派专人接待，介绍情况。会后，如有必要可邀请记者共进工作餐，利用非正式交谈，相互沟通，融洽关系，解决有关发布会没有解决的问题。

（8）制作会议费用预算。

应根据所举行新闻发布会的规格和规模制订费用预算，并留有余地，以备急用。费用项目一般有场租费、会议布置费、印刷品费、邮电费、交通费、住宿费、音像器材费、相片费、茶点或餐费、礼品费、文具用品费等。

（9）做好接待工作。

组织人员要提前布置好会场、横标、发言人席位、记者座位，周围环境要精心设计、安排，营造一种轻松、自然、和谐的会场气氛。接待人员和服务人员，要求穿戴整洁、适宜，精神饱满、愉快，体现出组织的风格。安排好会议的记录、摄影、摄像工作，以备将来的宣传和纪念之用。

5.2.3.2 会议程序

举办新闻发布会，会议程序要安排得紧凑，避免出现冷场和混乱局面。一般来说，新闻发布会应包括以下程序。

（1）签到。

设立签到处，礼仪人员引导记者前往会场。参加会议的人要在签到簿上签上自己的姓名、单位、职业、联系电话等。

（2）发资料。

会议工作人员应将写有姓名和新闻机构名称的标牌发给与会记者，并将会前准备的资料有礼貌地发给到会的每一位。

（3）介绍会议内容。

会议开始时要由会议主持人说明举办新闻发布会的原因，所要公布的信息或事件发生的简单经过。

（4）主持人讲话。

主持人要充分发挥主持和组织作用，活跃整个会场气氛，并引导记者踊跃提问，提问离主题太远时，要巧妙地将话题引向主题。出现紧张气氛时，能够及时调节缓和，不要随便延长预定会议时间。

（5）回答记者提问。

要准确、礼貌、流利自如地回答记者提出的各种问题，不要随便打断记者的提问，也不要以各种动作、表情和语言对记者表示不满。对于保密的东西或不好回答的东西不要回避，而要婉转、幽默地进行反问或回答，以确保所发布的消息准确无误。

（6）参观和其他安排。

会议结束后还应由专人陪同记者参观考察，给记者创造实地采访、摄影、录像等机会，增加记者对会议主题的感性认识，还可举行茶会和酒会，以便个别记者能够单独提问，并能融洽和新闻界的关系。

（7）结束事项。

会议结束，可以向与会者赠送一些特殊意义的小礼品留作纪念。会议结束时赠送的礼品也是一种宣传性传播媒介。只要准备得当，往往能产生很好的效果。比如具有象征性的礼品，人们从礼品的形状及内容上就能一目了然地明确它的含义。要讲究独特的“个性”，不搞“大统一”，你发茶杯我也发茶杯，你用毛巾我也用毛巾等；也可以使用自家商品宣传自家企业，在礼品的包装上有企业标志、庆典开业日期，或服务承诺、产品图案、广告用语及企业宣言等。

5.2.4 展览会礼仪

展览会礼仪，通常是指商界单位在组织、参加展览会时，所应当遵循的规范与惯例。

展览会，对商界而言，主要是特指有关方面为了介绍本单位的业绩，展示本单位的成果，推销本单位的产品、技术或专利，而以集中陈列实物、模型、文字、图表、影像资料供人参观了解的形式，所组织的宣传性聚会。有时，人们也将其简称为展览，或称之为展示、展示会，见图5-2-8。

图5-2-8 展览会

5.2.4.1 展览会的分类

要开好一次展览会，自然首先必须确定其具体类型，然后再进行相应的定位。否则，很可能就会出现不少的漏洞。

站在不同的角度上来看待展览会，往往可以对其进行不同标准的划分。按照商界目前所通行的会务礼仪规范，划分展览会不同类型的主要标准，有下列六条：

（1）展览会的目的。

展览会的目的是划分展览会类型的最基本的标准。依照这一标准，展览会可被分作宣传型展览会和销售型展览会两种类型。

（2）展览品的种类。

在一次展览会上，展览品具体种类的多少，往往会直接导致展览会的性质有所不同。根据展览品具体种类的不同，可以将展览会区分为单一型展览会与综合型展览会。

（3）展览会的规模。

根据具体规模的大小，展览会又有大型展览会、小型展览会与微型展览会之分。

（4）参展者的区域。

根据参展单位所在的地理区域的不同，可将展览会划分为国际性展览会、洲际性展览会、全国性展览会和全省性展览会。

（5）展览会的场地。

举办展览会，免不了要占用一定面积的场地。若以所占场地的不同而论，展览会有室内展览会与露天展览会之别。

（6）展览会的时间。

举办展览会所用的具体时间的长短，亦称为展期。根据展期的不同，可以把展览会分作长期展览会、定期展览会和临时展览会。

5.2.4.2 展览会的组织礼仪

一般的展览会，既可以由参展单位自行组织，也可以由社会上的专门机构出面张罗。不论组织者由谁来担任，都必须认真做好具体的工作，力求使展览会取得完美的效果。

根据惯例，展览会的组织者需要重点进行的具体工作，主要包括参展单位的确定、展览内容的宣传、展示位置的分配、安全保卫的事项、辅助服务的项目等。

（1）参展单位的确定。

一旦决定举办展览会，由什么单位来参加的问题，通常都是非常重要的。在具体考虑参展单位的时候，必须注意两相情愿，不得勉强。按照商务礼仪的要求，主办单位事先应以适当的方式，向参展的单位发出正式的邀请或召集。

邀请或召集参展单位的主要方式有刊登广告、寄发邀请函、召开新闻发布会等。不管是采用其中哪种方式，均须同时将展览会的宗旨、展出的主要题目、参展单位的范围与条件、举办展览会的时间与地点、报名参展的具体时间与地点、咨询有关问题的联络方法、主办单位拟提供的辅助服务项目、参展单位所应负担的基本费用等，一并如实地告诉参展单位。对于报名参展的单位，主办单位应根据展览会的主题与具体条件进行必要的审核。当参展单位的正式名单确定之后，主办单位应及时地以专函进行通知，令被批准的参展单位尽早有所准备。

（2）展览内容的宣传礼仪。

为了引起社会各界对展览会的重视，要尽量扩大其影响，主办单位有必要对其进行大力宣传。宣传的重点，应当是展览的内容，即展览会的展示陈列之物。因为只有它，才能真正地吸引各界人士的注意和兴趣。

对展览会，尤其是对展览内容所进行的宣传，主要可以采用下述几种方式：其一，举办新闻发布会；其二，邀请新闻界人士到场进行参观采访；其三，发表有关展览会的新闻稿；其四，公开刊发广告；其五，张贴有关展览会的宣传画；其六，在展览会现场散发宣传性材料和纪念品；其七，在举办地悬挂彩旗、彩带或横幅；其八，利用升空的彩色气球和飞艇进行宣传。以上八种方式，可以只择其一，也可以多种并用，见图5-2-9。在具体进行选择时，一定要量力行事，并且要严守法纪，注意安全。

图5-2-9 展览会的宣传礼仪

为了搞好宣传工作，在举办大型展览会时，主办单位应专门成立对外进行宣传的组织机构。其正式名称可以叫新闻组，也可以叫宣传办公室。

（3）展示位置的分配礼仪。

对展览会的组织者来讲，展览现场的规划与布置，通常是其重要职责之一。在布置展览现场时，基本的要求是：展示陈列的各种展品要围绕既定的主题，进行互为衬托的合理组合与搭配。要在整体上显得井然有序、浑然一体，见图5-2-10。

所有参展单位都希望自己能够在展览会上拥有理想的位置。展品在展览会上进行展示陈列的具体位置，称之为展位。但凡理想的展位，除了收费合理之外，应当面积适当，客流较多，处于展览会上的较为醒目之处，设施齐备，采光、水电的供给良好。

在一般情况下，展览会的组织者要想尽一切办法充分满足参展单位关于展位的合理要求。假如参展单位较多，并且对于较为理想的展位竞争较为激烈的话，则展览会的组织者可依照展览会的惯例，采用下列方法之一对展位进行合理的分配。

①对展位进行竞拍。

由组织者根据展位的不同而制定不同的收费标准，然后组织一场拍卖会，由参展者在会上自由进行角逐，由出价高者拥有自己中意的展位。

②对展位进行投标。

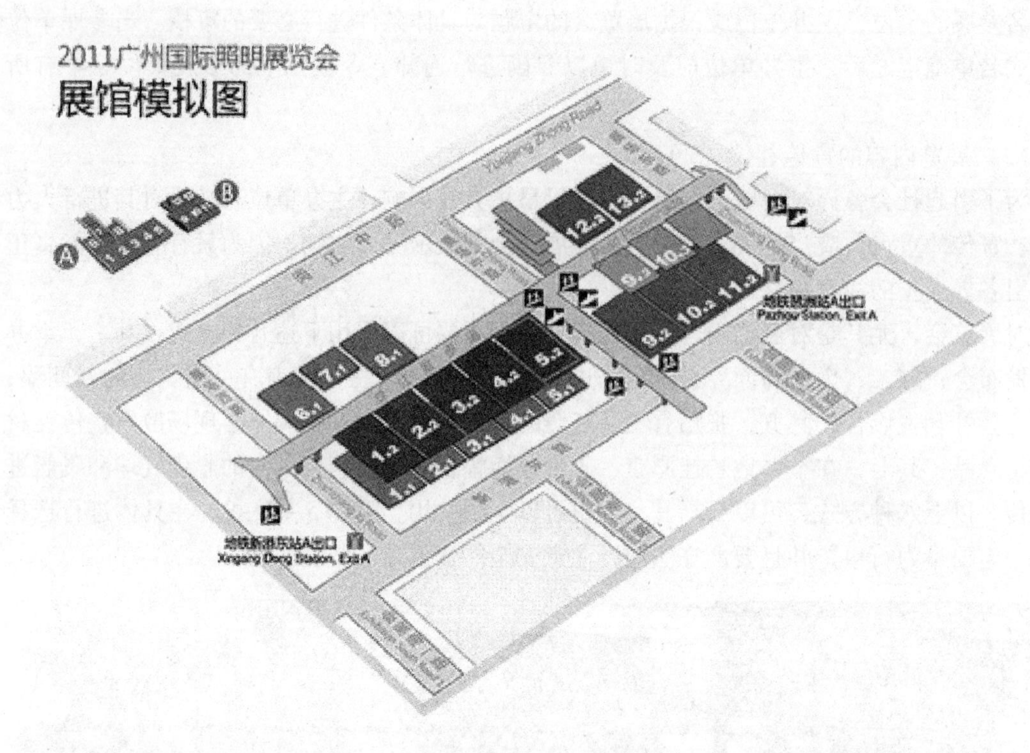

2011广州国际照明展览会
展馆模拟图
地铁琶洲站A出口
Pazhou Station, Exit A
地铁新港东站A出口
Xingang Dong Station, Exit A

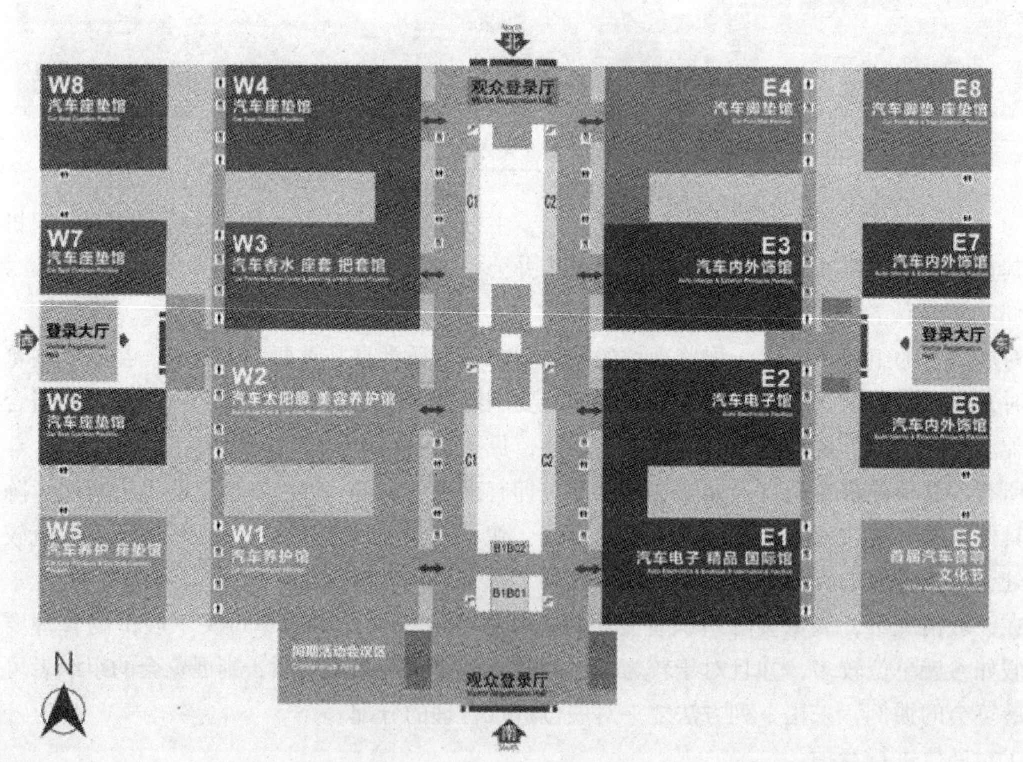

观众登录厅
W8
汽车座垫馆
W4
汽车座垫馆
E4
汽车脚垫馆
E8
汽车脚垫 座垫馆
W7
汽车座垫馆
W3
汽车香水 座套 把套馆
E3
汽车内外饰馆
E7
汽车内外饰馆
登录大厅
登录大厅
W6
汽车座垫馆
W2
汽车太阳膜 美容养护馆
E2
汽车电子馆
E6
汽车内外饰馆
W5
汽车养护 座垫馆
W1
汽车养护馆
E1
汽车电子 精品 国际馆
E5
首届汽车音响
文化节
C1
C2
B1B02
B1B01
同期活动会议区
观众登录厅
N

图5－2－10 展览会布置

由参展单位依照组织者所公告的招标标准和具体条件，自行报价，并据此填具标单，而由组织者按照“就高不就低”的常规，将展位分配给报价高者。

③对展位进行抽签。

将展位编号，然后将号码写在纸签之上，由参展单位的代表在公证人员的监督之下每人各取一个，以此来确定其各自的具体展位。

④按“先来后到”分配。

按照“先来后到”进行分配，即以参展单位正式报名的先后为序，谁先报名，谁便有权优先选择自己所看中的展位。

不管采用上述何种方法，组织者均须事先将其广而告之，以便参展单位早做准备，尽量选到称心如意的展位。

（4）安全保卫的礼仪事项。

无论展览会举办地的社会治安环境如何，组织者对于有关的安全保卫事项均应认真对待，免得由于事前考虑不周而麻烦丛生，或是“大意失荆州”。

在举办展览会前，必须依法履行常规的报批手续。此外，组织者还须主动将展览会的举办详情向当地公安部门进行通报，求得其理解、支持与配合。

举办规模较大的展览会时，最好从合法的保安公司聘请一定数量的保安人员，将展览会的保安工作全权交予对方负责。

为了预防天灾人祸等不测事件的发生，应向声誉良好的保险公司进行数额合理的投保，以便利用社会的力量为自己分忧。

在展览会入口处或展览会的门券上，应将参观的具体注意事项正式成文列出，使观众心中有数，以减少纠葛。

展览会组织单位的工作人员，均应自觉树立良好的防损、防盗、防火、防水等安全意识，为展览会的平安进行竭尽一己之力。

按照常规，有关安全保卫的事项，必要时最好由有关各方正式签订合约或协议，并且经过公证。这样一来，万一出了事情，大家就好“亲兄弟，明算账”了。

（5）辅助的礼仪服务项目。

主办单位作为展览会的组织者，有义务为参展单位提供一切必要的辅助性礼仪服务项目。否则，不但会影响自己的声誉，而且还会授人以柄。

展览会的组织者为参展单位提供的各项辅助性礼仪服务项目，最好有言在先，并且对有关费用的支付进行详尽的说明。

具体的辅助性礼仪服务项目，通常主要包括：展品的运输与安装；车、船、机票的订购；与海关、商检、防疫部门的协调；跨国参展时有关证件、证明的办理；电话、传真、电脑、复印机等现代化的通信联络设备；举行洽谈会、发布会等商务会议或休息之时所使用的适当场所；餐饮以及有关展览时使用的零配件的提供；供参展单位选用的礼仪、讲解、推销人员等。

5.2.4.3 展览会的参加礼仪

参展单位在正式参加展览会时，必须要求自己的全部派出人员齐心协力、同心同德，为大获全胜而努力奋斗。在整体形象礼仪、待人礼貌和解说技巧三个主要方面，参展单位尤其要予以特别的重视。

(1) 维护整体形象礼仪。

在参与展览时，参展单位的整体形象直接映入观众的眼里，因而对自己参展的成败影响极大。参展单位的整体形象，主要由展示之物的形象与工作人员的形象两个部分所构成。对于二者要给予同等的重视，不可偏废其一。

①展示之物的形象。

展示之物的形象，主要由展品的外观、展品的质量、展品的陈列、展位的布置、发放的资料等构成。用以进行展览的展品，外观上要力求完美无缺，质量上要优中选秀，陈列上要既整齐美观，又讲究主次，布置上要兼顾主题的突出与观众的注意力，而用以在展览会上向观众直接散发的有关资料，则要印刷精美、图文并茂、资讯丰富，并且注有参展单位的主要联络方法，如公关部门与销售部门的电话、电报、电传、传真以及电子邮箱的号码等。

②工作人员的形象。

工作人员的形象，则主要是指在展览会上直接代表参展单位露面的人员的穿着打扮问题。在一般情况下，要求在展位上工作的人员应当统一着装。最佳的选择，是身穿本单位的制服，或者是穿深色的西装、套裙。在大型展览会上，参展单位若安排专人迎送宾客时，则最好请其身穿色彩鲜艳的单色旗袍，并胸披写有参展单位或其主打展品名称的大红色绶带。为了说明各自的身份，全体工作人员皆应在左胸佩戴标明本人单位、职务、姓名的胸卡，唯有礼仪小姐可以例外。按照惯例，工作人员不应佩戴首饰，男士应当剃须，女士则最好化淡妆，见图 5－2－11。

图 5－2－11 工作人员形象

展览会的工作人员礼仪包括以下几个方面。

第一，主持人礼仪。主持人是一个展览会的操纵者，应该表现出决定性人物的权威性。在着装上，要穿西服套装、系领带，拿真皮公文包，由此使公众对其主持的展览会和产品产生信赖感。主持人的形象就是组织实力的一种体现。与宾客握手时，主持人应先伸出手去，等宾客先放手后再放手。

第二，讲解员礼仪。讲解员应热情礼貌地称呼公众，讲解流畅，不用冷僻字，让公众听懂。介绍的内容要实事求是，不弄虚作假，不愚弄听众。语调清晰流畅，声音洪亮悦耳，语速适中。解说完毕，应对听众表示谢意。讲解员着装要整洁大方，打扮自然得体，不要怪异和过于新奇而喧宾夺主。

第三，接待员礼仪。接待员站着迎接参观者时，双脚略微分开，与肩同宽，双手自然下垂或在身后交叉，这种站姿不仅大方而且有力。站立时切勿双脚不停地移动，表现出内心的不安稳、不耐烦，也不要一脚交叉于另一只脚前，因为这是不友善的表示。接待人员不可随心所欲地趴在展台上或跷着二郎腿，嚼着口香糖。要随时与参观者保持一定的目光距离，目光要坚定，不可游移不定，也不可眼看别处，以表示你的坦然和自信，见图5－2－12。

图5－2－12 接待员礼仪

(2) 待人礼貌。

要时时注意待人礼貌。在展览会上，不管它是宣传型展览会还是销售型展览会，参展单位的工作人员都必须真正地意识到观众是自己的上帝，为其热情而竭诚地服务则是自己的天职。为此，全体工作人员都要将礼貌待人放在心坎上，并且落实在行动上。

展览一旦正式开始，全体参展单位的工作人员就应各就各位，站立迎宾。不允许迟到、早退、无故脱岗、东游西逛，更不允许在观众到来之时坐、卧不起，怠慢对方。

当观众走近自己的展位时，不管对方是否向自己打招呼，工作人员都要面含微笑，主动地向对方说："您好！欢迎光临！"随后，还应面向对方，稍许欠身，伸出右手，掌心向上，指尖直接展台，并告知对方："请您参观。"当观众离去时，工作人员应当真诚地向对方欠身施礼，并道以"谢谢光临"，或是"再见"。

当观众在本单位的展位上进行参观时，工作人员可随行于其后，以备对方向自己进行咨询；也可以请其自便，不加干扰。假如观众较多，尤其是在接待组团而来的观众时，工作人员也可在左前方引导对方进行参观。对于观众所提出的问题，工作人员要认真做出回答，不允许置之不理，或以不礼貌的言行对待对方。

在任何情况下，工作人员均不得对观众恶语相加或讥讽嘲弄。对于极个别不守展览会规则而乱摸乱动、乱拿展品的观众，仍须以礼相劝，必要时可请保安人员协助，但不许对对方擅自动粗，进行打骂、扣留或者非法搜身。

(3) 解说技巧。

要善于运用解说技巧。解说技巧，这里主要是指参展单位的工作人员在向观众介绍或说明展品时，所应当掌握的基本方法和技能。具体而论，在宣传性展览会与销售性展览会上，其解说技巧既有共性可循，又有各自的不同之处。

在宣传性展览会与销售性展览会上，解说技巧的共性在于要善于因人而异，使解说具有针对性。与此同时，要突出自己展品的特色。在实事求是的前提下，要注意对其扬长避短，强调“人无我有”之处。在必要时，还可邀请观众亲自动手操作，或由工作人员对其进行现场示范。此外，还可安排观众观看与展品相关的影视片，并向其提供说明材料与单位名片。通常，说明材料与单位名片应常备于展台之上，由观众自取。

宣传型展览会与销售型展览会的解说技巧，又有一些不同之处。在宣传型展览会上，解说的重点应当放在推广参展单位的形象上。在销售型展览会上，解说的重点则必须放在主要展品的介绍与推销上。要善于使解说围绕着参展单位与公众的双向沟通而进行，时时刻刻都应大力宣传本单位的成就和理念，以便使公众对参展单位给予认可。

【基本训练】

复习思考题

1. 简述签字仪式的程序。
2. 简述剪彩仪式的程序。
3. 为什么说“热烈、隆重”是开张剪彩仪式的基本原则？
4. 如何选择新闻发布会地点？确定新闻发布会时间应考虑哪些因素？
5. 怎样做好新闻发布会的接待工作？
6. 回答记者提问，应该注意哪些礼仪细节？
7. 在展览会上，如何善于运用解说技巧？
8. 简述展览会的工作人员礼仪。
9. 展览会上的辅助性服务项目包括哪些？

实训练习与操作

1. 模拟签字仪式及剪彩仪式礼仪。

实训目标：运用正确的签字仪式、剪彩仪式礼仪。

实训内容与要求：模拟××公司开业剪彩仪式过程及模拟××公司签字仪式过程。

实训成果与检测：学生进行演示后，师生按要求评分，并点评。

2. 组织模拟一次新闻发布会。

实训目标：掌握新闻发布会程序。

实训内容与要求：采用模拟法，要求按新闻发布会的组织、召开程序进行模拟演练，内容是“校园热点信息发布会”。

实训成果与检测：学生进行“校园热点信息发布会”演示后，教师和学生进行点评。

3. 举行一次模拟展览会。

实训目标：掌握展览会的组织、接待及解说技巧。

实训内容与要求：采用模拟方法，要求按展览会的组织、接待及解说技巧，学生分组代表展览会的组织者、各单位参展商，进行模拟演练，内容是“校园日用品展览会”。

实训成果与检测：学生分组进行“校园日用品展览会”演示，聘请企业人员进行现场指导和点评，学生代表进行讨论。

5.3 会议礼仪

【学习目标】

1. 掌握商务会议基本礼仪规范
2. 掌握政务会议基本礼仪规范

【引例】

某市政府工作会议开幕式即将开始，领导已走上主席台准备入座。这时会务工作人员赶过去请示领导：送审的主持词是否有改动？如属程序变动，请告知，以便做好会务准备。领导一下愣住了：我没见过主持词，也没接到主持的任务。现在就要开会了，不熟悉会议程序，我怎么能主持会议？原来，这位领导有两位秘书，其中一位接到会务工作人员提前送来的主持词后，因为领导当时正忙，也没有按照会务工作人员的要求及时请示，主观认为：领导没有特别交办，估计主持词不会有什么改动。因而造成主席台上这一幕“僵局”。幸好会务组事先打印了几份送审的主持词，摆在几个主要领导的座位上，并做好了会务准备。因此，待领导们临时商议，重新确定主持人后，会议仍按预定程序进行，避免了一次重大事故。

思考题：为什么主席台上会出现“僵局”？

会议是人们为了解决某个共同的问题或出于共同的目的聚集在一起进行讨论、交流的活动，它往往伴随着一定规模的人员流动和消费。作为会展业的重要组成部分，大型会议特别是国际性会议在提升城市形象、促进市政建设、创造经济效益等方面具有特殊的作用。会议从功能上可以分为商务会议和政务会议。

5.3.1 商务会议

商务会议是指带有商业性质的会议形式，常见的商务会议有很多，可以按照不同的标准划分不同的类型：

第一，按照举办单位划分，可将会议分为公司类会议、协会类会议和其他组织会议。

公司类会议规模大小不一，小到几个人，大到上千人。公司管理者强调的是信息传递，而公司内部信息传递的最经济的方式便是会议。公司会议通常以管理、协调和技术等为主题，具体可分为销售会议、经销商会议、技术会议、管理者会议及股东会议等。

协会大致可以划分为行业协会、专业和科学协会、教育协会和技术协会等类型。协会类会议常常与展览结合举行。

其他组织会议的典型代表是政府机构会议。

第二，按会议规模划分，可将会议分为小型会议、中型会议、大型会议及特大型会议。小型会议出席人数少则几人，多则几十人，但不超过 100 人；中型会议出席人数在 100 ~ 1 000 人之间；大型会议出席人数在 1 000 ~ 10 000 人之间；特大型会议出席人数则在 10 000 人以上。

第三，按照会议的性质和内容划分，可将会议分为年会、专业会议、代表会议、论坛。

年会，指就某一特定主题展开讨论的聚会，议题涉及政治、经贸、科学、教育或者技术等领域。年会通常包括一次全体会议和几个小组会议。年会可以单独召开，也可以附带展示会。多数年会是周期性的，最常见的周期是一年一次。

专业会议，其议题通常是具体问题并展开讨论，可以召开分组小会，也可以只开大会，专业会议的规模可大可小。

代表会议，常指在本质上同专业会议相同的事件和活动。

论坛，其特点是反复深入的讨论，一般由小组组长或演讲者来主持。它可以有许多的听众参与，并可由专门小组成员与听众就问题的各方面发表意见和看法，两个或更多的讲演者可能持相反的立场，对听众发表讲演而不是互相讲给对方听。

第四，按参会人员划分，可将会议分为公司外部会议和公司内部会议。

公司外部会议可以分成产品发布会、研讨会、座谈会等。内部会议包括定期的工作周例会、月例会、年终的总结会、表彰会以及计划会等。

5.3.1.1 会前准备礼仪（图 5-3-1）

会议准备工作，是保证会议顺利召开并圆满结束的前提和基础。会议要想达到预期效果，首先取决于准备工作。对会前准备工作的要求是："丝丝入扣，万无一失"。会前准备礼仪主要包括以下几个方面。

(1) 确定会议内容。

现代生活的快节奏，使人们始终生活在紧张忙碌之中，召开无意义的会议会浪费与会者的时间，是对他们的不尊重。因此，会前要认真研究，确定会议的内容，不开无目的、无意义的会议。

(2) 选择会场。

首先，根据会议内容，制定最完美的策划；其次，根据会议的级别，选择会议举办地；再次，根据会议的具体情况，确定是否将会议划分为几个分会场；最后，选择分会场的地点，并提前预约。

(3) 确定与会代表。

在会议召开之前，根据一切有利于工作的原则，确定参加会议的人员名单或者人员范围，以及安排相应的车辆。还要根据会议的具体需求，设计印刷品的样式、内容、选择图案，并提前把印刷品、会议证件等送到会场或指定地点。

(4) 会场的布置。

根据会议的具体情况，设计并安排会场的布局，细致周到地设计好所有的细节；根据需要，准备会议所需要的所有物品，如茶具、烟具、文具、服务用具和厕所用具等，并提前安

图5－3－1　会前准备礼仪

放在指定位置，见图5－3－2。提前调试好设备，如音箱、空调、摄像和摄影等，并进行演练，确保会议的顺利进行。

图5－3－2　会场布置

主席台必须排座次、放名签，以便领导对号入座，避免上台之后互相谦让。主席台座次排列，领导为单数时，主要领导居中，2号领导在1号领导左手位置，3号领导在1号领导右手位置；领导为偶数时，1、2号领导同时居中，2号领导依然在1号领导左手位置，3号领导依然在1号领导右手位置。

（5）其他准备工作。

要把会议开好，还应提前做好其他准备工作。应在会前成立会务组，大型会议还应分别成立秘书组、文娱组、生活组等，并确定各组的职责范围，做到分工明确，责任到人。根据参会人员的喜好，预定各种形式的餐会：西餐、中餐、自助餐、宴会等；根据参会人员的具体情况以及会场和下榻酒店的地点，选择不同的用餐地点；根据参会人员的喜好，选择不同的休闲方式，设计专门的旅游线路。总之，要做到安排妥当，万无一失。

5.3.1.2 会议期间礼仪

会议召开过程中的礼仪应该为与会者提供全方位、立体化的服务，会议组织者自始至终都应保持清醒的头脑和细致的洞察力，从宏观上对会议过程进行监控。对于会议过程中的突发问题，要及时解决，妥善处理，各方面工作都要做得井井有条，不疏漏。会议期间礼仪主要包括以下几个方面。

（1）热情接待与会代表。

代表报到时，要安排专人做好接待登记工作。当代表到来后，接站人员要亲切地表示欢迎和慰问。签到、登记、收费、预订返程票、发放会议材料等项工作，要及时圆满地完成。报到的当日晚上，东道主可安排主要负责人到代表住处看望，以增进友谊，联络感情。

（2）逐一安排会议议程。

会议议程，要本着劳逸结合的原则安排。对于开幕式，应开得隆重而热烈，主持人要致以简明而热情的欢迎辞，要以东道主的身份，对来参加会议的全体代表表示最诚挚的欢迎。

（3）开会时间宜紧凑。

开“马拉松”式的长会，往往台上的在作长篇报告，台下的却在交头接耳，哈欠不断。这样的会议只能是流于形式，根本起不到任何实质性的效果。尽管会议可能服务得很周到，但人们还是会产生“上当”的感觉。所以，应尽量缩短开会时间，开短会应是会议礼仪中十分重要的一条，见图5－3－3。

图5－3－3 控制会议时间

（4）妥善安排代表食宿。

会议期间代表的食宿问题，应放在与会议议程同等重要的地位，并妥善地予以安排。本着方便、丰富、卫生、优雅、安全、热情的原则来安排，即食宿要方便，生活要丰富，饮食要卫生，环境要优雅，人身要安全，接待要热情，见图5－3－4。

图5－3－4 安排食宿

（5）主持人的礼仪。

各种会议的主持人，一般由具有一定职位的人来担任，其礼仪表现对会议能否圆满成功的举行有着重要的影响。

①主持人应衣着整洁，大方庄重，精神饱满。所有言谈举止都要根据不同的会议气氛来采取，不同的场合要调动不同的气氛，或庄重，或严肃，或幽默。

②入席后，如果是站立主持，应双腿并拢，腰背挺直。单手持稿时，右手持稿的底中部，左手五指并拢自然下垂；双手持稿时，应与胸齐高。坐姿主持时，应身体挺直，双臂前伸，两手轻按于桌沿。主持过程中，切忌出现搔头、揉眼、跷腿等不雅动作。

③主持人言谈应口齿清楚，思维敏捷，简明扼要。切实把握会议的主题，不要使讨论或发言离题太远。要尊重别人的发言和提问，不能用任何小动作、表情或语言来阻止别人的正当行为和发言。

④主持人对会场上的熟人不能打招呼，更不能寒暄闲谈。会议开始前或会议休息时间可点头、微笑致意。

⑤掌握会议时间。

（6）会议参加者礼仪。

会议参加者应衣着整洁，仪表大方，准时入场，遵守会议纪律。依会议安排落座，参会期间把手机调到震动。开会时应认真听讲，并做好记录。不要私下小声说话或交头接耳，发言人发言结束或讲到精彩的地方时，应鼓掌致意。中途退场应轻手轻脚，不影响他人。

（7）会议发言人的礼仪。

会议发言有正式发言和自由发言两种：前者一般是领导、专家报告，后者一般是讨论发言。

正式发言者，应衣冠整齐，发言时口齿清晰，掌握好讲话的节奏。如果是书面发言，要时常抬头扫视一下会场，不能低头读稿。发言完毕，应对听众的倾听表示谢意。

自由发言则较随意，但要注意，发言应讲究顺序和秩序，不能争抢发言；发言应简短，观点明确；与他人有分歧时，应以理服人，态度平和，听从主持人的指挥。如果有会议参加者对发言人提问，应礼貌作答，对不能回答的问题，应机智而礼貌地说明理由，对提问人的批评和意见应认真听取；即使提问者的批评是错误的，也不应失态。

(8) 适当组织文娱活动和参观游览。

会议东道主应本着有劳有逸的原则，在紧张的会议之余，适当组织一些文娱活动，或就地、就近组织适当的参观游览活动。

5.3.1.3 会议结束礼仪

会议结束时要做到善始善终，不能虎头蛇尾。一般会议结束前，组织者同与会者要合影留念（合影时也要注意位置的安排），人员排序与主席台座位安排规则相同。会务人员除了发给与会者合影外，还要分发编制好的通讯录。会议结束礼仪主要包括以下几个方面。

(1) 开好闭幕式。

闭幕式是会议结束的标志，能否开好闭幕式，也是会议开得是否成功的标志。在闭幕式上通过的会议纪要，一定要充分征求代表的意见，以表示对代表的尊重。对会后需贯彻执行和落实的事项，要逐项明确，防止不了了之，毫无效果。

(2) 做好送站工作。

会务组要根据代表的返程车次、航班、船期的具体时间，逐一做好送站工作。代表离开时，应与代表热情话别。

5.3.2 政务会议礼仪

会议是政务活动中影响最大的公众场合之一，政务人员在组织或出席会议时所表现出的文明程度，在很大程度上影响着自己的公众形象，同时还关系着人民群众对政府机关的看法，因此公务员在组织或参加会议时必须符合礼仪规范，端正工作作风，只有这样才能保证会议的成功。

5.3.2.1 政务会议组织者应注意的礼仪规范

政务会议组织者是会议的策划和服务者，应对会议进行严密的组织，营造出庄严隆重、朴素大方的会议风格。在会议召开的过程中会议服务人员则要为与会人员提供细心周到的服务，从而提高会议的质量，保证会议的顺利进行。政务会议组织者应注意的礼仪主要包括以下几个方面。

(1) 会场氛围。

会场布置的根本目的在于创设与会议主题、性质相适应的会场氛围，从而有利于会议目标的实现。布置会场时，可以通过悬挂会标、会徽、安插旗帜摆放花卉等方式来调节、营造会场的氛围。一般来说，会标应悬于主席台前幕的上端或天幕上，色调与主题一致，且要有冲击力。会徽应悬挂于主席台的天幕中央。小型会场，可摆设小型观花或观叶植物，如海棠、文竹、花叶芋等，大型会场在背景处或角落处可以选择较高且大方的花卉植物，如散尾葵、大叶伞等。主席台前可摆放开花的花卉植物，如红掌、彩色马蹄莲、凤梨等。

(2) 会场座次。

①主席台座次安排原则：主席台必须排座次、放名签，以便领导同志对号入座，桌签应

使用彩色纸，双向打印。

②主席台座次排列，见图5－3－5。

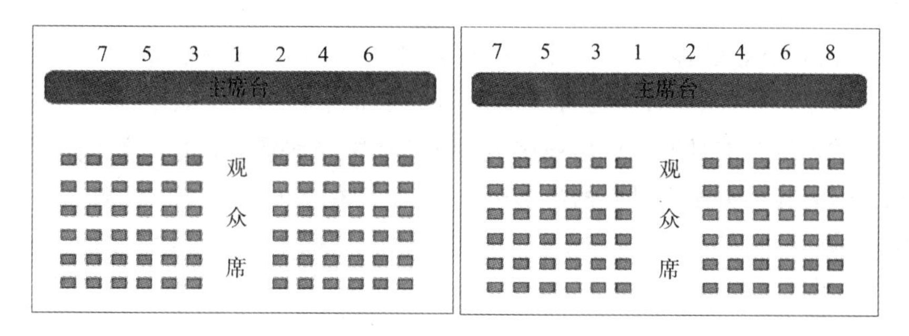

图5－3－5　会场座次

领导为单数时，主要领导居中，2号领导在1号领导左手位置，3号领导在1号领导右手位置。

领导为偶数时，1、2号领导同时居中，2号领导依然在1号领导左手位置，3号领导依然在1号领导右手位置。

几个机关的领导人同时上主席台，通常按机关排列次序排列，可灵活掌握，不应生搬硬套。如对一些德高望重的老同志，也可适当往前排，而对一些较年轻的领导同志，可适当往后排。另外，对邀请的上级单位或兄弟单位的来宾，也不一定非得按职务高低来排，通常掌握的原则是：上级单位或同级单位的来宾，其实际职务略低于主人一方领导的，可安排在主席台合适的位置就座。这样，既体现出对客人的尊重，又使主客都感到较为得体。

对上主席台的领导同志能否届时出席会议，在开会前务必逐一落实。领导同志到会场后，要安排在休息室稍候，再逐一核实，并告之上台后所坐方位。如主席台人数很多，还应准备座位图。如有临时变化，应及时调整座次、名签，防止主席台上出现名签差错或领导空缺。还要注意认真填写名签，谨防错别字出现。

（3）涉外政务会议中国旗的悬挂。

按国际关系准则，一国元首、政府首脑在他国领土上访问，在其住所及交通工具上悬挂国旗（有的是元首旗）是一种外交特权。悬挂双方国旗，按照国际惯例，以右为上，左为下。如果是挂在墙壁上，应避免交叉挂法和竖挂法。多面国旗并挂时，通常将主方国旗放在最后，并且挂国旗时需注意国旗尺寸。各国国旗图案、式样、颜色、比例均由本国宪法规定。不同国家的国旗长、宽比例通常是不同的，如果用同样尺寸制作，两面国旗放在一起，就会显得大小不一。因此，并排悬挂不同长宽比例的国旗，应将其中一面略放大或缩小，以使旗的面积大致相同，见图5－3－6。

图5－3－6　国旗悬挂方式

（4）国际会议的礼宾次序。

按身份与职务的高低排列是礼宾次序排列的主要根据。一般的官方活动，经常是按这一次序排列的。如按国家元首、副元首、政府总理（首相）、副总理（副首相）顺序排列。

按字母顺序排列这是指多边活动中按照参加国国名字母的顺序来排列礼宾次序。现代交往中一般以英文字母排列居多，但少数情况也是按其他语种的字母顺序排列的。

按通知代表团组成的日期先后排列这是国际交往中经常采用的礼宾次序排列方法之一。

以上任何一种排列方法都可以酌情采用，“在级别相同的情况下，代表团团长的礼宾次序将按通知代表团组成的日期先后确定，如果同时接到两个或两个以上的代表团的组成通知，将按其字母顺序确定先后。”

（5）奉茶。

有礼貌的茶水招待，是表示对来访者的尊重与诚意，有礼貌的端茶方法很重要，不能让来访者要求喝水，才端出茶水。

奉茶礼仪——整理仪容、洗手；确定茶杯是否有缺角或裂痕；手指避免摸到杯口；适当的温度、浓度；装有七分满；为他人续茶水时，小心端起茶杯或捏好茶杯柄，手指不可伸入杯口；从右侧递茶时用右手拿茶杯（左侧时相反）；万一茶水溅出来时，应不慌不忙地擦拭；在会议进行中为与会人员倒茶，应本着先客后主的原则。

5.3.2.2 政务会议与会者应注意的礼仪规范

政务会议与会者应注意的礼仪主要包括以下两方面。

（1）与会者衣着礼仪。

凡是国家行政机关的会议，都有很强的礼仪色彩。因此，公务员在正式与会时，务必要对自己的穿衣打扮多加注意，如果是领导更应该注意这一点。一般情况下公务员在出席大型会议时，尤其是在主席台上就座或有可能发言、主持会议时，切勿随便穿着夹克衫、无袖衫、健美裤等休闲场合所穿着的衣服。

在参加会议时应该选择深色的套装，女士选择套裙或是款式保守、色彩庄重的长裙、长裤，这样才能显示自己的端庄和职业化，才能得到群众的信任。

（2）与会者纪律要求。

①准时到场。

出席正式会议时，不论身为主角还是配角，公务员均应自觉的、模范的遵守时间方面的有关规定，准时到场，不得无故迟到、缺席。必要时，参加会议的具体时间还必须留出一定的提前量。如果真有什么事情耽误了时间，在进入会场时不需要敲门，直接从后门悄无声息地进去就可以了，以免打扰到其他的与会人员。

②服从指挥。

进入会场后，要按照会议组织者的安排入座。随意就座的也不要呼朋唤友，挑挑拣拣，会见不能随意走动，在会议中，要服从主持人的指示，不要在未征得主持人同意的情况下随意发言。

③专心听讲。

参加会议时，每一名公务员在会场上都要自觉地专心听讲，以便全面地、准确地理解与掌握会议的精神。必须特别强调的是，当他人发言时，在场者专心致志地听讲，是尊重对方的一种重要表现。反之，其他与会者倘若在别人发言时神不守舍，灵魂出窍，则是对对方不尊重、不友好的做法。

当他人发言期间，要尽量减少自己不必要的动作。不要摇头晃脑，指指点点，读书读报，接打手机，反复看表等，此类动作不仅易于招惹误会，而且往往也说明自己心神不定，用心不专。

④善始善终。

会议结束前，一般不能随便离席。若有紧急事情需要离开，时间较短时应注意不影响其他与会者；如果时间较长或者需要提前离开，应向有关人员说明原委，并表示歉意。

⑤礼貌退场。

在会议结束离开会场时，要听从会议组织者的指挥，有序离开会场。公务员在参加会议时，最忌讳的就是主持人刚宣布会议结束就奔跑着离开会场，甚至是你推我挤地往门口挤。如果主持人宣布会议结束要等领导离开会场后，与会人员再有秩序地离开会场，这也是个人修养的一种表现。

【基本训练】

复习思考题

1. 商务会议礼仪规范有哪些？
2. 商务会议主持人的要求有哪些？
3. 政务会议与会者应注意哪些礼仪规范？

实训练习与操作

制定举办双代会的前期准备方，现场展示并做出评价。

实训目标：掌握会议前期的准备礼仪，检测学生考虑问题的系统性、全面性。

实训内容与要求：学生分组根据给定的实训项目进行方案策划，课上分组展示交流。要求学生根据所学知识制定会议前各项准备工作的详细方案。

实训成果与检测：学生以PPT形式进行演示交流，教师点评并现场指导。

第6章　服务礼仪

【学习目标】

通过本章学习，了解现代服务行业人员的礼仪规范，塑造良好的个人与企业形象。

【教学要求】

认知：基本了解商场、酒店、导游、金融、物业、医护、窗口等服务行业的礼仪常识。

理解：在认知的基础上，能够理解服务礼仪在现代服务业中的重要地位。

运用：通过学习使学生有意识地注意自己从事服务工作的礼仪行为，全面提高自身综合业务能力。

现代服务礼仪属于职业礼仪，是在服务工作中形成并得到共同认可的礼节和仪式，是服务人员在服务中恰当地表示对客人的尊重和与客人进行良好沟通的技巧和方法，服务行业的服务人员在工作中应当严格遵循。

现代服务礼仪最基本的原则是尊重客人。要尊重客人就要做到理解、关心客人的感觉、需求及其利益，设身处地为客人着想，不要强人所难，尊重客人的愿望，能让客人感受到优越和满足，使服务者与被服务者之间的关系融洽、和谐。一位称职的服务人员应该懂得为被服务者着想，给他们以整洁的环境、友好的交谈、轻松的氛围和满意的服务。

6.1　商场服务礼仪

【本节学习目标】

1. 初步了解商场员工的职业素质要求
2. 掌握商场员工仪容仪表礼仪规范
3. 了解商场柜台服务礼仪规范

【引例】

小张是某商场的一位收银员，某天下午，前来结账的顾客排了很长的队伍。小张有点急，有位顾客是用信用卡进行结账的，小张在刷过卡后头也不抬，直接用左手把信用卡扔给了顾客。这位顾客非常生气，认为小张不尊重他，非得找商场的相关主管人员前来理论。

思考题：这位男士为什么生气？小张哪里做错了？

6.1.1 商场员工应具备的职业素质

商场员工要为顾客提供令其满意的服务，不仅要掌握正确的服务程序和服务方法，更重要的是让顾客在被服务的过程中有精神上的满足感。所以，商场员工要发自内心地为顾客着想并且不断提高服务意识。

6.1.1.1 具备现代服务意识

在当今社会，消费者更关注自己所得到的服务，在购物过程中对商场及其员工有了更高的要求。因此，商场员工的服务意识显得尤其重要，它已经成为商场竞争中的核心因素。服务意识不仅是对一线服务员的要求，也是商场全体员工的首要意识。员工的优质服务，首先需要统一和提高以顾客为先的基本意识，要有积极的待客服务态度。

服务意识是指商场的员工在与商场一切利益相关者的交往中，所体现的热情、周到、主动服务的欲望和意识。要求员工热爱商场工作，在工作中有自我价值感和满足感，通过服务形形色色的顾客来积累经验，不断地提高自我修养素质。在工作中，持有正确的服务态度和工作热情，设身处地理解顾客，关注顾客的需求和感受。这样才能树立商场的品牌，为商场带来财源和客源。

处理顾客意见有以下几个要求：

第一，令顾客感到舒适、放松。

第二，语气平和，让顾客发泄怒气。

第三，表示理解和关注，并作相关的记录。

第四，如有错误，立即承认。

第五，同顾客一起找到解决的办法。

第六，如果难以独立处理，尽快转给相关部门或请求上级。

6.1.1.2 提高亲和力

(1) 微笑服务。

微笑服务是爱岗敬业的表现。商场员工真诚的微笑，可以反映其热爱本职工作，能以商场主人的身份热情地接待顾客，周到地为顾客服务。这不仅受到顾客的敬佩，而且会赢得更多的回头客，使服务产生特殊的价值。

①真诚微笑是关键。微笑在服务中是一种特殊的无声的礼貌语言。商场员工发自内心的微笑可以使顾客心理上产生安全感、亲近感，缩小与顾客之间的距离。微笑有极丰富的内涵，是表情语言中最重要的。在整个服务过程中，可以表示对顾客的欢迎和友好，即欢迎顾客的光临、欢迎顾客前来购物，向顾客送去亲切的问候；也可以用来表示对顾客赞赏和满意；有时也可以表示对顾客的歉意和拒绝，解释销售工作中的差错；最后，微笑可以表示对顾客的欢送。微笑是善意的纽带，能让顾客与商场员工之间的气氛更和谐。在商场服务中，

坚持微笑服务，就会得到顾客的尊敬与理解，让顾客有宾至如归之感。商场员工真诚自然的微笑，会给顾客留下良好的印象，有助于创造融洽和谐的工作氛围，可以提高商场的信誉，从而提高商场的经济效益和社会效益。

②微笑服务的要求。商场员工真诚甜美是对其微笑服务的要求。微笑要自然坦诚、发自内心，不可故作笑颜，假意奉承。在工作中不能放声大笑，也不能没头没脑哈哈大笑，不能笑得前仰后合。甜美微笑的关键是嘴角的两端稍向上翘起。上岗前，要求商场员工排除一切心理障碍和情绪的干扰，全身心地进入角色，通过眼、口、面部表情流露出亲切、愉悦、幸福的微笑。工作中轻蔑的笑、假笑等，都是对顾客不尊重的表现，商场员工应以真诚的服务，笑迎顾客，热情待客。

(2) 注目礼。

注目礼即是商场员工自然凝视顾客，并随顾客的行走而转移。不单独使用，而是与介绍、点头等礼节同时使用。

(3) 问候与寒暄的语言。

商场员工在工作中应掌握语言艺术，自觉使用文明用语。使用敬语是衡量商场员工道德修养的重要标准。语言是与顾客建立良好关系、留下深刻印象的重要手段和途径。文明用语不仅体现员工的涵养、气质和态度，还反映和传达商场及商品品牌文化、员工的精神状态等信息。员工在运用语言表达时要注意语言应言简意赅、清晰易懂、句段短小，并采用适当的修辞手法，使顾客很清晰地了解员工所要表达的想法。员工还要注意语气的自然流畅、和蔼可亲，保持匀速表达，任何时候都要心平气和，彬彬有礼。那些表示尊重、谦虚的语言词汇常常可以缓和气氛，如“您、请、抱歉、可以”等。

6.1.2 商场员工仪表仪容礼仪

6.1.2.1 商场工作着装礼仪

商场一般要求员工统一着装，体现商场及品牌的品位和文化内涵，得体的着装也容易使消费者产生信任感和进一步沟通的欲望。商场一般要求员工穿着整洁、大方、挺括。冬季所穿底衣不露在制服外，按规定系领带、领结、领花，制服无破损、开绽的地方；鞋子一般为黑色皮鞋或布鞋，要求皮鞋擦拭光亮，无破损；女员工若着裙装需配以长肉色袜子，无花纹，不可抽丝或是网状的；工号或工牌须端正地佩戴在制服左胸区域，并保持光亮无破损；切忌把制服当毛巾，用袖管衣角揩汗擦脸，甚至当抹布揩柜台。

6.1.2.2 发型妆容礼仪

商场员工的发型妆容也是在展示商场及品牌的形象。要求员工勤洗发，理发；梳理整齐，无头皮屑、无杂物、不留怪异发型。女员工不得梳披肩发，刘海不过眉毛，发饰颜色为黑色或与头发本色近似，发型要美观大方，不另类；男员工头发前不遮眼、侧不扣耳、后不过领。此外，女员工须化淡妆，化妆要在上班前完成。

6.1.2.3 商场员工仪态礼仪

商场员工的仪态是一种向顾客传递的无声语言，得体的仪态既是自我精神的表现，也是对顾客的一种尊重。饱满的精神、端庄的仪表、文雅的举止远远胜过千言万语。在工作中，无论站或走都应始终保持姿态的大方、自然，给消费者以自信、热情的感觉；反之，心不在焉则使消费者产生不信任或受冷落的感觉。员工与顾客交流时两眼应正视对方，给顾客以真诚的感觉；否则，会给人以缺乏自信，或是轻视顾客的感觉。双手的姿势和动作是重要的形体语言组成部分，商场营业员应时刻注意自己的双手姿势，不要给人以手忙脚乱的感觉，不要做出不雅的动作或姿势。

（1）站姿礼仪。

在一般情况下，商场服务员是站着工作的，站姿是一个商场员工全部仪态的根本。站立的基本要求是“不能倚靠，保持直立”。站立时，身体应自然放松、精神饱满、微露笑意，关注商场的情况，尤其是柜台前的情况，给顾客一种亲切感。切忌东倒西歪，靠在柜台或货架上，甚至以手托腮趴在柜台上，显出萎靡的样子。但服务员站立时间一长，就容易出现不文明的站姿，如聚众闲聊。顾客已经进入柜台，营业员却视而不见，依然旁若无人地大声聊天。服务员在工作中应注意自己的站姿，它不但是自我尊重和尊重顾客的表现，也能反映出服务员的工作态度和责任感。

①规范站姿。请见第1.2节仪态礼仪。

②叉手站姿。员工站立时两手在腹前交叉，右手搭在左手上直立。这种站姿，男子可以两脚分开，距离不超过20厘米。女员工可以用小“丁”字步，即一脚稍微向前，脚跟靠在另一脚内侧。这种站姿端正，但略有放松。在站立中身体重心还可以在两脚间转换，以减轻疲劳，这是一种常用的站姿。

③背手站姿。员工在站立时双手在身后交叉，右手贴在左手外面，贴在两臀中间。两脚可分可并，分开时，不超过肩宽，脚尖展开，两脚夹角呈60°，挺胸立腰，收颌收腹，双目平视。这种站姿优美中略带威严，但容易产生距离感，所以常用于男员工。两脚若并立，则体现了尊重的意味。

④背垂手站姿。员工在站立时将一只手背在后面，贴在臀部；另一手自然下垂，手自然弯曲，中指对准裤缝。两脚可并拢可分开，也可以呈小“丁”字步。这种站姿，男员工多用，显得大方自然、洒脱。

以上几种站姿要注意男女员工的差异，正确运用会给顾客挺拔俊美、庄重大方、舒展优雅、精力充沛的感觉。员工站立过程中不要探脖、塌腰、耸肩，双手不要放在衣兜里，腿脚不要抖动，身体不要靠在门上，两眼不要左顾右盼，以免给顾客留下不良印象。

（2）坐姿礼仪。

在一般情况下，不允许商场柜台服务员在岗位上采取坐姿。如果在服务的过程中需要自己采取坐姿时，也必须自觉地采用正确的坐姿。但通常情况下，商场的收银员是采取坐式服务的。正确而优雅的坐姿是一种文明行为，它既能体现服务员的形态美，又能体现出其行为美。规范的坐姿礼仪要求端庄而优美，给人以文雅、稳重、自然大方的美感。员工坐姿的要求：入座后挺胸，立腰，收腹，双膝并拢，不要靠椅背。具体请见第1.2节仪态礼仪。

员工坐时不要把椅子坐满，但也不可坐在边缘上；不可坐在椅子上前俯后仰，抖腿跷脚；不可将脚跨在椅子或沙发扶手上，或架在茶几上；在上级或顾客面前不可双手抱在胸前，不可跷二郎腿，也不要半躺半坐。

(3) 走姿礼仪。

商场员工在工作中需要走动，尤其是当自己行进的姿势有目共睹时，务必要符合礼仪规范的要求，做到既优雅稳重又保持正确的节奏。一般靠右行走，对面来顾客时，应及早让路给顾客。

员工走姿规范可以参考第1.2节仪态礼仪。

(4) 蹲姿规范。

商场员工在采取蹲姿服务时，应当掌握规范的下蹲姿势，而不可给顾客留下不文明的印象。员工在工作过程中，要取低处商品或拾起在地上的东西时，应采用正确的蹲姿，而不要撅起臀，弯上身、将头下垂。正确的蹲姿：一般以一膝微屈为支撑点，将身体重心移过来，另一腿屈膝，脚略分开，蹲在东西旁边，将腰慢慢弯下拿起物品。如果是女员工，两腿要靠紧。

(5) 手势及递送要领。

如果说眼睛是心灵的窗户，手就是心灵的触角。在服务中恰当运用手势，可以体现对顾客的热情。员工在做手势时，要讲究柔美、流畅，避免僵硬死板、缺乏韵味。同时延伸手臂，配以合适的表情和姿态，使手势更显得协调大方。员工手势的基本要求：含蓄优雅，彬彬有礼。手势不宜过多，动作不宜过大。在服务过程中，要适当使手势与口头表达语言联袂，共同构造顾客感到易于接受和满意的氛围。

①递送时的手势。商场员工在递送物品时要目视顾客，主动上前，以双手为佳。若左手不便，则用右手，而不能单用左手，务必将物品递到顾客手中，方便顾客接拿。切忌用一只手将物品丢向顾客。递送时将带有文字的物品的正面面对顾客。若物品有尖刃，则尖刃向内。

②为顾客指引方向或引领顾客的手势。在商场中，经常会遇至顾客询问方位或方向，员工在说明时，要配以指引的手势，一般情况下，五指并拢，掌心向上，手臂伸直，指向要指的方向。在引领顾客时，手势应舒展大方，手腕伸直，运用自然得体，时机得当，幅度适宜。

(6) 招呼客人的礼仪。

顾客一进门，员工就面临着如何向客人打招呼的礼仪问题。招呼得适时适宜，客人感到彬彬有礼，服务周到，招呼得不适时，则有可能把客人赶跑。招呼客人先要判断客人的购买行为，然后选择适当的语言与客人交流。员工应根据他们的不同类型而作不同的接待方式，施以不同的礼仪。

有的顾客一进店门就直奔某种商品或某个柜台而去，这就是专程来买某种商品的顾客，服务员应立即主动上前去打招呼："您好，请问需要我帮忙吗？"有的顾客在店内走走停停，有的商品一看而过，有的商品却反复看，对于这种顾客，服务员只需用眼光跟随他们，不要主动地迎上去打招呼，如果一进门跑过去问这问那，反而会使顾客感到要立即决定是否购买的威胁，觉得不自在，不恰当的笑脸相迎会变成“笑脸驱赶”。有些顾客在店内漫无目的，目光在货架上扫来扫去，这是第三种客人。对这类顾客就不要打扰他们，应让他们自由自在地看。

6.1.3 商场柜台服务礼仪

在商场，做好柜台服务，是服务员日常工作的主要内容，它体现商场服务质量的水准。

6.1.3.1 营业前的准备

营业之前，准备工作做得充分，开门营业后，柜台服务才能有条不紊、从容不迫地进行，这对顾客是至关重要的。营业前的准备工作包括搞好柜台内外的环境卫生，检查自身的衣着修饰，给顾客一个整洁、干净的良好印象。补足货架，摆齐商品。对已售缺的商品，及时提货、拆包、分装、陈列，做到错落有致、层次分明、相互衬托、整齐美观。检查、填写或更换价格牌签，明码标价，这样做可使营业时减少差错。备好售货时各种用具，如尺、秤、计算器、剪刀，包装用纸、袋、绳，以及复写纸、找零的小额钱币，同时要检查一下刷卡机能否正常工作。

通常应做到以下几点：

第一，保持整洁整齐。每天营业之前，要做好清洁工作，把柜台和货架擦拭一遍，给人以窗明几净的印象。若是任凭柜台上混乱不堪，甚至于有灰尘，这样会显得待客不恭，也是失礼的。

第二，精心陈列商品。既要突出商场的经营意图，做到中心突出，主次分明。各个柜台之间相互呼应，整个店堂形成一个整体，让人赏心悦目，又要考虑商品货架的合理利用，使服务员在工作时能得心应手，还要方便客人观看和选择。

第三，商品明码标价。货牌上应注明产地、规格或型号等，部分新产品采用有效的宣传手段，让顾客详细了解其性能和特色，这些看似微小的细节，却可以大大为顾客提供方便。当有顾客走进商场时，柜台内服务员不得无动于衷，更不得指指点点、说说笑笑，如果这样，无异于戏弄顾客，而且这种影响很难挽回。

6.1.3.2 客人光临时的礼仪

迎接顾客，是商场服务员为顾客服务的第一步。服务员要在柜台内端庄站立，亲切微笑，用目光欢迎顾客的到来，轻轻点头行礼。当有顾客走近柜台前停留时，应主动迎客，问候“您好”或“请问您需要什么”等礼貌用语，拉近与顾客的心理距离。顾客浏览商品时，不管是否购买，服务员都要表情自然，目光注视客人，给予关心。

广义上讲，顾客进入商场就意味着服务开始，但具体服务，是从顾客挑选商品时开始的。服务员应礼貌、热情、周到和耐心接待每一位顾客，优质完成商品的销售工作。顾客来到柜台前有先有后，服务员应按先后依次接待服务，做到接待有序，在营业高峰时更应如此。商场服务员要做到“接一、顾二、看三”，即手上接待第一位顾客，眼睛照顾第二位顾客，嘴里招呼第三位顾客，对其他顾客则微微点头示意。每当换一位顾客时，应礼貌地致歉：“对不起，让您久等了。”

6.1.3.3 为顾客介绍商品时的礼仪

向顾客介绍、宣传商品，目的是让顾客了解商品，促其购买，要实事求是。如果介绍的情况不真实，误导顾客，从长远看，既失礼又失败。商场服务员对经营的商品特点、性能及市场行情、走势等知识，都要多懂得一些，应尽己所能，主动为顾客当好参谋：一要以顾客自己的爱好为前提，不能勉为其难，更不要强加于人；二要恰到好处，点到为止；三要帮助导购，从顾客的角度去引导消费。无论顾客提问的商品是不是服务员推介的，都必须礼貌作答，不能因为顾客对服务员介绍的商品不感兴趣，对于其提问就充耳不闻，不予理睬，也不能因为服务员介绍得已很详细，顾客还在不断提问，就嫌烦。有问必答，是优质服务的内容之一。

为顾客介绍商品时应注意以下事项：

第一，热情回答。在回答顾客的提问时，一般都应面对顾客，声音要轻柔，答复要具体。不要自顾自做事，连头也不抬；不能含糊其辞地随便哼一声，让顾客听不清楚到底说了什么；也不能一面回答顾客的问题，一面仍忙着和同事聊天，嘴动身不动，或做出不愿接待顾客的暗示。以上这些做法都是很失礼的。

第二，礼貌待客。顾客会提出各种各样的有关商品的问题。有些问题在服务员看来也许是多余的，但仍应礼貌应对，而不要冲撞顾客。比如，货牌上明明标出价格，有些粗心的顾客还会冲着服务员问：“多少钱?”这时，作为服务员仍应热情解答，或友好地提醒顾客看看货牌，千万不能说出“你自己不会看吗”之类没礼貌的话，伤害顾客的自尊心。

第三，百问不厌。回答顾客的提问，看似简单，其实是很繁杂的。同样的问题，顾客会一问再问，有时几位顾客会同时发问，让人不知听谁的好。服务员的回答顾客也会听不清或听不懂，因此要求服务员多次做出解释。这一切都要求服务员必须有耐心，要沉得住气，不要因为顾客一连提出问题，便显出不耐烦的样子，懒得再费口舌或者指责顾客，这与商场服务员的文明问答礼仪是背道而驰的。

第四，实事求是。无论是介绍商品的特色、质量，还是为顾客提供消费上的指导，充当顾客的参谋，都应以诚实为本，绝不可夸大其词，弄虚作假。如果服务员利用回答顾客问题的机会，推销劣质商品，引诱顾客上当，这不仅是礼仪问题，也是职业道德问题。

6.1.3.4 商场服务员要平等待人

（1）不以年龄取人。

无论是老是少，是中是青，来的都是客，服务员要一视同仁，热情接待。若因为老人动作迟缓，说话啰唆，便冷眼相待，爱理不理；或者因小孩年幼无知，便对其哄骗、强行买卖。这些都是有失礼仪的，甚至是有悖于职业道德的。

（2）不以服饰取人。

“只重衣衫不重人”的做法早已过时，但还有个别的服务员在西装革履的买主面前点头哈腰，而对衣着普通的顾客却不理不睬，态度不恭。服务员在柜台接待顾客时，顾客的服饰与自己服务态度之间，是不应该有任何内在联系的。

（3）不以职业取人。

社会中人们的分工虽然不同，但相互之间的社会地位是平等的。无论是明星，还是农民工，或者是公司白领、家庭主妇，都没有高低贵贱之分。把顾客按职业分成三六九等，在接待时区别对待，这显然是不正确的观念。

（4）不以地域取人。

我们国家幅员辽阔，各地之间的来往和交流十分频繁，尤其是大城市有成千上万的流动人口，他们都可能成为商场的服务对象。服务员对待来自各地的顾客都应该做到竭诚服务，宾至如归。如果抱着狭隘的地方主义观念，一听到外地口音态度冷淡，表现出排外情绪，这不仅不符合商场服务的礼仪规范，而且还不利于全国人民的团结。

（5）为顾客拿取及包扎商品。

人们购物总爱挑选，这是人之常情。服务员给顾客拿递商品时，动作要轻快，不能扔摔，以免引起误会。顾客反复挑拣，也是正常的现象。所以，服务员不能嫌烦，应说“没关系，不如我给您再拿另外一款供您比较”，以示服务耐心、诚恳。商品售出后，若顾客要求外包装，服务员应按照不同的商品，采用不同的包扎方法给顾客包扎好商品。对于玻璃器皿等易碎商品，必要时须用大小合适的包装盒（或箱）加以捆扎。捆扎动作要熟练，形式要美观，确保扎牢后递给顾客，并提示小心提拿。同时，还要留意认清买主，避免张冠李戴，造成损失。

服务顾客的全过程，服务员始终应保持情绪饱满、热情周到、话语亲切。顾客选购商品过程，可能因某种原因，在计价收款后还会临时反悔。服务员要一如初始，尊重顾客的意愿，在不违背商场规章的前提下，能够方便时尽量方便和满足顾客需求，不能因此对顾客厌烦，更不能讥讽、侮辱。

（6）送别顾客。

顾客购货完毕，服务员要点头目送并礼貌道别：“欢迎您再次光临。”这句用语也适用于结束一天工作，临近下班时间的告别服务。只要是在下班铃响之前进入商场的顾客，都应耐心接待，直到送走最后一位顾客才能开始清理货、款，搞好收尾工作，切不可提前关灯、挂帘、理货、对账，催撵顾客。

【基本训练】

复习思考题

1. 如何为顾客介绍商品？

2. 商场服务员怎样为顾客引路？

实训练习与操作

将全班学生分成若干小组，每两人一小组进行商场结账演练，一个学生充当顾客，另一个学生充当商场收银员。

实训目标：掌握商场递送服务礼仪。

实训内容与要求：学生自己准备演练需要的商品、钱币、信用卡、收据、签字笔，要求学生熟练掌握递送物品的礼仪规范。

实训成果与检测：学生分组进行演示，教师进行指导和评估，并选出表现优秀的小组在全班同学面前进行演示。

6.2 酒店服务礼仪

【本节学习目标】

1. 了解酒店服务基本礼仪
2. 初步掌握酒店前厅服务礼仪
3. 了解酒店客房部及餐饮部服务礼仪

【引例】

在某餐厅里，有一些来自台湾的宾客在此用餐。服务员忽然发现一位70多岁的老人面前的饭碗是空的，就轻步走上前，柔声问道："请问老先生，您还要饭吗？"那位先生摇了摇头。服务员又问道："那先生您完了吗？"只见那位老先生冷冷一笑，回答说："小姐，我今年70多岁了，自食其力，这辈子还没落到要饭吃的地步，怎么会要饭呢？我的身体还硬朗着呢，不会一下子完的。"

思考题：如果你是该服务员，应该如何问，老先生才不会生气？

人们经常听到"大酒店小社会"的说法，这并不夸张。在现代酒店中，不再是单纯满足人们住宿的需求，人们还会利用它来娱乐、洽谈、购物、用餐、开会、办公等。酒店向宾客提供的远不是几间客房而已。现代化的酒店，往往会同时拥有商场、餐厅、酒吧、写字楼、会议厅、展览厅、商务中心、舞厅、健身房、游泳池甚至是公寓，向宾客提供全方位的服务。

在酒店服务中，许多商务礼仪的基本原则是普遍适用的。但由于酒店自身的特殊性，又使得它拥有一套与众不同的礼仪规范，这就是人们所说的酒店礼仪。酒店礼仪与其他行业礼仪相比，更加友好热情、更加周到温馨。服务员作为酒店的代表，一言一行都是酒店形象的体现，酒店服务要求服务员有良好的道德、素质修养，有熟练的服务技巧，有灵活处理问题的能力，而礼貌待客是最基本、最重要的要求。本节主要介绍酒店前厅、客房、餐饮、礼仪。

6.2.1 酒店服务基本礼仪

6.2.1.1 仪表仪容礼仪

酒店员工应时刻注意自己的仪表修饰，因为它代表着酒店的形象。端庄大方的仪表既是自尊自爱的表现，又表达了一种对宾客的尊重。没有人愿意与一个衣衫不整、邋里邋遢的酒店员工打交道。员工的仪表仪容主要包括以下几个方面：

（1）着装。

在着装方面，酒店员工统一穿制服，要求制服合体、整洁挺括，佩戴相应的领带、领结、领花或者丝带。此外，也应遵守基本的着装规范，如“四长”（衣至虎口、袖至手腕、裤至脚面、裙至膝盖）、“四围”（领围可插入一指，衣服的胸围、腰围、臀围以衬一件羊毛衫为宜）；纽扣齐全，无漏缝，无破边；不卷袖口和裤脚；衬衣下摆系入裤内，内衣不外露；铭牌正戴在右胸上方；保持皮鞋光洁，男员工穿深色袜子，女员工穿肉色丝袜等。制服勤洗勤换，保持平整。

（2）妆容及发型。

酒店对员工的面部修饰、发型、指甲、首饰等都有所要求：酒店员工的容貌应以朴素大方、清新淡雅为原则，不要浓妆艳抹、过分修饰。勤洗发、理发，头发梳理整齐，无头皮屑、无杂物，不留怪异发型。男员工不得化妆，不得留胡须，不得留大鬓角，头发前不遮眼，侧不过耳，后不过领。女员工前面刘海不过眉毛，后不过肩，不留披肩发。指甲要修好，不留长指甲，保持干净，勤洗手。女员工不能涂有色指甲油。员工不能佩戴首饰（项链、耳环、手镯及夸张的头饰），只允许佩戴手表、铭牌、婚戒。

注意个人卫生。酒店员工应勤洗澡、勤换衣，保持个人的清洁卫生；上班前不吃葱、蒜、韭菜等有浓味、异味的食物，不用刺鼻的香水，以清新的姿态出现在宾客面前。

6.2.1.2 言谈举止礼仪

（1）语言礼仪。

酒店员工，特别是前厅部的服务员，工作本身就是与宾客交流的过程，所以语言修养对酒店员工来说显得尤其重要。良好的语言表达能力，不仅可以提高自己的服务水准，也可以让宾客更加了解服务员和酒店。酒店员工在语言表达中要注意以下问题：用语得体，即员工与宾客之间的语言交流应满足宾客自尊心的需要，要让宾客感觉处处受到尊重。热情灵活，即语言表达应富有感情，随机应变，而不是机械地背诵服务用语。酒店服务讲究“五声”：迎客声、称呼声、致谢声、道歉声、送客声。员工应对基本的称呼用语、问候用语和礼貌用语有所掌握。

酒店服务常用的称呼用语有“先生”“太太”“女士”“小姐”“阁下”“同志”等。酒店服务常用的问候语较多，一般可分为：见面问候语为“您好”“您早”“早上好”“您好，欢迎光临，请”及“先生，我能帮您什么忙吗”等；特别问候语为“新年快乐”“祝您生日快乐”“圣诞快乐”等；道别问候语为“晚安”“明天见”“一路顺风”等。使用问候语也要注意宾客的习惯风俗，一些在生活中很普通的问候，如“上哪去”“吃过了吗”在酒店服务中使用则不妥。

酒店服务常用的礼貌服务用语有：“请”“对不起”“谢谢”“请稍等”“麻烦您了”“让您久等了”“打扰您了”“给您添麻烦了”“对不起，请您再说一遍好吗”“对不起，耽搁您时间了”“请别客气”“这是我应该做的”“没关系”“这不算什么”“很抱歉，我得查询一下相关信息再答复您”“对不起，这件事我不能马上给您答复，我需要向主管请示一下”等。

酒店员工要用语谦恭，语调亲切，言辞简洁，根据不同宾客恰当使用不同的语言。对内宾使用普通话；对外宾使用外语，尽量做到听懂方言。

（2）仪态礼仪。

酒店不仅要求员工有良好的仪表仪容，还要求员工有良好的仪态，即正确的站姿、坐姿、走姿，给人精神饱满、热情洋溢之感。酒店对员工的仪态要求主要有：

①坐姿。入座要轻缓，不要赶步，以免给人以抢座的感觉，走到座位前，自然转身，右脚向后撤半步，安稳坐下。详见第1.2节仪态礼仪。

②走姿。行走时，步幅均匀、步速不要过快，行进间不能将手插在口袋里。不跑动，尽量走右边；要穿过宾客之间（在狭小的通道、过道或楼梯间谈话）时，不能从中间穿行，应先道一声：“对不起，请让一下”，待对方挪动后再从侧面或背面通过。引领宾客时，让宾客走在自己的右侧。

③蹲姿。酒店员工在工作过程中，要取低处物品或拾起在地上的东西时，应采用正确的蹲姿，蹲在东西旁边，而不要低头、弯背，将腰慢慢弯下拿取物品，女员工两腿要靠紧。

④手势。手势是一种有效的动作语言，恰当的手势常给人以含蓄、礼貌之感，但使用不当亦会造成误解。使用手势时应注意动作不宜过大，否则有手舞足蹈之感，对手势使用禁忌应有所了解，避免引起宾客的误会。

⑤表情。表情是人内心感受的外露，作为酒店员工来说，总有开心和不开心的时候，但要求其在工作中始终保持自然、友善的表情，即人们常说的“微笑服务”。“眼睛是心灵的窗户”，眼神是仪态的灵魂，酒店员工应时刻注意以诚实、热情的目光正视宾客。

6.2.2 酒店接待服务礼仪

6.2.2.1 前厅服务礼仪

（1）门童服务礼仪。

门童的服装除干净、整洁、挺括外，一般来说，还需要显得华丽，在酒店众多岗位中，门童的着装也是最突出的。大多数酒店的门童是男性，也有个别的酒店安排女性。许多酒店的门童通常穿着特制的服装上岗。在工作岗位上，门童均应肃立、直视、面含微笑，绝不允许抱肩、叉腰、弯腿或倚物。禁止与熟人、出租司机聊天、逗乐。

①迎接宾客礼仪。若宾客是走过来的，在宾客距手拉门5米内，门童面带微笑并用眼神关注宾客；在宾客距离手拉门1.5米时，迅速用标准规范动作打开门。如宾客是乘车来的，门童有义务为之开启车门并为宾客护项，即当车到达酒店门口时，应及时将车门打开，先开后门，再开前门，用左手将车门拉开，右手挡在车门上方，防止宾客的头碰到车上。待宾客下车后，对宾客进行问候致意，如“您好，欢迎光临”，有重要宾客或团队宾客光临时，门童应在酒店负责人的带领下，列队迎候。若适逢下雨，门童应主动为宾

客撑伞，碰上行动不便的老人或残疾人，还须上前搀扶。若对方系海外宾客，在上前搀扶之前，应先征询一下宾客的意见，如“先生，需要我搀扶您一下吗?”，得到允许后，才可帮助。

在宾客进入酒店大门时，门童需要主动为之开门，并在做出“里面请”的手势的同时，说“您好，请进!”若来宾是多个人时，也应不厌其烦一一问候每一个宾客。遇到常来常往的宾客，在问候时，还应当表现出对宾客的熟悉，比如说：“您好，欢迎再次光临”“您好，您回来了”，宾客能被门童认出来，对宾客而言，是一种自尊心的满足，将会令其心情甚佳。

②送别宾客礼仪。门童应随时注意出入的宾客，并主动使用敬语问候。当门童看到宾客走出酒店大门时，门童应及时主动上前向宾客问好并询问宾客是否需要出租车。若宾客需要出租车，门童应请宾客稍等，然后叫出租车。当车到达酒店门口时，门童应及时将车门打开，先开后门，再开前门。用左手将车门拉开，右手挡在车门上方，防止宾客的头碰到车上。待宾客上车后，邀请宾客下次再光临，然后轻手将车门关闭。在宾客乘坐的车辆驶离时，应肃立于一旁，目送其远去。

（2）总台接待员服务礼仪。

总服务台在酒店服务中发挥着接待中心、服务中心和指挥中心的作用。作为酒店联系宾客的一条最重要的纽带，每一位总台接待员，在工作当中都应表现出色。面带微笑，主动问候宾客，按规定请宾客办理相关入住手续。礼貌地查验宾客的相关证件，并表示谢意。在工作中，总台接待员应精通业务、讲求效率、节省宾客的时间。为宾客服务时，应笑容可掬地目视宾客，态度和蔼，表情亲切。在讲话的时候，应做到速度适中、口齿清晰、语言文雅、语气轻柔。

①接待宾客礼仪。当宾客前来投宿时，应目视对方鼻眼之间的三角区域，上身略为前倾，首先问候宾客：“您好，欢迎光临”“您好！我能为您效劳吗”“请问，您需要我做什么”，在听完宾客的要求后，应尽量给予满足。如有必要确认或重复时，应当先说一声“对不起”。倘若不能满足宾客的要求，应向其做出合理的解释，并主动向其介绍其他可以满足其要求的酒店。必要时，还可主动地替宾客代为联系。

如果同时接待较多的宾客，应按照先来后到的顺序，依次为其办理入住手续，并招呼等待的宾客，以示安慰。对稍后的宾客或发牢骚的宾客，不要针锋相对、得理不让人。应主动向宾客说一声“对不起”，以静制动，平息宾客心中的不快。需要查验宾客的证件时，先要说明理由，然后尽快归还，并且说一声“谢谢”。在递交宾客房卡、证件或现金时，应用双手，并说一声“请您收好”。不要随手扔在柜台上让宾客自取。办完宾客的入住手续后，应将相关事项逐一向宾客陈述清楚，提醒宾客有无贵重物品需要寄存，然后将钥匙递给宾客或行李员，向宾客道别。

②告别宾客礼仪。对待即将离店的宾客，总台接待员（或收银员）在为其结账时，要迅速。结账单上数据准确无误、一清二楚。对于宾客有关账单的疑问，要耐心解释，直到对方满意为止。不要嘲笑宾客：“您可真细心呀”“您还在乎这两个小钱，何必为它费劲呢”。结算清楚，是总台接待员的义务，也是宾客的权利。在告别宾客时，应多说几句此刻宾客希

望听到的话语，如“欢迎再次光临”。

(3) 行李员服务礼仪。

①迎接宾客礼仪。宾客下车后，行李员主动向其问候致意，行李应轻拿轻放，及时检查、清点并请宾客确认，贵重物品、易碎物品要请宾客自己拿，如行李少就用手拿，多的时候，要用行李车搬运。要注意大件、重的放下面，小件、轻的放上面。如宾客要自己携带则不勉强。

②引导并等候宾客礼仪。在陪同宾客进入大厅时，应合着宾客的步调，走在宾客左前方，距离宾客约两三步。在宾客办理入住手续时，应站立于宾客身后约1.5米后（这个位置应示意下面该引导的方向），替宾客看管行李，宾客手续办妥后，主动替宾客领取房门钥匙，送宾客去房间。

③引客入房礼仪。宾客办理入住手续完毕之后，行李员要陪同宾客一同去房间。进电梯时，应先让宾客进，现在由于电梯是自动化操作，行李员也可带行李先进，然后用手按住电梯开关请宾客进电梯。到达楼层后，一般请宾客先出电梯。进房时，当确定房内无人后，行李员打开房门，打开走道灯，扫视一下房间无问题后，退至房门一边，请宾客进门；进房后，将行李放在行李架上，或是按宾客要求放好，并请宾客核实。根据情况向宾客介绍客房设施及使用方法。如宾客无其他事情，则礼貌告别宾客，不可故意滞留或索取小费。

④送别宾客礼仪。当宾客离店、需要行李员帮助时，行李员应按约定时间到达客房，去房间接运行李时，要先按门铃或敲门通报，听到“请进”时方可入内。在弄清宾客行李的件数及具体要求后，应小心地把行李运到宾客预约的轿车上，并将其放入行李箱内。当宾客到达后，应把行李的情况向宾客进行详细的交代，免得对方有所遗忘。然后，应向宾客欠身施礼，并以“祝您一路顺风”“欢迎再次光临”“再会”等合乎礼仪的语句，热情告别，最后退后到车辆两米处目送宾客离去。

6.2.2.2 客房服务礼仪

(1) 楼层服务员服务礼仪。

在许多酒店中，客房采取楼层服务模式，每个楼层设置服务台，有楼层服务员值台。楼层服务员在得到宾客将要到达的通知后，应立即做好准备工作。在宾客到达时，应当对其笑脸相迎，并热情问候“您好，欢迎光临”，然后应在前方引路，将宾客带入客房。在打开房门之后，应先请宾客入内。进入客房后，应对房内的设备和酒店内的设施稍作介绍，当问明宾客再无疑问之后，应立即退出，以免妨碍宾客休息。在向宾客告别时，应告诉对方：“您有什么问题，随时可以找我。”当宾客离开酒店时，应将其送至电梯门口，并热情地与之告别。

客房服务员对常住的宾客，最好记住其姓名。见面时，用语要亲切而礼貌，如“王先生，又见到您了，真让人高兴”“李小姐，新年好”等等，短短的一句话，立刻就可以让宾客倍感温暖。照顾的重点是要适合其生活习惯。有人喜欢用两条被子，有人喜欢睡硬枕头，有人惯于晚睡晚起，有人整日闭门不出、讨厌被打扰，客房服务员若能对此加以照顾，一定会使宾客不胜感激。

（2）客房服务员服务礼仪。

服务员打扫客房时，应尽量在宾客外出时进行。进门前应先敲门，并说“Housekeeping”（客房服务员），在宾客应答后方可进入客房，然后征求宾客意见是否可以打扫房间，当给宾客带来不便时应主动打招呼表示歉意。如果连敲三下，房内无人应答，可用钥匙打开房门。如宾客正在睡觉，应立即退出，如无人则可开始打扫房间。打扫客房，应严格按作业规程进行，打扫完毕时，应将宾客的物品放在原来的位置上，打扫时不得随意翻动宾客的物品、文件。在走廊里推清洁车或从清洁车上取放物品时，与宾客相遇应主动打招呼、让道。

6.2.2.3 餐饮服务礼仪

（1）迎宾员服务礼仪。

迎接宾客时，迎宾员横排对称站立餐厅门口的两侧。当宾客到来时热情问候，微笑地用敬语同宾客打招呼。在没有引位员的餐厅，迎宾员还要负责引领宾客进店并引领到预订的桌位前，对没有订座的宾客，应代为安排餐桌。宾客离店时，仍然以规范的礼节欢送宾客。接待团体宾客时，应依次向宾客点头致意，躬身施礼。如遇宾客主动点头致意，要及时鞠躬还礼。为了使每一位宾客都能听到问候语，应不厌其烦连续多次重复，问候时要目视宾客，不得东张西望或注意力不集中。

（2）引位员服务礼仪。

引位员主动开门迎接宾客，微笑并致以“您好，欢迎光临”的问候，然后询问宾客是否有预订及宾客人数，如有预订应在第一时间内引领宾客至相应座位。若无预订则按照宾客人数并征询宾客意见安排合适座位。引领宾客时，先轻声招呼“请跟我来”或“请这边走”，同时伴以手势给宾客指引方向，目光也随之看去，动作不宜过大。行走时迎宾员应走在宾客左前方，相距约1.5米。用眼睛的余光观察宾客的动态，同时与宾客简短谈话，如介绍一下餐厅的菜肴，宾客是否第一次来。到达台面时，引位员伸手向宾客示意，并主动为宾客拉椅让坐，还要告诉值台服务员宾客人数，同时把值台服务员介绍给宾客，接着立即返回工作岗位，在餐位登记表上记录引领宾客的人数和厅房号或桌位号等情况。

（3）值台员服务礼仪。

宾客走近餐桌时，值台员应主动热情地向宾客问候、致意。按先宾后主，先女宾后男宾的顺序给宾客拉椅让座，帮助宾客挂好衣帽。若餐厅备有椅套，当宾客脱去外衣搭在椅背上时，及时套上椅套。宾客就座后，应及时上茶，上香巾。待宾客安座后，请宾客点菜和酒水。值台员应双手递上菜单，耐心等候，不要催促宾客点菜。当宾客一时难以定夺时，值台员应当好宾客的参谋，切忌一味推销餐厅的高档菜，应从宾客的利益出发，本着让宾客满意的态度帮助宾客点菜。当宾客点的菜厨房无法供应时，应礼貌地表示歉意，希望得到宾客的谅解，并及时推荐相近的菜肴，尽量满足宾客的要求。宾客如对菜肴有特别的要求，不应立刻回绝，应尽快与厨房联系，尽量满足宾客的需要；如无法满足宾客的要求，则要表示歉意。宾客点完菜，确认后，应立即将菜单送往厨房。

值台服务应遵守作业程序和操作规程。切忌手指接触菜肴，瓶口接触杯口。做好上菜、分菜及席间服务。应处理好主人与宾客、女宾与男宾的关系。撤菜应先征得宾客的同意。应根据宾客的具体用餐情况，合理掌握上菜的节奏。除回答宾客的提问和必要的说明、解释外，值台员在席间不要多说话，说话时注意距离、角度和音量。菜上齐时，应告诉宾客“菜齐了，请慢用”。

当宾客用餐快要结束时，应准备好账单，待主人示意后及时递上请主人过目，小声告诉主人确切的收款数字，并做好解释的准备。收银台应及时把找零和发票交给主人，并表示感谢。宾客如给小费应表示感谢，但不得索要小费，或暗示宾客给小费。宾客离开餐厅时，应及时拉椅让路，提醒宾客不要遗留物品，感谢所有宾客的光临，并欢迎再次光临。宾客离开餐厅后应迅速检查餐厅，查看是否有宾客遗留的物品，然后进行清理。

（4）走菜员。

走菜员在服务中应配合值台员工作，及时取得联系。并随时与厨房互通情况，搞好协作、适时上菜。要做到冷菜先上，热菜及时上，火候菜随做随上，以保证色、香、味、形不走样。安放餐具及上菜等一律用托盘，不应用手直接端拿，以免手指触及碗碟、菜肴，影响菜品卫生。走菜繁忙时，不得跑动。天再热也不得挽袖，以示对宾客的尊重。走菜途中，切忌私自品尝，这是不文明的行为。走菜时，要注意步姿的端正和自然，遇到宾客要主动礼让。

【基本训练】

复习思考题

1. 酒店门童在迎接宾客时要符合怎样的礼仪规范？
2. 酒店餐厅的引位员如何给宾客引位？

实训练习与操作

女生试化酒店职业淡妆，男生试剪酒店服务生发型。

实训目标：让学生了解酒店职业淡妆和发式的基本要求，并会为自己选择合适的淡妆和发式。

实训内容与要求：挑选出几个主动配合的男生，利用课余时间按酒店服务生发式要求去理发，在课上与其他校园生活中男生的发型作对比。要求女生自备化妆盒，课上在教师的指导下化出适合自己风格的酒店职业淡妆并掌握一种淡妆风格。男生发型符合酒店职业要求。

实训成果与检测：男生理发后，课上全班学生进行对比和点评。女生化妆后，学生们进行彼此点评和打分。

6.3 导游服务礼仪

【本节学习目标】

1. 掌握导游基本礼仪
2. 初步掌握导游带团服务礼仪

3. 了解导游员生活服务礼仪

导游员肩负着为旅游者提供旅游和生活服务的责任，在工作中，要遵循“宾客至上”“服务至上”的服务宗旨。导游员心中有旅游者，把旅游者看成客人、朋友、亲人，想旅游者所想，急旅游者所急。有了这种境界，才会善解人意，热情周到，任劳任怨地为游客提供服务。

要成为旅游者欢迎的导游员，除了要有渊博的知识、高超的技能、良好的职业道德、高度的责任感，导游人员还要掌握一定的服务礼仪规范。

6.3.1 导游基本礼仪

在导游员旅游服务过程中，导游员要一切以旅游者为中心，在仪容仪表的妆饰上，一定要符合自己的社会角色，摆正自己和旅游者之间的关系，绝不可打扮得花枝招展或过分招摇。喧宾夺主的妆饰是不适合导游工作的，这将会使自己凌驾于旅游者之上。导游员是“民间外交官”，是“形象大使”，应以端庄的仪表、优雅的举止服务于旅游事业，从而树立良好的导游员形象。

6.3.1.1 服饰礼仪

在服饰穿戴方面，导游员应遵循现代个人的基本服饰礼仪规范要求及 TPO 原则。另外，导游员着装还应该注意以下几个方面：

(1) 如果导游员所在的旅行社或相关部门有规定，就要按照要求统一着装。若无明确规定，则以选择朴素大方、整洁便于行动的服装为宜。带团时，导游员的服装穿着不可过于时尚、怪异或花哨，以免喧宾夺主，使旅游者产生反感，认为导游员不是来给他们服务的而是来炫耀的，也不可过于土气、邋遢，见图 6－3－1。

图 6－3－1 导游礼仪

(2) 无论男女，导游员的衣裤都应平整、挺括。特别要注意衣领、衣袖的干净。带团旅游时，原则上应以运动休闲和户外休闲为主。夏天男导游员不应穿短裤、无领汗衫，或赤脚穿凉鞋参加旅游接待活动。女导游员不宜穿短裙，穿凉鞋时注意趾甲应修剪整齐；穿裙装时，注意袜口不可露在裙边之外。男女导游员带团时均不能穿拖鞋、背心。

(3) 进入室内，导游员都应脱下大衣、风衣、雨衣，男导游员应摘下帽子，脱掉手套；女导游员的帽子、手套则可作为礼服的一部分允许在室内穿戴。无论男女导游员，在室内都不可戴墨镜。

导游员岗位形成的穿着习惯是服装一定简洁、大方，男导游员衣服必有领子，女导游员衣服必有袖子。所以男导游员不能穿圆领汗衫，女导游员不能穿吊带上衣、超短裙，露脐装。在带团时，导游不戴饰物为佳，男导游员除手表以外，其他饰品皆不佩戴，像耳钉、穿孔之类的最好不要在男导游员身上体现。女导游饰物最多不能超过两件，可以适当地选择个人喜欢的东西，但忌讳过于夸张和醒目，尤其不应给人一种贵气逼人的感受，一般可佩戴一枚戒指和一条项链。在工作过程中，耳环、手链、手镯、脚链等首饰一律不应佩戴。

6.3.1.2 仪容仪态礼仪

仪容在导游员整体形象中有十分重要的地位，其传达出最直接最生动的第一印象，反映着导游员的个人精神面貌。女导游员容貌端庄秀丽，男导游员整洁清爽，能使旅游者看上去赏心悦目。因此导游员必须重视自己仪容的修饰，要充分发挥自己的优势，有效地弥补自身的缺陷和不足。导游员面容的修饰和头发的梳理是十分必要的，其基本要求是：端庄、整洁、自然、大方。

(1) 仪容礼仪。

导游员的头发应保持清洁和整齐，长短适宜，不梳怪异发型。头发被吹乱后，应及时梳理，但不可当众梳头，以免失礼。导游员最好不把头发染成黑色以外的其他颜色。男导游员的发型应前发不遮额，侧发不盖耳，后发不触领。女导游员在工作中不梳披肩发，前边刘海不能及眉眼，发丝不凌乱。

导游员要经常开口说话，牙齿应保持洁净，洁白的牙齿给人以美感。因此，导游员应坚持早晚刷牙，饭后漱口。带团前忌吃葱、蒜、韭菜、姜、烟、酒等有异味的食物，必要时用口香糖或茶叶来减少口腔异味。

为保持面容光泽，女导游员应适当化妆，以浅妆、淡妆为宜。这是一种工作妆，要求简洁淡雅，切不可浓妆艳抹，也不要当众化妆或补妆。男导游应修短鼻毛，不蓄须。导游员应注意手部清洁，不留长指甲，指甲内不藏污纳垢，女导游员不涂抹有色指甲油。

(2) 仪态礼仪。

导游员坐、立、站都应端正、自然，不能懒散随便。合乎规范、优雅大方的仪态是导游员带团必须达到的礼仪要求。

①站姿。导游员的站姿应稳重、自然。站立讲解时，身体直立，挺胸收腹，双肩后展，一臂自然下垂或在必要时做出相应的手势，另一只手持话筒，两脚或同肩等宽，或呈“V”形，身体重心可轮流置于左右两脚之上表示谦恭、彬彬有礼，传达一种自信和轻松。如果是在旅游大巴车内站立讲解，导游员可微靠司机后面的护栏，或手扶护栏，以保持身体的平衡，但要注意保持上身正直，精神饱满，不可心不在焉。

②坐姿。端稳是导游员坐姿的基本要求。即便是在行进的旅游大巴上，导游员也应注意保持规范的坐姿，双手可搭放在座位的扶手上，或交叉于腹部前，或左右手分放于左右腿之上。双腿自然弯曲，两膝相距，男导游员以一拳为宜；女导游员双膝应并拢，切忌分腿而坐。此外，无论男女导游员，坐姿均不可前倾后仰、不以脚底示众、不随意抖动腿脚等。

③走姿。行走是导游员最主要的一种工作姿态，带团时，导游员的步态应从容、轻快、得体和灵活，给人以动态美。行进中，避免弓背、哈腰、斜肩，左右晃动，双手插袋，步伐滞重，更不得随意慌张奔跑。

④在带团过程中，导游旗是一个旅游团队在景区游览时的方向和向导。带领游客前行时，导游需要高举导游旗。一般情况下，导游应该右手举导游旗，左手持话筒。有时导游携带耳麦式话筒，一般右手举导游旗，也可在右手累时换到左手，不可将旗子随便拖在地上，或乱糟糟地卷成一团，甚至是放在地上当成坐垫。

6.3.2 导游带团服务礼仪

导游员的主要业务是向旅游者提供生活服务和旅游中的讲解服务，导游不仅要十分熟悉旅游线路，了解风景区及游览点的来龙去脉，而且应当熟知各地的交通、旅馆、餐厅、商店、停车场，甚至厕所的方位等，这样才能顺利而完美地做好导游工作。

6.3.2.1 讲解礼仪

导游讲解是灵活运用语言的艺术，导游在景区带团过程中应该灵活运用各种技巧，让旅游者享受到个性化的讲解服务。较高的文化水平和广博的旅游知识及相关知识是导游做好工作的前提。因此导游的知识面涉及广泛，可谓“诸子百家，无不涉及；三教九流，多有相关”“江山之美全凭导游一张嘴”，导游讲解服务的礼仪规范有如下几个方面：

（1）讲解的节奏。

在旅游巴士上，导游要根据车外不断变化的景致而解说，达到让旅游者能够一目了然的效果。如果对相关的景点进行介绍，一般要求导游的解说简短、明快。在景区的游览过程中解说时，导游一定要考虑到团队的整体行动速度的快慢、客人的年龄及客人接受的能力等，并及时调整解说的速度和音量，甚至增加同一讲解内容的次数。导游员的语速既不能过快，也不能过慢，更不能一成不变。语速过快会使旅游者跟不上导游员的思维，致使旅游者听完就忘，或印象不深。语速过慢会使旅游者感到厌烦，并造成欣赏时间的减少。一成不变的语速缺乏情感色彩，令人乏味。导游员应善于根据所讲内容和旅游者的背景、理解能力、反应能力等来控制语速。一般来说，讲到需要特别强调的事情，想引起客人注意的事情，容易被误解的内容，以及数字、人名、地名等，应放慢速度；对于众所周知的事情、不太重要的内容以及故事进入高潮时，应加快速度。面对年轻旅游者，语速可快一些；而为老年旅游者讲解时，语速要适当放慢。

（2）讲解时间的长短。

一般要求导游的解说占整个游览时间的70%，剩下的30%时间，让客人自己边看边体会，进一步加深印象。导游的解说还应该注重讲解顺序，突出重点，形象对比，浅显易懂。

导游讲解的内容要充实，平时注意多收集一些相关的知识、资料、传闻、趣事等内容来充实导游词。还应该注意讲解时表情、动作、声调，平淡的叙述不能算是讲解，那只能让人越听越困，丰富的表情、抑扬顿挫的语调、引人入胜的讲解内容才能吸引旅游者。

（3）讲解内容的安排。

旅行团体的人数多少和景点的大小直接影响导游的讲解，如果人数比较多，游览的景点又很狭小，导游就应该在进入景点之前，全面详尽地解说后再带领旅游者进入参观。若景点区域很大，就可将主要讲解内容分布在游览过程中。

（4）讲解的身体语言。

导游在讲解时，要充分发挥身体语言的作用，包括眼神、表情和手势。

①讲解时的目光语。眼睛是心灵的窗口，导游的目光应该是善意和友好的，来回地在旅游者之间移动，自然地保持良好距离。在导游讲解过程中，一般情况下，导游应是正视和环视，即多以平行的视线接触旅游者。导游员应避免仰视，即视线往上看天，给人以傲慢、目中无人的感觉；也不要俯视，即低着头看地，看自己的脚尖，不敢抬头接触旅游者的视线，这是不自信的表现。在游客多的场合，导游员要多用环视，照顾到每一位旅游者，目光不能过多地停留在一位或几位旅游者身上，因为这样一方面会使他们被看得不舒服，另一方面使其他旅游者产生被冷落的感觉。

②讲解时的表情。对导游员来说，比较重要的表情语是微笑语。在导游工作中，微笑是友好的使者，是礼貌的表示。特别是初次与旅游者见面，导游员主动亲切的微笑，能迅速消除旅游者的陌生感和不安感，缩短双方的心理距离。在游览过程中，微笑能说服旅游者接受导游员的正确意见，化解彼此间的误解和不愉快。微笑还可以美化导游员的形象，是导游员平和淳朴、真诚自信的外在表现。所以，微笑被形象地称为“忘忧之草”。导游员应该以自己真诚的微笑迎接四方来宾，并为其提供旅游服务。

③讲解时的手势。手势不仅能强调或解释讲解的内容，而且能生动地表达导游讲解所无法表达的内容，使讲解生动形象，使旅游者有切身的感觉，更加形象地体会相关的内容，能够“看得见摸得着”。对于导游来说，高兴时切忌拍大腿，急躁时不要抓耳挠腮。

在讲解时一般有 3 种手势：一种是情意手势，如在说“中国 2010 年上海世界博览会一定会取得成功”时，可用握拳的手有力地挥动一下，既可渲染气氛，也有助于情感的表达。另一种是指示手势，如“现在我们来到了杭州灵隐寺，它是杭州的最著名的佛教旅游景点。在灵隐寺入口左侧是飞来峰（用手指左边），原名灵鹫峰”。还有一种是象形手势，如当讲“西湖的花港观鱼有这么大的鱼”时，就要用两手食指比一比。在何种情况下用哪种手势，都应视讲解的内容而定。

在手势的运用上必须注意：一要简洁，易懂；二要协调合拍；三要富有变化；四要节制使用；五不要使用旅游者忌讳的手势。

（5）导游讲解的语言艺术。

导游应该具备较强的语言表达能力，其主要表现为较好的语言组织能力，做到措辞得当、词能达意、讲解流畅、声音洪亮、口齿清晰、富于节奏。导游要重视每一次讲解，避免老套，导游词要富于变化，以适应不同类型的旅游者。导游的讲解有其特殊性：要利用口语化的语言。口语化的语言的基本要求是准确恰当、鲜明生动、通俗易懂、优雅文明，同时要注意导游口语表达的技巧——活用修辞、注意停顿、控制语速、掌握语调、调节音量等。

导游讲解本身是一种艺术，要注意与旅游者的互动，讲解过程中需要适当的幽默。幽默风趣的语言如果使用得当，可以活跃气氛、提高游兴，增进导游员和旅游者之间的感情交流，使旅游者回味无穷，有时还可以摆脱尴尬。在幽默的运用中应注意分寸，使用不当会使旅游者感到导游在"耍贫嘴"，甚至感到低级趣味。要杜绝"黄色幽默"和"黑色幽默"，前者以低级趣味为满足，而后者以玩世不恭、嘲笑他人为目的。

检查导游讲解服务礼仪是否规范化的标准：

第一，语音语调有无变化，有没有抑扬顿挫，有无美感。

第二，措辞是否准确、得当。

第三，拿话筒姿势是否标准，声音经过话筒是否失真，一般右手持话筒，轻轻放在右嘴角下，注意话筒一定不要挡住嘴。

第四，讲解所用材料是否可靠，有出处。作为一个导游员不允许同样一个问题被问两次都不会回答。

第五，景点的文化内涵是否可以解释清楚。

第六，讲解用词可接受程度如何，是否见什么人说什么话，是否适合不同的旅游者。

第七，导游的讲解是否面对旅游者，切记永远不要背对着旅游者。

第八，导游语言是否是生动、形象的，有无流利的口头语言表达能力。

第九，讲解是否引起了旅游者兴趣，有无幽默感。

6.3.2.2 迎送礼仪

旅游团队迎送是导游员的一项十分重要的工作，接团工作的礼仪是否周全，直接影响着导游员本人在客人心目中的第一印象，从而影响旅行社在旅游者心目中的印象。送团则是带团的最后一项工作，如果前面的工作客人都非常满意，但送团工作出现了礼貌不周的情况，同样会破坏导游员在客人心目中的整体形象，并使带团前期的努力前功尽弃。

（1）迎接旅游团礼仪。

导游迎接旅游团礼仪规范要求有如下几个方面：

①凡导游员到机场、车站、码头迎接客人，必须比预订的时间早到，等候客人，而绝不能让客人等候接团导游。备好醒目的接团标志，最好事先了解全陪的外貌特征、性别、装束等。当客人乘交通工具抵达后，举起接团标志旗帜，向到达客人挥手致意。

②接到客人后，主动介绍自己的单位及姓名。介绍过后，迅速引导客人来到已安排妥当的旅游车旁，指导客人有秩序地将行李放入行李箱后，再招呼客人按次序上车；客人上车时，最好站在车门口，帮助那些身体不便的旅游者或小孩。

③客人上车后，待客人稍做歇息后，导游员向旅游者致欢迎词，其主要内容包括5项：表示欢迎、介绍人员、预告节目、展示心态、预祝成功。其中第3项，将团队在本地的旅游活动的日程简要地向旅游者进行说明，以便让客人了解此地游程安排、活动项目及停留时间

等。客人到达酒店前先简单介绍次日游程安排，并宣布日程细节。注意观察客人的精神状况，如客人精神状况较好，在前往酒店途中，可就沿途街景作一些介绍；如客人较为疲劳，则可让客人休息。

④到达酒店后，协助客人登记入住，并借机熟悉客人情况，随后将每个客人安排妥当。与领队商定通知早起时间后通知酒店总台，记录团员所住房号，再一次与领队进行细节问题的沟通协调。最后与客人告别，并将自己的房间号码告知客人。

（2）导游员送团礼仪。

导游送客礼仪规范要求有如下几个方面：

①客人活动结束前，要提前为客人确定好下一站旅游或返回的机（车、船）票；客人乘坐的机位、车厢、船舱尽量集中安排，以利于团队活动的统一协调。

②离开旅游大巴应提醒客人是否有遗漏物品并及时帮助处理解决。

③为客人送行，应使旅游者感受到自己的热情、诚恳、礼貌，有车、轮船开动或将客人送入机场隔离区时，应向客人挥手致意，祝客人一路平安，然后再离开。

6.3.3 导游生活服务礼仪

带团旅游，涵盖了旅游六大要素中吃、住、行、游、购、娱的方方面面。导游工作的性质与任务，不仅仅是景点介绍、讲解，还包括许多其他的工作，尤其是生活起居要满足旅游者的需求。主动关心和帮助老人、小孩、残疾人等有特殊需要的旅游者，积极帮助他们解决旅行中的实际困难。尊重旅游者的宗教信仰、民族风俗和生活习惯，并主动运用他们的礼节、礼仪，表示对他们的友好和敬重。对于导游员来说，要做好生活服务工作，也应遵循一定的礼仪规范。

6.3.3.1 沟通协调礼仪

（1）善于洞悉旅游者心理。

作为一名优秀的导游，要圆满完成带团任务，尽量使每个旅游者玩得开心、游得满意，应对所接旅游团的国籍、种族、年龄、职业、文化程度等方面的资料进行详细了解，并对他们的旅游动机、心理需求、游览偏好等情况做出大致的预测，从而对合理安排旅游路线、合理分配景点停留时间、确定景点介绍的侧重点有一个全面的把握。

（2）善于激发旅游者的兴趣。

旅游者游兴如何是导游工作成败的关键。激发旅游者游兴的因素包括两个方面：一是景观本身的吸引力；二是导游借助语言功能调动和引导的作用。

导游的景点介绍，一定要注意讲解的针对性、科学性和语言表达主动性的完美结合，应根据不同的景点进行详略不同的介绍。景点介绍的风格特点和内容取舍，始终应以旅游者的兴趣为前提。要善于变换旅游者感兴趣的话题，可根据不同旅游者的心理特点，做如下选择：满足旅游者求知欲的话题；刺激旅游者好奇心理的话题；决定行动的话题；满足旅游者优越感的话题；娱乐性话题。

（3）善于调节旅游者的情绪。

情绪是人对于客观事物是否符合本身需要而产生的一种态度和体验。旅游活动中，由于有相当多的不确定因素和不可控制因素，随时都会导致计划的改变。

（4）沟通协调技巧。

①回答问题技巧。旅游者来自世界各地，兴趣爱好差异大，旅游的动机更是也不尽相同，提问方式各不尽相同，提出的问题有时也稀奇古怪，导游员应该灵活运用语言来沟通协调，回答疑难问题可以运用下列技巧。

第一，原则问题要回答得是非分明。旅游者提出的某些问题涉及一定的原则立场，一定要给予明确的回答。这些问题有些涉及民族尊严，有些涉及中国的国际形象，如香港的“一国两制”“台湾问题”等，要是非分明、毫不隐讳，并力求用正确的回答澄清旅游者的误解和模糊的认识。

第二，诱导旅游者自我否定。旅游者提出问题以后，不立即做出回答，而是先讲一点理由，提出一些条件或反问一个问题，诱使旅游者自我否定，进而放弃原来提出的问题。

第三，曲语回避利害关系。有些旅游者提出的问题很刁钻，使导游员回答肯定和否定都有漏洞，左右为难，还不如以静制动，或以曲折含蓄的语言予以回避。有一位美国游客问一位导游员：“你认为是江泽民好，还是邓小平好？”导游员巧妙地避开其话锋，反问道：“您能先告诉我华盛顿和林肯哪一位好？”客人哑然。

②拒绝技巧。旅游者提出的问题千奇百怪，导游员不要随意说不。如何让客人在要求得不到满足时还能高兴地接受现实，而不至陷入尴尬境地呢？下面介绍几种符合礼貌服务的拒绝艺术。

第一，微笑不语。旅游者遭到拒绝是十分尴尬难堪的事，但有时旅游者提出的一些要求，又不得不拒绝，此时，微笑不语可谓是最佳选择。满怀歉意地微笑不语，本身就向客人表达了一种“我真的想帮你，但是我无能为力”的信号。微笑不语有时含有不置可否的意味。

第二，先是后非。在必须就某件事情向旅游者表示拒绝时，可采取先肯定对方的动机，或表明自己与对方主观一致的愿望，然后再以无可奈何的客观理由为借口予以回绝。例如，在孙中山先生的中山陵，外国旅游者可能会摄影拍照来记录自己的中国旅游历程，而陵寝内是不允许拍照的，此时导游员诚恳地说：“从感情上讲，我真想帮助大家，但这里有规定不许拍照，所以我无能为力。”这种先“是”后“非”的拒绝法，可以使对方感到你并没有从情感上拒绝他的愿望，而是出于无奈，这样他们在心理上容易接受。

第三，婉言谢绝。即以诚恳的态度、委婉的方式，回避他人所提出的要求或问题。为此只能表示遗憾和歉意，感谢大家的理解和支持。拒绝客人的方法还有不少，如顺水推舟法的拒绝，既能达到断然拒绝的目的，又不至于伤害对方的面子，显得有涵养。

总之，多数情况下，拒绝客人是不得已而为之，只要措辞得当、表达的态度诚恳并掌握适当的分寸，客人会予以理解和接受的。

6.3.3.2 处理突发事件礼仪

导游员是旅行社派出的代表，旅游活动的成败在很大程度上取决于导游服务质量，尤其是处理突发事件的情况。在按计划完成预定游览项目的过程中，可能会发生车祸、患病、失窃等意外事件，导游员要有临危不慌、排除困境、处理难事的各种应变能力，及时把问题解决在萌芽状态。处理突发事件应注意做好以下几个方面：

（1）带团过程中旅游者与旅行社发生纠纷时，导游员应会同全陪、领队及时与旅行社进行沟通，向旅行社反映客人的情况，配合旅行社工作人员处理，安抚客人。切忌不管不问，激化矛盾。

（2）带团过程中发生旅游者之间的纠纷时，应与导游团队成员协调，及时进行劝阻，了解事件原因并进行调解和安抚，同时向旅行社进行汇报。若发生斗殴事件，应会同其家人、亲友及时制止，立即报警并同时向旅行社汇报。听从旅行社安排，在民警到场后配合调查处理。

（3）若是酒店、景点、餐饮等工作上出了问题，要积极进行协调处理，平息纠纷，安抚客人并向其讲明原因，并与相关的接待单位一起向旅游者致歉，做出相应的弥补措施。

（4）旅游者向导游员提出投诉时，应认真倾听投诉者的意见，无论有无道理，均应让客人把话说完，切不可立即辩解，更不可马上否定。必要时立即向旅行社及相关部门汇报，认真调查，客观分析，力求做出正确的判断。核实情况后，应向投诉者做实事求是的说明或诚恳的赔礼道歉，并迅速采取措施进行补救。妥善处理后，应向旅游者表示感谢，并继续为其提供热情周到的服务。

【基本训练】

复习思考题

1. 导游如何迎接旅游团队？

2. 导游在处理突发事件时应注意哪些方面的礼仪规范？

实训练习与操作

以本市概况为导游词案例，选出自愿讲解的学生在同学们面前进行讲解示范，然后由教师和学生按导游讲解礼仪规范进行评价。

实训目标：掌握导游讲解礼仪，使学生提高其语言表达能力和在众人面前表演的技巧。

实训内容与要求：导游词可由学生分组来编写，也可由教师提供，要求学生讲解连贯，有逻辑性、趣味性，符合导游员讲解礼仪规范。

实训成果与检测：其他学生对讲解学生的讲解效果进行评价，最后由教师进行总结。

6.4 金融保险服务礼仪

【本节学习目标】

1. 掌握银行服务基本礼仪

2. 掌握保险服务基本礼仪

金融业泛指从事资金融通活动的行业。这一行业的从业机构种类繁多，形式各异。概括地看，可分为银行体系和非银行金融机构体系两大类。其中，世界各国的银行体系，按功能可分为中央银行、商业银行和专业银行三类；而非银行金融机构则包括保险公司、信用合作社、养老或退休基金会、投资信托公司等。由此可见，广义的金融业是包含保险业的。

6.4.1 银行服务礼仪（图6-4-1）

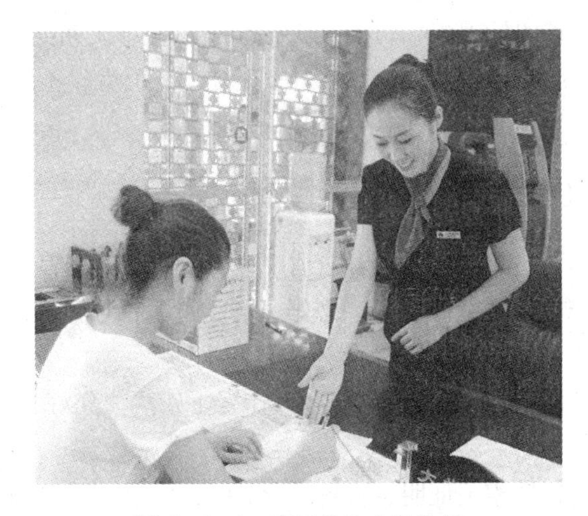

图6-4-1 窗口单位人员礼仪

6.4.1.1 职业形象

（1）服务号牌规范佩戴。柜面人员上岗必须规范佩戴或摆放统一的服务标识牌，根据业务需要设立的大堂经理（或大厅值班、咨询人员）须佩戴明显标志。

（2）统一着装，保持整洁。营业网点柜面人员要统一着装并做到以下几点：

①保持服装、鞋袜的洁净得体和整齐；

②衣、裤口袋尽量不装物品，以免变形，影响美观；

③员工不允许穿拖鞋，男员工应穿深色皮鞋；

④男员工应着深色袜子，女员工的袜子应与制服颜色相称，避免露出袜口；

⑤员工上班时不能戴袖套。

（3）发型自然，不染异色。男员工不留长发，不剃光头，不蓄胡须，发型轮廓要分明；女员工可留各式短发，发型自然；留长发应束起盘于脑后，佩戴发饰；有刘海应保持在眉毛上方。

（4）仪表大方，装饰得体。

①不得戴有色眼镜从事工作；

②女员工不得佩戴过多或过于耀眼的饰物，每只手最多只能戴一枚戒指，饰物设计要简单；

③柜面员工不得文身，不留长指甲。

（5）优雅仪态。为客户服务时要注意保持优雅的仪态，具体包括一个小动作、一个眼神或者一次回头。不要用眼角瞄客户；为客户指引方向时，要用邀请的手势；为客户传递物品时，要用双手，不要养成单手传递的习惯，更不要扔东西；避免用手臂依靠在桌子上、靠在椅背伸懒腰等不良行为。

保持最佳服务状态，避免谈论与工作无关的话题，同事之间以礼相待，习惯用“请”“对不起”“谢谢”礼貌用语。

（6）自我反省。

要养成每天自我反省的好习惯，每天在工作结束后，都要问问自己：“我做得好不好？我这样做够不够？还有没有什么地方需要修正？”通过自我反省不断强化自己的专业形象，提升服务质量，同时提升自己在职场中的能力。

6.4.1.2 语言礼仪

（1）柜面人员上岗时，要语句清晰音量适中，语言文雅、礼貌。

（2）柜面人员工作中，要坚持使用“您好、请、谢谢、对不起、再见”十字文明用语，要规范使用服务用语。

（3）接待客户时使用：“您好，请问您办理什么业务？”“您好，请问有什么事我可以帮忙吗？”

（4）客户办理不需提供相关证明、资料的业务时，应说：“请稍候，我马上为您办好。”

（5）客户办理需提供相关证明、资料的业务时，应说：“对不起，请您出示××资料（证件）。”

（6）客户提供的资料不全时，应说：“对不起，根据规定，办理这项业务需要提供××资料，这次让您白跑一趟真是抱歉！”

（7）客户办理的业务需相关部门或人员签字时，应说：“对不起，根据规定这笔业务需要××部门（人员）签字，麻烦您去办理签字手续”。

（8）办完业务后，应说：“您好，这是您办理××业务的回执，请收好。”

（9）客户办理查询业务时，经查询款项未收妥，应说：“对不起，您所查的款项暂时没到，请将您的电话号码留下，款到后我们立即通知您。”

（10）客户办理查询业务时，若发现非其单位财会人员或出纳人员要查询其单位存款时，应婉言谢绝：“对不起，为了保护客户权益，按规定我不能为您查询，请您谅解。”

（11）客户进行咨询时，应说：“您想了解什么？我们随时为您解答。”

（12）客户进行咨询，若询问的内容自己不太清楚（或不能处理），应说：“对不起，请稍候，待我请示一下负责人。”

（13）客户的要求与国家政策、银行规定相悖时，应说“非常抱歉，根据规定我不能为您办理这项业务，希望您能谅解。”

（14）客户取款，接到客户取款凭证，配款完毕后应说：“××号客户，为了便于核对，请您告诉我现金支票收款人名称和取款金额，并请您把对号牌交给我，谢谢！”

（15）客户取款，取款凭证未传递至现金柜台，客户询问时，应说：“对不起，凭证还没有传递过来，请您稍等一下。”

（16）客户取款，所配大小钞不能满足客户要求时，应说：“对不起，××票很短缺，不能满足您的要求，非常抱歉。”

（17）客户出现失误更正后可以办理时，应说：“对不起，您的××有误（指明错误之处），请您重新办理一下。”

（18）客户存入较多零币时，应说：“零币较多，请您多等一会。”

（19）客户请求兑换零钱时，要报清收到的钱数：“这是××元，请您稍等一下。”

（20）当由于自身原因不能满足客户要求时，应说：“对不起，因为××原因，我们这里不能满足您的要求，请您到××行试一下好吗？”

（21）办理业务时，因特殊原因需接听电话应说：“对不起，我接一下电话，请稍候。”接完电话后应说：“对不起，让您久等了。”

（22）客户在非营业时间来办理业务，应说：“对不起，现在已经不是营业时间了，请您在营业时间来办。”

（23）临时出现设备故障，应说：“请原谅，计算机线路暂时出现故障，我们在尽快排除，请稍候。”

（24）客户代办必须由本人亲自办理的业务时，应说：“对不起，这项业务应该由本人亲自办理。请您通知本人来我行办理，谢谢您的配合。”

（25）收到客户的现金中发现假币时，应说：“对不起，经鉴别您的现金中有×张是假币，按照《中国人民银行假币收缴、鉴定管理办法》的规定，需要收缴，请您补足钱款，多谢合作。”假币没收后，按照规定向客户出具《假币收缴凭证》时，应说：“这是给您出具的《假币收缴凭证》，如果您对被收缴的货币真伪有异议，可以向中国人民银行的当地分支机构或中国人民银行授权的鉴定机构申请鉴定。”

（26）办理的业务需客户签字时，应说：“请您在这里签名！”

（27）收到客户的投诉、建议时，应说：“非常感谢您对我们的工作提出宝贵意见，请您留下姓名和电话号码，我们处理后尽快与您联系。”

（28）客户向自己表示歉意或谢意时，应说：“没关系，这是我们应该做的。”

（29）与客户道别时，应说：“感谢您对我们工作的支持，欢迎您再来。”

（30）当客户对凭证有疑问时，应说：“您有什么疑问？我来为您解释。”

（31）当业务繁忙时，应说：“请您稍候，我马上为您办理。”

（32）当客户表达不清晰时，应说：“对不起，麻烦您再说一遍”，禁止说：“声音大点”“说清楚点”。

6.4.1.3 服务态度

（1）柜面人员必须做到：存款取款一样主动，生人熟人一样热情，忙时闲时一样耐心，表扬批评一样诚恳，树立为客户提供“诚信、温馨、高效、舒适”的服务是我们员工义不容辞的责任的服务理念。

（2）迎接客户，主动热情。

①当客户走近柜台时，对客户礼貌热情、主动招呼、微笑迎接、目视客户并向客户问好。

②当客户在柜台前徘徊犹豫时，要主动热情询问并留意客户手中的凭证，得到确切答复后再作具体引导。

③当忙于手中的内部工作未及时发现客户时，首先要向客户道歉，然后本着“先外后内”的原则，尽快停下手中的工作为客户办理业务。

④当经常惠顾的客户来到柜台前时，要主动以姓氏称呼客户并要向客户问好。

⑤当多位客户几乎同时到达营业窗口时，要对先到和后到的客户都打招呼，并先向后到的客户做解释，再询问先到的客户办理什么业务，然后按先后顺序办理业务。

⑥当柜台前有客户正在办理业务，同时又有新的客户进入视线时，应用目光或点头示意客户，并主动用“您好，请稍等一下”等语言安抚客户。

⑦对下班前办理业务的客户，不能拒绝、不能急躁，要认真受理。

（3）仔细聆听，把握意图。

①办理业务要准确了解客户的用意，并得到客户确认。当客户表达不清楚时，应委婉地请求客户重复表达意图。

②客户犹豫不定时，主动介绍业务品种，宣传办理程序。

③确定已准确了解客户的意图后，迅速进行业务处理。

（4）解答咨询，耐心细致。

①解答客户询问，态度耐心诚恳，语言通俗易懂，表达清晰准确。

②遇到自己不熟悉的问题时，不能推诿、搪塞，要主动向同事请教或立即咨询相关部门，然后答复客户。

（5）业务办完礼貌道别。

①办完业务将钱、单递交客户时，动作要轻，不扔不摔。提醒客户核对、收好。办完取款业务，请客户点清、验清。

②客户临走时应礼貌道别，欢迎再来。

（6）客户失误委婉提醒。

①发现客户走错柜台时，应礼貌地为客户指明办理的柜台；客户要求办理本网点暂未开办的业务时，应先向客户致歉并介绍客户到开办此项业务的网点办理。

②看到有客户插队时，应委婉地规劝客户按先后顺序排队；看到前面的客户已办理完业务离开而下一位客户仍站在等候处时，应热情地引导客户上前办理。

（7）大堂人员职责清晰。大堂经理（或大厅值班、咨询人员）必须做到：解答咨询认真准确，指导业务耐心细致，处理纠纷及时公正。

6.4.1.4 柜面服务

（1）柜面服务程序一般分为三个阶段、五个步骤。

三个阶段是：①迎接客户阶段；②满足客户阶段；③送别客户阶段。

五个步骤是：①客户进入视线，站立迎接；②客户进入“一米线”或走近柜台，礼貌问候；③客户提出服务需求，仔细倾听；④按照客户业务需求迅速准确操作，唱付唱收；⑤双手递交经办结果，礼貌送别。

（2）站立服务。

实行站立服务和微笑服务是银行为实现优质服务对柜面员工提出的具体工作要求。

站立服务是指站立迎接客户和站立送别客户。站立的姿态要符合礼仪要求。

通过站立服务体现银行员工对客户的尊重，反映银行员工良好的精神风貌。站立服务的频率要根据柜台高度和业务繁忙程度灵活掌握。

（3）微笑服务。

当你用亲切合宜的语言向客户打招呼之后，马上应该提供的下一个服务就是——微笑。笑是世界共通的语言，任何人面对善意的微笑，都能感受到他人传递过来的友好信息。对于银行的柜台人员来说，必须要学会使用这种特殊的语言。

灿烂的笑容会令人如沐春风，稳定客户的心。笑能让人有安定的感觉，让人产生亲切、温馨的情感，所以，千万不要吝惜你的笑容。作为服务人员，不一定要使用那种非常职业化的笑，你的笑可以更自然、更真实。

（4）视线服务。

在为客户服务时，每个服务人员都要做到顾客至上，同心服务。建议银行的柜台服务人员在为客户服务时，最好能够站着服务，这样才能与客户的眼神直接对视，也才便于用点头微笑来为客户做好视线服务。这样的服务能打破你与顾客之间的障碍，能让客户感觉到自己受到重视，也才能让其心甘情愿地把钱存入你的银行。

（5）经常环视大厅，看看有没有客户需要协助。

银行的工作有几个固定的时段比较忙碌，一般情况下，大部分人都会比较空闲。这种时候，你最好不要将时间浪费在化妆或发呆上，而是要学会经常环视大厅，看看有没有客户需要帮助。

6.4.1.5　处理典型问题技巧

（1）遇到假币怎么办？

在确定是假币的情况下，首先应告之客户：“对不起，这张是假币，按照国家有关规定应予以没收，请您配合。”并按假币没收规程处理。如果客户不相信，要求递给他看，应告之客户：“对不起，我们有规定，假币不可以递出柜台，但我可以在柜台内告诉您假币的特征，以免您以后再上当。”然后用假币鉴别仪进行现场检验，并解释没收假币的依据。如遇客户吵闹，应礼貌劝说。如果客户继续吵闹，可提交主任（柜组长）或二线人员处理，避免营业场所吵闹。假币没收后应告知客户：“如果对没收的货币真伪有异议的，可以在×天内向人民银行或人民银行授权的鉴定机构申请鉴定。”

1）注意问题：

①自身形象要正，处理必须果断，态度不能暧昧，不能让客户存有通过吵闹就可索回的侥幸心理。

②必须措辞得当，有礼有节，自始至终使用文明用语，如果能获取柜外其他客户的舆论支持，则更好。

③假币不能出柜，以防止客户不交还，形成尴尬局面。

2）服务忌语：

①“算你自己倒霉，不会识别真假。”

②“假的就是假的，有什么看头。”

（2）在办理业务中客户缺少相应证件怎么办？

储户如未带本人身份证，应讲清实名制要求，请客户带身份证来办理业务。如储户带着非有效证件或有效期超过的证件来办理业务时，临柜人员应主动向这位客户解释：“您提交的证件是非有效证件或已超过有效期，请您去把有效证件带来再办理此业务，您再来若还要排队，我们可为您优先办理。”如代理他人办理业务缺少双证时，应主动向代办人讲清业务规定，请他带齐证件，再来办理业务。

1）注意问题：

①不能用生硬的口气回答客户，要向客户讲清规章制度要求这样做，是为了从保护客户的利益出发，确保客户的存款安全。

②客户办理业务所需证件、资料要交代清楚，避免客户多次往返。

2）服务忌语：

①“这是规定，没有证件不能办理。”

②“跟你说过了，一定要××证才能办理的。”

（3）交接班时客户多怎么办？

柜员应尽量避开在高峰期交接班，交接班时应放上“暂停服务，请稍候！”的告示牌。如果接班的员工到网点时，客户很多，就延迟接班时间，并增开窗口为客户办理业务，等柜面空些的时候再进行交接。如果正在交接时有很多客户进来，便尽量加快交接时间，并向客户做好解释工作。

服务忌语：

①“我在接班，你等着。”

②“你没见我在交接，我又不是不做。”

（4）电脑发生故障怎么办？

柜员应在柜台上放置“机器故障，请稍等”的告示牌，柜员应站立服务，做好柜口解释说明工作。尽快与机房取得联系，如果机房告知时间不长就可以排除故障，则告诉客户：“此时机器正排除故障，时间不会太长，请谅解。”若电脑故障不能在短期内修复，应告诉客户：“对不起，我们电脑可能在短期内修复不了，如果您不急，可留下电话号码，等故障排除后再通知您，给您造成的不便，我们深表歉意。”尽量让客户感到你也很着急，在紧张地打电话联系；还可趁机和储户聊聊新金融产品、股票等话题，以化解客户等待时的不满。若全辖电脑线路故障，应向客户说明：“电脑是联网的，其他网点也一样。”以免客户因不明情况而跑冤枉路，再次引起客户的不满。

1）注意问题：

①不能只对顾客说："机器故障，请稍等"，顾自办理其他事情，也不能给客户乱许愿，乱表态，如"过半个小时再来"等等。

②做柜面解释工作，态度要诚恳和蔼，面带笑容，因不能为客户办理业务，更应注意自己的服务态度，以防发生服务投诉事件，影响银行形象。

③在客户有急事而不能等，且符合办理应急取款处理的手续时，应主动给客户办理应急付款业务。不能因为怕麻烦而不给客户办理。

2）服务忌语：

①"是电脑坏了，我有什么办法！"

②"不知道什么时候能办，你爱等就等吧！"

③"又不是我在修电脑，我怎么知道什么时候好！"

④"人也要生病，机器当然也有坏的时候！"

⑤"电脑坏了我也没办法，你有意见可向我们行长投诉。"

（5）碰到素质低的客户怎么办？

首先，要有耐心，特别要注意语言文明。并通过耐心细致的讲解、真诚的语言、可亲的笑容感染客户，使客户感到理亏和难为情，同时也达到教育其他客户的目的。对正在气头上，火气特别大的客户，要采取冷处理的方式：面对客户，脸带笑容，让客户把话说完，尽量平息客户的火气，然后再耐心解释。值班主任应主动前来劝解。对个别客户的不理解、责怪甚至谩骂，要保持冷静的头脑，委曲求全，平和应对。讲话之前先要考虑一下这句话该不该讲，会不会伤害客户，会不会给客户抓住把柄。

1）注意问题：

绝对不能讲损害客户自尊心的话，也不说"火上浇油"的话，更不能同客户争吵。要向客户多讲"对不起""抱歉"等。

2）服务忌语：

①"不用再说了，跟你这样的人没什么话可说！"

②"素质真差，理也不用理你！"

③"你瞎嚷嚷什么，不懂少开口！"

（6）碰到客户忘记密码怎么办？

首先要安慰客户不要着急，帮助客户回忆密码。如客户确实记不起密码，就告知客户凭身份证办理挂失，并提醒客户今后要记住密码，以免带来不便。

①注意问题：要向客户讲清，银行采取上述措施是为了保证客户的资金安全。

②服务忌语："真弄不清，连自己的密码都记不住。"

（7）遇老人不会操作密码怎么办？

首先告诉老人如果不设密码，只能在原开户所取款。对老人要耐心地教他操作，不能操之过急。如果他仍不会按，则可以给他示范一下。如果老年人忘记密码或输入错误时，应耐心请他回忆，不要催得过急。如果老人确实记不起密码，就请他拿出身份证核对，经确定是本人的存款时，就按规定给老人办理。如果没带身份证，就给老人说明情况，请他下次带证件再来。

1）注意问题：

教老人操作时，要注意耐心示范，尽量不要代输密码，以免老人担心；要让老人觉得有亲切感、安全感。

2）服务忌语：

①“不会操作，留什么密码。”

②“这么简单的事都要忘记，不要自己来取钱了。”

③“我看你还是取消密码算了，每次来都这样，烦死了。”

6.4.2　保险服务礼仪

6.4.2.1　保险业概述

保险业作为金融业的一个分支，是在生产力得到巨大发展、社会财富大量涌现、风险损失也随之急剧上升的前提下产生的。它起源于14世纪的意大利，其险种为海上保险。进入20世纪后，保险业有了长足的发展。目前，保险业在发达国家已十分普及，几乎无人、无事、无物不保险。

人们常常提到的保险公司是指专业性的商业保险企业。这种保险公司的经营运作方式是：通过商业性保险合同的形式，收取被保险人的保费形成保险基金，在发生合同规定的风险事故时，赔偿被保险人的经济损失。事实上，由于风险概率都经过了精确的计算，因此，通常情况下，保险公司获得的保费收入常常超过它的赔付金额，从而积累了大量的货币资金。这种货币资金比银行存款更趋稳定，因而成为各国金融体系中的长期资本来源。

由以上分析可以看出，保险公司实质上是一种特殊的金融企业，它隶属于非银行类的金融机构，其融资功能主要由保费的收集和赔付及二者的差额的运用来体现。

6.4.2.2　保险市场营销及其业务特点

保险市场营销有广义和狭义两种定义。广义的保险市场营销是指保险人从保险消费者的需要出发，展开整体性的经营活动以适应和影响需要，并把满足这种需要的保单和服务送到保户手中，以实现自身的经营目标。这里的整体性经营活动，包括险种的开发、保单及服务的定价、促销及出售保单的计划、管理等全过程。狭义的保险市场营销则是指售卖保单而使社会对保险的需求得到满足的一种经营活动。下面对保险营销礼仪的讨论是建立在狭义的保险市场营销概念上的。

保险业提供的是一种特殊的金融服务，投保人购买的实际上是一种预期的、未来的服务，这种服务的提供以发生保险合同内的风险为前提，保单（保险合同）只是记载这种服务的书面形式。要使准客户做出购买一种未来的服务，保险营销活动必须使其感到满意，这种满意首先就是建立在良好的营销礼仪上。

（1）保险营销人员礼仪素质要求。

营销人员作为营销活动的执行主体，必须具有良好的礼仪素质。只有这样，他们的一举一动才能自然而然地传递出令人尊重、令人信赖的信号，从而获得客户的好感。

保险营销人员的礼仪素质要求如下：

第一，自尊自爱，敬业爱岗。一名优秀的营销人员，必须以良好的精神风貌去面对客户。作为尊重客户的最基本礼仪，这种良好的精神风貌可从两个方面去培养：其一是自尊自爱的营销人员会信心百倍、精神抖擞、情绪高昂地走向客户。当客户面对着精神饱满、神采奕奕的营销人员时，他们会感到赏心悦目，也感到自己被重视，从而会认真考虑保险营销人员的意见。其二是敬重自己的职业和岗位。职业不仅能给人们带来收入，也能激发人们的工作热情。只有热爱本职工作的营销人员，才能更好地去说服客户相信保险的重要性。

第二，一视同仁，严禁歧视。保险营销有口碑效应，如果有某个客户受到歧视，那么真正受影响的可能是几倍或者几十倍的潜在客户。因此，尽管有的客户保险金额较大，而另一些客户的保额偏小，营销人员也必须一视同仁，始终保持热情、周到而主动的服务，切不可厚此薄彼。

第三，注意小节，处处留心。保险营销活动在很多时候是与客户面对面的交往，因此，注意小节显得十分重要，切不可因小失大。下面列举几个值得注意的地方：

首先，尊重客户的名片。客户的名片是他（她）的自我介绍，尊重其名片就等于尊重其本人。因此，当客户送出名片时，营销人员应该身体微微前倾，离座双手迎接并道谢，接过名片后要认真阅读一遍，从而了解客户的身份，以便礼貌地称呼。看完后应恭敬地收入名片夹中，切不可随意一塞或者用名片做一些不礼貌的动作。

其次，选择有利于沟通的座位。一般而言，平面位置可分为恐怖位置、理性位置和感性位置。人的背后因无防备，从而被认为是恐怖位置。有道是“明枪易躲，暗箭难防”，所以营销人员不可坐在客户的背后。面对面地相向而坐，会令人感到严肃理性、气氛凝重，这就是所谓的理性位置。这种位置不利于展开轻松的交流，因此不是最佳的选择。感性位置则是指双方的位置处于垂直或平行状态，这种位置使双方感到平等和放松，减少防备或对立。除了选择感性位置外，为示尊重，营销人员也可把上座（尊位）让给客户，自己选择下座。一般地讲，有两个扶手的沙发是上座，长沙发是下座；面对大门的是上座，接近门的是下座；咖啡馆里靠墙的是上座，过道一边是下座；在火车上，面对前进方向的是上座，背对前进方向的是下座。

再次，语言适当，忌急于求成。成功的保险推销员固然离不开解释和引导客户的购买欲望，但千万注意：言多必失。喋喋不休的讲解和劝说可能会给客户造成心理上的压力，并引发反感。因此，推销保单时，推销人员只能在恰如其分的讲解后，礼貌地征询客户的意见，应留给客户独自思考的时间，如已取得了再次联络的许可后，应礼貌地告辞，切忌有逼客户就范的急于求成的心态。

最后，不涉及犯忌的话题。客户忌讳的话题包括宗教信仰、讲竞争对手的坏话、对同事及上司的微词、其他客户的秘密、客户的缺点和弱点、影响客户利润减少的消息等。

第四，面对拒绝，心平气和。当与客户初次见面时，客户对推销有着拒绝的本能，这种心态造成了客户的紧张情绪，也使推销员与客户产生隔阂。消除客户的紧张情绪，正确的做法是：向客户建议购买时，千万不能以其为特定的销售对象，应该叙述他人的例子。换言之，就是不要让客户感觉到你正在向他推销，而应当采用妥善的说法，如“今天我不想推销商品，只是为收集一些资料而来”，或者事先声明不会勉强对方购买，并与对方约定，倘若忙碌，将随时离去。当询问客户对自己的建议有何意见时，要同时请客户告知推销员如何做对客户才有所帮助。此外，还要强调所提供的不仅是商品，也是一份关心，会给对方带来方便或利益。利用以上方法，可以消除客户的紧张情绪，使其心情放松并与你进行商谈。

在接近客户时，往往会遭到拒绝。拒绝是推销的孪生兄妹。即使出色的推销员，也经常被拒绝。面对拒绝，应做到以下两个方面：

一是心平气和，从容不迫。很少有推销员刚上门客户就说“你来得正好，我正急需这类物品”之类的巧合话。所以，无论遭到任何方式的拒绝，都应保持微笑，目光正视对方，不必难为情地低下头或转身就走，仍应礼貌地道声“打扰了”“谢谢”，然后告辞。

二要认真分析被拒绝的原因。是对方对产品和企业不了解还是不喜欢？是顾客没有钱还是时机不恰当？还是自己推销中出了什么问题？然后针对这些原因，拟订方案，重新振作精神，鼓起勇气，再去推销。

（2）访问礼仪。

访问客户是保险营销中最常见的一种促销手段。在这一环节中，营销人员可从拜访前的衣着准备、拜访中的言谈举止和拜访后的联络三方面注意自己的礼仪。

第一，保险访问前的衣着准备。端庄大方的服饰仪容是保险营销人员工作的必要条件，一个服饰得体、整齐、彬彬有礼的营销人员给顾客带来的是一种美感，这种印象可以为下一步的推销打下良好的基础。

保险营销人员在拜访客户时的穿着应根据顾客的情况而定，即根据即将拜访的顾客的社会地位、经济状况和文化程度来决定穿着。因为人人都有潜在的攀比意识，当碰到一个陌生人时，都会自觉地进行比较，如果营销人员的服装与顾客的阶层差别太远的话，会使顾客在心理上与营销人员形成一条鸿沟，这会影响保险推销工作的顺利进行。日本寿险推销大王齐藤竹之助曾说：“因情况不同，有时我在一天之内要换好几次衣服，因为我认为穿着要根据时间、地点、场合来选择。”

①拜访大的单位、公司或写字楼的穿着。拜访大的单位、公司或写字楼中的客户时，营销人员的穿着不能过于随便。男性宜穿白色或浅色衬衫及深色西装，打领带；女性宜穿套装或套裙，显出庄重、专业的素质。因为在这些场所工作的客户相对来说档次较高，他们平时的穿着也较为讲究，如果营销人员穿着随便，过于寒酸，感觉上和他们的档次拉得太远，就难于迎合他们的口味。

②走家串户拜访客户的穿着。保险营销人员在入户拜访客户时，服装可以随便点，一般来说，男性上身可穿夹克衫，下身穿西裤就可以；女性业务员的衣服应注意搭配得当，整齐大方。因为业务员在入户拜访时接触的是家庭，白天只有家庭主妇及退休老人在家，而晚上则是休闲的时候，如果业务员穿得太整齐、太高档，反而会使对方产生一种格格不入的感觉，当然也不能穿得过于破旧，否则难以取得对方的信任。

③到工厂、农村拜访客户的穿着。保险营销人员到工厂、农村销售保险时，应避免穿太正式的服装。因为这些人平时上班不穿工作服，如果业务员穿质地考究的衣服，如穿西装、

打领带进入他们的工作场所，会显得与他们很不协调，容易产生距离感和不信任感，沟通比较麻烦。

除正式服装外，有关营销人员随身携带公文包的礼仪也有讲究。公文包应干净、整洁，使用方便，且颜色不宜过于醒目以致喧宾夺主。现在有许多营销人员都带着手提电脑去拜访客户，这是比较合适的。因为客户所需资料及信息都很容易查询，同时记录客户资料也十分方便。

营销人员的发型设计，是另一个应予以关注的方面。营销人员最好不要将头发设计成非常规的、不易为人接受的发型。其他饰物，男性除手表、手机等必用工具外，忌过于花里胡哨；女性也不宜过于时髦，以至于超出消费者的心理承受能力。另外，女性营销人员的彩妆不宜过浓。

第二，保险访问中的言谈举止礼仪。在保险推销过程中，业务员的言谈举止对推销的成功起着举足轻重的作用，每位优秀的业务员都非常重视这一点。访问客户既可是礼节性拜访，也可是工作拜访。访问前，业务员应充分了解准客户的情况，猜度客户的需要，并事先与之约定访谈的有关事宜。到达访谈地点后，业务员应先敲门，经主人允许后方可入内。入室后，如果谈话时间较短，则不必坐下，事情结束后也不要逗留；如需时间较长，也要在主人邀请后方可入座。如遇到客人有异议，应尊重客户，避免发生不愉快，说话时注意措辞，多说“我建议您”或“如您所知”，而避免说“这不是三岁小孩都知道的吗”一类的话。

访问中，如主人请用茶点，应适当品尝并表示感谢。在访问过程中，未经主人邀请，不得擅自参观主人的庭院、房间；如访问地点在办公室内，注意拜访时间不宜太长，声音不宜太大，以免影响其他人办公。拜访时间应根据情况调整，如遇他人来访，应尽快结束谈话，及早离开，离去时应向所有在场的人微笑告辞，并对主人表示谢意。对主人的相送，应说“请回”“留步”或“再见”等。

第三，回访及售后服务礼仪。如果在拜访中获得主人的同意，可再次联络，若主人虽未明示同意但也未拒绝联络，拜访后（无论签单与否）都应适时地与客户交流。回访作为一种强化与客户感情的方式，一般应安排在初访后三天左右。因为时间间隔越长，留给客户的印象越淡化。当然，回访的时间应考虑客户的需要。

保险产品是非易耗品，产品作用期长，因此，保险产品的售后服务十分重要。业务员在售出保单的同时，实际上就已承诺对客户的长期服务负责。售后服务的内容包括理赔、收续保费、接受统括保单及其他物件的传递。在售后服务中，业务员应承担解说、递送、安抚等重要工作，要竭尽全力为保户排忧解难，使保户安心、满意。

售后服务礼仪不仅包括及时回复客户的电话、信件，及时处理与保单有关的问题，更包括重大节假日的主动问候，甚至登门造访。如果时间太紧，也一定要以电话、书信或电子邮件的形式向客户问候。如遇客户的生日，或者客户升迁、生意兴隆时，应给客户送贺卡表示关心。如经济条件允许，对有潜力的客户，可召开小型的恳谈会或小型宴会，联络感情，为日后开展工作做好充分的准备；对客户在生活中提出的求助，如有能力时，业务员应鼎力相助，但切忌妄夸海口，也不要介入太深。

由于我国保险业发展水平不高，国内金融市场不成熟，因此，我国的保险业利润主要来自承保业务利润，而国外的保险业利润则主要来自投资利润。针对国内保险业这种过于依赖保费收入的现状，要特别提到的营销礼仪是：营销人员不仅要关心保费的收取，更要关心客户的利益，因此，当发生理赔事件，客户提出索赔要求时，营销人员要密切关注事态的发展，及时与客户联络，随时为客户主动服务，而不是等客户找上门来还想尽各种理由拒赔。

从某种意义上讲，只有当索赔发生时，保户才真正享受到他们已购买了的保险服务。因此，保险营销人员必须耐心、真诚地关心保户的利益，并一如既往地为保户服务。营销人员在理赔过程中表现出来的礼仪比其他任何环节的礼仪都重要。中国有句古话“患难见真情”，当保户提出索赔时，往往是他们身处困境需要援助之时。如果此时保险营销人员能帮助他们排忧解难，保户必然会将自己的感动向周围宣传；反之，如果营销人员举止不周，保户会愤而大肆散布不利于公司的消息。

【基本训练】

复习思考题

1. 银行员工服务时应遵循哪些礼仪规范？
2. 保险营销人员应遵循哪些礼仪规范？

实训练习与操作

银行礼仪及保险营销礼仪训练。

实训目标：掌握规范的银行服务礼仪及保险营销礼仪。

实训内容与要求：设定每位学生的身份，将学生分为10人一组，练习银行礼仪及保险营销礼仪，要使学生能在职场中熟练运用所学礼仪知识。

实训成果与检测：学生进行演示，教师及其他学生进行检查和点评。

6.5 营销礼仪

【本节学习目标】

1. 掌握网络营销技巧和礼仪
2. 掌握汽车销售礼仪
3. 掌握房地产销售礼仪

【引例】

叮咚!!!!

买家：这款有货吗？……

过了3分钟

买家又问：掌柜在吗？……

又过了许久，卖家超级经典的来了句“嗯”……

结论：这时的买家早跑远了，可能都已经在别处买完了。唉……别说你忙，机会总是难得的，人家要买你的东西，你忙啥。老半天都不理买家，不跑才怪呢。如果上来你就说句：“您好呀，有什么能为您效劳的吗?”，别觉得肉麻，这样让买家听着心里舒服，不买你东西都觉得对不起你。

6.5.1 网络营销礼仪

6.5.1.1 什么是网络营销

网络营销是个人或集体基于互联网技术、支付中介、物流快递满足顾客欲望及购买力的过程。网络营销是信息技术大发展的产物，依赖互联网技术、信息技术（3G 技术、Wi－Fi 网络、WAP）、支付中介、信用评估、物流交通等，未来可能随着 3D 技术的发展及实体体验店的建立，将会更好的满足顾客的购物体验。

网络客服人员不能与客户直接进行面对面交流，话语中所体现出来的个人状态将更加直观的呈现给客户，因此网络客服人员态度诚恳热情，声音甜美成为抓住客户心理的重要手段。整个网络之间的交往都是建立在公平、自由和自律的基础上的，因此网络营销等商业行为必须遵守网络礼仪才能获得人们的信任，从而达到营销和宣传目的。

6.5.1.2 网络营销沟通礼仪

网购因为看不到实物，所以给人感觉比较虚幻。为了促成交易，客服必将扮演重要角色，因此客服沟通交谈技巧的运用对促成订单至关重要。

（1）态度方面。

①树立端正、积极的态度。

树立端正、积极的态度对网店客服人员来说尤为重要。尤其是当售出的商品有了问题的时候，不管是顾客的错还是快递公司的问题，都应该及时解决，不能回避、推脱。积极主动与客户进行沟通，尽快了解情况，尽量让顾客觉得他是受尊重、受重视的，并尽快提出解决办法。在除了与顾客之间的金钱交易之外，还应该让顾客感觉到购物的满足和乐趣。

②要有足够的耐心与热情。

我们常常会遇到一些顾客，喜欢打破砂锅问到底。这个时候就需要我们有足够的耐心和热情，细心的回复，从而会给顾客一种信任感。绝不可表现出不耐烦，就算对方不买也要说声“欢迎下次光临”。如果你的服务够好，这次不成也许还有下次。砍价的客户也是常常会遇到的，砍价是买家的天性，可以理解。在彼此能够接受的范围内可以适当让一点，如果确实不行也应该婉转的回绝。比如说“真的很抱歉，没能让您满意，我会争取努力改进”或者引导买家换个角度来看这件商品让她感觉货有所值，就不会太在意价格了。也可以建议顾客先货比三家。总之要让顾客感觉你是热情真诚的。千万不可以说“我这里不还价”等伤害顾客自尊的话语。

（2）表情方面。

微笑是对顾客最好的欢迎，微笑是生命的一种呈现，也是工作成功的象征。所以当迎接顾客时，哪怕只是一声轻轻的问候也要送上一个真诚的微笑，虽然说网上与客户交流是看不见对方的，但只要你是微笑的，言语之间是可以感受得到的。此外，多用些旺旺表情，也能收到很好的效果。无论旺旺的哪一种表情都会将自己的情感讯号传达给对方。比如说："欢迎光临!""感谢您的惠顾"等，都应该轻轻送上一个微笑，加与不加给人的感受是完全不同的。不要让冰冷的字体语言遮住你迷人的微笑。

（3）礼貌方面。

俗话说"良言一句三冬暖、恶语伤人六月寒"，一句"欢迎光临"，一句"谢谢惠顾"，短短的几个字，却能够让顾客听起来非常舒服，产生意想不到的效果。

礼貌对客，让顾客真正感受到"上帝"的尊重，顾客来了，先来一句"欢迎光临，请多多关照。"或者"欢迎光临，请问有什么可以为您效劳的吗"。诚心致意的"说"出来，会让人有一种十分亲切的感觉。并且可以先培养一下感情，这样顾客心理抵抗力就会减弱或者消失。

有时顾客只是随便到店里看看，我们也要诚心的感谢人家说声："感谢光临本店"。对于彬彬有礼、礼貌非凡的网店客服，谁都不会把他拒之门外的。诚心致谢是一种心理投资，不需要很大代价，但可以收到非常好的效果。

沟通过程中其实最关键的不是你说的话，而是你如何说话。让我们看下面小细节的例子，来感受一下不同说法的效果："您"和"MM 您"比较，前者正规客气，后者比较亲切。"不行"和"真的不好意思哦"，"恩"和"好的没问题"都是前者生硬，后者比较有人情味。"不接受见面交易"和"不好意思我平时很忙，可能没有时间和你见面交易，请你理解哦"相信大家都会认为后一种语气更能让人接受。多采用礼貌的态度、谦和的语气，就能顺利地与客户建立起良好的沟通。

（4）语言文字方面。

①少用"我"字，多使用"您"或者"咱们"这样的字眼：让顾客感觉我们在全心全意为他（她）考虑问题。

②常用规范用语：

"请"是一个非常重要的礼貌用语。

"欢迎光临""认识您很高兴""希望在这里能找到您满意的"。

"您好""请问""麻烦""请稍等""不好意思""非常抱歉""多谢支持"……

平时要注意提高修炼自己的内功，同样一件事不同的表达方式就会表达出不同的意思。很多交易中的误会和纠纷就是因为语言表述不当而引起的。

③在客户服务的语言表达中，应尽量避免使用负面语言。

这一点非常关键。客户服务语言中不应有负面语言。什么是负面语言？比如说，我不能、我不会、我不愿、我不可以等，这些都叫负面语言。

a. 在客户服务的语言中，没有"我不能"当你说"我不能"的时候，客户的注意力不会集中在你所能给予的事情上，他会集中在"为什么不能""凭什么不能"上。

正确方法："看看我们能够帮你做什么"，这样就避开了跟客户说不行，不可以。

b. 在客户服务的语言中，没有"我不会做"：你说"我不会做"，客户会产生负面感觉，认为你在抵抗。而我们希望客户的注意力集中在你讲的话上，而不是注意力的转移。

正确方法："我们能为你做的是……"

c. 在客户服务的语言中，没有"这不是我应该做的"：客户会认为他不配提出某种要求，从而不再听你解释。

正确方法："我很愿意为你做"。

d. 在客户服务的语言中，没有"我想我做不了"：当你说"不"时，与客户的沟通会马上处于一种消极气氛中，为什么要客户把注意力集中在你或你的公司不能做什么，或者不想做什么呢？

正确方法：告诉客户你能做什么，并且非常愿意帮助他们。

e. 在客户服务的语言中，没有"但是"：比如，"你穿的这件衣服真好看！但是……"，不论你前面讲得多好，如果后面出现了"但是"，就等于将前面对客户所说的话进行了否定。

正确方法：只要不说"但是"，说什么都行！

f. 在客户服务的语言中，有一个"因为"：要让客户接受你的建议，应该告诉他理由，不能满足客户的要求时，要告诉他原因。

（5）旺旺方面。

①旺旺沟通的语气和旺旺表情的活用。

在旺旺上和顾客对话，应该尽量使用活泼生动的语气，不要让顾客感觉到你在怠慢他。虽然很多顾客会想"哦，她很忙，所以不理我"，但是顾客心理还是觉得被疏忽了。这个时候如果实在很忙，不妨客气地告诉顾客"对不起，我现在比较忙，我可能会回复得慢一点，请理解"，这样，顾客才能理解你并且体谅你。尽量使用完整客气的语句来表达，比如说告诉顾客不讲价，应该尽量避免直截了当地说："不讲价"，而是礼貌而客气的表达这个意思"对不起，我们店商品不讲价。"可以的话，还可以稍微解释一下原因。

如果我们遇到没有合适的语言来回复顾客留言的时候，或者与其用"呵呵""哈哈"等语气词，不妨使用一下旺旺的表情。一个生动的表情能让顾客直接体会到你的心情。

②旺旺使用技巧。

我们可以通过设置快速回复来提前把常用的句子保存起来，这样在忙乱的时候可以快速地回复顾客。比如欢迎词、不讲价的解释、"请稍等"等，可以给我们节约大量的时间。在日常回复中，发现哪些问题是顾客问的比较多的，也可以把回答内容保存起来，达到事半功倍的效果。

通过旺旺的状态设置，可以给店铺做宣传，比如在状态设置中写一些优惠措施、节假日提醒、推荐商品等。

如果暂时不在座位上，可以设置"自动回复"，不至于让顾客觉得自己好像没人搭理。也可以在自动回复中加上一些自己的话语，都能起到不错的效果。

（6）针对性方面。

任何一种沟通技巧，都不是对所有客户一概而论的，针对不同的客户应该采用不同的沟通技巧。

①顾客对商品了解程度不同，沟通方式也有所不同：

a. 对商品缺乏认识，不了解：这类顾客对商品知识缺乏，对客服依赖性强。对于这样的顾客需要我们像对待朋友一样去细心地解答，多从他的考虑角度给他推荐，并且告诉他你推荐这些商品的原因。对于这样的顾客，你的解释越细致他就会越信赖你。

b. 对商品有些了解，但是一知半解：这类顾客对商品了解一些，比较主观，易冲动，不太容易信赖。面对这样的顾客，这时就要控制情绪，有理有节耐心的回答，向他表示你的丰富专业知识，让他认识到自己的不足，从而增加对你的信赖。

c. 对商品非常了解：这类顾客知识面广，自信心强，问题往往都能问到点子上。面对这样的顾客，要表示出你对他专业知识的欣赏，表达出“好不容易遇到同行了”，用谦虚的口气和他探讨专业的知识，给他来自内行的推荐，告诉他“这个才是最好的，你一看就知道了”，让他感觉到自己真的被当成了内行的朋友，而且你尊重他的知识，你给他的推荐肯定是最衷心的、最好的。

②对价格要求不同的顾客，沟通方式也有所不同：

a. 有的顾客很大方，说一不二，看见你说不砍价就不跟你讨价还价：对待这样的顾客要表达你的感谢，并且主动告诉她我们的优惠措施，我们会赠送什么样的小礼物，这样会让顾客感觉物超所值。

b. 有的顾客会试探性地问问能不能还价：对待这样的顾客既要坚定地告诉他不能还价，同时也要态度和缓地告诉他，我们的价格是物有所值的，并且谢谢他的理解和合作。

c. 有的顾客就是要讨价还价，不讲价就不高兴：对于这样的顾客，除了要坚定重申我们的原则外，要有理有节的拒绝她的要求，不要被她各种威胁和祈求所动摇。适当的时候建议她再看看其他便宜的商品。

③对商品要求不同的顾客，沟通方式也有所不同：

a. 有的顾客因为买过类似的商品，所以对购买的商品质量有清楚的认识：对于这样的顾客是很好打交道的。

b. 有的顾客将信将疑，会问：图片和商品是一样的吗？对于这样的顾客要耐心解释，在肯定我们是实物拍摄的同时，要提醒他难免会有色差等，让其有一定的思想准备，不要把商品想象得太过完美。

c. 还有的顾客非常挑剔，在沟通的时候就可以感觉到，他会反复问：有没有瑕疵？有没有色差？有问题怎么办？怎么找你们等。这个时候就要意识到这是一个很完美主义的顾客，除了要实事求是介绍商品，还要实事求是把一些可能存在的问题都介绍给他，告诉他没有东西是十全十美的。如果顾客还坚持要完美的商品，就应该委婉的建议他选择实体店购买需要的商品。

6.5.1.3 处理客户投诉礼仪

要成功地处理客户投诉，先要找到最合适的方式与客户进行交流。很多客服人员都会有这样的感受，客户在投诉时会表现出情绪激动、愤怒，甚至对你破口大骂。此时，你要明白，这实际上是一种发泄，把自己的怨气、不满发泄出来，客户忧郁或不快的心情便得到释放和缓解，从而维持了心理平衡。此时，客户最希望得到的是同情、尊重和重视，因此你应立即向其表示道歉，并采取相应的措施。

（1）快速反应。

顾客认为商品有问题，一般会比较着急，怕不能得到解决，而且也会不太高兴。这个时候要快速反应，记下他的问题，及时查询问题发生的原因，及时帮助顾客解决问题。有些问题不是能够马上解决的，也要告诉顾客我们会马上给您解决，现在就给您处理……

（2）热情接待。

如果顾客收到东西后过来反映有什么问题的话，要热情的对待，要比交易的时候更热情，这样买家就会觉得你这个卖家好，不是那种虚伪的，刚开始的时候很热情，等钱收到之后呢，就爱理不理的那种。对于爱理不理的那种，买家就会很失望，即使东西再好，他们也不会再来了。

（3）表示愿意提供帮助。

“让我看一下该如何帮助您，我很愿意为您解决问题。”

正如前面所说，当客户正在关注问题的解决时，客服人员应体贴地表示乐于提供帮助，自然会让客户感到安全、有保障，从而进一步消除对立情绪，形成依赖感。

（4）引导客户思绪。

我们有时候会在说道歉时感到不舒服，因为这似乎是在承认自己有错。其实，“对不起”或“很抱歉”并不一定表明你或公司犯了错，这主要表明你对客户不愉快经历的遗憾与同情。不用担心客户因得到你的认可而越发强硬，认同只会将客户的思绪引向解决方案。同时，我们也可以运用一些方法来引导客户的思绪，化解客户的愤怒：

案例1：“何时”法提问

一个在气头上的发怒者无法进入“解决问题”的状况，我们要做的首先是逐渐使对方的火气减下来。对于那些非常难听的抱怨，应当用一些“何时”问题来冲淡其中的负面成分。

客户：“你们根本是瞎胡搞，不负责任才导致了今天的烂摊子!”

客服人员：“您什么时候开始感到我们的服务没能及时替您解决这个问题?”

而不当的反应，如同我们司空见惯的：“我们怎么瞎胡搞了？这个烂摊子跟我们有什么关系?”

案例2：转移话题

当对方按照他的思路在不断地发火、指责时，可以抓住一些其中略为有关的内容扭转方向，缓和气氛。

客户：“你们这么搞把我的日子彻底搅了，你们的日子当然好过，可我还上有老下有小啊!”

客服经理："我理解您，您的孩子多大啦？"

客户："嗯……6岁半。"

案例3：间隙转折

暂时停止对话，特别是你也需要找有决定权的人做一些决定或变通时。

"稍候，让我来和高层领导请示一下，我们还可以怎样来解决这个问题。"

案例4：给定限制

有时你虽然做了很多尝试，对方依然出言不逊，甚至不尊重你的人格，你可以转而采用较为坚定的态度给对方一定限制：

"汪先生，我非常想帮助您。但您如果一直这样情绪激动，我只能和您另外约时间了。您看呢？"

（5）认真倾听。

顾客投诉商品有问题，不要着急去辩解，而是要耐心听清楚问题的所在，然后记录下顾客的用户名和购买的商品，这样便于我们去回忆当时的情形。和顾客一起分析问题出在哪里，才能有针对性地找到解决问题的办法。

在倾听客户投诉的时候，不但要听他表达的内容还要注意他的语调与音量，这有助于了解客户语言背后的内在情绪。同时，要通过解释与澄清，确保你真正了解客户的问题。

"王先生，来看一下我的理解是否正确。您是说，您一个月前买了我们的手机，但发现有时会无故死机。您已经到我们的手机维修中心检测过，但测试结果没有任何问题。今天，此现象再次发生，您很不满意，要求我们给您更换产品。"你要向客户澄清："我理解了您的意思吗？"

认真倾听客户，向客户解释他所表达的意思并请教客户我们的理解是否正确，都是向客户表明了你的真诚和对他的尊重。同时，这也给客户一个重申他没有表达清晰意图的机会。

（6）认同客户的感受。

客户在投诉时会表现出烦恼、失望、泄气、愤怒等各种情感，你不应当把这些表现理解成是对你个人的不满。特别是当客户发怒时，你可能会想："我的态度这么好，凭什么对我发火？"要知道，愤怒的情感通常都会潜意识中通过一个载体来发泄。你一脚踩在石头上，会对石头发火，飞起一脚踢远它，尽管这不是石头的错。因此，客户仅仅是把你当成了发泄对象而已。

客户的情绪是完全有理由的，理应得到极大的重视和最迅速、合理的解决。所以你要让客户知道你非常理解他的心情，关心他的问题："王先生，对不起，让您感到不愉快了，我非常理解您此时的感受。"

无论客户是否永远是对的，至少在客户的世界里，他的情绪与要求是真实的，客服经理只有与客户的世界同步，才有可能真正了解他的问题，找到最合适的方式与他交流，从而为成功的投诉处理奠定基础。

（7）安抚和解释。

首先我们要站在顾客的角度想问题，顾客一般不会无理取闹的，他来反映一个问题的话，我们要先想一下，如果是自己遇到这个问题会怎么做，怎么解决，所以要跟顾客说“我同意您的看法”“我也是这么想的”，这样顾客会感觉到你是在为他处理问题，这样也会让顾客对你的信任更多。要和顾客站在同一个角度看待问题，比如说一些“是不是这样子的呢”“您觉得呢”，还有在沟通的时候称呼也是很重要的，一个客服的话，那么肯定是有一个团队的，团队不是只有一个人的，所以对自己这边的称呼要以“我们”来称呼，和顾客也可以用“我们”来说，“我们分析一下这个问题”“我们看看……”，这样会更亲近一些，对顾客也要以“您”来称呼，不要一口一个“你”，这样既不专业，也没礼貌。

（8）诚恳道歉。

不管是因为什么样的原因造成顾客的不满，都要诚恳地向顾客致歉，对因此给顾客造成的不愉快和损失道歉。如果你已经非常诚恳的认识到自己的不足，顾客一般也不好意思继续不依不饶。

（9）提出补救措施。

对于顾客的不满，要能及时提出补救的方式，并且明确地告诉顾客，让顾客感觉到你在为他考虑，为他弥补，并且你很重视他的感觉。一个及时有效的补救措施，往往能让顾客的不满化成感谢和满意。

针对客户投诉，每个公司都应有各种预案或解决方案。客服人员在提供解决方案时要注意以下几点：

①为客户提供选择。通常一个问题的解决方案不是唯一的，给客户提供选择会让客户感到受尊重，同时，客户选择的解决方案在实施的时候也会得到来自客户方更多的认可和配合。

②诚实地向客户承诺。因为有些问题比较复杂或特殊，客服人员不确信该如何为客户解决。如果你不确信，不要向客户作任何承诺，诚实地告诉客户，你会尽力寻找解决的方法，但需要一点时间，然后约定给客户回话的时间。你一定要确保准时给客户回话，即使到时你仍不能解决问题，也要向客户解释问题进展，并再次约定答复时间。你的诚实更容易得到客户的尊重。

③适当地给客户一些补偿。为弥补公司操作中的一些失误，可以在解决问题之外，给客户一些额外补偿。很多企业都会给客服人员一定授权，以灵活处理此类问题。但要注意的是：将问题解决后，一定要改进工作，以避免今后发生类似的问题。有些处理投诉的部门，一有投诉首先想到用小恩小惠息事宁人，或一定要靠投诉才给客户应得的利益，这样不能从根本上减少此类问题的发生。

（10）通知顾客并及时跟进。

给顾客采取什么样的补救措施，现在进行到哪一步，都应该告诉给顾客，让他了解你的工作，了解你为他付出的努力。当顾客发现商品出现问题后，首先担心能不能得到解决，其次担心需要多长时间才能解决，当顾客发现补救措施及时有效，而且商家也很重视的时候，就会感到放心。

案例1：爱说“晕”，人也晕

买家：能包快递吗？

卖家：晕，不能。

买家：第一次来就包个快递吧，以后常来，好吗？

卖家：晕，真不能。

买家：那算了吧。

卖家：晕，嗯。

结论：会让买家觉得很不礼貌，把“晕”字换成个“不好意思”；把“嗯”字换成个“是的/好的”，比“嗯”字是不是要好得多啊。说“嗯”会让买家觉得你很忙，没空搭理人家。毕竟作为卖家，得到最后的好评很关键，让买家能主动在好评里写上“态度好，好卖家”也是不容易的，我们还是尽量改正小毛病吧。

案例2：不正面回答买家问题

买家：这件衣服会掉色吗？

卖家：质量没问题，放心。

买家：我什么时候能收到呢？

卖家：我今天就发。

结论：看起来像是回答了买家，可是对于买家来讲你并没有正面回答他的问题。他需要细节的沟通，如果你的回答比他问的还要详细，那他才真正放心。如果你回答：“您好，这款衣服不会掉色的，请您一定放心哦。我今天会准时为您发货，走快递，正常情况下2天内您就能收到啦，希望您喜欢哈！”看看，效果不一样了吧。

案例3：态度过于生硬

买家：衣服我收到了，有片脏的地方，还有开线问题，我要退货！

卖家：概不退换!!!!!!

买家：你怎么这样说话呀!!!! 真不怕我投诉你????

卖家：随便！加油!!!!!

结论：别以为这样的卖家很少，笔者碰到过很多次了。到现在都想不明白为什么这么嚣张，那么高调的话还是别做生意了，和气才生财嘛。如果你说：“对不起，我发货时没能仔细检查好，问题要是不特别大我退您部分货款可以吗？如您实在接受不了，我同意给您退货，好吗？希望您理解”，这样的话，接下来该发生的一系列投诉啊、差评啊就都不存在了，你说呢？

案例4：迟迟不发货

买家：为什么我的货还没发呢？

2天过去了……

买家：怎么还没发货呀，是不是没货呀？

又是1天过去了……

卖家：这几天有事，明天再发给你！

结论：你想象一下接下来买家会说什么，或者会做什么……其实也许你真的有很忙的事，或者一直等货没拿到。你可以先给买家退款，没必要迟迟不发货也不给买家留言，让买家心里忐忑不安。

6.5.1.4 网店客服规范沟通用语

网店客服，并不是仅凭旺旺等网上即时通信工具就能完成与客户的有效沟通，在很多时候还需要借助电话来进行沟通。

（1）开头语以及问候语。

①问候语："您好，欢迎致电××客户服务热线，客服代表×××很高兴为您服务，请问有什么可以帮助您？"

不可以说："喂，说话呀！"

②客户问候客户代表："小姐（先生），您好！"时，客户代表应礼貌回应："您好，请问有什么可以帮助您？"

不可以说："喂，说吧！"

③客户姓氏加礼貌用语：当已经了解了客户的姓名的时候，客户代表应在以下的通话过程中，用客户的姓加上"先生/小姐"保持礼貌回应称呼："某先生/小姐，请问有什么可以帮助您？"

不可以无动于衷，无视客户的姓名。

④遇到无声电话时。客户代表："您好！请问有什么可以帮助您？"稍停5秒还是无声，"您好，请问有什么可以帮助您？"稍停5秒，对方无反应，则说："对不起，您的电话没有声音，请您换一部电话再次打来，好吗？再见！"再稍停5秒，挂机。

不可以说："喂，说话呀！再不说话我就挂了啊！"

（2）无法听清。

①（因用户使用免提而）无法听清楚时。客户代表："对不起，您的声音太小，请您拿起话筒说话好吗？"

不可以说："喂，大声一点儿！"

②遇到客户声音小听不清楚时。客户代表保持自己的音量不变的情况下，应说："对不起！请您大声一点，好吗？"若仍听不清楚，客户代表："对不起！您的电话声音太小，请您换一部电话再打来，好吗？"然后过5秒挂机。

不可以直接挂机。

③遇到电话杂音太大听不清楚时。客户代表："对不起，您的电话杂音太大，听不清，请您换一部电话再次打来好吗？再见！"稍停5秒，挂机。

不可以直接挂机。

④遇到客户讲方言客户代表却听不懂时。客户代表："对不起，请您讲普通话，好吗？

谢谢!”当客户继续讲方言，不讲普通话时，客户代表：“对不起，请您找一个可以讲普通话的人来，好吗？谢谢!”

不可以直接挂机。

⑤遇到客户讲方言，客户能听懂客户代表的普通话时。客户代表应该在听懂客户所用方言的基础上，继续保持普通话的表达。

不可以转换成客户的方言。

⑥遇到客户抱怨客户代表声音小或听不清楚时：客户代表：“对不起（稍微提高音量），请问有什么可以帮助您?”

不可以直接挂机。

(3) 沟通内容。

①遇客户来电找正在上班的客户代表：客户代表：“对不起，公司有规定，上班时间不允许接听私人电话，请您下班后再与她联系，谢谢您，再见!”或请其留下联系电话。

不可以直接挂机。

②若没有听清楚客户所述内容要求客户配合重复时：客户代表：“对不起，麻烦您将刚才反映的问题再复述一遍，好吗?”

不可以说：“喂，什么？你说什么?”

③提供的信息较长，需要客户记录下相关内容时：客户代表：“麻烦您记录一下，好吗?”

不可以语速过快而没有提示。

④遇到客户挂错电话：客户代表：“对不起，这里是××客户服务中心，请您查证后再拨。”(若有可能请根据客户的需求，引导客户拨打其他号码。)

不可以说：“喂，打错电话了！请看清楚后再拨。”

⑤遇客户想直接拨打本公司内部其他部门电话时：客户代表：“对不起，您能否将具体情况和联系电话告诉我，我帮您联系好吗?”

不可以说：“喂，说话呀！再不说话我就挂了啊!”

(4) 抱怨与投诉。

①遇到客户投诉热线难拨通、应答慢时（包括电话铃响三声后才接起）：客户代表：“对不起，刚才因为线路忙，让您久等了！请问有什么可以帮助您?”

不可以说：“喂，我也没办法，刚才线路忙啊!”

②遇到客户情绪激烈，破口大骂：客户代表：“对不起，先生/小姐，请问有什么可以帮助您?”同时客户代表应调整好心境，尽量抚平客户的情绪，若无法处理，应马上报告现场业务主管。

不可以说：“喂，嘴巴干净一点，这又不是我的错呀!”

③遇到客户责怪客户代表动作慢，不熟练：客户代表：“对不起，让您久等了，我将尽快帮您处理。”

不可以说：“喂，不好意思，我是新手啦!”

④遇到客户投诉客户代表态度不好时：客户代表：“对不起，由于我们服务不周给您添

麻烦了，请您原谅，您是否能将详细情况告诉我?”认真记录客户的投诉内容，并请客户留下联系方式，提交组长或主管处理。

不可以说：“喂，刚才的电话不是我接的呀!”

⑤客户投诉客户代表工作出差错：客户代表：“对不起，给您添麻烦了，我会将您反映的问题如实上报主管，并尽快核实处理，给您带来的不便请您原谅!”并记录下客户姓氏、电话及复述投诉内容，如客户仍不接受道歉，客户代表：“对不起，您是否可以留下您的联系电话，由我们的主管与您联系处理，好吗?”迅速将此情况转告现场业务主管，现场业务主管应马上与客户联系并妥善处理。

不可以说：“喂，这不关我的事，我不清楚，您挂电话吧。”

⑥遇到无法当场答复的客户投诉：客户代表：“很抱歉，先生/小姐，多谢您反映的意见，我们会尽快向上级部门反映，并在2小时之内（简单投诉）/24小时之内（复杂投诉）给您明确的答复，再见!”

不可以说：“喂，我不清楚，您过两天再来电话吧。”

⑦对于客户投诉，在受理结束时：客户代表：“很抱歉，××先生/小姐，多谢您反映的意见，我们会尽快向上级部门反映，并在××小时（根据投诉的类别和客户类别的不同而不同，见服务时限标准）内，给您明确的答复，再见。”

不可以说：“喂，没事了吧，您挂电话吧。”

（5）软硬件故障。

①遇到操作界面反应较慢或进行相关资料查询时，或需要客户等待时应先征求客户的意见：客户代表：“对不起，请您稍等片刻，好吗?”在得到客户的同意后按静音键，取消静音后，客户代表：“对不起，让您久等了。”

不可以没有抱歉和感谢!

②遇到设备故障不能操作时：客户代表：“对不起，线路正在调整，请您稍后再来电，好吗?”或请客户留下联系方式，等设备正常后及时与客户联系。

不可以没有抱歉以及后续工作!

③遇到客户询问客户代表个人信息超出话术标准时：客户代表：“对不起，我的工号是×××号。”若客户坚持要求，可告诉客户公司规定只能通报工号。

不可以责怪以及不礼貌的直接挂断电话!

④遇到客户提出建议时：客户代表：“谢谢您，您提出的宝贵建议，我们将及时反馈给公司相关负责人员，再次感谢您对我们工作的关心和支持。”

不可以没有感谢或赞扬!

⑤需请求客户谅解时：客户代表：“对不起，请您原谅。”或“对不起，很抱歉。”

不可以没有抱歉口气!

⑥遇到客户向客户代表（美容顾问）致歉时：客户代表：“没关系，请不必介意。”

不可以没有回应!

⑦遇到骚扰电话时：客户代表：“对不起，您的要求不在我们的服务范围内，请您挂机。”若客户仍纠缠不休不肯挂线，客户代表应将来话转接到自动台或报告现场业务主管。

不可以责怪以及不礼貌的直接挂断电话！

⑧遇到客户善意的约会时：客户代表："非常感谢！对不起，我不能接受，再次谢谢您！"

不可以责怪以及不礼貌的直接挂断电话！

⑨遇到客户提出的要求无法做到时：客户代表："很抱歉，恐怕我不能帮助您！"或"很抱歉，这超出我们的服务范围，恐怕我不能帮助您。"

不可以说："喂，不可能的吧。"或"不可以，完全不可以！"

⑩遇到客户向客户代表（美容顾问）表示感谢时：客户代表必须回应："请不必客气"或"不客气"，若客户进一步表扬，客户代表："请不必客气，这是我们应该做的"或"这是我们的工作职责，感谢您对我们工作的支持，随时欢迎您再来电。"

不可以以生活化的词语和口气回答。

⑪遇到无法当场答复的客户咨询：客户代表："对不起，请您留下您的联系电话，我们查询后将尽快与您联系，好吗?"客户："……"。客户代表："先生/女士：请问您贵姓?"客户："……"。客户代表："谢谢您的合作，再见！"

不可以随意回答或自以为是的回答。

6.5.2 汽车营销礼仪

【引例】

记得去年同学聚会的时候，毕业两年了，同学中只有一个开私家车来的，问他从事什么职业，他说汽车销售，也没当什么领导，就是纯销售，这么快就有自己的车了，真是让一群人羡慕的直流口水。汽车销售能干好了，确实是发家致富的好路子啊。

冲着发家这一点，不少刚毕业的学生就直冲冲地到汽车销售中心应聘去了，但是成功的，能坚持的没多少，就是因为受不了那些汽车销售礼仪规范，跟顾客说句话就像是手脚被绑住了一样难受。古话说得好"吃得苦中苦，方得人上人"。

汽车销售礼仪在近几年里较为盛行，受广大汽车销售人员的欢迎。众所周知，销售离不开服务，而服务讲求的就是礼仪，现如今各行各业都争相给员工灌输礼仪思想，作为以速度文明的汽车业当然也不会落伍，它有自己的一套汽车销售礼仪规范和销售技巧。

6.5.2.1 仪容礼仪

我们普遍看到的汽车销售人员在销售处都是西装笔挺、衬衫雪白、皮鞋贼亮，一副成功人士的派头，很是养眼。当然这指的是男生才能穿成这样，女生则是干练的打扮，衬衫、西裤（或者是裙装）、高跟鞋，甚是有派头。仪客礼仪应注意以下几个方面：

头发：整洁、无头屑。在工作岗位上，女士的发型要求是忌披散头发，头发应前不过眉，后不过肩。女士若留长发，工作时应将长发梳扎成束，不可随便散于肩背。男士的发型要做到三不原则，即前不抵眉，侧不掩耳，后不触领。整洁、美观、大方的发型体现着一个人的朝气与活力，能够给公众以视觉的愉悦。

眼睛：忌眼中布满血丝、眼角滞留分泌物、室内戴墨镜。

鼻子：忌鼻毛外露，在公众场合或他人面前抠鼻孔。

嘴和牙齿：清洁、无食品残留物、无异味。

指甲：在工作岗位上，指甲应保持干净，女士在不影响工作的情况下，指甲可修成椭圆形，但指甲尖不可长于指头肚两毫米，可以涂无色透明的指甲油，男士不能留长指甲。

最后，男士的胡须要刮干净。在夏天女士腋下的体毛不可外露。

6.5.2.2 握手礼仪

握手这一瞬间，是人的一切的显现。通过握手时的举止行为，在一个侧面可以断定许多问题：双方关系远近、情感厚薄、个人文化修养、地位和工作精神，以至于为人处事的方式与品性等。

日本一位作家曾这样描写邓颖超与人握手的方式："她微笑着，目光安详，握手时，力量不强不弱，时间不长不短，很亲切，又恰到好处。她不仅用右手，而且把左手轻轻地放在我的右手背上，刹那间，我感到她是多么慈祥而又庄重啊！……"可见，握手的得体与否，直接展示着一个人的形象。

6.5.2.3 名片礼仪

名片虽小，但是在与客户沟通过程中的影响却不容销售人员有丁点儿忽视，良好的客户关系往往就在这些细节中微妙地得以体现。

名片礼仪要求汽车销售人员在交换名片时所遵循的基本礼节是：双手向客户奉上名片、使客户能从正面看到名片的主要内容、双手接住客户递过的名片、拿到名片时表示感谢并郑重地重复客户姓名或职务。除此之外，与客户交换名片时，销售人员还应该注意一些其他事项：

第一，善待客户名片：最好事先准备一个像样的名片夹，在接到客户名片后慎重地把名片上的内容看一遍，然后再认真放入名片夹中。不要看也不看就草草塞入皮夹，也不要折损、弄脏或随意涂改客户名片。

第二，巧识名片信息：除了名片上直接显示的客户姓名、身份、职务等基本信息之外，销售人员还可以通过一些"蛛丝马迹"了解客户的交往经验和社交圈等。

6.5.2.4 接待礼仪

接待礼仪是作为一名销售人员必须懂的，如果不知道怎么接待客户的话，就意味着将要失去客户。首先必须守时，跟客户约好时间的话，需要在客户来之前把需要准备的宣传页及有关物品准备好，然后在规定的接待时间内，不缺席。当看见客户第一眼就要马上起来接待，并让座。

来客多时，以序进行，不能先接待熟悉的客户。对事前已通知来的客户，要表示欢迎。

应记住常来的客户，接待客户时应主动、热情、大方、微笑服务。

6.5.2.5 电话销售礼仪

汽车的销售离不开电话营销手段，客户电话打过来咨询相关事宜的话，一定是有买车的打算，怎样抓住这个客户资源，就需要你掌握电话技巧。

（1）一般外来电话的响声不能超过三声无人接听，如果超过三声要对客户表示歉意，请求对方谅解。

（2）接听电话语调必须亲切，吐字清晰、语速适中、话语简洁，避免口头禅、不允许对着话筒打哈欠、咳嗽、肆无忌惮的大笑，更不能用不耐烦的口气态度来对待每一位打过电话的客户。

（3）要多使用礼貌语言，如："你好、谢谢、很抱歉让你久等了"，声调要柔和，同时还要尽量避免打断对方的讲话。

（4）接听电话的人员必须熟悉汽车品牌、型号、售价、汽车功能等，用统一的销售口径回答客户提出的问题，对新客户介绍项目要事先背熟介绍内容的顺序，老客户可以有针对性的答复。销售人员绝对不能一问三不知或敷衍了事推诿顾客。

（5）回答客户问题最好能够了解几个基本问题，如客户姓名、联系方式、居住区域、如何知道的汽车信息、是否有购房意向，便于市场调研和备份客户档案。

（6）不要一口气在电话里回答完客户所有的疑问，不然的话，你对他来说已经没有吸引力了，他只会问完后就直接挂电话，连你姓什么或许都懒得知道。所以要有所保留，让他来展厅看车。

（7）切忌在电话里直接报价格，如果对方咄咄逼人，一定要知道价格的，可以这样回答："先生，不是我不肯报价，只是这实在让我太过为难，因为现在汽车市场价格这么透明化，如果我不报个实价给你，回头你发现有比我便宜的价格，你会觉得我这人不实在、不厚道。但如果我报一个最优惠的价格给你，我必须结合你的实际购车情况，比如车色、型号、上牌情况和购车时间等，这些细节的东西或许必须得到展厅来谈了呀，所以您还是抽个时间到我们公司来面谈吧。"

案例1：让客户留下电话，待会儿打过去。

客户："小姐，白色的××现在有现货吗？"

销售："哦，先生，那我得先去看一下仓库货源情况，您留个联系方式，我稍后马上给您回复。"

案例2：让客户下次来展厅的时候还能记得你

客户："我想下周三来你们公司看看车。"

销售："好的，李先生，那您来之前给我打个电话吧。"

客户："嗯，行，那你留个电话吧。"

销售："这样吧，还是您留个电话号码给我，我把我的联系电话和公司详细地址发到您手机上，这样您只要不删除这条短信就可以了，我怕您现在记电话和地址不方便。”

客户：“嗯，这主意不错，我的号码是……”

案例3：如果对方不肯留电话

销售：“先生可否方便留一下电话给我，以便我们保持联系？”

客户：“哦，不用了，我现在还在考虑中，有需要了我联系你吧。”

销售：“呵呵，那是当然，欢迎你打电话给我，因为现在车市不是很稳定，我只是想如果我们有什么降价活动可以及时通知到您，对您来说，也应该是个好消息，如果您觉得是种骚扰的话，我可以以短消息的方式通知您，你看如何？”

客户：“嗯，降价了通知我吧，我手机是……”

6.5.2.6 现场销售礼仪

客户来的时候，除了要礼仪待人外，还要具有一定的专业知识素养。汽车的销售流程是必须明白的：它包括接待、咨询、产品介绍、试乘试驾、协商、成交、交车和跟踪8个环节，不同客户的心态都有不同，因此销售工作的重点和要求也有所差别，见图6－5－1。

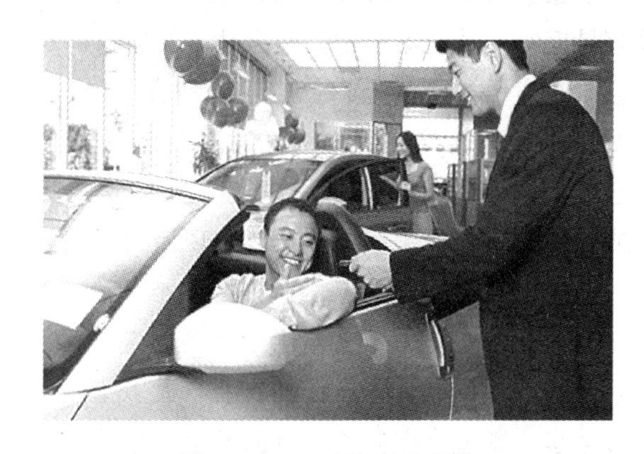

图6－5－1 现场销售礼仪

（1）礼貌接待：接待环节最重要的是主动与礼貌。销售人员在看到有客户来访时，应立刻面带微笑主动上前问好。如果还有其他客户随行时，应用目光与随行客户交流。目光交流的同时，销售人员应作简单的自我介绍，并礼节性的与客户分别握手，之后再询问客户需要提供什么帮助。语气尽量热情诚恳。

（2）客户咨询：咨询的目的是为了收集客户需求的信息。销售人员需要尽可能多的收集来自客户的所有信息，以便充分挖掘和理解客户购车的准确需求。销售人员的询问必须耐心并友好，这一阶段很重要的一点是适度与信任。销售人员在回答客户的咨询时，服务的适度性要有很好的把握，既不要服务不足，更不要服务过度。

这一阶段应让客户随意发表意见，并认真倾听，以了解客户的需求和愿望，从而在后续阶段做到更有效地销售。并且销售人员应在接待开始便拿上相应的宣传资料，供客户查阅。

（3）汽车产品介绍：在产品介绍阶段最重要的是有针对性和专业性。销售人员应具备所销售产品的专业知识，同时亦需要充分了解竞争车型的情况，以便在对自己产品进行介绍的过程中，不断进行比较，以突出自己产品的卖点和优势，从而提高客户对自己产品的认同度。

（4）试乘试驾：在试车过程中，应让客户集中精神对车进行体验，避免多说话，让客户集中精神获得对车辆的第一体验和感受。

（5）与客户协商：通常就是价格协商，销售人员应注意在价格协商开始之前保证客户对于价格、产品、优惠、服务等各方面的信息已充分了解。

（6）汽车签约成交：在成交阶段不应有任何催促的倾向，而应让客户有更充分的时间考虑和做出决定，但销售人员应巧妙地加强客户对于所购产品的信心。在办理相关文件时，销售人员应努力营造轻松的签约气氛。

无数优秀的汽车精英除了具有坚实的专业知识做后盾之外，他们另一样不为人知的制胜法宝就是汽车销售礼仪。

6.5.2.7 不同客户，礼仪不同

（1）神经质型客户：神经质型购车客户对外界事物、人物反应异常敏感，且耿耿于怀；他们对自己所做的决策容易反悔；情绪不稳定，易激动。对待这一类客户，汽车销售人员一定要有耐心，不能急躁，同时言语要谨慎。

（2）虚荣型客户：虚荣型购车客户在与人交往时喜欢表现自己，突出自己，不喜欢听别人劝说，任性且嫉妒心较重。销售人员要熟悉这类客户感兴趣的话题，为他提供发表高见的机会，不要轻易反驳或打断其谈话。销售人员不能表现得太突出，不要给对方极力劝说的印象。

（3）好斗型客户：好斗型购车客户表现为好胜、顽固，喜欢将自己的想法强加于别人，征服欲强。他们有事必躬亲的习惯，尤其喜欢在细节上与人争个明白。对待这种客户一定要做好心理准备，准备好被他步步紧逼，必要时丢点面子也许会使事情好办得多。准备足够的数据资料、证明材料将会助你取得成功。

（4）顽固型客户：顽固型购车客户多为老年客户，是在消费上具有特别偏好的客户。他们对新的汽车产品往往不乐意接受，不愿意轻易改变原有的消费模式与结构。对汽车销售人员的态度多半不友好。汽车销售人员不要试图在短时间内改变这类客户，否则容易引起对方强烈的抵触情绪和逆反心理，还是让手中的资料、数据来说服对方比较有把握一些。

（5）怀疑型客户：怀疑型购车客户对汽车和汽车销售人员的人格都会提出质疑。面对怀疑型的客户，汽车销售人员的自信心显得尤为重要，一定不要受客户的影响，要对汽车充满信心。但不要企图以口才取胜，这时也许某些专业数据、专家评论会对销售有所帮助。切记不要轻易在价格上让步，因为价格上的让步也许会使对方对汽车产品产生疑虑，从而使交易破裂。

（6）沉默型客户：这一类客户在整个销售过程中表现消极，对推销冷淡。这类客户陷入沉默的原因是多方面的，客户的不擅辞令会使整个局面僵持，这时汽车销售人员可以提出一些简单的问题刺激客户的谈话欲。客户对面前的汽车产品缺乏专业知识并且兴趣不高，汽

车销售人员此时一定要避免讨论技术性问题，而应该就其功能进行解说，打破沉默。

（7）女性：女性关注的是汽车的安全、大存储的空间、时尚的造型、内饰、优惠的价格。

（8）男性：男性关注的是汽车刚毅的造型、功率、速度、越野、转向。

（9）工薪阶层：工薪阶层关注的是汽车的价格、油耗、维修费用、实用性。

（10）白领阶层：白领阶层关注的是汽车的造型、色彩、新概念、价格。

（11）成功人士：成功人士关注的是汽车的豪华、舒适、加速性能、越野性能。

6.5.2.8 销售人员需要了解的专业知识

（1）汽车的品牌：汽车的品牌是确立客户购买决策的重要因素。在众多的汽车品牌中，你销售的汽车品牌形象、市场占有率决定了是否处于有利地位。

（2）汽车的性价比：通过汽车产品说明书的性能参数可以确定汽车的性能，性价比是客户确定购买的依据。

（3）汽车销售人员的服务：服务不仅包括售后服务，而且包括整个销售过程中给客户带来的信心和方便。

（4）汽车的优点：优点是汽车在功效上表现出的特点，如马力大、油耗低等。

（5）汽车的特殊利益：特殊利益是指汽车能满足客户自身特殊的要求，如底盘高、通用性能好、适合越野等。包括自身性能优势，诸如环保、节能、油耗、安全性能、维修保障等基本特点。掌握这些内容，是汽车销售人员的基本工作技能，也是做好销售礼仪或者客服工作的前提条件。要客观、熟练地向顾客道来，而绝不能说一句想一句，或者以“可能”“应该”之类的模糊语言来搪塞顾客。

要知道，汽车是高档奢侈品，像安全、节能、维修养保障等，切实关系到顾客的自身利益甚至生命财产安全。另外，掌握这些内容，只是为了更好的说明自身产品性能，不能以此攻击其他汽车厂商。即使顾客问起，也不能说某某汽车不好，可以说出自身车辆的优势，其他的，顾客自然明了。

聪明的销售人员，应该花时间琢磨沟通艺术的提高，而不是琢磨如何恶意攻击同行。

6.5.2.9 介绍产品注意方面

首先应注意给客户营造一个良好的介绍环境。融洽的氛围对汽车销售员和客户双方的交流都非常有利，良好的环境能打消客户对汽车销售员的疑虑，从而促进成交。汽车销售人员在说明产品时，千万不要与客户辩论。与客户辩论容易使其产生抵触情绪，尤其是面对自尊心较强的客户。与其辩论，他们有可能认为汽车销售人员不尊重自己而拂袖离去。

如果客户有质疑，汽车销售人员应预先想好回应的对策。在向客户说明介绍之前，汽车销售人员应当作好详细的计划，并从以前的经验中总结出一些客户经常提出的问题，预先想好答案。

在说明介绍过程中，汽车销售人员还应做好服务工作。这样不但可以展示自己高品质的服务和良好的业务素质，提升自身的企业形象，而且可以增加购车客户对汽车的认可度，并确保潜在客户在购车过程中对产品和服务有较高的满意度，使之成为忠实客户。

6.5.3 房地产营销礼仪

房地产销售人员是项目的代言人，无论成交与否，客户第一次对销售人员的印象就是对企业的印象。企业的形象，全在于第一线上第一时间与客户沟通的销售人员。拥有一支高素质、高水平的销售团队，企业才能在竞争中使自身处于积极、主动、进攻及强势的位置，从而立于不败之地！

6.5.3.1 对房地产销售礼仪的认知

销售礼仪的定义是什么？从字面上可以把它分为销售和礼仪两部分，即在销售的过程中运用礼仪。销售礼仪在卖房的过程中是不可缺少的，从别人打电话咨询或是主动登门咨询开始，销售员的礼仪就应该标榜出来了。

具体表现在哪里，你就以买房者的心态去观察留意吧。

现在你就是一个准买房者了，该结婚了，没地方住怎么办呢，那赶紧买房啊，房价太高了，先观望观望看能不能调，等了一段时间听说有可能又要涨价，到网上查查看有没有合适的。找了几个满意的楼盘相比较一下才能下决心买，开始往售楼部打电话咨询吧。

售楼部一，打过去几次没人接。这时候心里该盘算了，这个楼盘看来有问题，说不定被查出是违规建筑，售楼部都被封了。作罢。

售楼部二，打过去响了好一阵才有人接，本来很看好的房子，听着售楼人员漫不经心的讲解，感觉也没什么购买欲了。

售楼部三，接电话的速度很快，但楼盘情况的介绍却不真实，网上说有的户型，售楼部却说没有，有骗人嫌疑还是算了。

经过这样几次的电话咨询，顿时买房失去了信心，急什么，租房住着也挺好。那么作为一个房地产销售人员来说，怎样对待前来咨询的客户才是正确的呢？

领导之所以为领导就是他能抓住每个商机，看透别人的心理。而作为一个售楼人员来说，除了要学习抓住商机之外，更重要的是学会怎样去抓住商机，这就体现在你的待客之道，销售礼仪的运用上。

接电话的礼仪其实很简单，大家都会说但却不愿意用。有电话打进时，必须在铃声想到第三声之前把电话接起来，这样会给咨询者一种办事很有效率，公司很正规的印象。接听电话时必须态度和蔼，语音亲切，多用礼貌用语。一般先主动问候：“××花园或公寓，您好”，然后开始交谈。

通常，客户在电话中会问及价格、地点、面积、格局、进度、贷款等方面的问题，销售人员应扬长避短，在回答中将产品的卖点巧妙地融入。挂电话之前应报出业务员自己的姓名（有可能的话可给客户留下业务员自己的手机号、呼机号，以便客户随时咨询），并再次表达希望客户来售楼处看房的愿望。

而有客来访时则更需要做到礼仪的周全，原则上要轮流接待客户，展销会期间需在门口等候接待。当客人进入售楼部，销售员应面带笑容主动迎客，向客人打招呼，“欢迎光临，请让我帮你介绍楼盘的情况”“欢迎光临，有什么需要帮助吗?”，并请教客户姓名，主动递上卡片和销售资料指引客户入内。

指引客户到模型旁，先介绍外围的情况：客户所在的位置、方向、楼盘的位置、周边的道路、附近的建筑、配套设施及交通网络等。然后介绍楼盘基本情况，小区规模、楼层、户型间隔、绿化、建筑风格及配套等。

除了礼仪方面的注意外，要记住自己的职责和任务。更多的从客户交谈中，设法取得想要的资讯：比如客户的姓名、地址、联系电话等个人背景情况的资讯。还有客户能够接受的价格、面积、格局等对产品的具体要求的资讯。其中，客户联系方式的确定最为重要。最好的做法是，直接约请客户来现场看房。

6.5.3.2 房地产销售员工形象

房地产销售行业的销售员们更需要注意个人的形象，销售的形象在顾客心里代表的就是公司形象。整齐端庄的仪表、温文尔雅的举止是赢得客户信任的外在支配因素，见图6－5－2。

图6－5－2 房地产企业销售人员礼仪

（1）员工个人身上的要求。

主要还是卫生问题，外观整洁，容光焕发，适量化妆，头发整洁，口腔清洁，双手整洁，制服整齐。

鞋子要求：经常保持清洁、光亮、无破损并符合工作需要。

袜子要求：女员工穿裙子须穿长筒丝袜。

男员工穿深色西装、深色皮鞋，须穿着深色袜子。

制服要求：合身、烫平、清洁，纽扣齐全并扣好；佩戴项链或其他饰物不能露出制服外。

（2）仪表仪态的具体要求。

仪表是指人的外表，仪态是指所展示的行为动作。仪表仪态反映出一个人的精神状态，因而售楼人员必须注意姿势仪态。站立时，双脚要平衡，肩膀要平直，挺胸收腹。站立或走路时，手应自然垂直，不应把手放进口袋、叉在腰间或双手交叉放在胸前。而仪表的具体要求有：

打哈欠或喷嚏时，应走开或转过头来掩住口部。

整理头发、衣服时，到洗手间或客人看不到的地方。

当众挖鼻孔、搔痒或剔指甲都会有损自己的形象。

手不应插在口袋里，双手应垂直；坐着时平放在桌面，不要把玩物件。

当众不应耳语或指指点点。

不要在公众区域奔跑。

抖动腿部、倚靠在桌子或柜台上都属于不良习惯。

与别人谈话时，双目须正视对方的眼睛。

不要在公众区域搭肩或挽手。

工作时以及在公众区域不要大声讲话、谈笑及追逐。

在大堂等公众场合，不能当着客人谈及与工作无关的事情。

与人交谈时，切忌不断看表及随意打断对方的讲话。

（3）具体事情具体要求举例。

路遇客人或同事，要礼貌性打招呼，并且主动同客人、上级及同事打招呼。

与人打招呼需多使用礼貌用语，例如："早晨好、请、谢谢、对不起、再见、欢迎光临"。

对客人的身份或名字知晓的话，要尽量称呼其职位，比如王总、赵总等，如果不知道姓名和职位，则称呼"这位先生、这位小姐和女士"根据情况而定。

在工作时间要讲普通话，语速不要太快，清晰准确使别人能明白意思。

电梯使用时要先出后入，主动为别人开门。

时刻保持面带笑容接待每一位顾客。

心态要积极，保持开朗愉快的心情。

房地产销售礼仪让大家学到的是一种待人处世的理念，只要活学活用，充分地运用到自己身上，特别是销售人员，还怕没有业务找上你吗？想要变得强大并不难，不断地学礼以己用，不用变就会很强大。

6.5.3.3 房地产销售商务礼仪中的文明用语

（1）迎宾用语类。

"您好！"

"欢迎光临！"

"请坐！"

……

（2）友好询问类。

"请问您怎么称呼？"

"请问您是第一次来吗？"

“请问您想看什么样的楼?”
“不耽误您的时间的话，我给您介绍一下好吗?”
“请问您是自住还是投资？如果自住（投资）您不妨看看这套房子。”
……
（3）招待介绍类。
“请您这边坐!”
“请您看看我们的资料!”
“有什么不明白的，请尽管吩咐!”
“那儿是我们的模型展示区，这儿是我们的洽谈区。”
……
（4）道歉类。
“对不起，这套房子刚卖出去了。”
“不好意思，您的话我还没有听明白。”
“有什么意见，请您多指教。”
“介绍的不好，请多多指教”
……
（5）恭维赞扬类。
“像您这样的成功人士，选择我们的楼盘是最合适的!”
“××先生/小姐，您真是快人快语!”
“您给人的第一印象就是干脆利落!”
“××先生/小姐，您真是满腹经纶啊!”
“您话不多，可真算得上是字字珠玑啊!”
“您太太（先生）这么漂亮（英俊潇洒），好让人羡慕呀!”
“您的小公主（小皇帝）这么聪明，应该有个书房!”
……
（6）送客道别类。
“欢迎下次再来!”
“多谢惠顾!”
“有什么不明白的地方，请您随时给我打电话!”
“不买房没有关系，能认识您我很高兴!”
……
（7）禁忌用语。
“您自己看吧!”
“我们绝对不可能会出现这种问题!”
“这肯定不是我们的原因!”
“我不知道!”
“这么简单的东西您都不明白!”

“我只负责卖楼，其他的我不管（不负责）!”

“这些房屋质量差不多，没什么好挑的!”

“别人住的挺好的啊!”

“想好了没有，想好了赶快交钱吧!”

“没看我正忙着吗，一个个来!”

“您先听我解释!”

“您怎么能这样讲话!”

“您相不相信我?!”

【基本训练】

复习思考题

1. 网络营销服务时应遵循哪些礼仪规范?
2. 汽车营销时应遵循哪些礼仪规范?
3. 房地产营销时应遵循哪些礼仪规范?

实训练习与操作

1. 网络营销礼仪训练。

实训目标：掌握规范的网络营销服务礼仪。

实训内容与要求：如果你是网店客户，你要怎么处理?

（1）在淘宝上拍了个碧玺手串，到货后发现与图片上的不一样，不仅没有图上那样通透，大小也不是介绍的10mm，感觉被欺骗了，与客服联系要退货。

（2）在天猫上买个花瓶，邮到后发现摔破了，客户要求退货。

实训成果与检测：学生进行演示，教师及其他学生进行检查和点评。

2. 汽车营销礼仪及房地产营销礼仪训练。

实训目标：掌握规范的汽车营销服务礼仪及房地产营销礼仪。

实训内容与要求：设定每位学生的身份，将学生分为10人一组，练习汽车营销礼仪及房地产营销礼仪，要使学生能在职场中熟练运用所学礼仪知识。

实训成果与检测：学生进行演示，教师及其他学生进行检查和点评。

6.6 物业服务礼仪

【本节学习目标】

1. 掌握物业服务礼仪
2. 提升服务意识

【引例】

高女士去年搬进了新买的商品房，私家车一直就随意停放在小区里。从上个月开始，情况出现了变化，物业公司贴出告示说小区内停车得交车位费。每月交了120元停车费后，物业就给一张门禁卡，业主开车进小区直接打卡进门。如果不交钱，从10月1日起就不让开车进小区了。高女士对物业的做法非常生气，她认为，物业公司只是进行一些职责范围内的管理工作，物业不让业主开车进小区就是“行为越位”。自己作为小区的业主，王女士有进出小区的自由和权利，物业公司的做法严重侵害了自己的合法权利。物业公司辩称：此举主要是为了维护小区的环境，制止车辆乱停乱放。

请问你是物业的管理人员，应该怎么向高女士解释？

房价的不断攀升，让物业管理费也跟着飙升，这让成为业主的买房者，心里多少会有些不平衡。他们想要的是更高的物业服务，这就要求物业工作人员去更好的学习物业服务礼仪，以达到让业主满意的目的。

6.6.1 员工行为规范（图6－6－1）

（1）严于职守。

①按时上下班（按时打卡），严格遵守作息时间，工作时间内不得擅离职守。

②工作时间未经允许，不得会客。

③衣容整洁、精神饱满、待人热情、文明用语。

④工作时间不吃零食，公司员工任何时间在工作区域内不得进行打扑克、打麻将等娱乐活动。

图6－6－1 员工行为规范——服务态度12字方针

⑤爱护公物及公用设施，自觉维护和保持环境卫生。

⑥对人讲礼貌，不讲粗言秽语，不在公共场所和同事、业主争吵。

⑦勤俭办公，节约用水、用电，杜绝一切浪费现象。

⑧关心企业，主动提出合理化建议，发扬企业精神，为企业做贡献。

（2）工作态度。

①服从领导的工作安排和调度，不得无故拖延、拒绝工作或接受工作的同时，但不按时完成交办的工作。

②微笑服务、礼貌用语、热情服务、稳重、大方、不卑不亢。

③牢记公司服务宗旨，为业主排忧解难，提供高效率的服务。

④以高度的责任感无私奉献，尽职尽责，圆满的完成本职工作。

（3）员工仪容仪表。

①着装。

工作人员在工作时间内要求着工装上班（除周六、日或国家法定假日外）。

工作期间要求统一着装，四季更换服饰时，服从统一安排，定期更换。

工装要整洁，打好领带，扣齐纽扣，不得将衣袖、裤腿卷起，不得将衣服搭在肩上，衣袋不装过大、过厚物品，袋内物品不外露。

上班时间统一佩戴工牌，工牌端正地戴在左胸襟处。

鞋袜需穿戴整齐，鞋子要保持光亮整洁，无明显灰尘，不准钉响底。非工作需要不允许赤脚或穿雨鞋到处走，在维修场所要把鞋擦干净再走。

在任何工作场合，不得穿背心、短裤、拖鞋。

男女员工上班时均不得戴有色眼镜（秩序人员、极特殊情况除外）。

非当班时间，除因公批准外，不得携带工装外出。

②头发。

女士前发不遮眼，不得染发、不留奇异发型。

男士不留长发、大鬓角或胡须，不得染发，头发应保持整洁，不遮眼。

所有员工不允许剃光头。

③个人卫生。

保持手部干净，指甲不得超过指头 2 mm，指甲内不得残留污物，不图有色指甲油。

上班前不得吃有异味的食品，保持口腔清洁，口气清新，早晚刷牙、饭后漱口。

保持眼、耳清洁。

维修工经常洗澡，防汗臭，勤换衣服，衣服因工作弄湿、弄脏后应及时清洗。

女士应淡妆打扮，不得浓妆艳抹，避免使用味道浓烈的化妆品、香水，不得佩戴款式夸张的首饰。

每天上班前应注意检查自己的仪表，上班时不能在客人面前或公共场所整理仪容。必要时应到卫生间或工作间整理。

④姿态。

在服务过程中实行“微笑”服务，见图 6－6－2。

面带微笑，热情主动为业主服务。

耐心认真、接待并处理每一项维修、服务工作。

图 6－6－2 “微笑”服务

谦虚和悦的接受业主的批评，离开业主家时应面带微笑道别。

站立时要端正，挺胸收腹，眼睛平视，嘴巴微闭，面带微笑，双臂自然垂下，双手不要叉腰。

就座时姿态要端正，入座要轻缓，上身要直，人体重心垂直向下，腰部挺起，手自然放在双膝上，双膝并拢，目光平视，面带微笑，就座时不得有以下几种姿势：

坐在椅子前仰后合，摇腿翘脚；

双手抱于胸前，跷二郎腿或半躺半坐及趴在工作台上；

晃动座椅发出声音。

⑤行走。

行走时走姿端正，身体稍向前倾，挺胸收腹，两肩放松，上体正直，两臂自然前后摆动，步伐轻快。

行走时不得把手放入衣袋里，也不得双手抱胸或背手走路，不准摇头晃脑，吹口哨、打响指、吃零食。

工作场合与他人同行时，不得勾肩搭背，不得同行时嬉戏打闹。

行走时，不得随意抢道穿行，在特殊情况下应向他人示意后，方可穿行。

走路动作应轻快，但非紧急情况不应奔跑、跳跃。

⑥行为

不得随地吐痰，乱扔果皮、纸屑、烟头；

上班时间不得吃零食，玩弄手机及个人小物品，或做与工作无关的事情；

在业主面前不吸烟、掏鼻孔、掏耳朵、瘙痒，不得脱鞋、卷裤脚衣袖，不得伸懒腰、哼小调、打哈欠；

在走廊、过道、电梯或活动场所与业主相遇时，应主动致意，礼让业主先行；

在指引方向时，应将手臂伸直，手指并拢，手掌向上，自然伸向需指引的方向，并注意对方是否已看清目标；

谈话时，手势不宜过多，幅度过大；

到业主家进行工作时不允许乱摸、乱碰，更不允许拿业主家的东西、礼物。

不允许在业主家随便坐、卧、吸烟。

6.6.2 员工服务礼仪

(1) 物业管理行业中的服务理念。

①主动性服务意识，想用户所想，急用户所急，做用户所需。

②勿以恶小而为之，勿以善小而不为。

③“请”字当前，“谢”字不离口。

④管理无盲点，服务无盲区。

⑤一切以服务为中心，一切为了业主。

⑥做到微笑服务、礼貌服务、周到服务、承诺服务、跟踪服务、耐心服务。

⑦“六员服务”都要做好：即服务员、治安员、清洁员、维修员、消防员、管理员。

(2)“五感”服务。

在岗位服务过程中，面对业主时，应该掌握好分寸，给业主以“五感”服务。

亲切：提前招呼业主，表情自然，面带微笑，给人以和蔼亲切之感。

真诚：表情坦诚，记住任何时间都不要欺骗业主和敷衍业主，让业主感到你所提供的服务是最真诚的。

尊重：认真听取业主的问询，回答业主时多用敬语，给业主以尊重感。

宽慰：神色轻松自然，不紧张，给业主以宽慰感。

镇定：遇事不慌，不急不躁，神态沉稳，给业主镇定感。

(3) 物业服务用语。

①称呼语：先生、女士、同志、首长、大姐、阿姨等。

②问候语：你好、早、早上好、晚上好、您回来了等。

③欢迎语：欢迎您来我们小区、欢迎你入住××花园、欢迎光临。

④祝贺语：恭喜、祝您节日愉快、祝您新年快乐、祝您生日快乐、祝您圣诞愉快等。

⑤告别语：再见、明天见、祝您一路平安、欢迎您下次再来。

⑥道歉语：对不起、请原谅、打扰您了、失礼了。

⑦道谢语：谢谢、非常感谢。

⑧应答语：是的、好的、我明白、谢谢您的好意、不客气、没关系、这是我应该做的。

⑨征询语：请问你有什么事？我能为您做些什么？需要我帮你做什么？您还有别的事吗？

⑩请求语：请您协助我们……请您配合我们……请您支持我们……

⑪商量语：您看这样好不好？您还有其他要求吗？

⑫解释语：很抱歉，公司的规定是这样的。

6.6.3 注意事项

6.6.3.1 与业主交谈时的注意事项

(1) 熟悉的业主应称其姓氏，如：某某先生、某某小姐，在首次见面应注意记住对方的姓名；

(2) 业主谈话，应停下手中的工作，专心倾听客人的意见，眼神应集中，不浮游，不得中途随意打断对方的对话；

(3) 在不泄露公司机密的前提下，圆满答复业主的问题，若有困难时应积极查找有关资料或请示领导后答复客人，不可不懂装懂；

(4) 在与业主谈话时，如遇另一业主插话问询，应注意掌握谈话时间，尽量不让其中一方久等；

(5) 当业主提出的要求超出服务范围时，应礼貌回避；

(6) 在服务工作中，处理问题要简洁明快，不要拖泥带水；

(7) 任何时候都不得对业主有不雅的行为或言行。

6.6.3.2 对来访人员的注意事项

(1) 主动说：您好，请问您找哪一位或我可以帮助您吗？确认对方要求后，说：请稍等，我帮您找，并及时与被访人联系，并告诉对方：他马上就来，请您先坐一下，好吗？

(2) 如果要找的人不在或不想见时，应礼貌地说：对不起，他现在不在，您能留下联系方式或口讯吗？如果有需要，可将业主带到接待室（指定接待处）等候，并送上茶水，当来访人员离开时，应说：欢迎您再来，再见！

6.6.3.3 在服务过程中的注意事项

(1) 三人以上的对话，要用互相都懂的语言。

（2）不得模仿他人的语言、声调和谈话。

（3）不得聚堆闲聊、高声喧哗。

（4）不得在任何场合以任何借口顶撞、讽刺业主。

（5）不讲粗言碎语，使用歧视或侮辱性的语言。

（6）不开过分的玩笑。

（7）不讲有损公司形象的话。

6.6.4 物业服务用语50句

1. 请！2. 您好！3. 欢迎。4. 恭候。5. 久违。6. 奉陪。7. 拜访。8. 拜托。9. 请问？10. 请进！11. 请坐！12. 谢谢！13. 再见！14. 对不起。15. 失陪了。16. 很抱歉！17. 请原谅。18. 没关系！19. 别客气！20. 不用谢！21. 请稍等。22. 请指教。23. 请当心！24. 请走好。25. 这边请。26. 您先请。27. 您请讲。28. 您请放心！29. 请多关照。30. 请跟我来。31. 欢迎光临！32. 欢迎再来！33. 请不要着急。34. 请慢慢地讲。35. 让您久等了！36. 给您添麻烦了。37. 希望您能满意！38. 请您再说一遍。39. 请问您有什么事？40. 请问您是否找人？41. 我能为您做什么？42. 很乐意为您服务！43. 这是我应该做的。44. 把您的需求告诉我。45. 我会尽量帮助您的。46. 我再帮您想想办法。47. 请随时和我们联系。48. 请您多提宝贵意见！49. 有不懂的地方您尽量问。50. 您的需求就是我的职责。

【基本训练】

复习思考题

1. 物业服务时员工行为规范有哪些？

2. 物业服务员工服务礼仪规范有哪些？

实训练习与操作

物业服务礼仪训练。

实训目标：掌握规范的物业服务礼仪。

实训内容与要求：如果你是物业公司工作人员，你要怎么处理？

（1）王先生是你所在工作物业的业主，他买的车位连续两天被占，王先生很气愤地找到你，请问你要如何解决？

（2）有一陌生人向你打听某业主的住处，说是业主的朋友，你应该如何处理？

实训成果与检测：学生进行演示，教师及其他学生进行检查和点评。

6.7 美容美发服务礼仪

【本节学习目标】

1. 掌握美容服务礼仪

2. 掌握美发服务礼仪

【引例】

经营不善的美发店为改变经营状况推出：只要你提出对服务不满意的意见，就能享受免费美发和100元优惠，活动时间一周，美发店将顾客提出的意见在店内张贴，限期改正。一时间美发店热闹非凡，提意见有200余条，致使3地电视台对此活动进行了跟踪报道，美发店生意从此火爆起来。

思考：服务在美容美发行业中有多重要？

“爱美之心，人皆有之”，随着社会的不断进步，新时代审美观念的不断提升，越来越多的女性已经把自我形象的完善作为生活中的重要部分。如今各大城市的大街小巷，美发美容整形医疗机构层出不穷。

作为一个传播美的行业，从业人员的形象举足轻重，它不光体现的是这个行业的职业气质，也代表着其所属企业的形象。而形象要素中的礼仪细节是体现企业服务理念、创造品牌效应的软件。留给客户一个好的印象，让客户满意，不光是整洁统一的工作服、高档光鲜的装修能解决的。一支训练有素、礼仪规范、举止得体、善于沟通的从业人员队伍是每个经营者和客户都渴求的。

6.7.1 形象礼仪

(1) 仪态。

站姿：双脚与两肩同宽自然垂直分开，体重均落在双脚上，肩平、头正、两眼平视前方，挺胸收腹；

坐姿：双脚靠拢，双手放置膝盖上左右均可，腰直挺胸。头部不能左右斜；

仪表：要求整洁，每天上班前化妆给人感觉清秀，发妆随时应注重打理，服装要求得体。

(2) 微笑。

微笑是世上最美丽、最受欢迎的语言。一个好的微笑会给顾客留下深刻印象，是您服务成功的关键，更是您建立消费群体的有力武器。微笑的到位也意味着引导消费的成功。

每天让员工站在镜子前练微笑5分钟，让员工相互对练微笑。经过半个月后，员工一定会露出满意的笑容，请员工记住：我们不能控制自己的长相，但我们能控制自己的笑容。

(3) 态度。

没有好的服务态度会直接导致顾客的流失，会让我们整体形象和素质在顾客心中产生不良影响。

心情因各种原因可能产生不愉快，那么在为顾客服务时，一定会流露给顾客。也就是说员工的坏心情会直接通过服务转移到顾客身上，那样态度就谈不上热情、周到了，要时刻记住顾客是拿钱来消费、来享受的。

（4）技能。

态度是根的话，那技能即是本，二者缺一不可。技能好与坏也会直接影响业绩。无论是美容还是美发中任何一项技能都极为重要。要让每位员工清楚地知道他的技能服务环节和企业发展有着紧密关系和联系；要让员工知道，企业是多么需要他。

把优秀员工送到更先进的地方去充电，让员工将掌握的新技术运用到顾客身上，为企业产生效益，同时也可使员工自身得到提升。

（5）接待。

不能正确掌握接待技巧，再好的服务、技能等于零，顾客还是不回头，因为不对路。

在服务中要学会与顾客拉拉家常，问问工作，谈谈他身上的亮点，如眼睛、手表、服装、皮鞋等，多用赞美、佩服的语气与顾客沟通，在介绍服务时注意运用专业语言，在顾客心中，您是专家，就像病人上医院看病一样，此时您就是最好的医生。

美容美发行业的服务与礼仪是必须要重视的一门课程，只有技能是不够的，关键是要有自己的特色服务和礼仪，还要有专业的接待技巧，不但让客户感觉到我们的专业，还要让客户感觉到我们是在用心给他们服务。

6.7.2 服务礼仪

（1）仪容仪表。

对女性店员来讲，化妆是必不可少的。但应切记，化妆品只能锦上添花，而不是玉上加瑕。略施粉黛，会尽现女性风采；妖冶刺目的化妆会影响顾客的情绪。淡妆而不失纯真是最高境界。

比起化妆来，身体的整洁更重要，其首要是保持个人卫生。其次保持服装的干净得体。另外，像手表、耳环、项链、戒指、手链等装饰品，除经董事长允许佩带者外，一律不准佩带。最后，店员的衣饰不能比顾客还华丽、高贵，以免产生店欺顾客之惑。

（2）上岗前。

一日之计在于晨，所以每日早晨，店员上岗前都必须振作精神，整理店堂，检查服饰。岗前例会时，店员间应相互问好，相互检查衣帽穿戴，并听从店长布置当日工作。店堂的清扫，应按预先划定分工。清扫项目包括地板、门窗、桌椅、花木、器具等。

（3）迎接客人。

在迎接客人的时候要站在门口抬头挺胸，收腹。两臂自然下垂，左手搭在右手上，向前轻轻相握置于小腹正中部位，精神饱满，面带微笑。朝外，身体与门成45°，目光始终注视观察店门外情况，不交头接耳。

（4）接待客人。

有客人驻足观看店外招牌、立牌及促销广告等情况时，要主动开门上前行45°鞠躬礼并问候："您好！请问有什么可以帮到您？"在顾客表达完意向后，做出诸如递宣传资料、介绍店内情况及引导客人进店等适当反应。

引领客人时走在客人前面或左右边，并以手示意正确方向，到达座位后，拉出椅子，轻微地拍拍椅面，说声：小姐，请坐。注意在引导时要不时注意客人是否跟上来了，当拍椅面时，不得用毛巾扫或拍。

(5) 礼送客人。

给客人做完美容美发后要问客人是否满意，有什么意见，一定要谦虚，送客人要感谢客人的光临并希望下次光临。

(6)"两头客"要礼仪有加。

所谓"两头客"则指店铺开门前和临近打烊前来店铺的顾客。对这些客人往往疏于接待。但不能忘记的是，这些顾客与其他顾客并无二异，他们很可能成为本店的老顾客，所以对他们更应礼仪有加。

对营业前来的顾客，可讲一句"对不起，请您再等几分钟"，然后引领其入座，送上一杯热茶。对临近打烊来店的顾客，店员白眼相待，若再抄起扫帚，整理店堂，无疑是在下逐客令，顾客会与本店铺绝交。店员应善始善终地保持周到服务，让最后一个顾客也要满意。

(7) 下班时间。

当日营业结束后，除上述清扫外，还要检查水、电、气开关，收好工作服，为明天营业做好准备。店员间道一声"辛苦了"，一天营业方告结束。

6.7.3 基本用语礼仪

(1) 基本服务用语。

①"欢迎""欢迎您""您好""欢迎光临"，用于客人进店时，咨客、收银及坐牌人员使用。

②"谢谢""谢谢您"，用于客人为我们的工作带来方便时，本着感谢的态度回应客人。

③"请您稍候"或"请您稍等一下"，用于不能立刻为客人提供服务，本着认真负责的态度对客人说。

④"请您稍候""请您稍等一下""请您谅解"，用于因打扰客人或给客人带来不便，本着歉意的心情说。

⑤"让您久等了"，用于对等候的客人，本着热情百倍并表示歉意地对客人说。

⑥"对不起"或"实在对不起"，用于因打扰客人或给客人带来不便，本着真诚而有礼貌地对客人说。

⑦"再见""您慢走""欢迎下次光临"，用于客人离开时，本着热情而真诚地说。咨客及收银人员都要说。

（2）日常服务用语。

①当客人进店时。

早上好，先生（小姐）您一共几位？或者默数后问：请问您一共三位对吗？或说：除了您现在的三位，后面还有朋友要来吗？

请往这边走（做带路的手势，或一定要走在客人的前面）。

请您跟我来。

请坐。

请稍候，我马上为您安排（设计师、助理、技师为您服务）。

请等一等，您的饮料马上到（收拾好桌子上的杂物）。

请您先看一下这些发型。

先生（小姐），您喜欢坐在这里吗？

②为客人点饮料和服务时。

您喜欢用什么饮料，我们店有……

您是否喜欢……

您是否有兴趣感受一下今天我们店新推出的……（如：姜疗、奶疗）

请问，您还需要做什么样的项目吗？

真对不起，我们的××发型师还有几个客人在等，您再等一等好吗？

如果您不介意的话，我向您推荐这款发型好吗……

（3）为客人服务时。

请问您需要喝什么饮料？

对不起，我马上问清后告诉您。

先生，您是××？您的电话。

小姐，打扰您了，我可以清理一下桌面吗？

谢谢您的合作。

谢谢您的帮助。

这样可以吗？要改变一下吗？

（4）客人结账并送客。

先生您的账单。

对不起，请您付现金。

请付××元，谢谢。

先生（小姐），这是找给你的零钱和发票，请收好，谢谢。

为了能够更好地服务您！希望您对我们的服务提出宝贵意见（填写调查表）。

非常感谢您的意见。

十分感谢您的热心指导。

谢谢！欢迎您再来。

再见，欢迎您再次光临。

6.7.4 服务客人时的注意事项

（1）三轻：走路轻，说话轻，操作轻。

（2）三不计较：

不计较宾客不美的语言；

不计较宾客急躁的态度；

不计较个别宾客无理的要求。

（3）四勤：嘴勤、眼勤、腿勤、手勤（脑勤）。

（4）四不讲：不讲粗话；不讲脏话；不讲讽刺话；不讲与服务无关的话。

（5）五声：客人来有迎声，客人问有答声，工作失误道歉声，受到帮助致谢声，客人走时有送声。

（6）六种礼貌用语：问候用语，征求用语，致歉用语，致谢用语，尊称用语，道别用语。

（7）文明礼貌常用的二十六字：请，您，您好，谢谢，对不起，请稍等，您请坐，不客气，应该的，请慢走，再见。

6.7.5 发型师工作行为规范

（1）发型师必须在每日9：00上班以前做好上班前准备工作（考勤、打理发型、更换工作衣、佩戴工作牌）。特别声明：括号内四项内容必须具备，且必须上班前完成。

（2）发型师上班后第一件事：为自己上工作轮流牌、立刻进入工作状态。

（3）发型师在上班时间不得私自离开店内，工作时不得接听手机，上班时间内手机不可以开音乐，不可以用手机在店内上网。

（4）发型师在服务顾客时必须按公司标准服务用语交流（您好！很高兴为您服务）。

（5）发型师在服务顾客时主动给顾客留本人名片。

（6）发型师在店内不得接受顾客的馈赠（如：食品、金钱、礼物）。

（7）发型师在服务顾客过程中涉及价钱方面时，个人不得私自改动价位或私自打折或私自馈赠产品。

（8）发型师在填写客单时字迹规范，如意外填写失误须让经理本人签字确认，不得私自涂改。

（9）发型师必须在上班后检查头天的业绩与工资核对无误后，签字确认。

（10）发型师在为顾客做烫染服务时，不可以离开顾客。

（11）发型师在出售会员卡及产品时必须告知顾客享有的权利（如：顾客是预付会员，必须在第二次消费前将余款付清才可消费。如：会员顾客在不满意情况下退卡，须将以前消费折回原价，剩余部分退还，如折回原价后卡内余额不足须顾客自行充值。产品已经售出概不退款）。以上情况如因解说不清导致误会，后果由销售本人承担。

(12) 发型师在服务完顾客后，要把自己的收尾工作整理好（个人工具、毛巾、台面）。

【基本训练】

复习思考题

1. 美容服务时应遵循哪些礼仪规范？
2. 美发服务时应遵循哪些礼仪规范？

实训练习与操作

美容美发服务礼仪训练。

实训目标：掌握规范的美容美发服务礼仪。

实训内容与要求：设定每位学生的身份，将学生分为10人一组，练习美容美发服务礼仪，要使学生能在职场中熟练运用所学礼仪知识。

(1) 请为顾客介绍本店美容产品。

(2) 请为顾客介绍本店新设计的发型。

实训成果与检测：学生进行演示，教师及其他学生进行检查和点评。

6.8 医护礼仪培训

【本节学习目标】

1. 培养护理人员职业道德
2. 掌握医护护理礼仪

【引例】

爱心诊所的王兰护士每天清晨都会面带微笑地询问患者的感受和睡眠情况，如“张大娘，昨晚休息得好吗?”“李兰，现在感觉怎样?”“王同志，你的伤口还疼吗?”患者都感受到了她的真诚以及对患者的同情、关心和爱护。

思考：医护人员应该以什么样的语气与患者交流?

医院的医生和护士是医院的主力工作人员，是医院的骨干，代表了整个医院的形象和服务质量。所以医院服务礼仪也是衡量医院服务质量的标准之一。

护理礼仪属于职业礼仪，是护理工作者在进行医疗护理工作和健康服务过程中所遵循的行业标准，是护理素质、修养、行为、气质的综合反映，它既是护理工作者修养素质的外在表现，也是护理人员职业道德的具体表现。

6.8.1 医护礼仪的重要性

随着医学模式的转变、人们对健康需求以及对医疗质量要求的提高，礼仪已成为代表医院文化、促进医院文化建设的重要组成部分。而随着医疗市场日益激烈的竞争，护理礼仪也逐渐作为技术服务的附加服务，越来越受到患者的关注。

良好的医护礼仪不但能使护理人员在医护实践中充满自信心、自尊心、责任心，而且其优美的仪表、端正的态度、亲切的语言、优雅的举止，可以创造一个友善、亲切、健康向上的人文环境，能使患者在心理上得以平衡和稳定，同时对患者的身心健康可起到非医药所能及的效果。

医院对医护人员开展护理礼仪培养与训练工作的重要性及其作用主要体现在以下四个方面：

（1）医护礼仪提高护理质量。

护理礼仪是强化护理行为效果的重要手段。制度规范行为，礼仪通过行为体现。而护理质量取决于两方面的因素：一是护理技术，二是良好的护理礼仪。护理礼仪的塑造，是强化护理行为效果、促进护理质量提高的重要条件。

（2）医护礼仪凸显医护人员形象。

医护工作是一门科学，又是一门艺术。要想做好医护工作，就要在日常工作中注意保持得体的仪表，通过美好的形体语言、巧妙的职业用语以及优秀的专业技术认真进行各项护理工作，处处为患者着想，让患者相信医护人员技术和能力，同时也让患者获得安全感。

（3）医护礼仪加深亲切的护患关系。

护患关系是医护人员跟患者及其家属在一定条件下形成的关系。这种护患关系的好坏直接关系到患者的健康程度。一个热情、微笑、优雅、整洁的护理人员，能使患者产生亲切感、安全感，从而使患者更早康复。

（4）医护礼仪能使患者踏实。

在“以病人为中心”的整体护理中，护理人员不仅要关心病人身体上的疾病，还要关注由身体疾病引发的各种心理反应，把心理护理作为促进病人康复的重要护理手段，医护礼仪在这个过程中所起的作用是巨大的。

6.8.2 医护礼仪的要点

（1）尊重病人隐私。

根据患者病情实际需求，选择可保护患者隐私的条件进行治疗。在任何情况下，患者个人病情、发展状况及其治疗方案，均属于个人隐私，不得擅自对外扩散或用于商业性目的。

（2）及时沟通情况。

尊重患者和家属对病情的知情权。根据需要，及时通报病情、诊断及治疗情况，对患者和家属配合治疗提出指导性意见；应使患者看清楚处方字迹，及时明了地向患者介绍药品的正确使用方法。

（3）语言沟通技巧。

接待患者时，态度平和，语调亲切；对重危、创伤患者，不能有厌恶的表情；对不治之症的患者，给以同情、安慰、鼓励，帮助其树立战胜疾病的信心；诊治完毕后，对患者说“祝您早日康复”等祝福语，见图6－8－1。

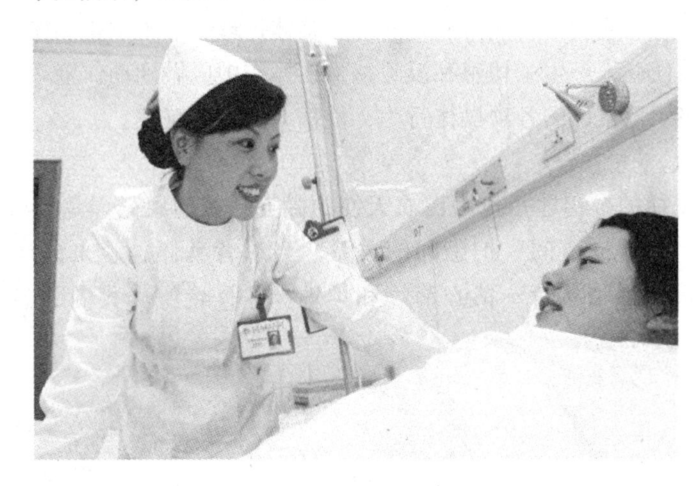

图6－8－1 医护人员礼仪

6.8.3 日常行为礼仪

（1）交往礼仪。

护理团体作为医院的一个特殊而重要的人群，护士之间应明确分工而又协调一致，本着“患者第一”的原则，主动团结协作，密切配合，相互关心彼此的困难和疾苦，主动帮助他人的工作，使整个护理工作处于和谐有序状态，从而不断地提高护理质量，更好地为病人服务。

（2）形象礼仪。

衣冠整洁是工作中最基本的礼仪。人的容貌是情感传递的途径之一，有传递情感和愉悦身心的功能，体现护士特有的精神风貌，象征着护士的自信，凝聚着护士的骄傲和希望。同时也能够给病人亲切、清爽的感觉，见图6－8－2。

图6－8－2 形象礼仪

（3）语言礼仪。

俗话说，“良言一句三春暖，恶语伤人六月寒”。在工作中使用通俗性、礼貌性、安慰性和鼓励性语言，避免简单生硬、粗鲁、讽刺、侮辱、谩骂性语言，常用“您好，请，对不起，谢谢，别客气，请走好”等，都能令人感到亲切、融洽、不拘束。护士之间应当多用“帮帮忙好吗？咱们一块去做吧，请教”等。另外要使用保密性语言，病人为了治愈疾病将内心不能向别人公开的秘密或隐私告诉医务人员，对病人的疾病史、诊断治疗不应随意泄露，更不应当作闲话任意宣扬，应对病人保守医密。

（4）行为礼仪。

护士已从单纯的疾病护理转向对病人的身心整体护理，护士举止端庄可获得病人的信任和尊重，态度热情使病人产生亲切感和温暖感，在操作中应做到动作轻巧，节奏明快，我们在日常工作中严格规范自己的各项操作行为，使病人产生信赖感。

（5）微笑礼仪。

微笑是人际交往的金钥匙，作为白衣天使的微笑是美的象征，是爱心的体现，它能给患者以生的希望，改善同事间、护患间的关系。当患者满怀忐忑来到病房求医时，不仅希望得到医护人员的热情接待、精心治疗和护理，并且希望从我们微笑中得到信任，看到真诚，见图6-8-3。

图6-8-3 微笑礼仪

（6）推车姿态。

推车时双手扶住车缘把手两侧，躯干略向前倾，进病房时先停车，用手轻轻开门，再把车推至病人床前，见图6-8-4。

（7）持病历夹。

左手握病历夹稍前端，并夹在肘关节与腰部之间，病历夹前沿略上翘，右手自然下垂或摆动，翻病历夹时，右手拇指与食指从中缺口处滑到边缘，向上轻轻翻开，见图6-8-5。

图6-8-4 推车礼仪

图6-8-5 持病历夹姿态

（8）端盘姿态。

取自然站立姿态，双肘托住盘底边缘1/3处，拇指和食指夹持盘体，其他三指自然分开托住盘底，肘关节呈90°，使盘边距躯体3~5厘米，要保持盘的平稳，不可倾斜，不可将手指伸入盘内，见图6-8-6。

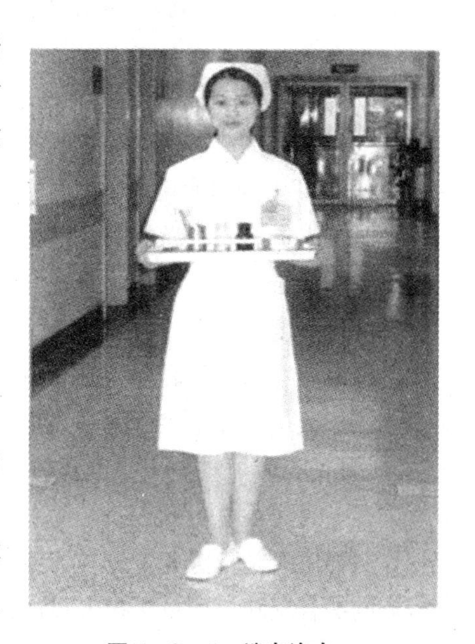

图6-8-6 端盘姿态

6.8.4 医护沟通

（1）问候技巧。

①医患之间。

当每天晨间护理时，护士应面带微笑地询问患者的感受和睡眠情况，如“张大娘，昨晚休息得好吗?”“李兰，现在感觉怎样？”“王同志，你的伤口还疼吗?”问候时要真诚，让患者感觉到护士对他的同情、关心和爱护。

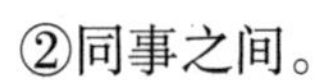

②同事之间。

同事在一起的时间甚至比家人都长，所以同事之间要相互友善，问候也要得当，如：“赵老师，近来身体可好?”“王大夫，今天有患者要手术吗?”“小王，还在用功呢，注意休息”等。

（2）见面打招呼。

招呼熟人见面打招呼，早已是男女老幼皆知的起码常识，但是怎样恰到好处地打招呼却又不是人人都能做得好的。打招呼是很有技巧的，也是要分场合的。

①一般场合。

在工作以外的场合，不必过于拘泥礼节，比如用“老张”“小李”等称呼，这样更亲切、自然。

②公众场合。

医护之间在公众的场合打招呼可以根据其职业、职称、职务等不同恰当称呼。如“张医生你好”“李大夫你早”“张护士你辛苦了”等。同时，说话时要尽可能地用眼注视着对方，面部表情自然大方，语气和蔼，语调适中，以使对方听到为宜，避免高声。医护同患者打招呼，要看对方的年龄、文化程度。

（3）祝愿。

①同事之间。

当同事中在进行某一试验时，大家聚在一起搞一次小型的酒会，预祝试验成功，这不仅是形式，而是通过这种形式，表达我们的关心和支持，使其感到社会的力量和期望，树立信心，知难而进，勇攀高峰。

②医患之间。

当患者的病情好转时，护士应适时地表示祝愿。如“今天的检验报告显示，你的病情有了明显的好转，真为你高兴，祝愿你早日康复”，给患者以鼓励和勇气，增强战胜疾病的信心。

6.8.5 医护角色定位礼仪

（1）高尚的职业道德。

医护人员要以高尚的职业道德规范自己的行为，以满腔热忱对待患者，用真情实感去同情患者的疾苦。当患者前来就诊时，应起身相迎，态度要热情、和蔼。不论患者年龄、职业、文化程度、社会地位如何，在人格上一律平等，在询问病史或与患者交谈时，要一视同仁，措辞得当，语气温和，诚恳有礼，使患者受到尊重。

医护人员对于患者及家属提出的问题应耐心解答。不要恶狠狠、冷冰冰地“横眉冷对”。即使患者刁难护士，也要轻言细语地解释说明，取得患者的谅解和支持。

（2）注意医德医风。

医德医风是指医务人员在职业活动中所表现的道德品质和医疗作风，是医德意识和医德行为的综合反映。衡量医护人员的医德意识高尚与否，最根本的是看在医疗活动中，医护人员如何处理个人与患者的关系。

医护礼仪培训主要建议医护人员在诊疗过程中，应注意微笑服务。向患者展示天使的微笑，加上耐心、细心的服务态度，熟练的操作技能，可消除患者的焦虑、恐惧，使患者在疾病治疗、护理过程中，发挥主观能动性。

【基本训练】

复习思考题

医护服务时应遵循哪些礼仪规范？

实训练习与操作

医护服务礼仪训练。

实训目标：掌握规范的医护服务礼仪。

实训内容与要求：设定每位学生的身份，将学生分为10人一组，练习端托盘、推治疗车、夹持病历夹以及医护沟通、问候等礼仪。

实训成果与检测：学生进行演示，教师及其他学生进行检查和点评。

6.9 养老服务礼仪

【本节学习目标】

掌握养老服务基本礼仪

【引例】

住在养老院的王奶奶每天都会去图书阅览室看报，去文化活动室唱歌，去体育健身室打球，累了还可以去日间照料室休息。病了有保健医生，不愿意出门，有养老护理员陪聊天。老人在养老院里生活得很舒服。

思考：养老护理员应该掌握什么技能？

6.9.1 养老护理员职业标准

养老护理员所从事的养老护理工作也不例外，养老护理员需要遵守基本守则：尊老敬老、以人为本，服务第一、爱岗敬业，遵章守法、自律奉献，见图6-9-1。

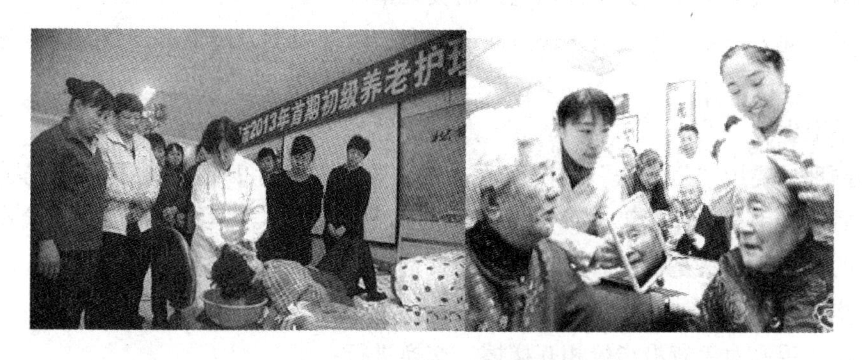

图6-9-1 养老护理员礼仪

（1）尊老敬老、以人为本。

尊老敬老要从物质生活上对老人给予赡养和照顾，包括衣食、住宿、医疗等方面的供给和照料，特别是父母、长辈有病时，子女、晚辈要悉心照料，不能嫌弃老人、虐待老人。要依照法律的义务和道德责任，保护老人的合法权益；要在精神生活上给老人以关心、体贴，使他们得到心理慰藉，充分享受天伦之乐；要在社会上积极倡导敬老、尊老、爱老、助老的道德风尚，热心为老人办好事、办实事。

（2）服务第一、爱岗敬业。

养老护理员的工作是平凡的，但它又是社会不可或缺的。养老护理员要充满对自己的岗位和职业的激情和敬意，培养自己对工作岗位的深厚感情。树立“服务第一”的职业观，在工作中努力学习养老护理专业知识和技能，全心全意地为老年人服务，不仅会赢得老年人及其家属的尊重，而且会赢得全社会的赞美。

（3）遵章守法、自律奉献。

养老护理员应该遵守社会公德，自觉遵守和维护公共秩序；遵守公共生活准则，遵守公序良俗和有关规章制度，努力做到“爱国守法、明礼诚信、团结友善、敬业奉献”，遵守养老护理员职业道德和工作须知，爱老、敬老，热诚为老年人服务。只有这样，才能保证养老护理工作任务的出色完成。

在对老年人爱的召唤之下，把本职工作当成一项事业来热爱和完成。养老护理员自律奉献，要求养老护理员在为老年人服务中处处为老年人着想，严格要求自己，积极进取，精益求精，不断提高养老护理员服务水平，把自己的才能奉献到为老年人服务的光荣事业中去。

6.9.2 养老护理员基本礼仪规范

（1）养老护理员的卫生要求。

①日常卫生。

养成良好的卫生习惯，早晚刷牙，每晚泡脚，经常沐浴，保持口腔、身体无异味。

②头发卫生。

养老护理员要经常洗头发，修剪要整齐，刘海不过眉，长度不过肩。如果留长发，要用头花束在脑后，避免头发、头屑掉在老人的饭菜里。

③养老护理员可以略施淡妆，保持面部洁净，精神焕发，避免口、鼻、眼有分泌物，禁浓妆艳抹。

④双手卫生。

养老护理员要用“六步法”常洗双手。饭前便后要洗手；清理便器后要洗手；整理老年人用品后要洗手；护理老年人后要洗手。指甲每周剪一次，不留长指甲，不涂指甲油。

科学的六步洗手法是在平时清洁双手和日常生活中预防肠道传染病的关键，步骤如下：

第一步：掌心相对，手指并拢相互摩擦；

第二步：手心对手背沿指缝相互搓擦，交换进行；

第三步：掌心相对，双手交叉沿指缝相互摩擦；

第四步：一手握另一手大拇指旋转搓擦，交换进行；

第五步：弯曲各手指关节，在另一手掌心旋转搓擦，交换进行；

第六步：搓洗手腕，交换进行。

⑤其他卫生。

养老护理员要注意全身卫生，需要每天清洁换洗内衣内裤，保持内衣内裤干燥，女性还要注意经期卫生，避免感染和异味。

（2）养老护理员着装要求。

①干净整齐。

养老护理员工作装要干净平整，朴素大方，领口、袖口简单利落，扣子整齐不缺，裤角在鞋跟以上平脚面处。

②色彩淡雅。

养老护理员着衣整体色彩要淡雅，上衣裤子搭配要合理，忌大红、大黄、大紫以避免刺激。忌黑色以避免沉闷。围裙、套袖要相配。

③协调得体。

养老护理员工作装要合体、符合时令、优雅，不能过小、过紧，也不能过大、过松。女士着装忌短、忌露、忌透。夏季女士所穿裙装要在膝盖以下，禁忌仅穿内衣、睡衣和短裤进行工作。

④鞋袜轻便。

养老护理员鞋袜搭配要考究。鞋子要求软底轻便，配上和肤色相近的袜子。不宜穿凉鞋或靴子，更不宜光脚、穿拖鞋。

⑤饰物点缀。

巧妙地佩戴饰品能给女士增添色彩，养老护理员可以点缀一些不易造成伤害的布艺饰品，但是，严禁在工作时间戴戒指。

6.9.3 养老护理员的工作礼仪规范

（1）养老护理员服务态度。

①主动热情。

养老护理员见到老年人、家属或来访者，要主动打招呼，微笑着问一声：“您好！”“您需要我帮助吗？”为了表示尊重，必要时可以行15°鞠躬礼。

②耐心周到。

养老护理员为老年人服务，要想老年人所想，急老年人所急，细心地观察老年人没注意的问题，并及时周到地帮其解决，让老年人和家属体会到养老护理员的爱心。

③文明礼貌。

养老护理员要有微笑的面容、真诚的眼神、优雅的肢体语言，要讲普通话，使用礼貌用语：“您好”“请”“谢谢”“对不起”“请原谅”“再见”等，不骂人，不讲粗话，不大声喧哗，不使性发脾气。

④尊重老年人和家属。

养老护理员要尊重老年人和家属。具体表现在对老年人和家属的关心和体贴上；表现在对老年人健康状况的熟悉和了解上；表现在微笑和轻柔的服务上。要经常换位思考：“假如我也老得需要别人照顾”“假如我也躺在这张床上”“我希望养老护理员怎样对待我？”

文明服务是表达尊重的最好方式，同时文明也带来尊重。让老年人和家属感受到养老护理员的崇高礼遇，养老护理员就会赢得他们的尊重，让养老护理工作顺利进行。

（2）养老护理员语言礼仪。

交谈是表现文明礼貌的重要方面，养老护理员与老年人和家属交谈时要和颜悦色，态度诚恳，音调平和，语速适中，谦虚亲切，回避隐私，不言人恶。遇到矛盾，要做到不急不躁、不温不火，不推卸责任。与其"理直气壮"不如"理直气柔"，这样更容易得到人们的喜爱。

（3）养老护理员举止礼仪。

①姿势。

养老护理员面对老年人、家属或来访者，要使用好肢体语言：微笑、鞠躬、握手、招手、鼓掌、右行礼让、起立回答问题等。站有站相，坐有坐相。交谈时正视对方，认真倾听，或侧耳聆听，不能东张西望，看书看报，挖耳朵、抠鼻子，剪指甲、上下抓挠、左右摇摆。

②站姿。

养老护理员站立时，身体要与地面垂直，重心放在两个前脚掌上，挺胸、收腹、抬头，双肩放松，两腿并拢，双臂自然下垂或在体前交叉，眼睛平视，面带微笑，不要歪脖、扭腰、屈腿等。

③坐姿。

养老护理员坐立时，腰背挺直，肩放松，两膝并拢，弯曲大致成直角，双足平放在地面上，双肘自然弯曲，双手心向下，互相重叠，自然放在一侧大腿上。与老年人谈话时，入座时要轻柔和缓，起座时要稳重端庄。不要随便坐老年人的床铺，不要斜倚在老年人床头被子上，更不要大大咧咧跷着"二郎腿"或抖腿。

④走姿。

养老护理员行走时要轻而稳，胸要挺，头要抬，肩放松，两眼平视，面带微笑，自然摆臂。为老年人端饭菜、端饮料等，要曲肘，双手将物品平端在胸前稳步前行。不要低头含胸、左摇右晃、脚掌拖地。遇到紧急情况，可以小步快走，但要保持镇定，不要大步流星地快跑，避免制造紧张气氛。

【基本训练】

复习思考题

养老护理员应遵循哪些礼仪规范？

实训练习与操作

养老服务礼仪训练。

实训目标：掌握规范的养老服务礼仪。

实训内容与要求：设定每位学生的身份，将学生分为10人一组，练习养老服务礼仪。

实训成果与检测：学生进行演示，教师及其他学生进行检查和点评。

6.10 窗口服务礼仪

【本节学习目标】

掌握窗口服务礼仪。

【引例】

鞍山移动公司今年推出与同行业先进营业窗口建立了长期的结对互学，开展一系列互动活动；倡导“柜台服务贴心、报装服务诚心、热线服务细心、特色服务温心”的“四心”亲情化服务，要求电力收费大厅营业员接待客户时做到“一张笑脸相迎，一声问候上前”，“电话中有我的微笑”，“人人都是形象大使”等礼仪观念。总之，竞争激烈的市场要求电力收费营业厅始终把握：不管人员如何变动，窗口人员上岗首先必过礼仪关；不管有多大委屈，微笑不能丢；不管如何改，工作有多忙，优质服务不能松。

思考：窗口工作人员应该具备哪些服务礼仪？

营业厅作为公司重要的“窗口”部门，承担着对外的联络接待任务，这个“窗口”的形象如何，直接关系到公司的总体形象和面貌。因此，营业厅始终把以倡导职业文明为核心内容的青年文明号活动与树立良好的窗口形象紧密结合起来，把职业文明标准贯穿于日常工作之中，用实际行动充分体现营业厅成员立足本职、爱岗敬业的奉献精神。

6.10.1 窗口服务行为礼仪

窗口服务行为礼仪包括以下几点：

（1）检查营业厅环境卫生、设备状况是否良好，出现问题及时找相关责任人；

（2）检查咨询员维护营业厅秩序、咨询分流客户、主动营销等工作是否按要求完成，对咨询员进行提醒和纠正；

（3）检查营业人员仪容仪表、精神面貌、微笑、目视客户、主动招呼客户、接一顾二招呼三、处理业务的速度和方式方法是否正确、解答客户问题的标准度，营业人员是否能够顺畅的处理各类业务（考查业务流程是否合理，员工的熟练程度和工作技巧是否有提高的空间），发现不到位处对相应人员进行指导和纠正；

（4）注重客户的感受以及现场客户的问题，了解客户的满意度；

（5）解决客户的不满，处理好客户的投诉；

（6）大厅营业员应着装整齐，坚持挂牌服务，尊重客户的风俗习惯，对客户的咨询、提问不推诿、搪塞，服务及时、周到、热情。通过规范日常用语拉近与客户的距离。做到窗口服务“一双手、两站立、三有声”（接送客户物品时用双手；客户来时站起来迎接，走时站起来送行；客户来时有迎声、问时有答声，走时有送声）；

（7）微笑其实是一种服务意识，只有把意识提高了，才会做到真心的微笑、真诚的服务。客户进门的时候，一个微笑表达着“您好！有什么可以为您服务的吗?”，客户离开的时候，一个微笑表达着“请您慢走”，阳光般的真挚笑容会让人眼前为之一亮，倍感亲切。

（8）作为一名营业大厅服务人员，无论在何时何地都要保持热情的服务，设身处地为客户着想，满足客户不同的需求，细心地倾听客户实际遇到的问题和要求，同时也要懂得如何运用服务沟通的表达技巧将压力舒缓、矛盾化解，达到客户的满意。

6.10.2 大厅服务礼仪（图 6 -10 -1）

图 6 -10 -1 大厅服务礼仪

要做好优质服务工作，只有掌握了扎实的理论知识和熟练的业务技能，才能迅速地响应客户的需求，对客户提出的问题做出及时正确的问答，让客户满意。要对客户信守承诺，在帮助用户解答和处理问题的时候一定要积极、主动和及时。同时要进一步加强对各种业务流程宣传解释工作，让客户心里有底。

制定详细的工作规范和规范的服务标准。加强公司与客户的对话、交流，提升服务质量和管理水平。健全优质服务体系，推出“经理接待日”工作制度，接待客户，问答咨询，处理投诉等。

实行科学分类，差异服务。建立大客户诚信档案，将大客户按诚信程度和用电性质进行逐级划分，再根据重要程度进行细分，将客户分布按“钻石”“铂金”“白银”三个层次实施差异化服务。

强化窗口服务，完善营业厅的硬件功能设施，设置服务评价器，升级视频监控系统功能，为免除客户站立式排队，内设客户轮候区，安装“智能排队叫号系统”实现服务人员与客户之间自动匹配的“个性化”服务。

细节之处见服务。细节之中见成效，将“用户”改称为“客户”，“报装”变成“客户迁入”，“缴费”被“账务服务”所替代，点滴的改变就能使客户在办理业务时更有亲切感，真正体会到宾至如归的感觉。

6.10.3 政务大厅窗口礼仪

（1）学习政务礼仪的要求。

一是做到爱岗敬业、诚实守信，办事公道、奉献社会；

二是注重礼仪，以良好的形象面向群众；

三是提高工作效率，在承诺时限内做好工作，提高窗口服务质量；

四是严于律己，以群众为本，有学习意识，乐于实践。

（2）岗前准备。

政务大厅窗口工作人员在上岗前要做好充分准备。上岗前要充分休息，以保证有充足的精力和体力来完成工作，以良好的精神面貌来接待客户。上岗前还要检查好个人卫生情况，特别是手、指甲、头发、牙齿、胡须、衣领、衣袖等几个部分要重点清理，做到牙齿清洁、口腔无异味、头发整齐、不留胡须、不留长指甲、衣领袖口干净、衣服平整、鞋子光亮，女同志适当化淡妆。

政务大厅窗口业务工作是由多个班次的人员共同完成的，这就要求每位工作人员在上岗前做好交接工作。交接班要准时，对钱款、物品、工作任务都要交接清楚，以方便接下来的工作活动顺利开展。同时还要对工作用品进行检查，补齐不足的邮票、信封，准备好备用的零钱，检查电脑、打印机、电子秤、验钞机等机器设备是否工作正常，并将工作台收拾整齐，擦拭干净。

（3）站立迎送。

站立迎送是对客户的尊重。在一般情况下，政务窗口工作人员在自己的工作岗位上均应该站立迎接客户的到来。在办理业务时，可以坐座位上办理，业务办理结束后，应站起身目送客户离开。

（4）用语礼貌。

当看到客户向自己走来时，要面带微笑主动问候客户。这是作为正面接待客户时开口说出来的第一句话，也就是“迎客之声”。迎客之声直接影响给客户留下的第一印象，并且可以视客户具体情况加上称谓，如“大爷，您好”。向客户打招呼应当面带微笑，目视对方并点头欠身。在服务过程中，与客户交流时还要经常注意使用“请”“您”等服务用语。

在客户离开时，应向其礼貌道别，使自己的工作善始善终。道别时要亲切自然，点头致意，并应伴有送别的话语，如“您走好”“欢迎再来”“再见”等。优质服务离不开主动的打招呼、敬人的用语。不要小看一个“请”字，一声招呼，它包含着政务窗口工作人员对用户的一颗真挚热情的心。当来者听到你的主动招呼声时，就会感到你对他的尊敬，他们也会尊重政务窗口工作人员，这样不仅缩短了政务窗口工作人员与用户之间的距离，而且还减少了政务窗口工作人员与用户发生口角和摩擦的可能性。

（5）平等相待。

政务窗口工作人员对客户应一律平等，不能因职务、职业、年龄、性别、衣着、相貌、地域等原因来区别对待。对于老人、孩子要态度和蔼，耐心解释，对待外地人、农村人应该礼貌有加。当业务繁忙，等待办理业务的客户特别多时，依旧要保持礼貌、热情、耐心和周到，并且努力做到“接一”“顾二”“招呼三”即手头上接待着第一位客户，口头上顾及着第二位客户，神色表情上又欢迎第三位客户，让每一个客户都不会感到被冷落、被疏远。当为等待很久了的客户服务时，应先对客户说一句“对不起，让您久等了”，以取得对方的谅解。

（6）技能熟练。

政务窗口工作人员对业务工作的熟练是非常重要的。在工作中，礼仪服务的内容不仅是要有对待客户良好的服务态度、规范的语言和标准的动作，更重要的是对本职工作的熟练。娴熟的业务可以表现出政务窗口工作人员较高的职业技能素质，表现出单位对工作管理的严格要求，体现了良好的企业精神风貌。这样，在客户提出要求时，就可以迅速做出反应。对业务工作的熟练可以节省客户的等候时间，减少客户精力的耗费，提高客户的满意程度。

【基本训练】

复习思考题

1. 一般大厅服务应遵循哪些礼仪规范？
2. 政务大厅服务时应遵循哪些礼仪规范？

实训练习与操作

1. 一般大厅服务礼仪训练。

实训目标：掌握规范的大厅服务礼仪。

实训内容与要求：设定每位学生的身份，将学生分为10人一组，练习通信公司大厅产品介绍服务礼仪。

实训成果与检测：学生进行演示，教师及其他学生进行检查和点评。

2. 政务大厅服务礼仪训练。

实训目标：掌握规范的政务大厅服务礼仪。

实训内容与要求：设定每位学生的身份，将学生分为10人一组，练习政务窗口服务礼仪。

实训成果与检测：学生进行演示，教师及其他学生进行检查和点评。

第7章　世界部分国家礼仪习俗

【学习目标】

通过本章学习，基本了解世界部分国家的礼仪习俗。

【教学要求】

认知：能够了解日本、韩国、美国、英国、法国的基本概况、社交礼仪、服饰礼仪、餐饮礼仪等规范以及言谈举止的礼仪细节等。

理解：作为当代大学生，学习礼仪知识，还应对世界各国礼仪习俗有所了解。

运用：通过本章学习，使学生对这些国家的礼仪习俗有一个较全面的认识，为今后与这些国家的人民进行各种交往提供一些帮助。

在全球化进程日益加速的今天，世界俨然成了地球村，跨国界、跨文化的交往日益频繁。不管是外事活动，还是出国考察、旅游、经商和探亲访友，都免不了要直接和外国人打交道。在对外交往中，鉴于不同的民族风俗、生活习惯、社会制度、价值观念等，中外文化差异被越来越明显地体现出来。礼仪文化的差异在对外交往中不仅容易引发误解，而且还会引起摩擦甚至纠纷。如在把伊斯兰教作为国教的国家里，斋月里禁止任何人在公共场合饮食。

中外礼仪文化的差异如此之大，需要我们逐一了解，这样才能避免在交往中因彼此礼仪文化的差异而造成不必要的误会和尴尬，才能达到友好、和谐的交往目的。

7.1　日　　本

【本节学习目标】

1. 初步掌握日本国概况
2. 掌握日本国社交礼仪
3. 掌握日本国服饰礼仪
4. 掌握日本国餐饮礼仪
5. 初步掌握日本国其他禁忌

【引例】

相对西餐或其他餐饮来说，中国人对日餐似乎感觉更熟悉一些。但当面对满桌小碟中盛着的分量很小的、五颜六色线条精美的、以生制为主的菜肴，以及中国人并不太习惯食用的芥末，还有其烦琐的用筷礼仪时，一下子又觉得很陌生……

思考与讨论：你知道日本人用筷有哪些禁忌吗？

7.1.1 基本概况

日本与我国一衣带水，历史上两国交往频繁，日本至今还保留着我国浓厚的唐代礼仪、风俗。日本人的生活习惯、日常礼节与我国有许多共同点，见图7－1－1。

图7－1－1 日本国社交礼仪

日本位于亚洲东部的太平洋上，处于北纬30°～45°，东经123°～150°之间，西隔东海、黄海、朝鲜海峡、日本海与中国、朝鲜、韩国、俄罗斯相望，属温带海洋性季风气候。日本的国名含义为“日出之国”，又有“樱花之国”“火山地震之邦”的称号。

日本由北海道、本州、四国和九州4个岛屿，加上南部的琉球群岛、小笠原群岛等3 000多个岛屿组成，面积为377 800平方千米，相当于中国的1/26，与我国云南省面积相近。人口12 560万，为世界人口密度最大的国家之一。日本居民多为大和族，通用日语，信奉神道教和大乘佛教。神道教是日本固有的宗教，它所崇拜的是象征着太阳的所谓“天照大神”。它在日本人的日常生活中，尤其是在礼仪习俗方面，影响甚大，见图7－1－2。

图7－1－2 神道教

日本的海岸线漫长曲折，多港湾，境内山地崎岖、河谷交错。日本是世界经济大国，工业和国民经济生产总值均居世界前列。日本的重要城市有东京、横滨、大阪、名古屋。首都东京不仅是日本的政治、经济中心，还是世界经济、文化、产业的中心。1972 年 9 月 29 日，日本与中国建立了正式的大使级外交关系。

7.1.2 社交礼仪

日本人认为“礼多人不怪”。在人际交往中，日本人的见面礼通常是鞠躬礼。行礼时双手自然下垂放在衣裤两侧，躬腰的幅度有大有小，一般在 30° ~ 50°之间，如果表示特别尊敬，可弯腰 90°。鞠躬最讲究用眼神把自己的诚意传达给对方。日本人行鞠躬礼时，还规定手中不得拿东西，头上不得戴帽子，也不允许把手插在衣袋里。

与人擦肩而过时要微笑，将上半身微微倾斜 15°左右以示友好。

现代日本人见面互相握手很常见，尤其与外国人交往时，其讲究与国际惯例相同。在接待客人时，不习惯以烟待客。当着客人面想吸烟时，通常是在征得对方同意后才行事。赠送或接受礼物要用双手。

日本成年人都有名片，首次与他人见面时都要互换名片，否则被认为不愿与对方交往。交换名片时应行鞠躬礼，并说客套话。接到名片应仔细读后再收藏。

日本人的名字一般由 4 个字组成。前两个字是家庭的名字，后两个字是自己的名字。日本妇女婚前从父姓，婚后改从夫姓。称呼日本人时，一般称“先生”“小姐”或“夫人”，也可在其姓氏之后加上一个“君”字，表示尊称。只有在特别正式的场合，称呼日本人才须使用全名。

一般情况下，日本人不喜欢作自我介绍。作为介绍人，通常要说出被介绍人与自己的关系，以及他的称谓和所在单位名称等。

日本人喜欢龟和鹤，认为这些动物象征长寿。日本人盛行送礼，而且送礼已经成为整个日本民族的风气。

到日本人家中做客或约会，必须先预约，而且双方都必须准时。登门拜访应尽量避开早晨、夜晚和吃饭时间，以尽可能少给别人添麻烦为原则。日本人注重等级，如在公开场合送礼，必须每人一份，但礼品应有档次区别，收到礼品不要当面打开。

在日本人家中做客时讲究坐姿。在榻榻米上正确的坐法叫“正坐”，即双膝并拢跪地，臀部压在脚跟上，要两膝并拢，双足要成内八字，双足也可部分重叠。除了足部要求，所有的“坐礼”有一些共同的要领——头、颈、背要呈直线，腰板要直，不可仰头，双手五指并拢，这些都非常重要！较轻松的坐法，男性为盘腿坐，女性为横坐，即双腿稍许横向一侧，身体不压住双脚。

日本人社交习俗总的特点可以用这样几句话来概括：待人处事彬彬有礼，微笑相迎精神欢喜；见面问好鞠躬行礼，谦让礼貌讲求规矩；语言文明说话客气，交谈乐于轻声细语；白色、黄色受人爱昵，绿色、紫色民间为忌；乌龟、鹤类长寿吉利，狐狸和獾人人厌弃。

在生活细节上有如下特点：

日本人在社交活动中，爱用自谦语言，并善于贬己怡人。“请多关照”“粗茶淡饭、照顾不周”等，是他们经常使用的客套话。

他们有崇拜、敬仰“7”的风俗，据说这与太阳、月亮、水星、金星、火星、木星、土星给人间带来了光明、温暖和生命有关。

日本人有喝茶的习惯，一般都喜欢喝温茶。斟茶时，他们的礼貌习惯是以斟至八成满为最恭敬客人。他们饮茶时，喜欢主客间相互斟茶，不习惯自斟自饮，即客人在主人为其斟茶后，马上接着给主人斟茶。认为这样相互斟茶能表示主客之间的平等与友谊。

日本人不习惯以烟待客。他们自己吸烟时，一般不向客人敬让。因为吸烟有害健康，不能用来招待至亲好友。

日本人的等级观念很强，上、下级之间，长、晚辈之间的界限分得很清楚。妇女一般对男子极为尊重。

他们在社会交往中最好送礼，而且注意实惠，讲究礼品的颜色。他们经常把一些小礼物送人；一般在遇吉事送礼中喜用黄白色或红白色，在遇不幸事时，送礼惯用黑色、白色或灰色。他们对白色感情较深，视其为纯洁的色彩；日本人还偏爱黄色，认为黄色是阳光的颜色，给人以生存的喜悦和安全感。他们喜欢乌龟和鹤类等动物，认为这些动物给人以吉祥和长寿的印象。

日本人忌讳交谈的话题是第二次世界大战。

日本商人经常邀请他们的商业伙伴赴宴，宴席几乎总是设在日本饭店或夜总会里，十分丰盛，往往要延续好几个小时。在私人家里招待客人是难得的事。如果你真去日本人家里作客的话，那么一踏进门就先脱下帽子手套，然后脱下鞋子。按习惯，要给女主人带上一盒糕点或糖果，而不是鲜花。

如果日本人送你礼物，要对他表示感谢，但要等他再三坚持相赠后再接受。收受礼物时要用双手接取。日本人喜欢别人送给他们礼物。礼物要用色彩柔和的纸包装好，不用环状装饰结。他们特别喜欢白兰地酒和冻牛排。成双作对的礼物被认为是好运的兆头，所以衬衫袖口的链扣子和配套成对的钢笔和铅笔这类礼物特别受欢迎。不要送四件的任何东西，因为日文中的“四”字发音与“死”字相同。

到日本从事商务活动，宜选择在2—6月，9—11月，其他时间当地人多休假或忙于过节。日本人在商务活动中很注意名片的作用，他们认为名片表明一个人的社会地位，因此总是随身携带。日本商人比较重视建立长期的合作伙伴关系。他们在商务谈判中十分注意维护对方的面子，同时希望对方也这样做。赠送礼品时，当地人非常注重阶层或等级，因此不要给他们赠送太昂贵的礼品，以免他们为此而误认为你的身份比他们高。

日本公共场所的垃圾一般均分类处理，垃圾箱上一般都有明显标记。基本分为可燃和不可燃两大类。如果是在车站，垃圾的分类更为详细，有杂志报纸类、饮料玻璃瓶易拉罐类、可燃类、不可燃类。不随便扔垃圾是每一个日本人所遵守的公共道德之一，当然外国游者也不能例外。

在日本，不同的手势有不同的含义，见图7-1-3：

(1) 在中国，人们反复挤捏拇指与食指以表示金钱，而日本人则用拇指与食指围成硬

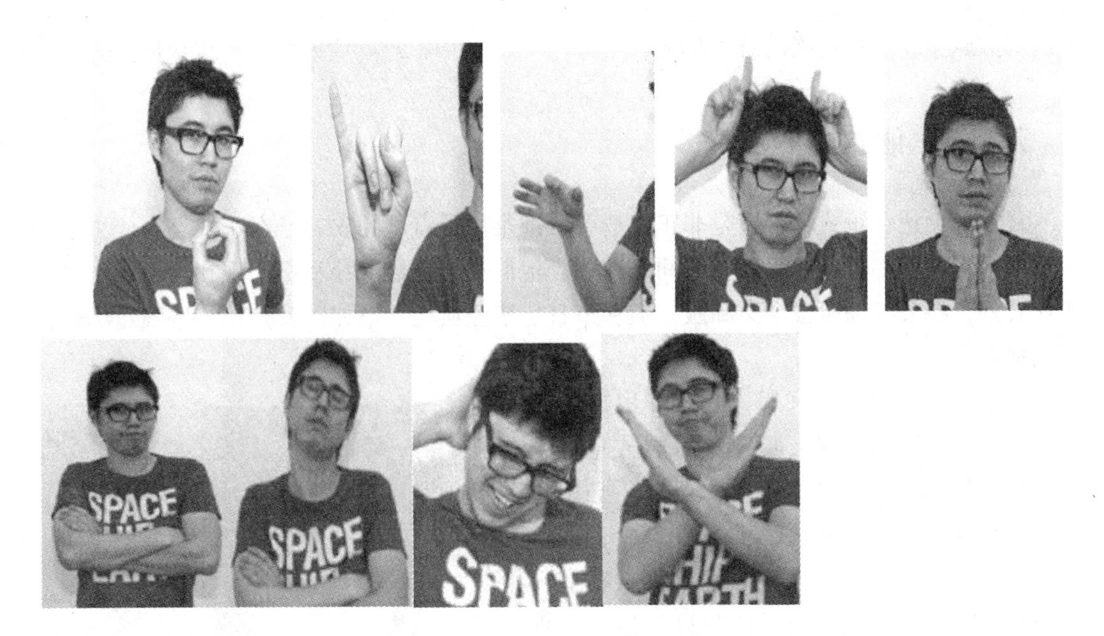

图7－1－3 手势

币的形状表示金钱。

（2）在很多国家，拇指和尾指分别表示好和坏，不过在日本，有很多人用大拇指表示男性，用小拇指表示女性。比如，日本人问男性有没有女朋友的同时会伸出小拇指。可要注意的是，伸出小拇指是一个不很文雅的动作，在正式场合不可滥用。

（3）用大拇指和食指做成一个不封口的圆圈，动一动手腕，中年或老年男性喜欢用这个动作表示用“酒盅”喝日本酒，而年轻人较少用这个手势表示饮酒。不过，凡是日本人都懂得这个手势的含义。

（4）两手握拳，只伸出食指在自己头上做恶魔角状。冲动是魔鬼或者生气是魔鬼，日本人把愤怒当做恶鬼来看待，因此用头上长角的恶魔来表达生气之意。

（5）双手放在脸颊前合十，在恳请他人或者向他人致歉时都用这种手势；在饭前饭后分别说“我吃了”和“我吃好了”时也双手合十表示感谢。人们在向神、佛祈祷时双手合十，可是在日常生活中常用这种动作表示乞求对方原谅。不过在大多数情况下，都是在非正式场合或是与朋友闹着玩时使用这种手势，如果在很正经的场合做这个动作，是不礼貌的。

（6）关于两手交叉地抱在胸前这个动作，是日本人在与外人接触时特别注意的动作。因为在很多国家这个姿势是表示愤慨，可是日本人经常做出的这个姿势，在绝大多数的情况下是为了表示“正在深思熟虑”。日本人在做这个姿态的同时还会把头歪一下，要注意观察对方的困惑的表情，同时要看看对方是否显示不满情绪。

（7）在很多国家，单手搔后脑勺这个动作基本相通。不过在日本，这个动作是遭遇尴尬时的第一个反应。

（8）两腕交叉，向上抬起的手势实际上就是模仿“×”的形状，具有否定和禁止的含义。代替这个手势的另一个动作是右手五指并拢，手心不要向着对方，在胸前左右摇摆，摆手的次数越多，表示拒绝的意思越强。

7.1.3 服饰礼仪

日本人无论在正式场合还是非正式场合，都很注重自己的衣着。在正式场合，男子和大多数中青年妇女都身着西服。在民间交往中，他们有时也会身穿和服。现在男子除一些特殊职业者外，在公共场所很少穿和服，但在节日、毕业典礼、婚礼以及其他一些隆重场合，人们仍穿和服。

日本的“国服”为和服，是大和民族的一种传统服装。穿和服的时候，脚要穿木屐或草屐，并配以布袜。日本妇女在穿和服时，通常还必须腰系彩带，并在腰后加一个软托，手中打着伞，以给人一种特殊的和谐美。此外，日本妇女喜欢描眉，她们普遍爱画略有弯度的细眉，认为这样最具有现代女性的气质，见图7-1-4。

图7-1-4 服饰

与日本人交往时，在衣着上必须注意四点：一是穿着不要过分随便，特别是不要光脚或穿背心；二是到日本人家里做客时，进门要脱下大衣、风衣和鞋子；三是拜访日本人士，切勿未经主人许可，而自行脱去外衣；四是参加庆典或仪式时，不论天气多热，都要穿套装或套裙。否则，会被日本人视为失礼。

7.1.4 餐饮礼仪

日本人在饮食方面是自成一体，被世人称为“和食”或“日本料理”。“和食”的主要特色可归纳为“五味”（指春苦、夏酸、秋滋、冬甜及涩味）、“五色”（指绿春、朱夏、白秋、玄冬及黄色）与“五法”（指蒸、烧、煮、炸、生）。日本人不吃肥猪肉及内脏等油腻食物，还有的人不吃羊肉和鸭子。典型的“和食”有寿司、刺身、饭团与便当等。

日本人饮食上喜爱口味清淡、味鲜带甜味的菜肴。主食以大米为主，副食以蔬菜和鱼类为主。喜食生鱼片，酱汤是每天必喝的，逢年过节喜吃红豆饭，以示吉祥；爱在凉菜上撒点芝麻、紫菜末、生姜丝、白酱等，以点缀、调味。喜欢吃我国广东菜、北京菜和上海菜；喜欢吃牛肉、鸡蛋、清水大蟹、海带、精猪肉、豆腐等；喜欢喝中国名酒，日本人以酒待客时，认为让客人自己斟酒是失礼的，由主人或侍者斟，方法是右手持壶，左手托壶底，壶嘴不能碰杯口。通常第一杯酒是有礼的，但谢绝第二杯却不为失礼。客人若善饮，每喝完一杯，主人都会表示高兴和鼓励多喝，但主人和其他客人并不陪饮。等大家都喝完了，一齐把酒杯倒放才是礼貌的。

日本茶道和花道盛行。日本的茶道是为款待尊贵的客人而举行，茶道讲究高雅简朴，和谐清寂，一般在面积不大的茶室进行。由茶师按一定的规程用竹制小匙把茶叶放在碗里，沸水冲泡后依次递给宾客品茶。斟茶以八成满为最恭敬。花道是一种插花艺术，是日本的室内装饰艺术，是一种富有乐趣的民间技艺。茶道和花道不仅是款待客人的礼仪和装点生活环境的情趣，而且还显示了日本妇女所具备的文化修养。

日本男人非常喜欢喝酒，下班后一般都要先去酒馆。他们斟酒讲究满杯，即便喝醉了也不见怪。日本人在用餐时，通常使用矮桌，男人盘腿而坐，女子则跪坐。

日本人吃饭通常使用筷子，在用筷子时有“忌八筷”之说：一忌舔筷，即不准舌头舔筷子；二忌迷筷，即不准拿着筷子在饭菜上晃来晃去；三忌移筷，即不准用筷子夹了一种菜又去夹另一种菜，而又不吃；四忌扭筷，即不准将筷子头反过去放在嘴里；五忌插筷，即不准将筷子插在饭菜里；六忌掏筷，即不准用筷子在饭菜里扒来拨去挑东西吃；七忌跨筷，即不准将筷子跨放在碗、盘子之上；八忌别筷，即不准用筷子当牙签用。此外，他们还忌讳用一双筷子让大家依次夹取食物。

7.1.5 日本人的习俗禁忌

（1）日本人有着敬重“7”这一数字的习俗。可是对于“4”与“9”却视为不吉。原来，“4”在日文里发音与“死”相似，而“9”的发音则与“苦”相近。三个人在一起，谁都不愿意在中间站立，他们认定被人夹着，是不祥的征兆。

（2）日本人很爱给人送小礼物，但下例物品不应包括在内：梳子、圆珠笔、T恤衫、火柴、广告帽。在包装礼品时，不要扎蝴蝶结。

（3）即便是吸烟者，日本人也不乐意让别人给自己敬烟。同时，他们也绝对不会给别人敬烟。

（4）同他人相对时，日本人觉得注视对方的双眼是失礼的。因此，他们绝对不会直勾勾地盯视对方，而通常只会看着对方的双肩或脖子。

（5）日本人用右手的拇指合成一个圆圈时，绝对不是像英美人那样在表示“OK”，而是在表示“钱”。

（6）日本有进屋脱鞋的习惯，所以在日式酒店或餐厅，需要穿着清洁的鞋袜。

（7）一般公共场所均禁烟，请在放置有烟灰盅的指定吸烟区或标有“吃烟所”的地方吸烟。不要行走吸烟，在某些地方行走吸烟会被罚款。

（8）日本有常用问候语的习惯，请学习简单的问候语，与司机等人对答。

（9）温泉酒店均禁止穿着泳衣进入公用浴池。在进入公用浴池前，要在休息室内宽衣，将衣服放在筐子里面，围上备用毛巾进入浴池。入浴的方式是：先坐在花洒前的小凳上将身体洗干净；如果没有花洒，可用小浴盆装水洗干净身体后入浴。

（10）与日本人约会要提前5～10分钟到达，不能失约。有事拜访应事先通知，贸然登门会被视为极不礼貌的行为。

（11）在上下台阶特别是乘坐电动扶梯时，请一定遵守左行（东京地区）或右行（大阪）的习惯。

（12）参加商务活动时要求正装，应事前准备好交换礼物、名片。

（13）参加讨论、交流活动时请多提问，避免冷场。

（14）如在公务场合要单独交换名片、派发资料及合照时，请听从指挥，顺序而行。

【基本训练】

复习思考题

1. 日本国礼仪习俗有哪些？请举例说明。

2. 在日本有哪些习俗禁忌？

实训练习与操作

中方与日方商务谈判时礼仪。

实训目标：掌握日本鞠躬礼、递名片等礼仪规范，认识涉外礼仪的重要性。

实训内容与要求：服装、名片等可以由学生自己准备，要求学生穿着得体，熟练掌握谈判开始前的见面礼，遵守涉外礼仪。

实训成果与检测：学生现场进行演示，其他学生进行检查和点评。

7.2 韩　国

【本节学习目标】

1. 初步掌握韩国概况
2. 掌握韩国社交礼仪
3. 掌握韩国服饰礼仪
4. 掌握韩国餐饮礼仪
5. 初步掌握韩国其他禁忌

【引例】

我们在韩剧中看到每一个家庭成员回来后都会对大家说：“我回来了。”吃饭的时候每个人行为和举止都很得体，看上去很优雅，即使我们在剧中看到的贫困家庭在餐桌上也都长尊有道，彬彬有礼，家庭成员之间到亲人的房间去，也要尊重地说：“我可以进来吗？”

思考与讨论：你是怎样看待韩国人这些言行的？

7.2.1　基本概况

韩国的正式名称是大韩民国（Republic of Korea）。位于亚洲大陆东北朝鲜半岛的南半部。东濒日本海，西面与中国山东省隔海相望；属温带季风气候，海洋性特征显著；面积近10万平方千米。韩国人口主要为韩民族，占全国民族总人口的99%，是一个民族比较单一的国家，通用韩国语。韩语与朝鲜语略有不同，因为战后朝鲜半岛南北长期分裂，使得南北语言也出现略微差异。一般将韩国惯用的表达方式称为“韩语”，将朝鲜惯用的表达方式称为“朝鲜语”。韩国50%以上的人口信奉佛教、基督教等宗教。1948年8月15日大韩民国宣告成立。

韩国首都为汉城，现更名为首尔，人口1 050万（2007年）。2007年韩国GDP达到9 920亿美元，人均GDP突破20 240美元，成为世界第11大经济体。韩国经济实力雄厚，钢铁、汽车、造船、电子、纺织等已成为韩国的支柱产业，其中造船和汽车制造等行业更是享誉世界。韩国的电子工业发展迅速，为世界十大电子工业国之一。近年来，韩国重视IT产业，不断加大投入，IT技术水平和产量均居世界前列。韩国风景优美，有许多文化和历史遗产，旅游业较发达，韩国国民生活水平较高。

韩国人和中国人一样，也有过元旦、春节、中秋等传统节日的习惯。

中韩于1992年8月24日建立大使级外交关系，建交后两国各方面关系发展迅速。

7.2.2 社交礼仪

在韩国，长辈对晚辈可以称呼对方的名字，可不带其姓，在社会交往活动中，相互间可称对方为“先生”“夫人”“太太”“女士”“小姐”等；对有身份的人可称对方为“先生”“阁下”等，也可加上职衔、学衔、军衔等，如“总统先生”“总统阁下”，韩国丈夫介绍自己的妻子时会说“我夫人”或“我太太”。关系亲密的朋友之间，往往在对方名字之后加上“兄弟”“姐姐”“妹妹”等称谓，如“鸿哲兄弟”“世宪兄弟”“在赫兄弟”“美延姐姐”“美延妹妹”等。对男性也可称“君”，但往往同其姓名连称，如“郑溶君”“尹鸿哲君”“赵承远君”“辛成列君”“金相镇君”等。对不相识的男性年长者可以称“아저씨（a zao xi）”（即“大叔”或“大伯”），对不相识的女性年长者可以称为“아줌마（a zu ma）”（即“大婶”或“大娘”）。

在正式场合，韩国人见面时的传统礼节是鞠躬，晚辈、下级走路时遇到长辈或上级，应该鞠躬、问候，站在一旁，让其先行，以示敬意。鞠躬礼节一般在生意人中不使用，一般采用握手礼。在行握手礼时，他们讲究使用双手，或单独使用右手。当晚辈、下属与长辈、上级握手时，后者伸出手来之后，前者须先以右手握手，随后再将自己的左手轻置于后者的右手之上。他们的这种做法，是为了表示自己对对方的特殊尊重。韩国妇女在一般情况下不与男子握手，而代之以鞠躬或者点头致意。与朝鲜人一样，朝鲜人在不少场合有时也同时采用先鞠躬、后握手的方式，作为与他人相见时的礼节。

韩国人同他人相见或告别时，若对方是有地位、身份的人，往往要多次行礼。有个别的韩国人，在这种时候，甚至只讲一句话，行一次礼。

在一般情况下，韩国人在称呼他人时爱用尊称和敬语，但很少会直接叫出对方的名字，要是对方在社会上有地位头衔，韩国人一定会屡用不止。在社会集体活动和宴会中，男女分开进行社交活动，甚至在家里或餐厅里都是如此。

韩国人与外人初次打交道时，非常讲究预先约定，遵守时间，并且十分重视名片的使用。

如果到韩国朋友家里做客，须事先脱掉鞋子，交谈时，说话要细语轻言，不可大声说笑，女性发笑时要用手遮掩住嘴，不要当着众人的面擤鼻涕，吸烟要向主人打招呼，否则会被视为不礼貌，不懂礼节。吃饭的时候不宜边吃边谈，高谈阔论。吃东西时，嘴里也不宜响声大作，见图 7－2－1。

图 7－2－1　韩国社交礼仪

7.2.3　服饰礼仪

韩国人对社交场合的穿着打扮十分在意。他们在交际应酬之中通常都穿着西式服装。而且着装很讲究朴素整洁，并且较为庄重保守。在韩国，邋里邋遢、衣冠不整的人，以及着装过露、过透的人，一般是让人看不起的。

在某些特定的场合，尤其是在逢年过节的时候，韩国人往往会穿自已本民族的传统服装。韩国男子一般上身穿袄，下身穿裤腿宽大的长裆裤。在袄的外面，有时要加上一件坎肩。天冷的时候，还习惯披上一件长袍，外出的时候还头上戴一顶斗笠。韩国女性的传统服装是短上衣和宽长的裙子，看上去很优雅。

白色为基本色，根据季节、身份，所选用的材料和色彩都不同。在结婚等特别的仪式中，一般平民也穿戴华丽的衣裳和首饰。

7.2.4　餐饮礼仪

韩国人的饮食非常具有民族特色。主食为米饭、冷面，副食主要有泡菜、烤牛肉、烧狗肉、人参鸡等，还有一些极具民族风味的冷菜或小菜。尤其泡菜是韩国人最喜爱吃的。对他们来说，泡菜不仅是一种食品，还是一种情感的寄托。“没有泡菜，吃饭没味”，从大人到小孩，从总统到百姓，泡菜是韩国人每天餐桌上必备之菜。

在一般情况下，韩国人的饮食是以辣、酸为主，他们一般都不吃过腻、过油、过甜的东西，并且不吃鸭子、羊肉和肥猪肉，也绝对不敢吃熊肉和虎肉。韩国人的饮料较多，韩国的男子通常酒量都很大，对烧酒、清酒、啤酒往往来者不拒。平日经常喝的饮料为茶、咖啡、凉开水。但是，他们通常不喝稀粥，并且不喜欢喝清汤。

在用餐的时候，韩国人通常用筷子。晚辈在与长辈同桌就餐时不许先动筷子，不可用筷子对别人指指点点，在用餐后要将筷子整齐地放在餐桌的桌面上。

韩国人在自己家中设宴招待来宾时，宾主一般都是围坐在一张较矮的方桌周围，盘腿席地而坐。在这种情况下，切勿用手摸脚或悄悄脱下袜子，也不允许将双腿伸直或是双腿叉开。

注意：进韩国人家里要脱鞋，到韩国式食堂进餐也要脱鞋，因此一定要注意穿干净的袜子。袜子不干净或有破洞是失礼行为，被人看作没有教养。

韩国人家里如有贵客临门，主人感到十分荣幸，一般会以好酒好菜招待。客人应尽量多喝酒，多吃饭菜。吃得越多，主人越发感到有面子。

传统观念是“右尊左卑”，因而用左手执杯或取酒被认为不礼貌的。经长辈允许，下级（晚辈）才可向上级（长辈）敬酒。敬酒人右手提酒瓶，左手托瓶底（双手都要用上），上前鞠躬、致词，为上级（长辈）斟酒，一般是一连三杯，敬酒人只是敬酒，自己是不能与长辈同饮的。级别与辈分悬殊太大者不能同桌共饮。在特殊情况下，身份高低不同者一起饮酒碰杯进时，身份低者要将杯举得低，用杯沿碰对方的杯身，不能平碰，更不能将杯举得比对方高，否则是失礼，晚辈和下级也应背脸双手举杯而饮。看见别人的杯子空了时，必须马上给其倒酒，因为杯子空了是招待不周的表现。给别人倒酒时，用右手拿在瓶子标签的位置，像是在遮住标签，表示“用这样的酒招待您，真是不好意思”，见图7－2－2。

图7－2－2　韩国餐饮礼仪

交接东西要用右手，不能用左手，因传统观念上认为“右尊左卑”，认为用左手交接东西是不礼貌的行为，给长辈或接长辈给的东西是要用双手的。如果是接年龄差不多的人倒的酒，要用右手接，左手放胸前。别人来给自己倒酒的时候，要保证杯中无酒，并且接了酒之后要马上喝，不能放在一边。

韩国饭馆内部的结构分为两种：使用椅子和脱鞋上炕。

在炕上吃饭时，男人盘腿而坐，女人右膝支立——这种坐法只限于穿韩服时使用。现在的韩国女性平时不穿韩服，所以只要把双腿收拢在一起坐下就可以了。坐好点好菜后，不一会儿，饭馆的大妈就会端着托盘先取出餐具，然后是饭菜。

韩国人平时使用的一律是不锈钢制的平尖儿的筷子。中国人、日本人都有端起饭碗吃饭的习惯，但是韩国人视这种行为不规矩。而且也不能用嘴接触饭碗。圆底儿带盖儿的碗"坐"在桌子上，没有供你手握的把。再加上米饭传导给碗的热量，不碰它是合情合理的。至于碗盖，可以取下来随意放在桌上。

既然不端碗，左手就一定要听话，老实地藏在桌子下面，不可在桌子上"露一手儿"。右手一定要先拿起勺子，从水泡菜中盛一口汤喝完，再用勺子吃一口米饭，然后再喝一口汤、再吃一口饭后，便可以随意地吃任何东西了。这是韩国人吃饭的顺序。勺子在韩国人的饮食生活中比筷子更重要，它负责盛汤、捞汤里的菜、装饭，不用时要架在饭碗或其他食器上。而筷子呢？它只负责夹菜。即使你汤碗中的豆芽儿菜怎么用勺子也捞不上来，你也不能用筷子。这首先是食礼的问题，其次是汤水有可能顺着筷子流到桌子上。筷子在不夹菜时，传统的韩国式做法是放在右手方向的桌子上，两根筷子要拢齐，三分之二在桌上，三分之一在桌外，这是为了便于拿起来再用。

7.2.5 韩国人的习俗禁忌

第一，韩国人珍爱白色。国花是木槿花，松树为国树，喜鹊为国鸟，老虎为国兽。忌讳数字是"4"和"13"，这是由于发音与"死"相同的缘故。在韩国人面前，对相似的"私""师""事"等最好不要使用。在韩国没有四号楼、四层楼、四号房，军队里没有第四师，宴会厅里没有四桌，敬酒不能敬四杯，点烟不能连点四人。

第二，韩国人的民族自尊心很强，反对崇洋媚外，倡导使用国货。在赠送礼品时；最好选择是鲜花、酒类和工艺品。最好不是日本货。

第三，韩国有男尊女卑的讲究，进入房间时，女人不可以走在男人的前面，女人须帮助男人脱下外套，坐下时，女人要主动坐在男子的后面。不可以在男子面前高声谈论。

第四，在韩国人面前，切勿提"朝鲜"两字，也不要把"汉城"说成"京城"。照相在韩国受到严格限制，军事设施、机场、水库、地铁、国立博物馆以及娱乐场所都是禁照对象，在空中和高层建筑拍照也都在被禁之列。政府规定，韩国公民对国旗、国歌、国花必须敬重。不但电台定时播出国歌，而且影剧院放映演出前也放国歌，观众须起立。外国人在上述场所如表现过分怠慢，会被认为是对韩国和韩族的不敬。

第五，孕妇忌打破碗，担心胎儿因此而咧嘴；婚姻忌生肖相克，婚期择双日，忌单日；节庆期间要说吉利话；男子不要问女子的年龄、婚姻状况；打喷嚏时要表示歉意；剔牙要用手或餐巾盖住嘴。

【基本训练】

复习思考题

1. 韩国社交礼仪有哪些特点?
2. 在韩国有哪些习俗禁忌?

实训练习与操作

在韩国朋友家做客。

实训目标：掌握韩国餐饮礼仪，注意细节规范，认识涉外礼仪的重要性。

实训内容与要求：服装、道具等可以由学生自己准备。要求学生按照礼仪规范，去韩国朋友家做客并用餐，遵守涉外礼仪。

实训成果与检测：学生现场进行演示，其他学生及教师进行点评。

7.3 美 国

【本节学习目标】

1. 初步掌握美国概况
2. 掌握美国社交礼仪
3. 掌握美国服饰礼仪
4. 掌握美国餐饮礼仪
5. 初步掌握美国人其他禁忌

【引例】

据媒体报道，由某位艺术家担纲演出的“海外春节晚会”在美国洛杉矶举行。本来可以容纳2 000人的剧场涌进了3 000多人，使现场秩序一度较乱。事后，部分现场没有座位的观众向承办商提出了巨额索赔……

思考与讨论：你认为观众的索赔合理吗?

7.3.1 基本概况

美利坚合众国（The United States of America），简称美国。据2008年9月4日的资料，美国总面积（包括50个州和华盛顿特区）有982.663万平方千米。人数约为3.04亿人。全国51.3%的居民信奉基督教新教，23.9%信奉天主教，信仰摩门教的占1.7%，信仰其他基督教的占1.6%，1.7%的人信奉犹太教，信仰佛教的占0.7%，信仰穆斯林的占0.6%，信奉其他宗教的占2.5%，不属于任何教派的占4%。语言以英语为主。

美国政府为联邦总统制，三权分立。宪法1787年公布生效。总统掌握政权，由各州人民投票及总统选举人选举产生，任期4年。国会分参、众两院。参议员，每州选出代表2人组成，任期6年，每两年改选1/3。众议员由民选，任期两年。美国首都为华盛顿，绰号是“山姆大叔”，这也是它的一个象征。“世界霸主”“超级大国”“金元帝国”“电影王国”“钢铁王国”等，都是世人对美国所常用的代称。

美国是世界第一经济大国，又是世界第一贸易大国。

1979年1月1日，美国与中国正式建立了大使级外交关系。

7.3.2 社交礼仪

在长期的人际交往中，美国人在待人接物方面形成了以下4个主要特点。

(1) 随和友善，容易接近。

在交际场合，他们喜欢主动跟别人打招呼，并且乐于主动找人攀谈。在日常生活中主张凡事讲究实效，不搞形式主义。他们不是不讲究礼仪，而是反对过分拘泥于礼仪，过分地矫揉造作。

(2) 热情开朗，不拘小节。

在一般情况下，美国人同外国人见面时，往往以点头、微笑为礼，或者只是向对方“嗨”一声作罢。不是特别正式的场合，他们甚至连国际上最为通行的握手礼也略去不用。除非亲朋好友，一般不会主动与对方亲吻、拥抱。

在称呼别人时，美国人更喜欢对交往对象直呼其名，以示双方关系密切。若非官方的正式交往，他们一般不喜欢称呼官衔。他们乐于在人际交往中称呼能反映其成就与地位的学衔、职称，如“博士”“教授”“律师”“法官”“医生”等。

(3) 城府不深，喜欢幽默。

普通的美国人，大都比较朴实、直率。在待人接物中，他们喜欢在符合礼仪的前提下直来直去。美国人在平时喜欢笑面人生，爱开玩笑。跟他们相处时，若一味地恪守“喜怒不形于色”的中国古训，就会使对方与自己拉开距离，甚至会让对方对自己敬而远之。

(4) 自尊心强，好胜心重。

他们喜欢见异思迁，崇尚开拓，在人际交往中大都显得雄心勃勃，做起事情来也会一往无前。美国的孩子一旦长大成人，就要自立门户，与父母划清经济账。即使父子、朋友，外出用餐时，往往也会各付各的账。

美国人在公共场合的坐姿，是双腿叉开而坐，但绝对不会蹲在地上。在公共场所就座时，一般都让长者和妇女坐在右边；走路要让长者和妇女走在内侧。

跟美国人相处时，与之保持适当的距离是必要的。他们认为个人空间不容冒犯。因此，在美国碰了别人要及时道歉，坐他人身边先要征得对方认可，谈话时距对方近是失敬于人的。与他们交往时保持50~100厘米的距离是比较适当的。

7.3.3 服饰礼仪

美国人平时的穿着打扮不太讲究。崇尚自然，偏爱宽松。讲究着装体现个性是他们穿着打扮的基本特征。在日常生活中，大多数是宽衣大裤，素面朝天，爱穿休闲装。只有正式场合，他们才会身穿礼服或套装。

虽然美国人在着装方面较为随便，但也有一些日常规范应当遵守。如他们非常注重服装的整洁，穿肮脏、折皱、有异味的衣服是让人看不起的。拜访他们时，进了门一定要脱下帽子和外套。此外，他们认为穿着睡衣、拖鞋会客，或是以这身打扮外出，都是失礼的举动。出入公共场合时化艳妆，或是在大庭广众之下当众化妆，会被人视为缺乏教养，还有可能令人感到“身份可疑”。在室内依旧戴着墨镜不摘的人，往往会被他们视做“见不得阳光的人”。

7.3.4 餐饮礼仪

美国人的饮食习惯共同特征是：喜食“生”“冷”“淡”的食物，不讲究形式与排场，而强调营养搭配。在一般情况下，他们以食用肉类为主，牛肉是他们的最爱，鸡肉、鱼肉、鸡肉也受其欢迎，而爱吃羊肉的人极为罕见。美国人对带有骨的肉类都要尽量剔去骨头。不爱吃肥肉、清蒸和红烧的食品。忌食各种动物的内脏及奇形怪状的食物，如鸡爪、猪蹄、海参等。他们不吃的主要食物有狗肉、猫肉、蛇肉、鸽肉，动物的头、爪及其内脏，生蒜、皮蛋等。他们爱喝的饮料有冰水、矿泉水、红茶、咖啡、可乐与葡萄酒，新鲜的牛奶、果汁是他们天天必饮之物。

美国人用餐时一般使用刀叉。他们习惯于左手执叉，右手执刀，将其切割完毕后，将餐叉换至右手执叉而食。

美国人用餐的禁忌主要有：一是进餐时不允许发出声响；二是不允许替他人取菜；三是不允许吸烟；四是不允许向别人劝酒；五是不允许当众宽衣解带；六是不允许议论令人作呕之事。

一般请美国人用餐，他们通常是不提前到达的，而是准时或迟到5～15分钟。

7.3.5 美国人的其他习惯和禁忌

美国的特殊发展历史，形成了美国商人一般具有性格外露、自信、热情、坦率和办事利索的性格特征。美国人崇尚进取和个人奋斗，不大注意穿着，通常相见时，一般只点头微笑，打声招呼，而不一定握手。一般也不爱用先生、太太、小姐、女士之类的称呼，而认为与关系较深的人直呼其名是一种亲切友好的表示，从不以行政职务去称呼别人。在美国等西方国家乃至世界上许多国家，都有付小费的习惯，有的叫服务费。在美国付小费被认为是对服务人员提供服务的尊重和酬劳，付小费的方式可根据当地习惯灵活运用。例如不必找零钱，或将小费置于茶盘、酒杯下面，或塞在招待员手中。有些旅馆、饭店账单上列有10%～15%的服务费，可不付小费。但其他服务，如帮助叫出租车、开车门、取存衣帽、代搬行李以及旅馆看门人、服务员，还得付不低于1美元的小费。但政府公务员、客机上的机组人员等，是不付小费的。美国人在进行商务谈判时，喜欢开门见山，答复明确，不爱转弯抹角；在谈判中谈锋甚健，不断地发表自己的见解和看法；商务谈判前准备充分，且其参与者各司其职，分工明确；一旦认为条件适合即迅速做出是否合作的决定，通常在很短的时间内就可以做成一大笔生意。

在和美国人开展商务谈判时，应特别注意以下几个方面的问题：

（1）商务谈判习惯。

①和美国人做生意大可放手讨价还价，但在磋商中要注意策略，立足事实，不辱对方，若不同意美商的某些论点，可用美国人自己的逻辑进行驳斥，往往能收到很好的效果。美国人十分欣赏那些富于进取精神、善于施展策略、精于讨价还价而获取经济利益的人，尤其爱在“棋逢对手”的情况下与对方开展谈判和交易。自卑的人在美国社会受到普遍的轻视。

②美国商人法律意识很强，在商务谈判中他们十分注重合同的推敲，“法庭上见”是美国人的家常便饭。

③绝对不要对对方的某一个人进行指名批评。把以前在谈判中出现过的摩擦作为话题，或是把处于竞争关系的公司的缺点抖搂出来进行贬低，都是违反美国商人的经商原则的。

（2）其他习惯。

美国人对山楂花与玫瑰花非常偏爱。在动物之中，美国人普遍爱狗。美国人认为：狗是人类最忠实的朋友。对于那些自称爱吃狗肉的人，美国人是非常厌恶的。在美国人眼里，驴代表坚强，象代表稳重，它们分别是共和党、民主党的标志。

美国人最喜爱的色彩是白色。在他们看来，白色象征着纯洁。除此之外，人们还喜欢蓝色和黄色。由于黑色在美国主要用于丧葬活动，因此美国人对它比较忌讳。

美国人非常重视个人隐私，如忌讳询问他人财产、收入。忌讳谈论他人的信仰、党派。忌讳对女性问婚否及年龄等。

美国人忌“老”，老年人绝对不喜欢别人恭维他们的年龄。对上了年纪的人上楼梯、爬山时，不要主动搀扶。

忌一般情况下送厚礼。忌向女性送香水、衣物和化妆品。

忌讳“13”“3”“星期五”。

忌讳在他人面前挖耳朵、抠鼻孔、打喷嚏、伸懒腰、咳嗽等。

忌穿睡衣接待客人。

忌蝙蝠和蝙蝠图案。

7.3.6 旅美交往二十戒

（1）切莫搭便车。在美国旅行。切不可随意搭便车，这是由于美国社会治安情况造成的。搭便车而被抢去钱财或遭到凌辱之类的案件在美国屡见不鲜。有些歹徒看到路边步行的女性，就主动停车，殷勤要求送上一程。如果误以为他是好意，无异于羊送虎口。碰到这种情况，最好还是冷言拒绝，不要多加搭茬。不仅如此，遇到要求搭便车的人也不要轻易答应。因为有些歹徒、包括年轻姑娘专门等候搭乘便车，上车后靠威胁等手段诈取钱财。

（2）夜间不要乘地铁。纽约的地下铁道极为脏乱，夜间更成为黑社会成员聚集之地。

吸毒犯、盗窃犯、流氓、贩毒者齐集于此，整个气氛令人不寒而栗。如果对此不在意，那么出事之后，纽约的警官不但不会同情你，可能还要责怪你：“夜间乘地铁，不等于在鳄鱼聚集的水中游泳吗？出了错，责任在于你自己。”

（3）不要称呼黑人为“Negro”。Negro是英语“黑人”的意思。尤指从非洲贩卖到美国为奴的黑人。所以在美国千万不要把黑人称作“Negro”。跟白人交谈如此，跟黑人交谈更如此。否则，黑人会感到你对他的蔑视。说到黑人，最好用“Black”一词，黑人对这个称呼会坦然接受。

（4）不能随便说“I am sorry”。“I am sorry”和“Excuse me”都是“抱歉”“对不起”的意思，但“I am sorry”语气较重，表示承认自己有过失或错误。如果为了客气而轻易出口，常会被对方抓住把柄。追究实际不属于你的责任。到时只有“哑巴吃黄连”，因为一句“对不起”已承认自己有错。又如何改口呢？

（5）谦虚并非美德。中国人视谦虚为美德。但是美国人却把过谦视为虚伪的代名词。如果一个能操流利英语的人自谦说英语讲得不好，接着又说出一口流畅的英语，美国人便会认为他撒了谎，是个口是心非、装腔作势的人。所以，同美国人交往，应该大胆说出自己的能力，有一是一，有十是十。不必谦虚客气，否则反而事与愿违。

（6）同陌生人打招呼。我们在路上、电梯内或走廊里，常常与迎面走来的人打照面，目光相遇，这时美国人的习惯是用目光致意。不可立刻把视线移开，或把脸扭向一边，佯装不见。只有对不顺眼和不屑一顾的人才这样做。美国人清晨漫步街道时，若碰到擦身而过的人，会习惯地说“早上好”。

（7）交谈时的话题。参加美国人的聚会时，切莫只谈自己最关心最拿手的话题。谈论只有自己熟悉的话题，会使其他人难堪，产生反感。谈论个人业务上的事，加以卖弄，也会使其他人感到你视野狭窄，除了本行之外一窍不通。在谈话间，应该寻找众人共同感兴趣的话题。医生可以大谈文学，科学家畅谈音乐，教育家讲述旅行见闻，使整个聚会充满轻松气氛。

应该注意的是，基督徒视自杀为罪恶，在美国，“自杀”这个话题不受欢迎，不论何时何地少谈为妙。

（8）别忘了问候孩子。美国人讲究大人、孩子一律平等。到美国人家中作客，他们的孩子也一定出来见客，打个招呼。这时，千万不要只顾大人冷落了孩子。那样势必使他们的父母不愉快。跟小孩子打招呼，可以握握手或亲亲脸，如果小孩子亲了你的险，你也一定要亲亲他的脸。

（9）同性不能一起跳舞。同性不能双双起舞，这是美国公认的社交礼仪之一。同性一起跳舞，旁人必定投以责备的目光，或者认为他们是同性恋者。因此，即使找不到异性舞伴，也绝不能与同性跳舞。

（10）莫在别人面前脱鞋。在美国，若是在别人面前脱鞋或赤脚，会被视为不知礼节的野蛮人。只有在卧室里，或是热恋的男女之间，才能脱下鞋子。女性若在男性面前脱鞋子，那就表示“你爱怎样就怎样”；男性脱下鞋子，就会被人当作丛林中赤足的土人一样受到蔑视。无论男女在别人面前拉下袜子、拉扯袜带都是不礼貌的。鞋带松了，也应走到没人的地方系好。

（11）女性不能单独喝酒。女性不可单独喝酒，如果单独喝酒或几个女性聚在一起喝酒，都被视为“正在等男士的女人”。不谙此情的妇女可能受到男士“毛遂自荐”式的骚扰。

（12）不可在别人面前伸舌头。美国人认为在别人面前伸出舌头是一件既不雅观又不礼貌的行为，给人以庸俗、下流的感觉，甚至可以解释为瞧不起人。

小孩子犯了错，可以吐吐舌头，显得天真可爱，成年人千万不可这样做。

（13）不可随便微笑。微笑可以带来友谊。但是在某些场合，微笑往往代表对某种事物的允诺。尤其是女性，最好不要无来由地微笑。因为暧昧不明的微笑，有时候会被误认为是“耻笑”，有时会被误认为“默认”，结果造成很大的误会。

（14）座前通过要弯腰。在狭窄的场所，如在电影院从别人身前走过时，必须道一声“对不起”。这时候，美国人的姿势是背对坐着的人，低头弯身而过。这同欧洲人的习惯不同，欧洲人必须面对坐着的人，低头弯身而过。

（15）宴会上切忌喝醉。在宴会上喝酒要适量，始终保持斯文的举止，这是欧美人士共守的礼节。

在美国人的宴会上，很少看到烂醉如泥的人。即使喝多了，也要坚持到宴会结束，回到自己的房间后才可倒头不起。如果当场酩酊大醉，惹是生非，会招来众人的鄙视。

（16）不乱送礼物。送礼必须送得有意义，例如朋友生日、同事结婚可以送上一份礼物，以表心意。但不能动辄送礼，这样对方不但不会感激，还会疑心你另有所图。

不知送何礼物为宜时，可以送鲜花。做客或参加宴会，鲜花总是得体的。香水和威士忌等也普遍受到欢迎。

（17）外出前莫吃大蒜。美国人一般对气味很敏感，尤其讨厌闻到大蒜的气味。外出之前，如果吃过蒜。最好刷牙漱口，否则蒜味熏人，必定引起对方不快。

（18）不为别人付账。中国人的习惯是，几个好友一道出门时，总是抢着付钱买车票、门票等。但如果对美国人这样做，却不会得到他们的感谢。这种做法会使美国人觉得欠了人情账。心理上很难受。美国人一起外出，总是各付各的费用，车费、饭费、小费无不如此。

（19）使用洗手间之后中国人的习惯是随手关门，厕所没人时最好关严。美国人则习惯厕所门开道小缝，表示里面没人。如果关严，意味着里面有人，别人只好在外面苦等。

（20）手势的含意。美国人指自己时，要用手指鼻尖。如果我们按照自己的习惯，指指胸口，常会使他们不明其意，无法理解。叫人过来时，我们的习惯是招招手，这在美国人看来，恰恰是“再见”。他们招呼人过来的手势是把手指向着自己，然后以中指和食指朝着自己，轻轻摇动两三次。

美国人有不少手势习惯，例如用食指和大拇指搭成圈，其余三个手指向上伸开，做个“OK”的手势，这就表示“好”“同意”。

【基本训练】

复习思考题

1. 美国社交礼仪有哪些特点？

2. 在美国有哪些习俗禁忌？
3. 和美国人谈判要注意哪些礼仪问题？

实训练习与操作

中美贸易谈判礼仪。

实训目标：掌握美国商人谈判特点，遵守社交礼仪规范，认识涉外礼仪的重要性。

实训内容与要求：布置好谈判场景，名片等道具可以由学生自己准备，要求学生穿着得体，熟练掌握谈判开始前的见面礼，遵守涉外礼仪。

实训成果与检测：学生现场进行演示，其他学生及教师进行点评。

7.4 英　国

【本节学习目标】

1. 初步掌握英国概况
2. 掌握英国社交礼仪
3. 掌握英国服饰礼仪
4. 掌握英国餐饮礼仪
5. 初步掌握英国其他禁忌

【引例】

国内一个金融界的高级代表去伦敦进行访问。英国接待方特地在当地的豪华酒店设宴招待。宴会结束后，英方赠送给每位中国客人一份包装精美的小礼品。结果不少中国人嫌礼物太轻而随后就弃之于桌面，这样的举动使英方尴尬不已。

思考与讨论：你是怎样看待中方代表团的这种行为的？

7.4.1 基本概况

英国全称大不列颠及北爱尔兰联合王国（The United Kingdom of Great Britain and Northern Ireland），是位于欧洲西部的岛国，首都为伦敦。它由大不列颠岛（包括英格兰、苏格兰、威尔士）、爱尔兰岛东北部和一些小岛组成，隔北海、多佛尔海峡、英吉利海峡与欧洲大陆相望。海岸线总长 11 450 千米。属海洋性温带阔叶林气候。通常最高气温不超过 32℃，最低气温不低于 -10℃。现在英国人口总数约 6 078 万人，官方和通用语均为英语。居民多信奉基督教新教，另有天主教会和佛教、印度教、犹太教及伊斯兰教等较大的宗教社团。

英国是世界工业最早发展的国家之一，目前工业仍在国民经济中占主要地位。如其他现代工业化国家一样，英国有着成熟完善的教育制度。英国教育制度历经数百年的发展，教学质量颇高，因而名扬四海。随着英国教育对中国学生的开放，越来越多的中国学生将选择留学英国。

1954 年 6 月 17 日，英国即与中国建立了代办级外交关系。1972 年 3 月 13 日，升格为大使级外交关系。

7.4.2 社交礼仪

在待人接物方面，英国人有一套不同于其他欧洲国家的礼仪特点。

（1）处世谨慎和保守。

英国人在为人处世上较为谨慎和保守。对待任何新生事物，他们往往会持观望的态度，他们原有的生活方式和习惯做法通常都是一成不变的。在外人看来，他们事事循规蹈矩，不仅保守，而且守旧。

（2）讲究含蓄和距离。

英国人在待人接物上讲究含蓄和距离。总体上来讲，英国人性格内向，不善表达，不爱张扬。他们不仅自己如此，而且也乐于看到别人这么做。所以，在外人看来，英国人严肃刻板，神情冷漠，不苟言笑，因而使人觉得他们过于矜持、冷漠。

英国人通常显得非常自信，并且喜欢孤芳自赏，不愿与别人过于亲近。

（3）崇尚宽容和容忍。

英国人在人际交往中崇尚宽容和容忍。英国人一般都非常善解人意，懂得体谅人、关心人、尊重人。在一般情况下，他们都不爱跟别人进行毫无意义的争论，而且极少当着外人的面使性子，发脾气。

（4）注重礼节和风度。

英国人在正式场合注重礼节和风度。在社交场合，握手礼是英国人使用最多的见面礼节。英国人极其强调所谓的“绅士风度”。它不仅表现为英国人对妇女的尊重与照顾方面，而且见于英国人的仪表整洁、服饰得体和举止有度。在一般情况下，与他人见面时，英国人既不会像美国人那样随随便便地“嗨”上一声作罢，也不会像法国人那样非要跟对方热烈地拥抱、亲吻不可。英国人认为，那些做法，都有失风度。

英国人待人十分客气，“请”“谢谢”“对不起”“你好”“再见”一类的礼貌用语是天天不离口的。即使是家人、夫妻、至交之间，英国人也会经常使用这些礼貌用语。

在进行交谈时，英国人，特别是那些上年纪的英国人，喜欢别人称呼其世袭爵位或荣誉的头衔。至少也要郑重其事地称之为“阁下”或是“先生”“小姐”“夫人”。

英国各个地区的人都十分重视自己的民族自尊。与他们进行交往时，一定要具体情况具体对待，将其分别称为“英格兰人”“苏格兰人”“威尔士人”或“北爱尔兰人”。

7.4.3 服饰礼仪（图 7-4-1）

英国人在人际交往中十分注重衣着，经常是衣冠楚楚，而且他们还极爱以衣帽取人。用

图7-4-1 英国人服饰

英国大文豪莎士比亚的话来讲，这主要是因为“一个人的穿着打扮，就是其自身修养的最好的说明”。

在交往应酬之中的衣着，在服装的面料、样式、颜色搭配上十分在意，力求体现一种绅士淑女的风度和气质，注意体现其“绅士”“淑女”之风。过去，英国绅士参加社交应酬时，非要身穿燕尾服，头戴高筒礼帽，手持文明棍或是雨伞不可。他们这身“标准行头”，曾经给世人留下了很深的印象。如今，英国人在正式场合的穿着，十分庄重而保守。一般男士要穿3件套的深色西装，女士则要穿深色的套裙，或者素雅的连衣裙。庄重、肃穆的黑色服装往往是英国人的优先选择。

但在非商务或正式宴会的情况下，当今英国人的衣着还是比较随意的，如夹克、牛仔裤、T恤运动服等。但有一点是需要注意的，英国男人只有在家或海滨休闲时才穿凉鞋，与人相会或做客时穿凉鞋会被认为不礼貌。

英国人在正式场合的着装，大致有下列4条禁忌：一忌打条纹领带；二忌不系长袖衬衫袖口的扣子；三忌在正式场合穿凉鞋；四忌以浅色皮鞋配西装套装。

在英国，留胡须者往往会令人反感。

7.4.4 餐饮礼仪（图7-4-2）

英国人的饮食，一般而言，可以说是具有“轻食重饮”的特点。所谓“轻食”，主要是因为英国人在菜肴上没有多大特色，日常的伙食基本上没有多大的变化。除了面包、火腿、牛肉之外，平时常吃的也就是土豆、炸鱼和煮菜了。所谓“重饮”，即非常讲究饮料，英国名气最大的饮料为红茶与威士忌。

图7-4-2 英国人赴会方式

英国苏格兰生产的威士忌、法国的

干邑白兰地、中国的茅台酒并列为世界三大名酒。英国人饮酒，很少自斟自酌。他们的习惯是饮酒最好要去酒吧。因此，英国的酒吧比比皆是，并且成为英国人社交的主要场所之一。

绝大多数英国人嗜茶如命，他们所喝的茶是红茶。在饮茶时，首先要在茶杯里倒入一些牛奶，然后才能依次冲茶，加糖。

英国的宴请方式多种多样，主要有茶会和宴会，茶会包括正式和非正式茶会。

英国人邀请他人赴宴一般都会提前告知，收到邀请后要尽快答复能否出席，有变故时应尽早通知主人，解释并道歉。

到别人家拜访做客，要先敲门，等主人说“请进”方可入内。握手礼是英国人使用最多的见面礼节。进门后，男子若戴帽子，要脱帽以示向主人致意；女士不必如此，但也要先向主人问好后再就座。

就座时，手肘不要放在桌面上，切忌翘“二郎腿”，餐台上已摆好的餐具不要随意摆弄，将餐巾对折轻轻放在膝上。

使用刀叉时，从外侧往内侧取用，刀刃不可向外。进餐中放下刀叉时，应摆成“八”字形，分别放在餐盘边上，不可将刀叉的一端放在盘上，另一端放在桌上。如果是谈话，可以拿着刀叉，无须放下；但若需要作手势时，就应放下刀叉，千万不可手执刀叉在空中挥舞摇晃。还有，也不要一手拿刀或叉，而另一只手拿餐巾擦嘴；也不可一手拿酒杯，另一只手拿叉取菜。

记住，在咀嚼时不要说话，更不可主动与人谈话。口中没食物时方可谈话，但要注意音量，不可高谈阔论。

英国人在席间不布菜也不劝酒，全凭客人的兴趣取用。一般要将取用的菜吃光才礼貌。客人之间告别可相互握手，也可点头示意。

在告辞时握别表示感谢，受到款待之后可以致电或发邮件再次致谢。

去拜访时最好带点价值不高的小礼品，英国人不欢迎贵重的礼物。涉及私人生活的服饰、肥皂、香水、带有公司标志与广告的物品，不宜用作礼品。鲜花、威士忌、巧克力、工艺品，则是送给英国人的适当之选。

主人常常当着客人的面打开礼品包装，无论价值如何或其是否喜欢，英国人都会给予热情地赞扬或表示谢意。另外，邀请对方吃饭或观看戏剧、音乐、舞蹈演出，也可被视为赠送礼物。

7.4.5 英国人生活禁忌

英国人十分喜爱玫瑰、月季、蔷薇花。而百合花和菊花被视为死亡的象征，英国人十分忌讳。英国人平时十分宠爱动物，尤其是狗和猫。对于黑色的猫，他们是十分厌恶的。此外，他们也不喜欢大象。在色彩方面，英国人偏爱蓝色、红色与白色，它们是英国国旗的主要色彩。英国人所反感的色彩，主要是墨绿色。英国人在图案方面的禁忌甚多。大象、孔雀、猫头鹰等图案，都会令他们大为反感。英国忌讳的数字主要是“13”与“星期五”。当两者恰巧碰在一起时，不少英国人都会产生大难临头之感。

与英国人打交道时，需要了解的英国人的主要民俗禁忌还有下列几条：一是忌当众打喷嚏，二是忌讳从梯子下面走过，三是忌讳把鞋子放在桌子上，四是忌讳在屋子里撑伞。

在英国，动手拍打别人，翘起“二郎腿”，右手拇指与食指构成“V”形时手背向外，都是失礼的动作。

【基本训练】

复习思考题

1. 英国社交礼仪有哪些特点？
2. 列举在英国的习俗禁忌。

实训练习与操作

参加英国朋友家庭舞会。

实训目标：掌握英国社交礼仪规范，学会得体着装，认识涉外礼仪的重要性。

实训内容与要求：布置场景，道具等可以由学生自己准备，要求学生穿着应符合该国礼仪，注意英国舞会礼仪。

实训成果与检测：学生现场进行演示，其他学生和教师进行点评。

7.5 法　　国

【本节学习目标】

1. 初步掌握法国概况
2. 掌握法国社交礼仪
3. 掌握法国服饰礼仪
4. 掌握法国餐饮礼仪
5. 初步掌握法国其他禁忌

【引例】

某位法国领导人访华期间，到北京一户普通家庭做客。临别前，女主人送给法国客人一副漂亮的“中国结”和一些小礼物作纪念。为表示感谢，法国客人站起身来要和她行法式贴面礼，但这一举动却让女主人不知所措，于是她用手推开了对方，这一举动令法国客人尴尬不已。

思考与讨论：你觉得法国客人行为过分吗？作为中国女主人应该怎样做才符合礼仪要求？

7.5.1 基本概况

法兰西共和国（The Republic of France），简称法国。它占地面积55.160 2万平方千米，位于欧洲大陆西部，南临地中海，西濒大西洋。与瑞士、意大利、西班牙、比利时、德国、卢森堡、摩纳哥、安道尔接壤，与英国隔海相望，是西欧领土最大的国家（约占欧洲联盟面积的1/5）。“法兰西”由法兰克部落之名演变而来，意为“勇敢的”“自由的”。法国海岸线长约3 120千米，濒临四大海域（北海、英吉利海峡、大西洋和地中海）。首都在巴黎，7月14日为国庆节。法语为官方语言。90%的居民信天主教。法国既属地中海亚热带又属西北欧温带。气候类型有海洋性气候、地中海气候和大陆性气候3种。特点为冬无大凉、夏无酷暑且雨量适中。

法国是发达的资本主义国家，是欧洲经济共同体主要发起国和成员国，也是世界上金融业最发达的国家之一。其经济以工业为主导，涵盖了所有重要的经济部门：农业、工业、渔业。是西欧最大的农产品生产国、输出国和世界重要农产品出口国之一，也是仅次于美国的世界第二大农产品出口国。

“艺术之邦”“时装王国”“奶酪之国”“名酒之国”“美食王国”等，都是世人给予法国的美称。

1964年1月27日，法国与中国正式建立了大使级外交关系。

7.5.2 社交礼仪

法国人在长期的社会交往活动中，形成了以下几个特点。

（1）爱好社交，善于交际。

对法国人来说，社交是人生的重要内容，没有社交活动的生活是难以想象的。在日常生活里，法国人非常善于交际，即使与他人萍水相逢，他们也会主动交往，而且表现得亲切友善，一见如故。

（2）诙谐幽默，天性浪漫。

在外人看来，法国人似乎都是不知愁为何物的乐天派。他们在人际交往中大都爽朗热情，善于雄辩，好开玩笑，幽默风趣，讨厌不爱讲话的人，对愁眉苦脸者难以接受。受传统文化的影响，法国人不仅爱冒险，而且喜欢浪漫的经历。风花雪月，享受人生，都是其生活中不可缺少的组成部分。

（3）渴求自由，纪律较差。

在世界上，法国人是最为著名的“自由主义者”。“自由、平等、博爱”不仅被法国宪法定为本国的国家箴言，而且还在国徽上明文写出。他们崇尚自由自在，偏爱标新立异，喜欢创造宽松的氛围，反对外来干预。他们虽然讲究法治，但是一般纪律较差，不大喜欢集体行动。

（4）自尊心强，偏爱“国货”。

法国人有极强的民族自尊心和民族自豪感。在他们看来，世间的一切都是法国最棒。以语言而论，法国人懂英语的不少，但通常不会直接用英语与外国人交谈。因为他们认定，法语是世间最优美的语言。与法国人交谈若能讲几句法语，一定会使对方热情有加。

(5) 骑士风度，尊重妇女。

所谓骑士风度，指的是流传至今的用以规范骑士举止行为的一系列宫廷礼节。骑士风度的核心之一就是男子对妇女的尊重和保护。在法国人看来，充当"护花使者"是男人的天职和荣幸。

法国人在社交场合大都行握手礼。一般女子向男子先伸手，年长者向年少者先伸手，上级向下级先伸手。少女通常是向妇女施屈膝礼。当地人还有男性互吻脸颊的习惯。男子戴礼帽时，还要施脱帽礼。

法国人的姓名，由两部分组成，其名字在前，姓氏在后。正式称呼法国人的姓名时，宜只称其姓氏，或是姓与名兼称。

法国人常用的敬称主要有3种，即对熟悉的一般人称"您"；对官员、贵族、有身份者称"阁下""殿下"；对陌生人称"先生""小姐"或"夫人"。

在人际交往中，法国人的形体语言极为丰富。在交谈时，他们喜欢与对方站得近一些，并喜欢以手势进行辅助。对他们而言，拇指与食指分开表示"2"，用食指指自己的胸部表示"我"，拇指朝下指表示"差"或"坏"，掌心向上表示诚恳，耸动肩膀则表示高兴或惊讶。

7.5.3 服饰礼仪（图7-5-1）

法国是一个时尚的国度，其国人对于衣饰的讲究，在世界上是最为有名的。巴黎更是世界闻名的时尚之都。"巴黎式样"，在世人耳中即与时尚、流行含意相同。一般人都认为，法国人最善于穿着打扮，他们的衣着佩饰、发型、化妆往往令人无可挑剔。

图7-5-1 法国人服饰礼仪

在正式场合，法国人通常要穿西装、套裙或连衣裙，颜色多为蓝色、灰色或黑色，质地则多为纯毛。

出席庆典仪式时，一般要穿礼服。男士所穿的多为配以蝴蝶结的燕尾服，或是黑色西装套装；女士所穿的则多为连衣裙式的单色大礼服和小礼服。

法国妇女在参加社交活动时，一定要化妆，并且要佩戴首饰。法国男士对自己仪表的修饰相当看重，在正式场合亮相时，剃须修面，头发“一丝不苟”，身上略洒一些香水，已被法国人看成男人所应具备的基本教养。

对于穿着打扮，法国人认为重在搭配是否得体。在选择发型、手袋、帽子、鞋子、手表、眼镜时，都十分强调要使之与自己着装相协调一致。

7.5.4 餐饮礼仪（图7-5-2）

作为举世皆知的世界三大烹饪王国之一，法国人十分讲究饮食。在西餐之中，法国菜可以说是最讲究的。

法国人爱吃面食，面包的种类很多，他们大都爱吃奶酪。在肉食方面，他们爱吃牛肉、猪肉、鸡肉、鱼子酱、鹅肝。但他们不吃肥肉、宠物、鹅肝之外的动物内脏、无鳞鱼和带刺骨的鱼。

法国人尤其善饮，他们几乎每餐必喝，而且讲究在餐桌上要以不同品种的酒水搭配不同的菜肴。在世界上，法国所产的白兰地、香槟与红白葡萄酒，无出其右者。除酒类之外，他们平时还爱喝生水和咖啡。

法国人用餐时，两手允许放在餐桌上，但却不许将两肘支在桌子上，在放下刀叉的时候，他们习惯于将其一半放在碟子上，一半放在餐桌上。另外，在法国人的餐桌上，一般酒水贵于菜肴。在正式的宴会上，有“交谈重于一切”之说。因此，在用餐时只吃不谈，是不礼貌的。

图7-5-2 法国人餐饮礼仪

7.5.5 法国人生活禁忌

法国的国花是鸢尾花。对于菊花、牡丹、玫瑰、杜鹃、水仙、金盏花和纸花，一般不宜随意送给法国人。

法国的国鸟是公鸡，他们认为它是勇敢、顽强的化身。

法国的国石是珍珠。

法国人大多喜爱蓝色、白色与红色，他们所忌讳的色彩主要是黄色与墨绿色。

法国人所忌讳的数字是“13”与“星期五”。

在人际交往之中，法国人对礼物十分看重，但又有其特别的讲究。宜选具有艺术品位和纪念意义的物品，不宜以刀、剑、剪、餐具或是带有明显的广告标志的物品。男士向普通关系的女士赠送香水，是不合适的。在接受礼品时若不当着送礼者的面打开其包装，则是一种无礼的表现。

【基本训练】

复习思考题

1. 法国社交礼仪有哪些特点？
2. 列举在法国的习俗禁忌。

实训练习与操作

中法合作项目开工庆典。

实训目标：掌握法国社交礼仪规范，熟悉典礼仪式程序，认识涉外礼仪的重要性。

实训内容与要求：布置好开工庆典场景，要求学生按典礼仪式程序，遵守涉外礼仪进行模拟演习。

实训成果与检测：学生现场进行演示，教师进行点评。

参考文献

[1] 丁艳丽．每天一堂礼仪课［M］．北京：北京工业大学出版社，2011.

[2] 关彤．大学生实用礼仪［M］．北京：北京理工大学出版社，2009.

[3] 金正昆．服务礼仪教程［M］．北京：中国人民大学出版社，2001.

[4] 金正昆．礼仪金说：金正昆教你学礼仪（升级版）［M］．西安：陕西师范大学出版社，2011.

[5] 林友华．社交礼仪［M］．北京：高等教育出版社，2007.

[6] 刘国柱．现代商务礼仪［M］．北京：电子工业出版社，2007.

[7] 刘平．商务礼仪［M］．北京：中国财政经济出版社，2008.

[8] 刘晓娟，胡玉娟．秘书礼仪［M］．北京：机械工业出版社，2009.

[9] 陆永庆，王春林，郑旭华．旅游交际礼仪［M］．大连：东北财经大学出版社，2006.

[10] 卢志鹏，康青．新编大学生实用礼仪教程［M］．北京：北京理工大学出版社，2009.

[11] 少恒．实用礼仪大全［M］．北京：当代世界出版社，2010.

[12] 史峰．商务礼仪［M］．北京：高等教育出版社，2008.

[13] 唐志华．幼儿教师礼仪基础教程［M］．上海：复旦大学出版社，2011.

[14] 王琦．旅游服务礼仪实训教程［M］．北京：机械工业出版社，2009.

[15] 翁海峰．职业礼仪规范［M］．北京：机械工业出版社，2009.

[16] 吴迪伟．实用礼仪——职业技能短期培训教材［M］．成都：成都时代出版社，2007.

[17] 吴燕，贺湘辉．商务礼仪与口才实训［M］．广州：广东经济出版社，2008.

[18] 夏志强，翟文明．礼仪常识全知道．北京：华文出版社，2010.

[19] 徐克茹．秘书礼仪实训［M］．北京：中国人民大学出版社，2008

[20] 徐美萍．现代礼仪［M］．上海：上海大学出版社，2010.

[21] 徐守森．我的圈子我做主：人际交往就这么几招［M］．北京：科学出版社，2009.

[22] 杨丽敏．现代职业礼仪［M］．北京：高等教育出版社，2007.

[23] 于桂华．高职学生礼仪修养教程［M］．北京：高等教育出版社，2008.

[24] 余建萍，刘晓芬．大学生实用礼仪教程［M］．北京：北京理工大学出版

社，2009.

［25］袁平．现代社交礼仪［M］．北京：科学出版社，2007.

［26］赵永生．大学生礼仪［M］．北京：冶金工业出版社，2008.

［27］张然．现代礼仪规范教程［M］．北京：中国纺织出版社，2011.

［28］周思敏．你的礼仪价值百万［M］．北京：中国纺织出版社，2009.

［29］贾兰．公共场所的礼仪［J］．时代教育，2005 年 27 期．

［30］中国形象设计网 http：//cnida. com/index. asp

［31］中国礼仪网 http：//www. welcome. org. cn/

［32］中国水头网．http：//www. chinashuitou. com/article/

［33］中国文明网 http：//www. wenming. cn/

［34］田晓娜．礼仪全书．豆丁网．http：//www. docin. com/p－36836895. html#documentinfo

［35］赵鸿渐．新浪博文．http：//blog. sina. com. cn/s/blog_ 520d68d30100esx5. html